国家社会科学基金艺术学项目（18BH149）研究成果

U0647265

中国画像砖模印艺术
（上册）

李国新　杨絮飞　著

ZHEJIANG UNIVERSITY PRESS
浙江大学出版社
·杭州·

在中华文明的漫长历史中,画像砖及其模印艺术犹如一部无字的史诗,以其独特的形式记录了中华民族的文明进程。从原始社会的陶制品萌芽,到奴隶社会的光坯砖面世,再到封建社会的华丽蜕变,画像砖以其顽强的生命力贯穿了数千年的历史,见证了中华民族的兴衰荣辱。

画像砖的图像不仅是艺术的结晶,更是历史的见证。它们浸润了先民的智慧、技艺、思想和情感,忠实地记录了历史的风云变幻和社会的变迁。每一块画像砖都承载着独特的艺术价值和历史文化信息,跨越时空,诉说着古老的故事。它们见证了中华民族自强不息的奋斗历程,从逐鹿中原到征战南北,从驰骋疆场到夷夏之辨,每一步都充满了艰辛与荣耀。画像砖的发展历程是一部生动的中华文明史。它从建筑装饰构件起步,逐渐成为墓室装饰的重要元素,最终重新回归地上建筑,成为中华民族陶质建材的主流艺术形式。画像砖的历史长达五千年,它见证了中华文明的起源、发展和繁荣,以独特的方式记录了中华民族的文明进程。从河姆渡的砖形陶块,到商周的砖坯,再到秦汉的繁荣,画像砖在黄河流域和长江流域不断传播、升华,成为文明绽放、思想活跃、教化覆盖的象征。

画像砖不仅是中华民族文明的见证,更是传统美德与核心价值观的载体。它的演化过程与中华民族的"孝""礼"传统、儒家思想、道教精神以及佛教的中国化紧密相连,是中华农业经济文明史的有力见证。画像砖的图像中蕴含着丰富的文明密码,记录了中华民族的诗性智慧和无名匠人的超凡技艺。

与画像砖息息相关的模印技艺,是至今仍活跃的最古老技艺之一。从原始社会的手印、绳纹,到陶器上的拍制图案,再到青铜器模具、瓷器印纹,模印技艺贯穿了中国古代工艺技术的发展历程。它不仅是中华工匠精神的体现,更是世界文明的顶级工艺智慧。从楚文化的失蜡法到南北朝的万砖一模,模印技艺展现了中华工艺的博大精深,其理念甚至延续到现代的 3D 打印和虚拟空间建模。

本书的写作,源于作者对中国画像砖及其模印艺术技艺的深厚情感。在长达四年的研究中,作者穿梭于历史与现实之间,沿着中华民族百万年的文明轨迹,深入探究画

— 1 —

像砖的题材内容、艺术形式和文化内涵。通过对画像砖的梳理与研究，作者试图挖掘其背后的文化密码，感受中华民族的博大精深。尽管作者深知，无论多么深入的研究，都无法完全复原历史语境下的匠人精神，但这种隔岸观物的尝试，已足以让人感受到中华文明的厚重与伟大。

画像砖的传承不仅是技艺的延续，更是民族精神的传承。它体现了中华民族对自身文化的热爱与观照，以及为文化传承不惜牺牲的精神。这种精神，正是中华民族生生不息、长盛不衰的永恒动力。

本书分为上下两册。上册主要研究画像砖艺术在汉代之前和之后的发展历程，探讨其题材内容、艺术风格、综合技艺及历史文化价值；下册则聚焦于汉代画像砖艺术的辉煌成就，深入探究其题材、形制、制作技艺、印模艺术、造型模式及审美价值。通过本书的研究，作者希望读者能够感受到画像砖的艺术魅力，理解其背后的文化内涵，进而认识到中华文明的伟大与不朽。

著者

2024 年 8 月于浙江农林大学

中国画像砖模印艺术（上册）

目 录

  模印画像砖是中国古代艺术与建筑技术相结合的杰出产物,它不仅是中华民族造型艺术的重要表现形式,更是一部跨越数千年的历史画卷。从原始社会的陶制品到封建社会的建筑装饰,模印画像砖以其独特的艺术魅力和深厚的文化内涵,见证了中华文明的起源、发展与变迁。

一、模印画像砖的历史脉络

  模印画像砖的历史源远流长,其起源可追溯至距今 7000 年以前的浙江河姆渡文化时期的"砖形花纹陶块",尽管这些早期的图像并非模印而成,但它们为画像砖的发展奠定了基础。中国作为最早使用砖的国家,早在 5000 年前就出现了现代意义上的"烧结土坯砖",这一发明标志着建筑材料的一次重大飞跃。周朝的绳纹砖被认定为画像砖的开山鼻祖,其"绳纹"也成为目前考古发现的最早模印纹样。从春秋时期的萌芽,到秦汉的昌盛,再到魏晋南北朝的复兴,画像砖在历史的长河中经历了多次起伏,最终在明清时期逐渐转型为砖雕艺术,成为地上建筑装饰的重要组成部分。

二、模印画像砖的艺术价值与文化价值

  模印画像砖不仅是一种建筑构件,更是一种综合艺术形式。它以泥土为材料,经过水的调和、模具的压制、木模的雕刻以及烈火的烧制,最终成为坚固耐用的陶质砖。这一过程充分体现了金、木、水、火、土五行元素的和谐统一,蕴含着中华民族朴素唯物主义的哲学思想。画像砖的图像内容丰富多样,从社会生活到历史故事,从神话传说到宗教信仰,几乎涵盖了古代社会的各个方面。它们不仅是艺术的展现,更是历史的见证,反映了不同时期的社会风貌、文化观念和审美趣味。

三、模印画像砖的形成历程

  模印画像砖的形成是一个漫长而复杂的过程,经历了从原始社会到春秋时期的六步发展历程。从最初的泥土到成熟的模印画像砖,每一步都凝聚着古代劳动人民的智

慧与创造力。第一步是从泥到"陶"的转变,这一发现使得陶器成为重要的生产和生活资料。第二步是陶器装饰上阴线刻图像和印纹的出现,如河姆渡的阴线刻植物纹和动物纹。第三步是建筑用陶与器物陶的分化,砖逐渐成为重要的建筑材料。第四步是模具的使用,使得砖的生产更加标准化。第五步是有意识地用印花纹装饰砖。第六步是专用模具的出现,用于压印砖上的装饰图像。这一过程标志着画像砖技术的成熟,为后续的发展奠定了基础。

四、模印画像砖的分期研究

本书将模印画像砖的历史分为七个阶段,以全面呈现其艺术与文化的演变。秦代的空心画像砖和铺地花纹实心砖标志着画像砖模印装饰艺术的大力推广;汉代画像砖的繁荣与儒教的兴起密切相关,其题材丰富多样,艺术风格百花齐放;魏晋南北朝时期,尽管中原地区画像砖传承几近中断,但河西走廊和江南地区的画像砖艺术仍展现出独特的风格;唐代画像砖在丝绸之路沿线和福建沿海地区发展迅速,体现了大唐的开放与包容;宋代画像砖在工艺上更加精细;元代则集中于"二十四孝"等题材;到了明清时期,画像砖逐渐从墓葬装饰转向地上建筑装饰,模印技艺也逐渐被砖雕艺术所取代。

五、本书的研究方法与意义

本书采用纵横交织的研究方法,纵向挖掘画像砖的历史演变,横向拓展其地域特色,以全面呈现画像砖艺术的综合价值。通过对模印画像砖的系统研究,我们不仅能够深入了解这一艺术形式的历史脉络和文化内涵,更能感受到中华民族的智慧与创造力。画像砖作为一部鲜活的图像史诗,为我们提供了研究中华文明的珍贵资料,其价值不容忽视。模印画像砖的艺术与文化价值不仅体现在其精美的图像和高超的技艺上,更在于它所承载的历史记忆与民族精神。通过对画像砖的研究,我们能够更加深刻地了解中华民族的发展历程,感受到中华文明的博大精深。这不仅是对古代艺术的欣赏,更是对中华文明的致敬。

第一章

汉代之前的画像砖艺术

　　从史前到汉代,模印画像砖经历了极其漫长的演变阶段。从偶然的"投泥入火"而成陶,到生活用陶器的产生和普及,再到建筑用陶器的产生——渐次诞生了砖和瓦。砖瓦又在各自的应用领域不断演化,并吸收兄弟类工艺的技术理念,采用能够有效提升生产效率的规模化生产模式,模印画像砖最终演化为汉代较为成熟而多元的装饰性陶质建材的类型构架,并延续后世。

　　画像砖的演化历程与人类社会发展相伴相生。首先,人们发现并利用火,从而为陶器的制作奠定了基础。其次,偶然的刻画和绳纹印痕,给陶器物增添了凸凹纹样。再次,模、范技艺的出现和推广,为画像砖模印艺术提供了参照对象。自夏朝开始,铜器的出现,使得模仿工艺也日臻完善,模印图像的批量化和可重复使用特性,又促进了模印工艺在各个不同手工业领域的跨行传播。河南洛阳偃师二里头夏代文化遗址,出土了龙形陶范(长10.1厘米,宽10.5厘米,高6厘米,重175克,复原直径约30厘米)。在二里头出土的青铜器皆为陶范合铸,说明夏朝的模范工艺业已完善,到了商周又被发扬光大。然后,陨铁的使用和锻造。1972年在河北发掘出的铁镀青铜斧,为公元前14世纪陨石铁所制。在商代的台西遗址和刘家河商代墓葬中,都发现过刃部用陨铁锻制的铜钺,锻制陨铁刃应该不是单纯作礼器,而是用来切削和雕刻的。最后,中国冶铁工艺的出现。在春秋末和战国初,先民已掌握了炼铁工艺,铁器的产生,为印模雕刻提供了较为便捷实用的利器。

第一节　史前到商周的画像砖艺术

　　砖是陶质的建筑材料,在史前时期,陶肯定是湿泥与火邂逅而形成的。原始人偶然发现泥土被火烧过后,竟是这样结实的凝结体,于是便有了客观的"陶"——火烧泥的概念。"陶"一经诞生,就朝两个主要方面发展:一种是陶质生活器物;一种是砖、瓦等建筑材料。

中国最早开始使用砖作为建筑材料的确切时间已无法考证。但砖形烧结块（图1-1），早在原始社会就有了。据笔者考证，中国最早的"砖形"陶制品是7000年前浙江河姆渡的砖形烧结块。在这块砖形器物上，还有明确的五片叶生在矩形底座上的装饰纹样。类似的纹样，在山东莒县龙山文化遗址中也曾出现过。有的学者认为这是史前"类文字"符号，可能有"皇"的含义。在河姆渡出土的陶器中已有刻画的猪纹陶钵和这块阴线刻"五叶植物烧结块"。这样有纹样装饰的器物，很有可能不是简单的日常器物，而是兼有礼器的功能。这两件陶器上的图像也成为中国最早的刻画装饰纹样。

图1-1　河姆渡砖形烧结块

最早的砖，是在陕西蓝田出土的距今5000年的五块残砖。其中最大一块保留了一个砖的直角部分，为细泥红陶。据考证，此砖的完整形态应为长方形或正方形。这些砖边缘整齐，无切割痕迹，应是由模具做成土坯，而后经高温烧制而成。

王子云先生在《中国历代应用艺术图纲》中云："殷商之世，乌曹昆吾相继发明砖瓦，于是规模宏大之宫殿得以兴建。"[①]可惜的是，目前尚未发现真正意义上的商代砖。但在河北藁城台西商代中期的遗址中，已发现有用土坯砌成的墙面建筑。

中国建筑在周代已有不凡创造。中国建筑造型中最完美的"如鸟斯革，如翚斯飞"的"飞翚式"屋角就诞生于周代。文王的"丰宫"和武王的"镐宫"，还有辟雍和灵囿灵台，都是周代的著名建筑。而作为建筑重要材料的陶质——砖，应该早已出现了。在陕西扶风县周原西周遗址，出土了一块西周时期的绳纹砖（图1-2）。在岐山县京当乡贺家村东壕出土西周绳纹残砖一块。在扶风县云塘村出土两件特殊砖，它们正反两面都饰有粗绳纹，一砖两对角各有砖钉一个，另一件残角上也有砖钉痕迹（长36厘米，宽25厘米，厚2.5厘米），岐山县、麟游县也有西周绳纹空心砖出土。可见在西周时期，作为建筑材料，并"印"有花纹的砖是客观存在的。"绳纹"也是迄今为止发现最早的印纹。这说明砖的模印技术也来源于人类偶然的无心之举。

图1-2　西周绳纹砖

① 王子云.中国历代应用艺术图纲[M].西安:太白文艺出版社,2017:6-7.

第二节　春秋战国时期的画像砖艺术

公元前 600 年到前 200 年,是世界的轴心时代,轴心时代是人类智慧大爆炸的文明辉煌时期,而中国的轴心时代正好是在春秋战国时期。在中国的春秋战国时期,奴隶制的生产关系开始瓦解,封建社会的新型生产关系开始建立,完成一个由"合"趋向"分"(由西周到东周的春秋),又由"分"趋向"合"(由战国到大统一的大秦帝国)的漫长过程。春秋见证一套成熟的礼教——《周礼》,从完善到腐朽的过程。历史的车轮在人们对"礼崩乐坏"的叹息声中,在客观上完成了社会制度的螺旋上升。故而,在某种程度上,消亡也往往意味着进步,以甚为惨重的代价,规避掉"合久"的弊端。在兵荒马乱的诸侯争斗中,战国艰难爬上了社会制度的更高台阶,大大解放了生产力,也一定程度上缓解了社会矛盾。但连年的诸侯争战,客观上也造成了更大范围的民不聊生。"分久"的深重苦难,强化了广大民众对"合而安"的强烈期盼。不能不说春秋战国时期,是一个在血雨腥风中逐渐摆脱奴隶社会的桎梏,达到封建社会新高度的社会突变和飞升的特殊时期:生产力的渐次解放,铁器的问世,催生了手工业和商业的迅猛发展。正是在这一时期,出现了墨子这样的伟大发明家和鲁班这样的能工巧匠。

在战国时期,大小城市也迅速兴起,"列国有都,大夫有邑",大大小小的城市无论从规模还是数量上,都取得了长足的发展。作为诸侯宫殿的高台建筑也在这一时期横空出世。板瓦、筒瓦、全瓦当和半瓦当相继现世。"空心砖的生产更是春秋战国时期陶工的一项重要创造。"[①]

陕西凤翔秦雍城出土了实心砖和空心砖。秦咸阳宫(战国时期)二、三号基址出土了大量瓦当和长方形空心砖。

在河南郑州的杜岗已出现战国的画像砖(图 1-3),这块标准的空心画像砖的纹样是由印模压印的,印模是正方形框边所限定的米字格拓展纹。压印印模时,以正方形的角正对着砖的四条边,一个挨着一个纵横平铺开。这样排列的效果,会在印模纹样周围形成无图案的等大方形底纹,与纹样疏密对比、错位分布,形成交相辉映的视觉效果。另一块画像砖(图 1-4),也用了这种米字纹图案印模,而且多用了三种图像印模。第一种图像印模是柿蒂纹,柿蒂纹最明显的寓意是事事(柿柿)如意,此外,由于柿蒂的"蒂"与帝王的"帝"谐音,故而柿蒂纹暗含望子成龙之意。压印此印模时,让两个对角线分别呈现水平和竖直状态,压印成一排横队,呈二方连续模式。第二种图像印模是常青树,寓意万古长青,也呈二方连续模式排列于柿蒂纹之下。第三种图像印模是白虎纹,白虎呈现出甚为有趣的动态:尾上翘,呈现自左向右行走的状态,并扭头

---

① 周恒.山西工艺美术史[M].太原:山西人民出版社,2013:173.

向后上方做仰望状。白虎是四神之一，和青龙一样有镇守一方平安之意。白虎印模也呈二方连续模式排列成一排，形成壮观的神兽队列，气象宏大，蔚为壮观。另外还有两种很小的几何纹印模，在砖中间排列成条状，把这三种图像印模组成的图像装饰带与用米字格印模组成的纹样装饰带分割开来。米字格印模和柿蒂纹印模压印方式相同，形成竖三横十六的纹样方阵。压印后底纹也呈方块状，形成底纹与印纹的交错分布模样，颇有几分玄幻闪烁的视觉效果。

图 1－3　郑州杜岗出土的战国米字纹画像砖

图 1－4　郑州杜岗出土的战国画像砖

这两块砖的出现充分说明，在战国时期人类不仅创造了空心画像砖，还创造了用较小的印模，压印图像的"活模压印术"，这样的方法可以化整为零，摆脱用整版印模压印图案的繁复工序。整版印模雕刻困难，费时费工，此外用整版印模压印图像，对压印和脱模技术的要求较高。用小模压印，就像盖印章那样，简单快捷，能大大提高印制图像的劳动效率。宋代毕昇发明活字印刷术与战国时发明的这种"活模压印术"，应有一定的渊源。

图 1-5　安徽寿县出土的花纹槽砖

　　在安徽寿县出土一块花纹槽砖(图 1-5),砖上的纹样是由两种印模印制的:一种是交互"鱼吻";另一种是"矩纹"(把矩形分割成两个直角三角形,内套一个小的三角形)。单位矩纹很像用于测量和绘制直线与角度的直角三角板。"矩"是画直角的工具,到了汉代的画像图案中,常会出现由伏羲持"矩"的图像。古人认为规画天,矩画地,规和矩也被进一步引申为天地之意。此砖做工精良,平整大气。笔者以为此砖应是楚国最后一个都城"寿春"的宫殿用砖。另外,寿县还出土了一块实心素面的极为朴实的铺地砖(图 1-6)。

图 1-6　安徽寿县出土的实心素面铺地砖

　　还有一块战国时期的云雷纹铺地砖(图 1-7),也是用小印模压印而成,压印出的图案排列整齐,做工精良。单个印模为九宫格式的构成模式:中间是个完整的圆形云雷纹——圆形轮廓内部共有四个涡形云纹,两两反向对称组成一个云雷纹,两个云雷纹又反向对称,组成一对云雷纹组合。在印模的上下左右四方,各有一个半圆的云雷纹;印模的四角则呈现了整体云雷纹四分之一部分。印模四边的这种不完整呈现模式,是为了便于印模压印时图案的无缝对接。由于圆形与半圆形、四分之一圆形九宫格式的排列模式,在圆、弧的外围,就自然形成四个类菱形。每个菱形内有两条斜线相交成"叉形",将其割成四个小空间,每个空间内都填充一个小乳丁纹。整块砖的纹样排列起来为典型的四方连续,模式全部纹样皆以阳线表现,显得茂密而华美,在风格上也很符合战国整体的艺术风貌,神秘、谨严、诡异、灵动、自由,令人耳目一新,极具时代感。

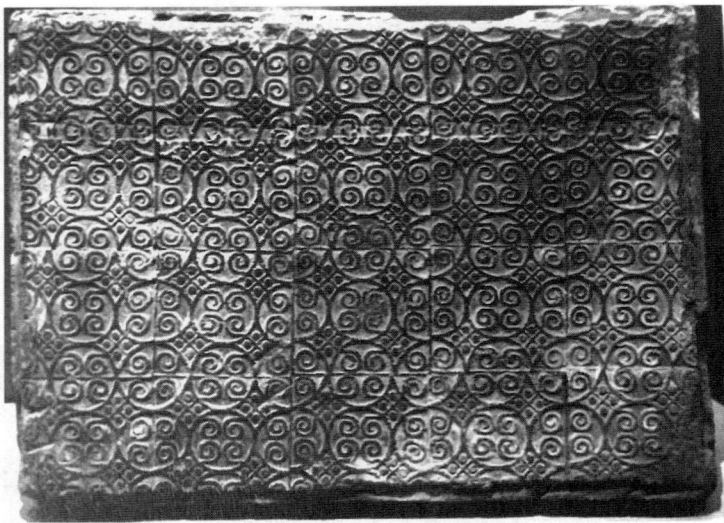

图 1 - 7　战国云雷纹铺地砖

第三节　大秦帝国的画像砖艺术

　　咸阳宫、阿房宫及秦王陵墓,都彰显出秦代建筑的辉煌。在此基础上秦代画像砖的制作也日渐成熟。

　　秦代画像砖按砖的形制可分为:大型空心砖和实心扁方砖两种;画像砖按装饰图案的制作技法可分为:浮雕空心砖、整版模印阳纹空心砖、阴线刻空心砖、小印模集成图像空心砖、整版模印实心砖、文字实心砖等几种。

一、整版模印阳纹空心砖

　　玄武纹画像砖(图 1 - 8):出土于陕西咸阳宫殿。砖的造型平整规范,在立方体砖的最大面,装饰有带矩形外框的双玄武纹样。砖上龟蛇合一的玄武图像以凸起的阳线形式呈现。左右两只玄武呈轴对称构成模式,双蛇头最接近对称线,在画框下边相交,共同围成"心"形。两个龟头对称护卫在蛇头外部。"心"内有祥云纹,"心"上有两束对称的羊角形仙草。龟背向上隆起如穹窿,双层六边形纹样呈四方连续铺满整个龟背,显得工整而美观。龟足短而有力,在龟背下如天柱般撑起穹窿。蛇身从相交处向上绕过龟的颈部,再向下,钻入龟体内,又从龟尾上部蜿蜒而出,呈"S"形飘逸而出,动感十足。玄武上,云气缥缈,似有不尽仙气弥漫;玄武下,群山微似丸丘,反衬出玄武神体魄的伟岸高大。在龟尾和蛇尾的较小空间里还添加了喇叭花作装饰,体现了尽善尽美的创作态度。

图 1-8　秦代玄武纹画像砖

二、阴线刻空心砖

双龙纹画像砖(图 1-9):20 世纪 70 年代出土于陕西省咸阳市秦一号宫殿遗址(长 100 厘米,宽 38 厘米,厚 16.5 厘米)。这是在砖坯表层稍干情况下,用锐器在上面阴线刻出画像的装饰图像制作法。装饰图像的图稿是事先设计好的,在原砖上可以看到用针扎的方式拓稿的痕迹。

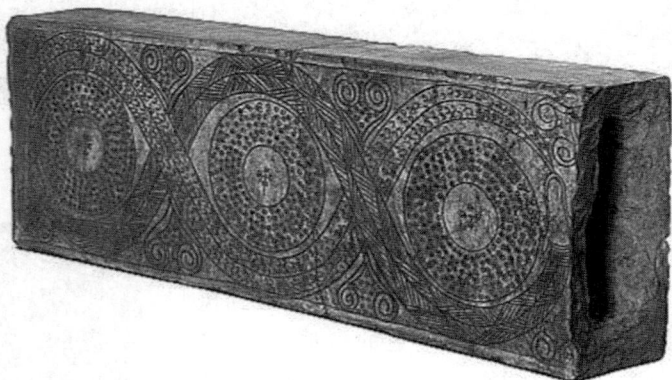

图 1-9　秦代双龙纹画像砖

　　这块画像砖表现的是双龙怀三璧的内容:左右两头刻画的是双龙互为衔尾的状态,两边龙头龙尾都结环抱璧,巧妙安放了左右两头的玉璧。两条龙的身体在中间相交两次,在正中部位形成闭环,共同怀抱中间的玉璧。玉璧是中国古代用来沟通人神的礼天器物;在古代数理中"三"有"多"的含义,用三璧礼天,表达出无限虔诚之意。双龙相交代表阴阳和谐,子孙兴旺,所以这块砖所刻绘图像的含义是显而易见的,即希望上天保佑,天下万物阴阳和谐,生灵繁茂,子丁兴旺。玉璧上的乳丁纹是用细管戳印而成,很好地表现了玉璧坚实的肌理。空洞中心处也戳印了四瓣花——简化柿蒂纹,有事事如意的吉意,也很好地装饰了玉璧心部。龙头比较简化,只突出了两只环状的双目和舌形吻部。一条龙身上肌理,是用弧形利器戳印而成,显示出较强的方向感和肌理感。另一条龙是用折线做骨架,在折线与龙身轮廓相交而成的小三角内,交错排列斜平行线,形成极富装饰感的独特肌理。两条龙身体的不同肌理表现,有效丰富了

— 9 —

画面呈现的视觉层次。在龙纹外围的边边角角处,填充有两螺旋纹组成的"心"形,空处的肌理与玉璧同,在细节处也凸显了完美。

单龙纹画像砖(图1-10):为上面所讲双龙纹画像砖的一个变种。玉璧在砖的中间偏上部,玉璧和玉璧内空心的肌理都是用细管戳成,呈现出较为醒目的肌理。玉璧位于龙体的中央;龙体的中央沿着玉璧外沿弧度向左右上方延伸,形成一个如宝盆般的形状,将玉璧托起。右侧的弧线延伸至砖的上沿,然后向下弯曲,在砖的右端几乎形成一个圆形,龙头向内回勾至砖的下沿;整体形状呈方中带圆的矩形,其上的肌理与玉璧相似,但略显稀疏。龙的额部呈桃形,双眼如环,龙鼻向内勾成双螺旋状,龙角短而弯曲,显得犀利。左侧部分延伸至砖的上沿,向下弯曲成螺旋状,形成龙尾。两对龙爪分别位于玉璧的左右两侧,腿部呈圆旋状如车轮,爪部如同枯枝般遒劲有力,爪甲锋利。龙体的肌理由麦穗状的对生短斜线构成。整个龙纹显得茂密而凌厉,与秦国的政治气象颇为吻合。

图1-10 秦代单龙纹画像砖

水神骑凤画像砖(图1-11):(残砖,长22厘米,宽18厘米)图像表现的是凤凰侧面,凤凰只剩下高扬的头颈部分,眼圆如环,尖喙含珠。从残砖上还可以看到凤凰身上有一玉璧,璧上立一个戴山形冠的鸟爪神人,神人的耳朵上似穿着一个弓体游动的小蛇。凤凰颈部的肌理是人字形阴刻线,玉璧的肌理还是细管戳印而成。据考:此砖上神人,名禺强,字玄冥,是一位水神。

图1-11 水神骑凤画像砖

三、小印模集成图像空心砖

临潼五模空心画像砖(图1-12和图1-13):1957年出土于临潼。画像砖上的图像由多个小印模压印组合而成,上有门吏、武士图、山兽、狩猎和骑马射猎等五种图案。这种画像砖的出土标志着小印模画像砖在秦代已达到较为成熟的水平。在这块砖上出现的人物图像,也体现了秦代画像砖在小印模技艺方面的一次显著提升。

这块画像砖最上层有五个执戟门吏。其中两个面右而立,弯腰驼背给人以老成持重之感,这两个门吏是由一个印模压印而成。另三个面左而立,形态魁伟健硕,只从影子就可见风华正茂之感,这三个门吏形象也出自同一个印模。

图1-12　临潼五模空心画像砖（拆分组合图）

其下有一个印模，印模所表现的是：主体三个人物席地而坐，从动态上看，左边两个身材较大的武士似在高谈阔论着什么（最右边的人物压印时形象已残，看不太清楚）。三位人物的左边有一个提梁壶，可能是用来装酒的，由此可以推测此图表现的是宴饮场景。

竖看画像砖这两层印模，门吏林立，武士豪饮，给人以威武森严之感。

图1-13　临潼五模空心画像砖（原图）

横看画像砖的右部，共有三层图像，上面两层是一个印模。表现的是群兽在山中出没，生态甚为良好的画面，似在为下面的狩猎画面打伏笔。下面一层是一个印模，表现的是一个武士骑马张弓追逐群兽的热闹场景。

军吏宴饮、山兽两模画像砖（图1-14）：1907年出土于陕西凤翔彪角镇（长45.6厘米，宽33.7厘米，厚5.1厘米）。这块画像砖图像同样是小印模压印的。图像位于画面中间，四边有齿痕斜纹装饰。图像共有六层画面，上面的五层画面显然都是武士宴饮图。这块画像砖的图像甚为清晰，画面中央有两个武士席地而坐正在宴饮，最右边较小的人物是为他们添酒端菜的侍者。画面的最左边有一个提梁壶；人物之间的空间里，填充有酒器、食器、弓、剑等，这使整个画面充满了生活气息。

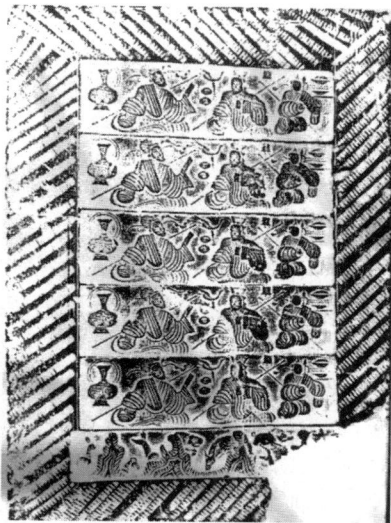

图1-14　军吏宴饮、山兽两模画像砖

最下面是另一个印模，此印模表现的内容与上面临潼出土的群兽出没山谷的画面相似。

此砖上的两个印模，与上面所讲的临潼出土的画像砖上的某些印模高度相似，即便两块砖所使用的印模不是出自同一个制模艺人之手，也必然存在模仿的关系。这说明在秦代空心画像砖的印模制作已呈现出模模相传的流行趋势。

四、整版模印实心砖

钱纹铺地砖（图1-15）：为矩形实心砖，图像应是用整体模印的阳线纹样。骨架是双向双重斜线相交形成的主体正方形，钱纹位于正方形内。四面矩形内饰有"S"形云纹，四角的小正方形装饰有环形纹。整个画像砖图像整齐，制作精良，应为铺地砖中的精品。

图1-15　秦代钱纹铺地砖

第四节　对画像砖研究客观缺憾的思考

一、对汉前画像砖考古材料缺失的遗憾

7000年前的河姆渡砖形烧结块，至少能够说明，人类花纹陶器在7000年前的远古就已经出现。有实物考证的砖，有5000多年历史。由于缺乏考古依据，从陶质烧结块，到作为建材的砖的具体演化历程不得而知。大型空心画像砖出现在春秋时期，但这个时期在陕西和河南分别出土的空心画像砖技艺已相当成熟，虽然没有确凿的依据，至少可以推测在春秋之前，空心画像砖的技艺有一个漫长的演化过程。因为史料的缺乏，对于古代文化遗产的研究就像戴着镣铐跳舞，只能对现有的极为有限的素材，进行梳理和阐释。史料不全是客观事实，研究的结果也必然是零星的片状拼接，大量的文化史实遗失在深邃而久远的历史中。因此，对于汉前的画像砖艺术的研究，注定如远观缥缈的海中仙山，只能在云里雾里了解个大概。

二、对汉前和汉后画像砖的断代不尽严谨的状况表示无奈

早在宋代,汉代画像石就开始进入金石学家的视野。而对画像砖的研究,一直到清代都较少,陆心源等对汉代模印砖的研究也只限于江浙一带的小型实心砖。直到抗日战争时期,学界才开始对汉代巴蜀画像砖进行研究。1949年后,随着考古学的发展,对汉代画像砖的整体研究才逐步展开。汉代画像砖这个概念出现后,人们在研究时常将年代无法考证的画像砖归于汉代。再加上,画像砖墓被毁坏和盗挖的很多,画像砖被二次利用的也很多,自春秋到汉代,画像砖的形制并无特别大的区别,笔者认为春秋到秦的画像砖应该有相当的数量被草率地归于汉代的。比如下面的画像砖,有些资料把它归于秦,因为秦代的宫殿和汉代的帝陵都在咸阳。故而,笔者在对秦代画像砖进行梳理时,也曾经进行过如此阐释。

双龙捧璧画像砖(图1-16和图1-17):三面图像,学界对其断代为秦,但有争议。咸阳秦龙纹空心砖(长100厘米,宽88厘米,厚16.5厘米),出土于咸阳市渭城区窑店镇牛羊村,秦咸阳一号宫殿遗址。首先是大面,这块空心砖上的图像呈现出浅浮雕的造型模式。两条龙以中间的玉璧为中心,对称分布。相对于雄壮的龙体,龙头小但神情飞扬飘逸;龙尾细长但遒劲有力;龙身肥硕,显得甚为饱满、劲健,充满力量。两龙身体相向,龙头扭向后上方顾盼,龙尾绕着一条后腿,呈蛇线形向上升腾,显示出刚柔相济的美感。在主体形象外围有仙草和灵芝作装饰,很好烘托了应龙飞升的仙气飘飘的神话氛围。传说有翼的龙,叫应龙,它在黄帝和大禹时代都立过赫赫战功,是中国神话传说中的功臣龙、创世龙和造物龙。传说中的应龙叫庚辰,五行司土,坐守五方中央,所以又叫黄龙;传说应龙历世而不死,仙寿恒昌,所以又叫老龙。秦砖上出现应龙形象,充分说明了应龙在先秦的神话体系中已经被打造得相当丰满,与史前的上古神话和其后的汉代神话一脉相承,成为中华龙图腾完整神话体系中的一部分。

图1-16 双龙捧璧画像砖(大面)

其次是侧面,还有一组双龙捧璧图像。最中间的玉璧被安放在一丛四朵灵芝上。两边的龙动态一致,前爪向前自然平伸,后爪跃起;两边龙体都呈现出粗细有致、遒劲有力的蛇形线;龙头高仰,龙嘴大张,现出激动和兴奋的状态。这两条龙隔着玉璧和灵芝深情顾盼,表现出你浓我浓的情感倾向。

图 1-17　双龙捧璧画像砖（侧面）

　　综上所述,这一块画像砖的朝代归属,已经引起学者的质疑,在以后的考古学研究上,一定会有所突破。更多的民间画像砖,没有出土地,没有明确的年代归属,也统统被盲目归靠到汉代,成为画像砖遗存研究的巨大漏洞和盲区。

　　此外,不仅是汉代之前的画像砖断代存在混乱现象,汉代之后的情况也同样令人关注。特别是魏晋时期,中原地区的画像砖似乎彻底缺失。笔者认为,这种现象与画像砖断代的混乱有着密切的关系。笔者曾经见过一块带有明显魏晋风格的巴蜀画像砖,却被界定为东汉时期的画像砖。这种盲目的断代,无疑会对后续的研究产生误导。笔者私下对中原地区出土的画像砖年代归属也有所质疑,尤其是许昌地区出土的那批中型实心砖。然而,由于缺乏考古依据,笔者在研究汉代画像砖时,也不得不暂且将这批画像砖归入汉代范畴。在本次梳理过程中,也只能暂时将其归于汉代。随着对汉代前后整个画像砖艺术史的梳理和研究的深入,这种质疑愈发强烈。因此,笔者认为有必要将这些质疑提出来,期待未来考古发现的印证和更深入、更确切的研究。

三、汉前的三大历史时期决定了画像砖的诞生和完善

　　首先,夏商周的文化意识形态。苏秉奇先生认为:"夏商周三代,由于方国的成熟和发展,出现了松散的联邦式的中国。"夏商周时期,以同宗共祖的血缘关系作为社会结构的基础。在这一时期,血缘地位和权力地位是一体的,中央和地方的关系不只是政治关系,更是血缘关系。夏商周各自的思想意识形态又有微妙的区别,呈现在艺术风格上,夏朝的艺术抽象而又凝练;商朝的艺术形式神秘狞厉;西周的艺术则充满秩序和韵律。夏商周的思想意识形态主要由两大要素构成:第一是神权思想,即神灵万能;第二是礼治思想,体现了人类自身意识的觉醒,并构建了"礼乐制度"。对于画像砖来说,这一阶段是诞生和萌芽阶段。

　　其次,春秋、战国时期的文化意识形态。春秋战国时期列国争霸,群雄并立,社会结构急剧变化,社会矛盾十分尖锐,战争和兼并接连不断,是中国古代社会从奴隶制向封建制转型的大变革时期。这一时期也正好是世界文化的轴心时代。在中国思想发展史上,出现了百家争鸣、百花齐放的状态,是诸子百家思想大融合、中华智慧大爆炸的极为辉煌的时期。中国伟大的思想家大多诞生于这个时代,他们的智慧结晶共同构筑了中华民族思想文化的精髓与根基。

　　在这一时期,思想领域出现了诸多重要的观念和理论。民本思想逐渐形成,同时产生了仁义礼智信的道德观念。礼治观念也得以完整构建,其核心是忠君和孝悌。此外,由阴阳观念延伸出的五行观念,形成了中国朴素的唯物主义。这些思想观念不仅

反映了当时社会的变革，也为后世的哲学和文化发展奠定了基础。

春秋战国时期的工艺呈现出一种轻盈、活泼的状态，涌现了许多造型新颖、精美华丽的器物。人们不自觉地将精神付诸器物，形神互融，散发着迷人的时代光华。思想的觉醒以及生产力的提高，使得这一时期的工艺具有创新特质，散发着巧思和清新的气息。艺术形式既统一又富有变化，繁复而有秩序，并提出了"尽善尽美"的美学观点。《考工记》提出："天有时，地有气，材有美，工有巧，合此四者，然后可以为良。"对于画像砖来说，在这个时期应该经历了几度提升和改良，空心和小印模技艺逐渐成型。

最后，大秦帝国的文化意识形态。秦始皇横扫六合，结束了封建割据的状态，建立起统一的中央集权制国家，他实现了政治、经济、文化、社会制度等方面的统一，奠定了中华民族长远的文化认同基础。秦始皇统一法制、统一文字、统一货币、统一度量衡、统一器械，甚至统一婚姻制度。虽然大秦帝国只经历了十五年的短暂命运，但它却创造了博大精深的文明体系，激发了华夏民族强大的生命力。凭借大秦帝国的宏大气韵，画像砖技艺进入了第一个辉煌期。

从公元前 2070 年，到公元前 206 年，一千八百多年的文明进程，都归属于"汉前"的文明阶段，这一时期青铜器开始出现，模范技术逐渐成熟，也决定了模范技艺的迁移。周朝绳纹砖还是偶然的模印花纹的发现和呈现，到了春秋就有了较为成熟的小印模画像砖。或许是受青铜模印工艺"范"的启发，人们偶然发现空心器物具有分量轻、易搬运的特点，空心砖的技艺也逐渐诞生。到了大秦帝国，大兴土木，受大统一观念启发，开始出现整版模印的大型空心画像砖形式，也出现了阴刻的画像砖图像表现技艺。由此，在汉代以前，画像砖的制作技艺基本完善，为汉代画像砖的大流行打下了良好的基础。可惜的是，这一时期年代太过久远，好多历史遗存都风流云散。但是，画像砖技艺由萌芽，到成型，到完善，却构成一个相对完善的周期。

因此，我们说中国画像砖产生于汉前，发展于汉前，基本成熟于汉前。汉代画像砖继承了汉前的技艺，在此基础上逐步走向了辉煌。

第二章

魏晋南北朝时期画像砖的模印艺术

魏晋南北朝从公元220年汉代灭亡,到公元589年隋朝灭陈结束,共历369年。大致可以分为三个阶段:第一阶段是三国和西晋;第二阶段是北方五胡十六国和南方东晋;第三阶段是南北朝,北朝:北魏、东魏、西魏、北齐、北周;南朝:宋、齐、梁、陈。

东汉末年,从军阀混战,到三国鼎立,你争我夺,在血雨腥风中,摇曳六十多个春秋,这就是三国时期。

公元265年,司马炎颠覆了曹魏建立西晋。公元280年灭掉东吴,彻底结束了三国鼎立的时代。东晋社会贪腐、贿赂之风盛行。大量游牧民族乘虚进入中原,为五胡十六国之乱,埋下伏笔,也为西晋王朝敲响了丧钟。公元317年,西晋灭亡。

东晋,是司马氏后代在南方建立起来的,江山仅限于江南半壁。在建立王国的103年间,与北方的五胡十六国呈对峙状态。公元420年,刘裕逼迫晋恭帝禅让,东晋灭亡。

南北朝,是中国历史上又一个大分裂时期。南朝:从公元420年,刘裕废掉东晋的末代皇帝,建立宋开始,共经历宋、齐、梁、陈四个朝代,到公元589年隋朝灭掉陈国,南朝结束。北朝:北魏分裂成东魏和西魏。随后,东魏被北齐所替代;西魏被北周所替代。历史上,北方五个朝代总称为北朝。始于公元386年,终于公元581年。

魏晋南北朝虽历时369年,但朝代更迭频繁,政治分裂,战乱频仍。由于北方战事不断,失去了文化发展的大环境。南方相对安宁,经济文化有一定的发展。魏晋时期进一步完善了汉代的察举制度,确立了士族阶层的特权,优化了他们的生活条件和生存环境,激发了他们在文化艺术上的创造。

在思想意识方面,具有思辨特点的玄学的产生和发展,丰富了逻辑学的内涵,对文化艺术的影响,也是显而易见的。开始出现系统性的绘画理论。顾恺之的《论画》和谢赫的《画品》、宗炳的《山水图序》等,开中国古代画论先河。

在这300多年不算太平的时代,却是佛教在中国繁盛发展的一段时间。皇家积极参与、建设;深陷苦难的劳苦大众也似乎从佛教中,找到心灵慰藉。因此,佛教对于中国艺术的影响是不言而喻的。佛教的飞速发展,催生了佛教艺术的发展,从建筑壁画,到佛教雕塑,再到石窟艺术,灿烂辉煌。

连年战争催生人口大迁移,既促进了北方少数民族文化和中原文化大交流,也促进了中原文化和江南文化大交流。造型艺术取得高度发展,被誉为"魏晋风骨",出现

— 16 —

了以书圣王羲之为代表的书法家群体，以"虎头三绝"顾恺之为代表的画家群体。

由于民族融合，人口流动，在客观上传播了生产技术，提高了劳动生产效率，促进了经济的发展。

在魏晋南北朝时期，中国画像砖艺术，虽无汉代画像砖艺术那么灿烂辉煌，但并没有停止发展，而是形成另外一个艺术高潮。

第一节　三国魏晋时期画像砖的模印艺术

一、三国魏晋时期画像砖的题材内容

三国魏晋时期的画像砖艺术，延续着汉代画像砖的艺术作品蓬勃的生命力，持续发展。然而，这一时期的艺术失却了大汉雄风的豪壮和强悍，由于失去了大统一帝国强悍经济的支撑，画像砖艺术不得不以微弱的气息苟延残喘。画像砖不仅数量少，出土地域少，范围小，它的艺术风貌似乎也在逐步"雌化"，那雄强博大的气概不复再现。大型空心砖随着汉代的灭亡而消失无影。两晋时期的画像砖，反映出的题材和内容基本上是对汉画像砖的传承，但又有着不同于汉代的魏晋风韵。具体来看有以下三点值得关注：一是社会生产生活题材成为主流；二是优美的文字砖盛行；三是佛教艺术形象的加入。

（一）河西走廊以社会生产生活为题材的画像砖

河西走廊画像砖反映了人们日常生活的放牧、杀猪、烹饪的景象，内容丰富多彩，充满了浓郁的人间烟火气。我们可以清晰看到人民对于战争的厌恶，对于安居乐业的和平生活的向往。艺术是时代的产物，河西走廊的这类画像砖，表现的主体无非是牛马肥壮、丝帛丰富、粮食丰收；农夫锄禾忙，庖厨灶火旺；官员车马快，信使马蹄疾；众人宴饮，车马归驿；官员燕居，门吏尽职……对于画像砖艺术而言，如两晋时期，河西走廊这般接地气的画面内容，还真的比较少见。

当然，这部分画像砖还表现了伏羲、女娲，青龙、白虎，开明神兽，以及其他神兽仙鱼等神话题材。这些内容展现了人们对自然和天地的无限敬畏之心。

1."纯粹"意义的画像砖盛行

如果从纯粹的字面意思上，来理解"画像砖"这三个字，以绘画艺术形式装饰的砖，即在砖上画画。然而，基于"汉画专业研究"层面的"画像砖"概念，却是模印的浮雕形式，在浮雕上再画画和施彩。这是因为画像砖作为墓室建材，又长期处于潮湿的地下，在中原或江南相对潮湿的情况下，表层颜色脱落，还有浮雕形式存在；而两晋时期的河西走廊，因气候干燥，不会出现颜色脱落的现象，就直接省去了做浮雕的繁复步骤,画像是直接在烧制好的砖面上绘制的。在砖面上涂抹白底子,再加以绘制,因此被笔者称为纯粹意义的画像砖,如这匹飞马和这条带鸟翅膀和鸟腿的鱼(图2-2),都是在烧好的砖面上直接绘制的。

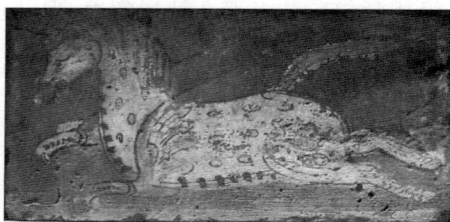

图2-1　手绘飞马

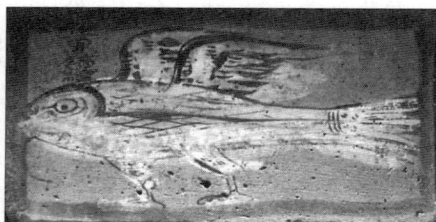

图2-2　手绘飞鱼

2.带画框的减地画像砖

还有一少部分画像砖作品是模仿中原模印画像砖,在湿的砖坯上画出形象轮廓,留出画框,再剔去形象周围的"底子";待砖坯烧成后,再在上面画细节和施彩;但整体感觉还是以绘画为主体的风格(图2-3)。

图2-3　平面剔地施彩天马

以上,这两种画像砖,以写意的线条语言,以浪漫主义和东方表现主义相融合的随类赋彩手段,来塑造形象。反而高度契合和传承了汉画艺术的浪漫、豪放、沉雄和博大的艺术特征。这批画像砖规模宏大、个性鲜明、艺术价值高、地域风格明显,是中国画像砖艺术中的重要组成部分。如果说两晋时期的画像砖,对中国画像砖有着最为显著的贡献,那就是这批快意用笔的画像砖艺术形式。

3.出现了高浮雕和浅浮雕雕刻画像砖

这类画像砖,不是砖刻的,而是在湿的砖坯上刻就的,应该还是在模仿中原画像砖的模印效果。虽然这些画像砖不是模印的,却和模印画像砖有异曲同工的艺术效果,是不同艺术手法的殊途同归。

托腮人物(图2-4):这块浅浮雕的画像砖,有双手托腮或单手托腮的人物,风格上颇有几分现代绘画构成意味,富有超越时空的现代感。

图2-4　湿刻托腮人物

陈宝与怒特：浅浮雕造型还有鸡首神人和牛首神人（图2-5）。这两种独特造型，有可能与来自战国时期，秦国对"陈宝"和"怒特"的祭祀有关。据说："陈宝"祭祀是为了得到更多的铁陨石，其祭拜对象是鸡首神人。"怒特"的祭祀，经笔者进行深入研究认为是为了纪念秦国对木制弓弩的发明，其祭拜对象是牛首神人。

图2-5　湿刻鸡首神人和牛首神人

高浮雕方相士（图2-6）：方相士的形象是高浮雕的熊，袒胸露乳，肚皮肥大。似乎有几分古代女性崇拜意味。该方相士为力士造型，身体紧缩成一团，充满势能。

湿刻龙首（图2-7）：龙的头部基本上保持着立方体砖坯的大型，眯着眼睛，大张的嘴巴里，牙齿颗颗清晰，腮帮处还阴刻了一条小鱼。整个形象淳朴厚实，憨态可掬。

图2-6　高浮雕方相士

图2-7　湿刻龙首

4.模印铺地砖

三国两晋时期的模印铺地砖，做工讲究，印模精美，也是值得圈点的画像砖模印作品。

纯粹图案的设计：如图2-8所示，这种十字穿壁铺地砖，呈四方连续构成，图像制作规整精良，具有礼敬上天、阴阳和谐、子孙兴旺的吉祥含义。即便是在中原地区，类似的铺地砖也算得上精品了。

图2-8　纯图案模印铺地砖

　　浮雕与线条相结合的表现：砖的结构如图2-9所示，呈现出中心加四面八方的"九宫格"格局。十字串环的交叉线与正方形对角线重合，以阳线的形式表现，成为铺地砖的结构框架。在骨架构建的四方空间里，填充浮雕的灵异形象，灵异造型灵动飞扬，动感十足，与线条表现的十字穿环框架形成对比，显得朗爽而层次分明。

　　两种线条的表现：如图2-10所示，此砖骨架与上面的砖相同。在被骨架分割的四个三角形空间里，用灵动的线条表现四神图像和生发于壁上的光芒图像。图像的骨架用的是较为规整硬朗的粗线条，而四神图像的线条纤巧灵动，很巧妙地区分出两者的层次。

图2-9　浮雕与线条相结合的铺地砖

图2-10　阳线铺地砖

（二）浙江沿海画像砖内容丰富品类齐全

1.表现人物的画像砖

　　爱意浓浓的夫妻形象（图2-11）：图中男女应为墓主夫妇：男主人面目清秀，衣着潇洒，玉树临风；女主人，容貌端丽，身姿婀娜，似春风拂柳。二人生前相伴，死后合葬，并造像以表达恩爱之情，夫妻情深，令人羡慕。晋张华："衔恩守笃义，万里托微心。"此画表现了相隔万里的有情人隔空相思的深厚情谊；刻画了两夫妻经历了生生死死，几番别离，依然痴情不移。虽穿越一千多年，依然撼动人心。

　　制作者的线条语言已较为成熟，男主人衣服的垂感，衬托出其性格的深沉、内敛；女主人罗裙的轻柔飘逸，表现出温良、和顺的性情，正可谓：衣之语，情之语也。

　　稚拙的武士形象（图2-12）：这两个画面是一块砖的两个侧面。左边画面是两个造型粗犷的武士；右边画面是一个同样粗犷的全副武装的兵士；这些形象闪动着童稚美的光芒，也渗透着民间艺人诙谐与幽默的智慧。虽然，这些形象造型不够严谨，线条也不够成熟，但三个武士的形貌、个性和神韵却被表现得十分到位。民间艺人因为拥有深厚的生活基础，因此，能够精准地捕捉到人物的内在精神气质，也鬼使神差般达到"似与不似之间"这种艺术的最佳状态。

图 2-11　夫妻形象
（实心小砖两端面的阳线）

图 2-12　武士形象
（实心小砖两端面的阳线）

　　射鹿图（图 2-13）：画面表现的是一个武士张弓射鹿的情景。鹿暗喻帝位，如逐鹿中原，就是在中原争夺帝位之意；当然，鹿也含有官禄之意。总之，射鹿是一种祥瑞的举动。

图 2-13　射鹿图

　　高士图（图 2-14）：砖面构成为对称模式，对称中心是一个回纹，代表富贵到永久。紧挨着回纹的，是一对对称的胜纹，具有优胜之意。最外面是一对对称的、神情庄重的、戴着高冠的高士画像。

图 2-14　高士图

　　佩剑武士（图 2-15）：画面中的佩剑武士用笔简练。用笔虽简，但魅力不减。武士的帽子和战袍的下裳较密，脸部和上衣较简，其中上衣几乎简化到没有轮廓，只有三叶草样的衣领和前襟，造成形象繁与简、密与疏的对比，赋予了形象别样的形式美感。这里的惜墨如金绝不是吝啬，而是内敛的智慧和高明的艺术手法的表现。

　　钱纹与贵妇（图 2-16）：画面上部是一个钱纹，下部是一个头戴三角花冠、身披华丽斗篷的贵妇形象。衣冠整齐的妇人，给人以雍容华贵之感。人物衣服上分布着较密的装饰斜线和直线,并通过线条方向的变化暗示出斗篷的结构,明确了肩部和其他部位的区别,也反衬出人物面部的白净。笔者曾多次审视这个画面,设想着把钱纹变成一轮满月或一勾弯月时,那种浪漫的感觉。但隐藏在坟墓里的期许是墓主最真实的愿望,生活是现实的,想让自己的家人拥有取之有道的财富而幸福地生活,这一点也没有错!一个正常的有阅历的人,都会选择现实的饱满幸福,而不是年少轻狂的浪漫。在钱纹的设计理念里,本身就有天圆地方和人间规矩的理念。从文化层面来阐释,义理还是不错的。

戴头盔武士(图 2 - 17):图中的武士戴头盔,紧扎裤脚,一身英雄装束,显得十分利索。其头部被塑造得较大,脚又被夸张地表现得很小。武士虚扎着马步,游弋在刀光剑影中的姿态,极富动感。身姿矫健的武士,呈现出强烈的英武气概,使人不由联想起屈原的诗句:"诚既勇兮又以武,终刚强兮不可凌。"

图 2 - 15　佩剑武士　　　　图 2 - 16　钱纹与贵妇　　　　图 2 - 17　戴头盔武士

英武双雄(图 2 - 18):两个武士分别位于一块砖的两个端面。左图中的兵士执盾、扛枪、佩剑,身穿盔甲,头戴帽盔,表情严肃,一身英武之气。作品表现的是英勇的汉军壮士形象。右图表现的也是一个身穿盔甲的兵士形象。该兵士以正面形象呈现在观众面前,较之左图中的武士,少了些英武,但多了些淳朴、憨厚和稳重感。两武士性格的大反差,反而能更好地呈现出每个武士性格的个性化特征,有效避免了形象的简单重复。

小小钱童(图 2 - 19):图中的钱童有着白净的脸面,胸前抱着一个硕大的铜钱,两条折线围成钱童的下裳。如果不知此砖是晋代的,砖面上的人物倒更像民国时期一个温文尔雅的账房学徒。但钱纹左右的两根切线和人物下裳的双折线又形成两个如跳芭蕾般立着的孩童的光腿,一下就把人物从清秀的翩翩少年幻化成无邪的孩童。于是,儿童的天真无邪便把金钱的铜臭彻底过滤掉了,这个白净的钱童形象,自然而然赢得了许多人喜爱。

图 2 - 18　英武双雄　　　　　图 2 - 19　小小钱童

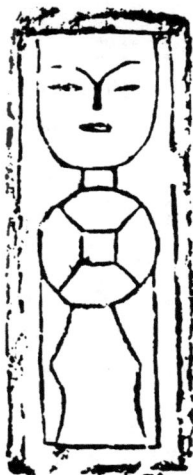

胖妇人（图 2 - 20）：画面上的妇人形象甚为肥胖富态，很像居于江南鱼米之乡的贵妇。与这位妇人脸部和身体的富态感觉不同的是，人物发髻梳得端庄而对称，衣服的线条，多用动感的弧线，显得优雅而飘逸，颇具风韵。这是三国两晋战火纷飞年代的一个特例形象，乃晋代的杨贵妃也！

双髻少女（图 2 - 21）：出土于杭州临安区，画面上是一个梳着双发髻、身穿长裙的仰脸少女形象。面部塑造简单随性，人物显得憨态可掬。但从人物异常纤细的腰部和被隐的手足来看，整个形象似乎又有几分飘忽的幽灵感。

图 2 - 20　胖妇人　　　　图 2 - 21　双髻少女

2. 佛教画像砖

　　佛教具体在什么时候传入中国，还是一个尚存争议的问题，学界只是初步考证是汉代，但是究竟是东汉还是西汉，仍是未解之谜。目前，我们发现的汉画造型艺术主要有这几例：连云港孔望山摩崖石刻，山东沂南北寨汉墓画像石，山东邹城画像石，成都平原数例装饰在摇钱树枝上的佛像,浙江东吴时期的佛像画像砖。虽说近阶段在西安西汉遗址中发现鎏金佛像,但多数专家认为它不可能是汉代的遗物。如此统计下来,我们会发现一个有趣的现象,这些汉代佛教形象多位于中国海上丝绸之路的关键地点,以及南方丝绸之路的起点成都,与陆上丝绸之路似乎关系不大。

带有佛教形象的画像砖,目前来看,仅见于浙江沿海地区。奇怪的是,在两晋时期的浙江画像砖中,多次出现带有佛像的画像砖。这究竟是汉代画像砖佛造像的延续,还是浙江本土的独创,都值得深入探究。当西北和中原大地红红火火地进行佛教石窟开凿之时,江南浙江却将带有佛像和象征佛教的莲纹砖默默地装饰于墓室之中,陪伴墓主人长眠于九泉之下。我们可以推测这种现象的成因:正如基督教早期在地下的洞穴中秘密传教一样,除连云港孔望山摩崖石刻外,汉末以及两晋时期,东南沿海地区的佛教形象也都藏匿于黑暗的墓室之中,似乎有种地下活动的感觉。当中原、西北地区正叮当作响、隆重开凿佛教石窟时,东南沿海地区作为接受佛教的先锋地区,却似乎成了佛教传播的"地下阵地"。与此同时,我们也会发现这种现象:魏晋时期,佛教石窟在江南各地并未广泛流行。笔者认为,其中原因大概有二:第一,偏安江南的汉族政权可能出于对北方少数民族割据势力的痛恨,不愿让子民信奉北方政权的主流信仰;第二,东吴末主孙皓曾反对过佛教。

站立佛像(图2-22):这个画面表现的是一个站立的佛像,佛头周围带有圆形背光,其头扭向右肩,现出璀璨的笑容。其衣纹上疏下密,秩序井然,很好地表现出衣服的下垂感,也从侧面表现出大彻大悟之佛深邃而博大的情怀。

圆满佛像(图2-23):这是一个由圆形和弧形元素构成的,显得和蔼、慈祥的佛像。圆形的人物面部、圆形的佛光圈、圆形的头饰和衣饰,以及用连弧线表现的肩部和袖子,弧形的衣服飘带和弧形的腿部轮廓,给人一种饱满的张力感,以及环珮叮当的细微运动感,以一种风动和流动的节奏和旋律向观者传达一种和谐的美感。而圆形是中国人所最喜爱的形状,佛教也常以圆的智慧来走进中国人的精神领域,以实现圆满的拯救和解脱,本身就是一种般若(妙智慧)。

图2-22　站立佛像　　　　　图2-23　圆满佛像

端坐佛像(图2-24):画面中的佛像,盘腿端坐于一个小小的几案上。该佛像造型很像一个"纳须弥"的宝葫芦,也形象地诠释了这样的佛教义理:每个人都有一个宝瓶,修炼就是使自己的宝瓶变得愈来愈洁净。民间艺人采用浮雕和线条相结合的造型方法:佛像的头顶、肩臂和大腿的外轮廓等部位浮雕较高,使其有较强的立体感;其他地方则用线条来表现,使佛像显得饱满庄重,虚实得当。这比纯粹以线造型的佛像,具有更强的气势和张力。几案下有一个"钟"字,应该是墓主的姓氏。

执杖僧人(图2-25):制作者在僧人的身上用了很多竖线,使得形象显得格外修长、高大。高明的制作者,为了避免人物的面部被玉树临风般的身材夺去风头,就在头的两边设计了两条向上飘动带子。这不仅有效突显了人物的头部,也很好渲染了人物昂扬向上的精神面貌。而人物手执的法杖,位于人物正中心线上,垂直而笔挺,正好成为画像的一个很巧妙的对称轴。使僧人形象更符合传统的中和之美,给人以中正、温暖和煦的信赖感,形成了一种本土"中和"与佛教"空性"的复合美感。

晋代弥勒(图2-26):此佛像身体和头部的比例是一比一。头戴平顶僧帽,整个头部显示出上方下圆的感觉。眉、眼皆向下弯曲,嘴部呈四方形,门牙尽露,五官呈现出满满的笑意。下部袒胸露乳,呈现出一种赘肉堆积的富态模样。头部和身体的外部有多层线条,表现了神异的佛光。其形象与后代的弥勒造像高度契合。

图2-24 端坐佛像　　　图2-25 执杖僧人　　　图2-26 晋代弥勒

3. 胡人画像砖

汉代画像中出现胡人形象是很常见的事,但许多胡人都是以脸上被刺字的奴才和门吏的身份出现。不过,下面四个来自晋代的胡人形象,衣帽穿着显得较为讲究、气派,不像是衣衫褴褛的奴隶、乞丐,更像是从海上舶来的商人或是佛教的传教士。这些胡人形象,充满了神秘感,值得探究。

小胡子胡人(图2-27):这是个典型的胡人形象,高鼻、大眼、八字胡,戴着标志式的胡人帽,体态修长。这说明在西晋时胡人的脚步已到达我国疆土的最东部,这块画像砖印证了中国晋代各民族之间交流的广泛性和深远性。艺人用简单的线条呈现了胡人的样貌、半长的上衣、皱皱的短裤和及膝的长筒靴，表现出晋代民间艺人高度的概括能力和艺术表现能力。

胖胡人（图2-28）：这是一个长着鹰钩鼻的胖胡人的形象。制作者表现的是其侧面的形象。这个胡人体形修长，头上戴着尖尖的三角帽，脚下蹬着高高的马靴，双手抱于胸前，面带诡异的笑容。这个形神兼备的造型给人一丝神秘的感觉。

大眼胡人（图2-29）：这个胡人的形象特征十分鲜明：高高的鼻子，大大的眼睛，戴着一顶大沿的毛皮帽子；光着膀子，穿着毛皮坎肩；宽大的裤子呈现出厚重的质感，松松地笼在光滑的长筒靴上；腋下夹着一只酷似锦鸡的鸟。用现在的话说，简直酷极了。

长尾胡人（图2-30）：这是一个满脸是毛的胡人形象。衣裤和帽子可以说明他是个胡人。他的脸部完全被夸张地塑造成猫的形状，更为夸张的是他的臀部还被安上一条长长的尾巴。

图2-27 小胡子胡人　　图2-28 胖胡人　　图2-29 大眼胡人　　图2-30 长尾胡人

4.神仙灵异画像砖

呼啸龙虎（图2-31）：此画像用线和浮雕结合的手法，艺人以此手法塑造了一前一后，呼啸而大气磅礴的龙和虎的形象。前面的龙除了浮雕塑造的遒劲有力的身躯外，用了较多的摇曳飘荡的装饰线，使这个龙的形象显得张扬、华丽和潇洒。后面的虎的身体显得更粗壮劲健一些，形象显得相对素净，但却以其夸张的动作，同样吸引人的眼球，此虎在急速向前行进中又扭头向后，动作显得甚为夸张、滑稽。制作者在塑造两个灵兽时，用了相似而不同的塑造手法，既保证了画面丰富的艺术效果，又避免了塑造同组形象时易出现的重复和单调。此砖是浙江晋朝画像砖的经典之作。

图2-31 呼啸龙虎

四龙腾飞(图2-32):画面分六个单元,中间两个和两端共四个单元塑造的都是龙纹,这四个龙纹用线疏朗,造型纤巧,却个个动感十足、气韵生动、气势宏大,整个画面充满活力和生气。在左右两组龙的中间各有一个钱纹,钱纹中规中矩,法天法地,象征着财富。

图2-32 四龙腾飞

龙飞凤舞(图2-33):画面的中间有一个对称的纹样,像是植物,也像是人造器物,其形态像一个舞姬广舒双袖席地而舞。两边的龙与凤,造型规范大气,用线古拙灵动。整体画面飞动灵巧,端雅大气,富有金石味,很有魏晋风范。

图2-33 龙飞凤舞

羽人与龙虎之一(图2-34):砖面分成三个单元,中间较小的单元,表现的是一个手拿拂尘修炼的羽人,两边是青龙和白虎。三个形象都动感十足、灵巧干练,具有鲜明的魏晋风貌,并体现出道家特点。

图2-34 羽人与龙虎之一

羽人与龙虎之二(图2-35):此砖与上砖,造型与构成都极其相似,似乎出土于同一个墓葬。中间的羽人手持仙草作奔跑状,两边的龙虎在细节上与上砖有一些不同,其他都大同小异。

图2-35 羽人与龙虎之二

龙虎呈祥(图2-36):画面两端是造型华丽的青龙、白虎,这两只灵兽中间有一只既有几分像龙又有几分像虎的神兽,也许为灵兽之子。在画像砖中不乏龙虎交尾的图像,汉代人认为,龙为阳,虎为阴,龙虎代表阴阳和谐,子孙兴旺。此画像以线条为主要表现手段,多用"S"形线条、弧形线条和涡形线条,造型极富动感和张力,灵动飞扬。构图缜密、气势宏大,表现手法成熟、老练,是该地域出土画像砖中的精品。

图 2-36 龙虎呈祥

青龙、白虎和神兽（图 2-37）：此砖分为三个单元，中间的单元较小，内有一只头部像老虎，身体像犬的神兽。两边的单元较大，里面塑造的分别是青龙、白虎。《山海经·南次二经》中讲到浮玉山，山中有一种野兽叫"彘"，形状像老虎，却长着牛一样的尾巴，叫声似狗，吃人，是发大水的象征，是一种灾兽。此砖中间神兽，头似虎，尾似牛，身似狗，较符合"彘"的特征。因其是引发水灾之兽，而坟墓又是最怕水的，因此，一定要有瑞兽来抑制它。古人认为青龙、白虎能保平安。此处也是借用青龙、白虎的神力来镇守灾兽，以确保墓葬的平安。

图 2-37 青龙、白虎和神兽

王元思（图 2-38）：此砖的一个端面书有"王元思"三字，可能是墓主人的名字。字体造型自由而富有创意，在工整中又不乏变化和神采。另一端面有两个下巴相接的人面纹；其中一人面头上戴胜，应该是西王母；另一个应该就是东王公了。两个人面，皆弯眉大眼，面带喜色，艺人借此为逝者打造一个喜庆、放松的仙界环境，以点亮其来世之路。

"悟空"神人（图 2-39）：图中的神人头部是由两层心形以及上部的发髻构成的。其颈部围着宽宽的围脖，上衣是两个相叠的梯形构成，下部穿着肥臀裤，两足又小又尖。其造型呈猴子状跃然纸上。猴子在中国文化中始终是吉祥的象征，有封侯挂印的寓意。此神人的造型生动有趣。

图 2-38 王元思

图 2-39 "悟空"神人

5.人间祥瑞

福寿有余(图2-40):砖面分为五个单元,呈对称构成模式。对称中心的单元是鱼肚相向的双鱼图像,寓意富贵有余。往外两边都是适合矩形的四方绽放云雷纹,云雷出现,既可得风,又可得水,因此有风水俱佳之意。再往外,两边是呈"S"形错落呈现的二兽纹样,兽身被塑造成适合直角的弧线形,两兽身头尾相接正好适合于矩形,应有阴阳交合之意。此外,"兽"与"寿"谐音,因此,也含有长寿之意。此砖面装饰图案与图像间隔分布,制版精良,是吉祥画像砖的精品。

图2-40 福寿有余

长寿有余(图2-41):此砖已残,砖上只剩下一条鱼和一只兽。鱼的造型显示出超乎寻常的华丽:鱼鳞是由铺盖严密的网纹来表现的;鱼背鳍是一排连续而飘逸的弧线;鱼须和鱼尾被设计成云雷纹的造型。其形体也十分夸张,比旁边的兽还大,这充分展示出人们对鱼的喜爱和对财富的向往。形态如麂子的平凡小兽,被安上了仙界的翅膀,且能口吐云雷之气,因此,也被赋予了"仙寿恒昌"的吉意。

图2-41 长寿有余

柿蒂双凤(图2-42):砖的侧面中间是一个柿蒂纹,"蒂"与"帝"谐音,因此画像砖含"望子成龙"之意。两边的凤凰,伴"帝"的隐意也就不言而喻了。再往外是两个对称的"丌"字,形似垫放器物的基座,暗含建立千秋基业之意。最外边还有"S"状的祥云纹。在魏晋时期,时局动荡,江山几易其主,也使不少暗含野心之人,觊觎帝位,此墓主也许就是企图偷天者之一。

图2-42 柿蒂双凤

在两个"丌"字之间有"去苦思,又相思"六字,含有:彼此牵挂于心就好,不必苦苦相思之意。

双鱼(图2-43):图中的双鱼形体完美、肥硕、鳞片明显、夸张、突兀,装饰感较强。制作者以双鱼来象征富足、吉祥的生活。

图 2 - 43 双鱼

傩面具（图 2 - 44）：此砖图像在砖的侧面，是浙江汉晋画像砖中，比较独特的一种。制作者采用同一个模子，参差错落地印出四个面目狰狞的傩面具，以达到驱鬼辟邪的作用。

图 2 - 44 傩面具

富贵轮回（图 2 - 45）：砖面雕刻精致，相对对称模式，正中间的圆形纹样，既像一个礼天的玉璧，又像一个精美绝伦的车轮。往外，是一对对称的西王母头饰："胜"，寓意着吉祥、昌盛、优胜。再往外，是一对相对对称纹样，左边是网纹，右边是"肚贴肚"的双鱼纹，有捞鱼获利之意。最外边是一对十字穿钱纹，象征阴阳和谐、子孙兴盛、财源广进。

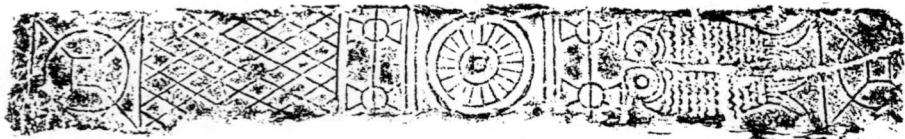

图 2 - 45 富贵轮回

琴瑟之光（图 2 - 46）：画面的中间是一个既像葵花又像太阳的纹样，两边则是对称的弦纹。《玉台新咏·古意诗》中有一首诗："挟瑟丛台下，徙倚爱容光。伫立日已暮，戚戚苦人肠。露葵已堪摘，淇水未沾裳。锦衾无独暖，罗衣空自香。明月对外照，宁知心内伤？"透过此诗，可以深切地感受远古男女用情之深。此组纹样显然也是有祈愿爱情圆满、男女双方恩恩爱爱、琴瑟和谐的用意，并暗含夫唱妇和的义理。

图 2 - 46 琴瑟之光

6.优美的文字砖

在汉画像砖中也有文字砖的出现,但数量不是很大,且多为纹饰与文字组合的画面,不占画像砖的大头。两晋时期,特别是浙江各地,文字砖似乎异军突起,大有与画像砖齐头并进之势。对于历史研究而言,这些文字砖都是研究历史的重要线索,显得尤为难得。从两晋文字砖的分布来看,浙江显然最为重要,浙江文字砖,多分布在宁绍平原和杭嘉湖平原。另外,在江西抚州、河南中部等地,两晋文字砖也都有不俗的表现。文字砖的内容基本上可分为以下几种。

(1)纪年砖

以具体的年月乃至时辰来表达,多为制成砖来表示墓室的建造时间或墓主人去世的时间。这些文字砖具有很高的历史价值。

元康(图2-47):此砖上有"大晋元康元年庚申作"九个字,元康是西晋惠帝司马衷的一个年号。此砖字体颇具魏晋之风,多用方笔,起笔和转折都较犀利,字体本身也比较方拙,显得磊落而大气。字的势倾向左下,增加了动感和活力。

大兴(图2-48):砖上书写"大兴三年庚辰八月十三日乙巳作十世建"十七个字,大兴是东晋元帝司马睿的年号之一,大兴三年是公元317年。此砖字体构图饱满,笔画平正茂齐,笔势冲破层层"堤坝""中流巨石"和"半岛"的阻隔,奋勇之下,气势极其恢宏。

图2-47 元康

图2-48 大兴

(2)记名砖

用以记录逝者的名讳或制砖工匠姓名的文字砖。

王元思(图2-49):"王元思"这三个字即人名,或是墓主名,或是制砖工匠名。

(3)记事砖

记录有重要事件,一般是墓主人身份的记录和建造墓室的情况的记录。能够给我们提供较丰富而清晰的历史信息。

图2-49 王元思

虞羡（图2-50）：砖上有"吴故牙门将裨将军虞羡,字敬悌,年五十有七,太康五年秋八月廿七日庚子午时卒,八男。"共三十五字,是一段墓志铭,介绍吴国牙门将军去世的基本信息。字体方正大气,笔力遒劲有力,篇幅饱满,给人以沉雄大气之感。

（4）吉语砖

承载如吉祥富贵等吉祥寓意的文字砖。

大吉（图2-51）：出土于绍兴的西晋砖,砖上有"大吉祥宜侯王家有五马十头羊"的吉语。可见在西晋时期,五马十羊就是一般家庭的理想化生活。字体秀润儒雅,颇有魏晋风韵。

图2-50　虞羡

图2-51　大吉

（三）江苏镇江晋代画像砖韵致独特

1.四神画像砖

青龙（图2-52）：画面为横长的矩形,左右两边都装饰有云气纹样。中间是浮雕式的青龙造型。青龙整体造型呈"C"形,显得动感很强,张力十足。头颈处呈优雅的"S"形,显得灵动飞扬,富有活力。整个龙体呈较为纤细而遒劲的浮雕造型,较之汉代的兽状龙体纤巧很多。龙角、爪、须、舌、尾的线条就更为纤弱,与浮雕的龙体形成粗细和虚实的对比,使得形象更加丰富。

白虎（图2-53）：左右两边的装饰与上边的青龙画像相同。中间的白虎也呈"C"形,整个身体和轮廓多用弧线勾勒,富有生命张力和动感。本来身体雄壮的老虎,被魏晋风骨这么一感染,变得遒劲而灵动,更像是一种有神力的灵动大猫。白虎身体和四肢的主干用浮雕形式表现,耳、爪、尾部的细节线条表现,形成丰富的层次,增加了这个灵兽的美感。总的来说,魏晋的白虎,更具东方表现主义色彩,更注重老虎的精神和气韵。

图 2-52　青龙

图 2-53　白虎

朱雀（图 2-54）：左右两边的装饰带的纹样，为连环跌宕的云纹。头、颈、身都呈现出灵活美丽的模样。两个展开的翅膀对称分布于身体的两侧，给人以展翅高飞的感觉。朱雀的嘴部、翅膀的细部、小腿、爪部、尾部以及大腿部的羽毛，都以线的形式表现，与身体主体的浮雕形式形成对比，显得虚实有致，强弱得当。

玄武（图 2-55）：左右两边的装饰带与上砖不同，是两行文字。右边书："晋隆安二年造立冢郭"，用来记名；左边书："颍阳山子孙安寿万年"，是祈愿吉祥的语言。中间的龟蛇合体玄武像，呈现出仙桃的形状。除了蛇头和绕在龟体的部分，蛇体围成仙桃的轮廓；龟头、蛇头所形成的实线与四目顾盼的虚线，共同构成仙桃体的中部勾勒线。龟和蛇的造型都采取浮雕和线条相结合的手法。龟甲和蛇鳞的肌理都表现得十分到位，甚为写实逼真。

图 2-54　朱雀

图 2-55　玄武

2. 鸡首和牛首神人画像砖

鸡首神人（图 2-56）：四面有锯齿纹边框，中间有一个鸡首人身的神人，大张双臂，一手拿着一把铁环刀，一手拿着一只弓，扎着马步，一副神勇无敌的样子。《史记·秦本纪》载："十九年，得陈宝。""陈宝"一词最早出现于《尚书·顾命》。有专家认为"陈宝"是天上掉下的陨石，与陨铁、冶铁有关系，"陈宝"是指在秦地（今宝鸡）所获的铁陨石。有了铁陨石，就有了冶铁业，刀剑等武器才能造出来。故而这里的鸡首神人手执铁环刀。

牛首神人（图 2-57）：与上面鸡首神人画像砖相似。四面有锯齿纹边框，中间有一个牛首人身的神人，大张双臂，一手拿着一把铁环刀，一手拿着一只弓，扎着马步，一副神勇无敌的样子。《史记·秦本纪》载："二十七年，伐南山大梓，丰大特。""丰"指的是丰水，"大特"指的是大公牛，也就是秦岭山区的"羚牛"，牛角似弓。史记里的那句话，很可能是说，在南山砍伐一棵大梓树，做成如"羚牛"角似的弓。秦代对牛头人身的"怒特"的祭祀,很有可能与弓弩的发明相关。春秋战国时期,各国混战,军事技术是保密的,因此,这句话很隐晦。从这幅图上的弓箭就可领会出传说中"有一棵大树化成神牛"的含义了。

图2-56　鸡首神人　　　　　　　　　图2-57　牛首神人

由此可见,鸡首神人"陈宝"和牛首神人"怒特",原来都是武器之神,是中国本土的战神。

3.千秋、万岁画像砖

晋代葛洪《抱朴子》云:"千岁之鸟,万岁之禽,皆人面而鸟身,寿亦如其名。"

千秋(图2-58):画面左右两边仍然有两条装饰带,都为波浪形卷草纹。中间是一个戴高冠的人头鸟身的神人,鸟身的姿态与上面的朱雀相同,展开的双翅的结构更加清晰,腰部系有腰带。从头部看,性别更偏向男性。在河南邓县的南朝画像砖上,有一个相似的人首鸟身的神人,旁边有"千秋"二字。此图像与其相似,推测此形象也为千秋。在道教的神谱中,有一位九天玄女,也是人头鸟身,但性别是女性。佛教中有一种叫"迦陵频伽"(梵音)的妙音鸟,也是人首鸟身。在汉代画像中就常有羽人形象,这样的形象与羽人相类。所以,笔者以为这个形象更像是中国意味的"千秋",有祈愿"仙寿恒长"之意。

万岁(图2-59):左右的装饰带与上砖同。中间是一个兽头鸟身的神异,身体和双翅造型与上面朱雀的造型类似,头似鹿,嘴前和脑后皆有飘飘仙气。郭璞对飞廉的解释是:"飞廉,龙雀也,鸟身鹿头者。"也有不少古籍中写飞廉是鹿身雀头的。而这里的形象,与南朝邓县的画像砖里的兽头鸟身题名为"万岁"的神异形象相似。与前面的千秋连在一起,为千秋万岁。

图2-58　千秋　　　　　　　　　　图2-59　万岁

4.其他神异

神兽之一(腾蛇?)(图2-60):左右两边的装饰带,装饰的是西王母头上的胜。左边就是一个胜的头饰,右边是三个胜纹。中间有一个神人正在吃一条大蛇,脚下还有被其咬断的蛇体。腾蛇有御风飞翔,以及行云布雾的能力,喜食大蛇。传说腾蛇是女娲按照自己的形象造出来的蛇宠,也是女娲的护法。腾蛇与勾陈齐名,是六神之一。

神兽之二(禺疆?)(图 2 − 61):画面左右没有装饰带,在画框内,是神人的头部和两臂的特写。头的上部挂下一条蛇身两个人头的神怪,状如耳饰。禺疆,是传说中的海神、风神、瘟神,抑或冬神。身体像鱼,但有人的手足。

图 2−60　食蛇神人

图 2−61　耳蛇神人

(四)巴蜀地区三国、魏画像砖

辎车白虎(图 2 − 62):在画面左边,一辆辎车正驶入画面,在他的前面,一个骑吏在马上,左手扬鞭,右手执金吾,驰骋在车前做前导。在车骑左边,一人跑步执旗,作仪仗。在车骑右边,有一只白虎大跨步向前奔去,护卫车马前行。画面以线条形式表现,造型简单,用线简洁古拙,如白描。说明在三国魏晋时,中国传统绘画以线条为主要表现形式已经基本确立。

伏羲女娲(图 2 − 63):画面中间有一个羽人扎弓步,两臂向斜下方伸出,做舞蹈状。羽人肩上生羽,头上顶着一棵树;树的左边,是一个鸡头人身神人,右边是一个牛头神人,两个神人围着小树旋转而舞。三国魏晋时期,画像砖上多次出现鸡头神人和牛头神人形象,可能是"陈宝"和"怒特"。这两位神人在这一时期也是很受尊崇的。在画面下部,伏羲女娲分立左右,各舒广袖,二者的鳞身与画面下部中心线相交。在羽人脚下,鳞身之上,有三颗星星,暗示出画面上的神仙灵异都生活在天界。画面造型简朴大方,用线朴拙而又灵动,表现出巴蜀地区的魏晋风尚。

图 2−62　辎车白虎

图 2−63　伏羲女娲与陈宝、怒特

羽人骑马（图2-64）：画面上一个羽人挥动着如绸缎般的仙草,骑在一匹飞奔的仙马上,仙马张着大嘴,似乎正在萧萧鸣叫。马身呈斜线向右下俯冲,增加了画面的动感。两条马后腿飞扬上飙,几乎飘离了正常态,表现了马儿狂奔时的速度之快。

鹿角长尾神人（图2-65）：画面表现的是一个穿短衣短裤的神人,左手背于身后执剑,右手执盾放于膝盖。头上有鹿角,胯下有长尾,肩上、腿上都生有仙羽。仙人的小腿和前臂的肌肉都被夸张地表现出来,将神人内蕴的超级神力表现得十分到位。

图2-64　羽人骑马

图2-65　鹿角长尾神人

市场（图2-66）：画面上,市场的建筑、摊位和人物,都用简笔的线条勾出,但建筑、摊位的透视关系都表现得恰到好处。人物的勾勒也显得形神兼备,把三国魏晋时期市井的真实情景给表现出来了。

图2-66　市场

二、三国魏晋时期画像砖的制作技艺和艺术形式

（一）三国魏晋画像砖的制作过程

1.“纯粹”意义的画像砖

这类砖的制作过程共分六个步骤:炼泥、制坯、阴干、烧制、涂抹白色底色、绘画。在工艺要求上,大多比普通建材砖,炼泥要更细致,工艺要更精良。

2.带画框的减地画像砖

这类砖的制作过程共六个步骤:炼泥;制坯;画出形象大形,留出画框,剔除形象周围底子;阴干;烧制;涂抹画框色彩和形象的白色;在白色底子上进行描绘。

3.高浮雕和浅浮雕画像砖

这类砖的制作过程共分六个步骤:炼泥、制坯、利用湿砖坯刻、塑形象、阴干、烧制、着色。

4.模印铺地砖

这类砖的制作过程共分七个步骤:雕刻印版模、炼泥、制坯、趁湿压印图像、阴干、烧制、着色。

5.小型图像实心砖

这类砖的制作过程共分七个步骤:雕刻印模版、炼泥、制坯、在砖坯的印制图像面铺一层更细腻膏泥、压印图像、阴干、烧制。

6.小型文字实心砖

这类砖的制作过程共分七个步骤:雕刻印模版、炼泥、制坯、在砖坯的印制图像面铺一层更细腻膏泥、压印图像、阴干、烧制。不排除印模版为镂空雕刻,图像采取漏印手法。

7.带装饰浮雕的画像砖

这类砖的制作过程共分七个步骤:分别雕刻装饰纹样和主体浮雕印模版、炼泥、制坯、在砖坯的印制图像面铺一层更细腻膏泥、压印图像、阴干、烧制。不排除线条印模版为镂空雕刻,图像采取漏印手法。

8.用线表现的画像砖

这类砖的制作过程共分七个步骤:雕刻印模版、炼泥、制坯、在砖坯的印制图像面铺一层更细腻膏泥、压印图像、阴干、烧制。不排除印模版为镂空雕刻,图像采取漏印手法。

(二)三国魏晋画像砖艺术的传承和发展

朝代的变更对于扎根民俗的画像砖艺术,会有很大影响,但不会阻止其演化和流变。中原的战乱频发,曾经在中原盛行一时的画像砖艺术,像一种势能巨大的能量体的巨大余波,渐次波及中原外围和更外围的中华大地。

比如在魏晋画像砖的各产地,地域特色浓郁的社会生产和劳动题材广泛渗入;比如佛教形象的注入;比如在战火连天的情况下,人们对武器之神的崇拜。这些因素使得三国、两晋画像砖内涵颇具意味。

以浙江画像砖为例,在汉代,画像砖的制作相对粗糙,题材内容也相对简单。两晋时的浙江画像砖,不仅仅在数量上远远超过汉代画像砖,制作更加精美,内容变得更加丰富多彩。如绍兴嵊州、台州的两晋画像砖画面繁密,线条丝丝入扣,对于物象的造型也日趋完美,不少作品堪称经典。特别是一些表现神话题材的画面,不仅展现了超凡的艺术想象力,在艺术表现手法上,也充分体现出天马行空、自由自在的创作特色。在小小实心砖的一个侧面,展现出一个五彩斑斓的艺术世界。

河西走廊地区的两晋画像砖,所反映出的内容基本上是对汉代画像砖的补充和发展。如酒泉出土有门吏、四神画像砖,其形象几乎是河南方城画像砖和豫中地区画像砖的翻版,使人观之每每有似曾相识之感。河西走廊地区在三国魏晋时出现的各种形制和艺术形式的画像砖,体现出民间艺术家对于西北农事、日常起居和社会交流等现实生活的全方位关注,这对于艺术创作来说是比较珍贵的。这批画像砖图像,完全可以看成中国西北魏晋时期小农业经济发展状况的历史缩影。

(三)三国魏晋砖上书法绚烂多彩

纵观三国魏晋文字砖,字体的丰富性达到无以复加的地步,几乎可以称得上是中国书法艺术的字体库。以浙江为例,楷、草、隶、篆齐备,甚至还有多种"美术字"的呈现,展示出这一时期汉字字体所呈现的丰富多彩的状貌。镶嵌在墓室之中的砖上文字,都是一个或多个民间书法家和制砖工匠的妙合之作。如此多的两晋墓葬文字砖,是无数个体书法家的书法艺术成就共同凝结而成的。也正是在过往的浙江历史文化空间中,在民间众多的书法家和工匠的共同努力、耕耘下,才营造出如此成熟的书法大环境,书圣王羲之的书艺就成长于这样的环境里。天下第一行书《兰亭序》诞生于浙江绍兴兰亭,绝非偶然。有学者根据对汉晋文字砖,特别是记名砖的研究统计总结:汉末到魏晋时期,迁到浙江的大家族、大姓氏,急剧增加。由此可以反推,三国、两晋时期浙江的砖上书法是何等灿然了。

宏观来看,中国书法史的建设重碑、重帖,相对来说,对古砖上的书法作品有所忽视。两晋文字砖的发掘、整理、归纳、研究和传播,意义非凡。

(四)三国魏晋模印画像砖的技法呈现

1. 因地制宜的改革

在甘肃河西走廊地区的"纯粹"意义上的画像砖(图2-67),因河西走廊地区气候干燥,附在砖上的颜料不易脱落,得以省去烦琐的制模和压印工序,以砖采用直接绘画的方式;线条洒脱,造型生动,随类赋彩,和谐大方。

图2-67 敦煌晋代受福画像砖

2. 变通式模仿

汉代中原地区的画像砖的"画模"压印出的图像,呈现出有外框的浮雕形式

（图 2-68）。在两晋时的河西走廊地区，模仿带画框的模印画像砖的效果，但外框和浮雕，是在湿土坯上，经过"剔底"工艺形成的。经阴干、烧制后，然后再在"平面剔底"的大型上，画出形象的细节。比起"纯粹"绘画的画像砖，其形象更突出，画面的表现力更强。

图 2-68　平面剔底翼虎

3. 在湿砖坯上雕刻出的高低浮雕画像砖

为了在墓葬中呈现丰富的装饰效果，而采用湿刻工艺，在湿的砖坯上雕刻浅浮雕或高浮雕形象，再烧制成砖。这与明清时期在烧制好的成砖上雕刻形象的工艺截然不同。

4. 用阳线塑造形象的画像砖

三国魏晋时期，巴蜀地区一改汉代以浮雕与阳线相结合的制作工艺，而采用纯粹的阳线来表现。拓片呈现出白描效果，这与西汉早期陕西的整版模印画像砖相似。笔者认为这种阳线画像砖的印模版有可能是镂空的，印制手法可能用了漏印法。

5. 浮雕与线条相结合的画像砖

江苏镇江晋代画像砖沿用东汉时河南南阳和巴蜀地区流行的浮雕和线条相结合的手法。其细节的处理方法与东汉南阳新野画像砖的表现方法极为相似，可能存在一条经汉水，到长江，再沿江东下的技艺流转路径。这类画像砖两边的装饰带又与南北朝、唐代的阳线砖上装饰图案相类。因此，这类画像砖具有承上启下的意义。

6. 出现头形像模，压印手法独特

两晋时期，在江苏、浙江出现一种头式像模（没有画框的人物，或面具），如图 2-69 所示。压印方法，类似西方"波普"艺术的构成手法，并置、叠加、局部印，呈现一种梦幻又神异的艺术效果。

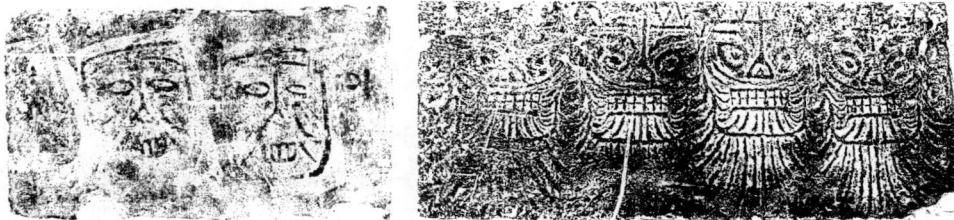

图 2-69　头像模印砖

7.浙江小形实心砖

印模手法多样,良莠不齐,其中不乏艺术水平和制作手法都上乘的精品。其技艺也几乎囊括了汉代中原画像砖的全部手法,超越了浙江本土的东汉画像砖,是小型实心砖之集大成者。

8.精美铺地砖

河西走廊地区的铺地砖,模具精美,制作精良,技法超越了西汉陕西铺地砖。

9.形制多样

首先,从大小厚薄分,有如巴蜀三国魏那样的大型实心砖;甘肃、镇江的中型实心砖;浙江、巴蜀,以及全国各地区的小型实心砖。其次,从形状分,大多是常见的矩形和方形画像砖,还有甘肃的异形砖,以及浙江、巴蜀的梯形砖,刀形(两边薄厚不同)砖,子母榫砖,超薄的香糕砖,长条的年糕砖等。

第二节　南北朝时期画像砖的模印艺术

一、南北朝时期画像砖的题材内容

南北朝之前的晋朝分崩离析,战乱频频。南朝的开拓者刘裕和北朝的开朝者拓跋珪,虽然都称得上盖世英雄,但执政时间都不长,之后不少继任者的执政水平也都很一般,致使南北朝乱哄哄,你方唱罢我登场,狼烟四起、政权对峙,怎一个"乱"字可以概括。只有刘裕的儿子刘义隆继承父亲的治国略,致使国力强盛,出现了史称"元嘉之治"的短时期的社会繁荣,这也是南北朝难得的稳定阶段。除此以外,南北朝的许多皇帝都如昙花一现,改朝换代仿佛在一刹那间。

南北朝时期是中国古代民族人口流动最强,民族之间融合最深刻,民族地域不断调整的风云变幻的时期。融合的主流,既是周边少数民族对中原先进文化的靠拢和吸收,也是中原先进文化向四周的扩展和渗透。民族大融合催生了北方佛教石窟文化和南方的画像砖文化的兴盛。稍前的魏晋风骨,在南朝的画像砖艺术中,恣肆汪洋,呈现出异常灿烂的光彩。

(一)南京竹林七贤大型画像砖

如图2-70和图2-71所示,南京西善桥出土竹林七贤大型砖墙画像。在墓室南北两壁各有一幅模印画像砖拼砌成的砖画,其中一幅表现有嵇康、阮籍、山涛、王戎四个人物,另一幅表现有向秀、刘伶、阮咸、荣启期四人。画面中表现的人物是超现实主义的时空组合模式,把魏晋时期的竹林七贤和春秋高人荣启期放在同一个画面。

图 2-70 竹林七贤（左）

砖画的画面和人物虽然是经模印形成的,但呈现出的却是中国画白描的效果。人物的线条如晋代画家顾恺之的春云浮空、流水行地的状貌,线条简洁流畅、疏密得当,造型简练,形神兼备。人物与人物之间,以树木为间隔,营造出春意盎然的环境。树木的表现既简练概括,又准确到位,树种和树姿都把握得恰到好处。整个画面构图紧凑,气韵生动,整体感强,又有耐看的细节。对人物的塑造更是十分传神到位:嵇康的清高正直;阮籍的薄名利、慎处事;山涛的持重忠耿;王戎的机敏善辩;阮咸对音乐及乐器的无限沉迷;刘伶对酒的依赖和沉醉;还有向秀,对于精神自由和社会练达的双重需求;春秋高人荣启期的豁达随性、自得其乐。以竹林七贤为代表的魏晋风骨就是不以俗礼为准则,强调个人内心的真实感受,追求自由自在、潇洒无比、放浪不羁的生活,同时每一个人,都是满腹经纶,心地纯良,对于艺术和生活有自己独到的见解。这是士人阶层的一种思想和个性的觉醒,追求老庄学说的清静无为,对外不慕尘世虚名,对内追求的自我解脱。如此,春秋时代的荣启期,是在轴心时代为魏晋风骨播下的种源。因为追求魏晋风骨的士人阶层多为具有赤子之心的文化天才,因此魏晋风骨也就成了一个时代的艺术风骨。

图 2-71 竹林七贤（右）

笔者推测,绘制该画像砖印模粉本的艺术家必定是与顾恺之等大家绘画技艺不分高下的世外高人。

— 41 —

（二）丹阳金王陈村南朝画像砖

看到这些砖画，笔者不由联想到，后人对顾恺之画的评价："笔迹周密，紧劲连绵，如春蚕吐丝。"

羽人戏虎（神话）（图2－72）：形象以白描的形式来表现，虎的造型装饰感极强，虎的身体各部分都被有意拉长，仿佛去掉了凡间老虎的凶悍戾气，多了仙界虎的风雅和仙气。虎身上的结构和装饰线条，风格也显得丰富多彩，具有粗细、强弱、长短、疏密的丰富变化。虎头、虎尾、虎爪的细节也都做了装饰化处理，显得精巧耐看，富有活力。走在前面的羽人，衣带飘飘，身材纤巧。羽人右手举起线条飘洒灵动的浮尘，左手手心向上做手势诱虎，左腿向后弯曲脚尖点地，右腿微曲成锐角，似乎驾云而飞。画面的空白处，有云气、荷花等图案，烘托气氛。在背景空间里，又以砌墙的方式，零零星星砌进去一些端面带浮雕胜纹的其他印模小砖，以增强画面的综合表现力。

图2－72　羽人戏虎

两武士（社会生活）（图2－73）：两位武士都头戴武士冠，蓄髯，身着宽松的战服，上身穿盔甲，脚蹬翘头鞋。左边武士面部呈四分之三侧面；他的右手抓着剑身，左手盖于剑柄上，持长剑于身体中间，剑柱于地；他微微低头，目光坚定而富有个性。右边武士双手于袖中持剑柱地，姿势与左边武士相似；他心口处有护心镜，头部也呈四分之三侧面，向左看，目光如炬。

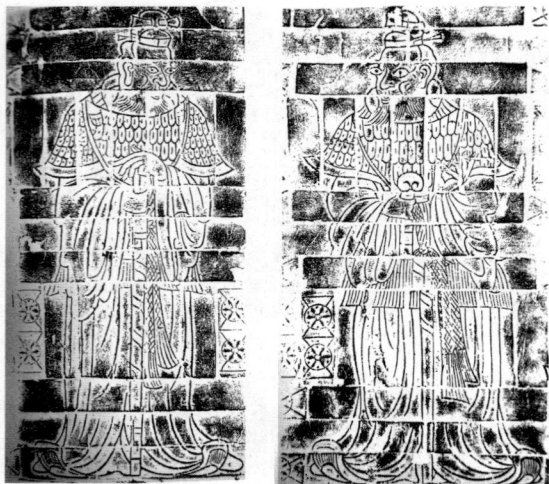

图2－73　两武士

铠甲骑吏（社会生活）（图2-74）：这是一个武装到马的铠甲战士。武士头戴武士冠，不仅上身披挂铠甲，腿和足也防护得甚为严密，颈肩上挎着弓，腰间佩剑。胯下之马戴着面具，身上也披着铠甲，只露出四只腿蹄。这一定是冲在队伍最前面的先锋骑兵，只有这样的装备才能刀剑不入。武士神情矍铄，目光坚定，展现出必胜的信心。虽然隔着面具和盔甲，但依然可见其胯下之马的亢奋和昂扬。整个画面，依然是以线为主的白描手法，密中有疏，繁而不板，在展现肌理美的同时，凸显出形象的神采。

图2-74　铠甲骑吏

两仪仗（社会生活）（图2-75）：图中有两个甚为淳朴的形象，此二人头冠简练，面部和蔼，带须，穿短衣、长裤，裤子在膝盖以下，裤脚束紧。前面一人执扇，后面一人执华盖。人物衣着的质感，华盖的结构和装饰，扇子的结构，以及二人动态都塑造得十分到位。

图2-75　两仪杖

（三）丹阳"胡桥宝山"的南朝画像砖

羽人戏龙（神话）（图 2 - 76）：从这个"羽人戏龙"的不完全画面，就可以感受到对龙的形象塑造的丰富性。龙角弯曲有致；龙嘴内牙齿层次丰富；龙颈部的肌理丰富；两个龙腿细节的结构和肌理塑造，都十分到位；龙鳞肌理细密；龙翼飘飘；对龙的整体结构和细节的到位塑造，呈现出再造灵异的真实感。羽人的动态与前面"羽人戏虎"里的羽人相似，一手抓一把仙草，一手端着一个盛着仙草汤的勺状容器，驾着云，和龙嬉戏玩耍。整个画面给人以仙风飘飘、满壁风动之感。

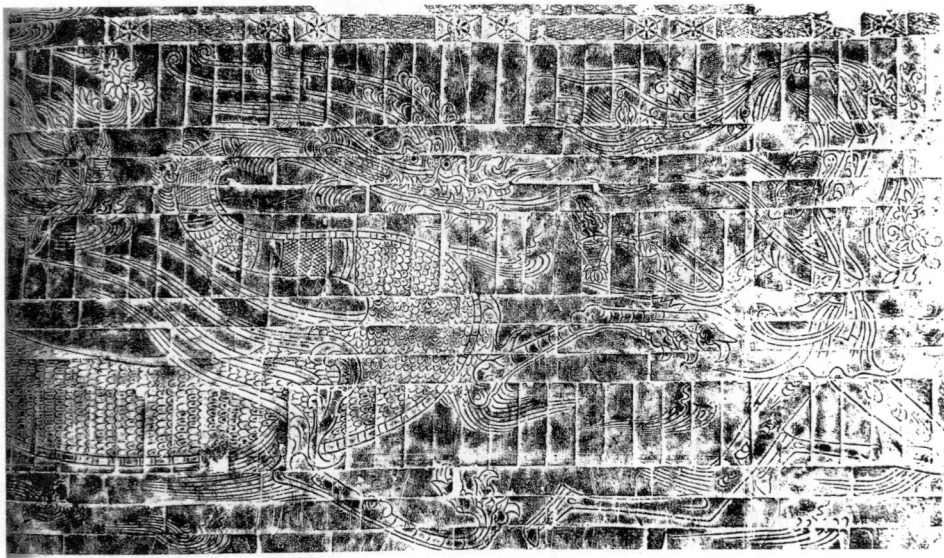

图 2 - 76　羽人戏龙（残）

（四）河南邓县南朝画像砖

在河南省南阳市邓县出土的画像砖，沿袭东汉画像砖的技法，多为浮雕和线条相结合的表现方法，但却有着南北朝自己独到的面貌和风韵。不少画像砖有装饰华丽的外框，但又不拘泥于外框——其内部形象往往敢于突破外框的束缚，一些形象的部分结构故意延伸到画框部分，用现在的语言来说就是敢于突破边界。有些画像砖，只有若有若无的简单外框。画面上的装饰花纹，以及山水、树木等背景，也用浮雕和线条相结合的形式表现，显得严谨、精致、动感十足，这些是非常珍贵的一批画像砖。

1. 神话

千秋万岁（图 2 - 77）：画面四周是优美的菊花外框。画面主体主要表现对象是一个人首鸟身的神异和一个兽首鸟身的神异，两者皆翘尾扬翅，作欢快状，"兽首鸟身"似仰天长鸣，"人首鸟身"欢快而惊异看着他。两神异中间有一棵花叶植物，既做美化装饰，又是画面的对称轴。二者的足部都突破了画框，站在画框部分的一朵菊花两边。"兽首鸟身"旁边有万岁题榜，"人首鸟身"旁边有千秋题榜，标明了当时社会对这两种神异的准确称谓，以及希冀辽阔江山和墓主仙寿都能够"千秋万岁"的美好祝愿。

图 2-77　千秋万岁

吹笙引凤（图 2-78）：一个男性仙人坐在树下的一块石头上，正在吹笙，一只凤凰站在他面前，展翅翘尾作欢娱状。在凤凰的后面有一个长发女仙，执扇而立。画面中有一抹远山，数只飞鸟，还有祥云飞速流动，异常梦幻唯美。中国有个成语叫"吹箫引凤"，讲的就是箫史弄玉的故事，箫史是个能够吹箫引来凤凰的奇人，弄玉是秦穆公的女儿。传说两人经修炼得道后，双双乘凤凰飞升。故事相似，但乐器不同。

图 2-78　吹笙引凤

仙人骑虎（图 2-79）：画面四边是缠枝花草外框。画面表现的是一个仙女，骑在一只白虎身上欢快飞奔的场景。白虎呲牙瞪眼，而带翼。头上胡须和鬣毛根根可数。白虎前肢大腿根部和后腿膝窝，都长着一簇飘飘长毛。白虎的四肢都超出画框，展现它不受凡间条条框框束缚的超凡神力。仙女扎着双髻，头部也突破了画框，一手拉缰绳，一手执仙草。仙女的衣服甚为曼妙优美，袖口彩带飘飞，裤脚拖出长长的彩带。让我们见识到古代服装设计的精妙。画面空余部分，云气飘飞，与外框波浪形的缠枝花纹一起，制造出飘飞的浪漫气氛。

图 2 - 79　仙人骑虎

应龙（图 2 - 80）：应龙是有翼的龙，也叫黄龙。传说应龙曾在上古时期立下赫赫
战功。画面上的这条应龙沿袭了汉代的兽状龙体样式，龙鳞结实富有肌理感，后肢和
尾部也显得更壮硕有力。此龙头部结构清晰硬朗，龙角是南北朝时期的通用格式，颈
部肌理成网纹显得更坚实细密，有别于其他部分龙体。在其颈部、四肢和肘部都长有
一束飘逸的仙毛。龙头和四爪处，皆有风云激荡之流云。背部、尾部的空间里，有三两
花枝摇曳飘动。

图 2 - 80　应龙

玄武（图 2 - 81）：玄武是四神之一，镇守北方，主管二十八星宿中的北方七星。传
说玄武为龟蛇合体，蛇体绕龟体两扎，于龟甲后上方自交二度成环，蛇头伸向龟头与之
热情互动。龟头被塑造成兽头的模样，结构清晰，表现出款款深情。龟背甲的肌理显
得美而致密，腹甲稍疏。制作者以三段弯曲有度的长线呈现蛇的身体，蛇体在宽度上
被分为宽窄两部分，并填以红绿对色。在玄武前后的空间里，有荷的花叶点缀装饰。

图 2 - 81　玄武

2.战争军事

武士(图 2 - 82):画面中有四个武士一字排开向前行进,一、三两个武士用左手腕勾着扛在肩上的环刀,右手执盾;二、四两个武士用左手腕勾着扛在肩上的长弓,腰间挂着箭袋。最前面武士离后面三个武士稍远,在画面上,形成一种疏密有致的均衡感。武士上身都穿着宽松束腰的短上衣,下身穿束膝长裤。前面一人,昂着头前行,最后一人低头想心事,中间两人似在相互交流。几个人的状态似是在行军途中。

图 2 - 82　武士

战马(图 2 - 83):画面右部,一个武士牵着一匹战马,马的头上戴着面具,全身披盔甲,除了四蹄外,几乎全副武装。马背上有一个巨大的号角,不知是不是古代的冲锋号。后面的马只带马鞍和缰绳,也由一个武士牵着,扬起前蹄,神情盎然。前面的牵马人神情自信,后面的牵马人显得灵活机灵。画面上只有两人两马,却给人一种战马队伍浩荡的感觉。

图 2 - 83　战马

运军粮(图 2 - 84):一人牵着一匹形象俊美的马,朝前疾走,后面跟着拿大弓的人作护卫。马背上搭着军粮,扎军粮的绳子飘扬向高空,显示出人马运粮行动的速度。此砖生动地展现了古代军事行动中运输粮草的情景。

图 2 - 84　运军粮

3. 社会交游

舞乐(图 2 - 85):画面四周有卷草纹画框。画面右边有两个双髻舞者,她们优雅起舞;左边有四个奏乐者,正在伴奏。奏乐者为男性,身材高大,衣服宽松飘逸。舞者为女性,身材娇小婀娜。人物中间有花卉装饰,整个画面给人以饱满热闹的感觉。

图 2-85 舞乐

仪仗队(图 2-86):画面上共有六人,两人在前执华盖,四人执扇跟随在后,一行人像是要赶着去参加大型的仪仗活动。六人都穿短衣,着束膝的宽腿喇叭裤,队列整齐,神情肃穆。

图 2-86 仪仗队

4.历史故事

郭巨埋儿(图 2-87):郭巨埋儿的故事流传已久,刘向的《孝子传》、干宝的《搜神记》、敦煌遗书《父母恩重经》中都有记载。故事说的是,郭巨家贫,有子三岁,母亲常常减少自己的食物给儿子吃。郭巨对妻子说:"贫乏不能供母,子又分母之食。盖埋此子。儿可再有,母不可复得。"妻子不敢反对,郭巨掘坑三尺余,忽见黄金一釜。画面的外框为缠枝花草,画面中心是一个树林,有各种各样的树木,甚至还有两根竹笋。

右边郭巨拿着铁锹正在挖坑,左边妻子抱着儿子,画面中间有一釜黄金。人物和金釜的旁边各有榜题。郭巨妻梳着高髻,衣带飘扬。郭巨衣衫朴实,右脚压于锹顶,作挖土状。画面很写实,树木和人物都表现得十分逼真。

图 2-87 郭巨埋儿

南山四皓(图 2-88):也叫"商山四皓",在《史记·留侯世家》和《汉书·张良传》中都有描述。南山四皓即东园公唐秉、夏黄公崔广、绮里季吴实、用里先生周术这四位隐者。这四人在秦末汉初时都隐居在商山,也就是现在陕西的终南山,后来经张良推荐,吕后拜求,曾出山劝阻刘邦更换太子,为汉初的定储安邦做过贡献。南山四皓在古代作为隐士的文化符号而被广为称颂,主要歌颂他们的隐之智和隐之德。画面表现在崇山峻岭中,有四位老者,一人在弹古琴,一人在吹笙,一人在阅读绢帛上的文字,一人把脚伸进山间小溪,拈花而笑。画面中山头林立,植被繁茂,溪水潺潺。山间有凤凰和凡鸟飞翔。作品采用的是现实主义和东方表现主义相结合的手法,将四位隐士在大山里的隐居生活,表现得十分到位。

图 2-88 南山四皓

5.佛教题材

托博山炉佛像（图2-89）：图中的佛像身材魁梧，戴高冠，穿羽衣，着霓裳，脚蹬翘头鞋，衣带飘飘，形体与汉晋的羽人颇为相似；这表现出佛教初入中国时与道教的交融关系。佛像昂首、挺胸、胸腹向前，风姿不凡。佛像的头部硕大、突出，表现出觉悟者超凡的智慧。佛像手托的博山炉散发着袅袅的香气，象征着佛理如熏香般渐渐深入人心；博山炉也是道教常用的道具，进一步证明当时佛与道在人们的心中并无分别。

沉思佛像（图2-90）：画面中的佛像依然头戴高冠，一身飘逸的仙服，手执莲蓬式的法杖，做低头沉思状。古人认为静能生慧，佛教也主张通过冥思、入静、入定来修行。这个佛仿佛在一刹间入定了，给人以一瞬而成永恒的感觉。

双髻女菩萨（图2-91）：画面中的女菩萨，梳着高高的双髻，衣裙飘飘，足蹬夸张的翘头丝履，显得仪态万方，雍容华贵。正如曹植的诗所写："罗衣何飘飘，轻裾随风还。顾盼遗光彩，长啸气若兰。"像观音菩萨这样以女性形象出现的佛菩萨，在中国社会最受欢迎。因为她们美丽、端庄、和蔼、慈祥，身上带着女性特有的慈母特质，能够让每一个被渡化者感到亲切，值得信赖。

图2-89　托博山炉佛像　　　图2-90　沉思佛像　　　图2-91　双髻女菩萨

（五）江苏南京铁心镇南朝画像砖

千秋（图2-92）：图像是在砖的大面上印制的。表现手法是浮雕和线条相结合。在左边的一个装饰有花草纹的玉璧里，有一只单腿立着的展翅凡鸟，右边有一个人首鸟身的神异立在一朵花上，毋庸置疑，这个神异，在南朝有个统一的名字叫千秋。左右两边的大概含义是：凡鸟顺应天意，就可升华为神异。周围装饰有圆形莲花纹和缠枝花草纹。整个画面疏朗淡雅，清新别致。

— 51 —

图 2-92　千秋

万岁（图 2-93）：砖面右边有个玉璧，中间有一只凡鸟在理翅膀。画面左边有一个兽头鸟身的神异，单腿立在一朵花里。含义应该与前面的图画相同。

图 2-93　万岁

插枝莲花清供（图 2-94）：画面左右各有一个玉璧形圆形装饰，应含有礼天之意。中间有一个瓶子立在一朵莲花纹上，瓶中插着荷花、荷叶和莲蓬。这里显然体现了中国文化和佛教文化的结合。下面这两块梯形砖，内容大致相同。

图 2-94　插瓶莲花清供

(六)江苏常州南朝画像砖

1.神话

飞天(图 2-95):女仙头部饱满,头上发髻高高、发饰飘飘。她手持宝瓶,胸肩、腹部和左腿的结构清晰,身后衣带飘飘。主飘带有三条:第一条从其颈部出来,以头部为起点,一波三折地向后飘扬;第二条是系于胸腰间的飘飘丝带,如"S"形线那样富有韵致地转折;第三条从左腿膝盖后出来,缓缓飘扬。其他小飘带夹在这三条主飘带之间,使整个形象具有上浮感和轻盈感,如同飘在空中。

图 2-95　飞天(四边砖)

千秋(图 2-96):人首鸟身,发髻高高,着上衣,腰间有带,双翅如蝴蝶翅,呈弧线上扬。翅面的造型由点、线、面结合而成,层次分明,疏密有致,颇具魅力。主尾(残),沿右翅画弧,弯向双翅之间。造型以浮雕和线条相结合。

万岁(图 2-97):兽首鸟身,兽头如鹿、麂,双翅造型同千秋也如蝴蝶翅,呈弧线上扬。主尾如锦鸡尾翎,沿左翅画弧斜入两翅间。

图 2-96 千秋（三连砖）

图 2-97 万岁（三连砖）

青龙（图 2-98）：体貌依然沿用汉代的兽状龙体。龙头多用圆形元素，显得较为复杂。龙角还是南北朝时期的常用样式。龙翅用的是飘扬向上的渐变线条。龙爪有四。神韵与汉龙已大不相同。

图 2-98 青龙（七连砖）

白虎（图 2-99）：形体不似汉代虎那样着意凸显的皮毛纹理。整个虎体，遒劲有力，颈后、颈部、肢肘后，都有束毛。虎头圆而立体逼真，头上有刺。虎翅，也用渐变线条表现。虎的动态飞腾跳跃，颇有威严。

朱雀（图 2-100）：体态优美。画面表现的是朱雀的正侧面样貌。双翅一前一后，一远一近，虽轮廓和外形有所不同，但造型皆美。美丽的主尾从尾部画弧，包围右翅伸展过头顶，造就了左边轮廓整体的优美弧线。次尾微翘，伸展到后下方。双爪呈跳跃状，与双翅和尾部互为呼应，展现出朱雀欢喜雀跃的精神面貌。

图2－99　白虎（七连砖）

图2－100　朱雀（三连砖）

天禄（图2－101）：天禄的体态样貌很接近凡间的鹿，不过天禄以线塑造的双翼，尾尖变得较大，形状如帚。四肢的肘后生有较长的缕毛。天禄奔腾跳跃，姿态雄健洒脱。

辟邪（图2－102）：这个神兽的体型与马有几分相似，头部像马又像牛，头上有双角，背上有双翼，尾端大如帚。奔跑的姿态如骏马奔腾，昂扬威武。

图2－101　天禄（三连砖）

图2－102　辟邪（三连砖）

2.人物

仕人（图2－103）：这位仕人头戴冠，头和面部立体饱满，左手持一物，右手五指并拢，指尖向左。身上衣衫宽松、舒张，衣纹疏密有致。仕人足蹬翘头鞋，跷起部呈夸张的扇形。

捧食器少女（图2－104）：一个面容姣好的少女，梳着下垂的双髻，领口精致秀雅，袖口甚宽，且具有很好的垂感，脚穿甚为夸张的翘头鞋，显示出南朝特有的衣着风貌。

图 2 − 103　仕人

图 2 − 104　捧食器少女

双髻少女（图 2 − 105）：少女扎较为夸张的高跷双髻，身着一袭宽松的长袍，左臂自然下垂，右手跷起，执一物。跷头鞋如船头般高高跷起，呈扇形。

捧博山炉少女（图 2 − 106）：少女面容姣好，头上梳下垂双髻。领口、胸饰、上衣和下裳的结构都甚为清晰，显示出丝绸织物特有的质感。左手托顶端立着朱雀的博山炉，右手臂也同时抬起，两个手臂被塑造得光滑、饱满而富有弹性，表现出姣好的美感。跷头鞋如两个小船般把人托起，体现出人物体态的轻盈。

图 2 − 105　双髻少女

图 2 − 106　捧博山炉少女

3.图案

如图2－107所示,图案类拼砖一般都符合中华传统的中和之美,或呈同心圆的构成模式,或左右对称模式,或上下左右都对称,技法精致,造型完美。这些图案砖以完美的浮雕语言和立体图案的表现形式,诠释了装饰语言的完美境界。

图2－107　图案类(拼砖)

(七)江苏扬州南朝画像砖

1.神话灵异画像砖

千秋(图2－108):图像由两砖合成。人首鸟身的身体是正侧面,身上有四重弧形浅浮雕肌理。双翅外围也有多层次弧形结构向人头部方向展开,翅羽根根可数,肌理感很强。头部是四分之三侧面,梳高冠,衣领结构清晰。大尾羽沿右翅向上飘扬。两爪如八字张开,整个形象有一种绽放的动感。

神异(图2－109):头部如猴、女体、带翅,整个身体的伸展动态如蛙,应是顶柱的神异,或是镇墓的神异。图像依然由双砖合成。

图2－108　千秋(二连砖)

图2－109　神异(二连砖)

2. 装饰纹样画像砖

莲花纹（图2－110）：图像是由双砖合成的，纹样是圆形八瓣荷花，花瓣造型精致。外围有圆环形线性装饰花边。

图2－110　莲花纹（二连砖）

3. 罕见的足印画像砖

如图2－111所示，赫然一个大足印，这也许是模印画像砖史上最独特的印模和作品。既是南朝人足真实信息的标本，也是拿人足做画像砖印模的孤例。

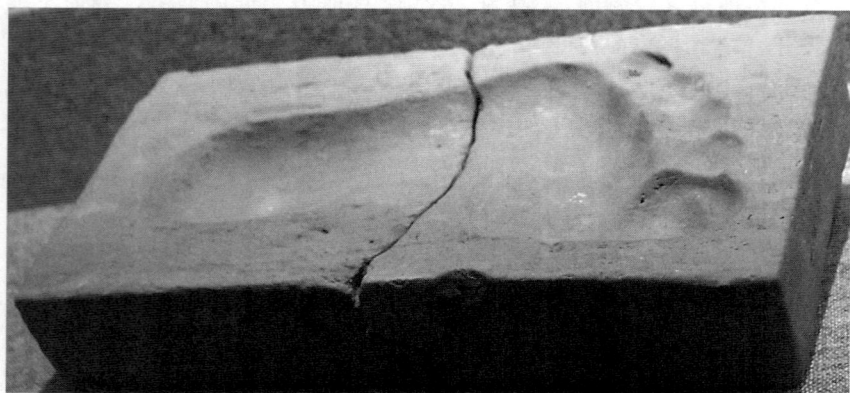

图2－111　真人足印

（八）浙江余杭南北朝画像砖

1. 神话

万岁（图2－112）：砖的广面为兽头鸟身的神异形象。主要用线条来塑造形象，线条语言凝练而成熟，造型生动，疏密得当。仙兽，展双翅，高仰头，向上凝视，给人以玉树临风的潇洒感,既有翩翩欲飞之势,又有飒飒而舞之态。画像采用白描手法,线条语言婉约、细腻;造型生动;用笔粗细交融,疏密得当,细匀如春蚕吐丝,灵动似玉带当风。

图 2－112　万岁

古人认为能活一千岁的鸟,为人面,叫"千秋";能活一万岁的禽,为兽面,叫"万岁"。这个兽头鸟身的灵异,在许多南北朝的画像砖里都出现过,被称为"万岁"。

在砖的端面,有一个半圆的半边荷花纹,当此砖与同类砖端面并置时,整个荷花就呈现出来。采用浮雕和线相结合的手法,显得更有层次和肌理感。

千秋(图2－113):画面中的千秋形象是人首鸟身的神异,正挺胸展翅,呈现出玉树临风般的潇洒姿态。灵活飞动的线条营造出满砖风动的感觉,给人以和煦温暖之感。这是因为向上弯曲的弧线形双翅,给人以向上的活力和朝气。画面中的线条有疏有密,有长有短,有虚有实,用简单的阳线创造了丰富的艺术感觉。

图 2－113　千秋

比翼鸟（图2–114）：在砖的上面有一对亲密相向的双鸟形象，双鸟形象颇为相似，只是一高一低，一胖一瘦，更进一步暗示出鸟的不同性别。所用线条粗细对比鲜明，很好地诠释了线条语言的主次层次，也把对象自身的空灵与实在的对比关系凸显出来。这两个鸟为比翼鸟，在古代被称为鹣。雌雄二鸟，不比不飞，停则互喙，不相分离，一鸟死则另一鸟也必死，死而复生，还在一起，为旷世绝伦的坚贞生物。比翼鸟被用来比喻爱情坚贞、和谐美满的恩爱夫妻。能见到比翼鸟者必是有吉祥之运的贤良者，能乘之而飞者则能寿千岁。若有德高望重的王者现世，此鸟会不期而至。

图2–114　比翼鸟

2.佛教题材

捧佛经飞天（图2–115）：在砖的一个宽面上描绘的主体画像是一个手捧经卷的飞天的形象。飞天的性别为男性，这符合佛教早期在中国传播时佛、菩萨的性别特征。

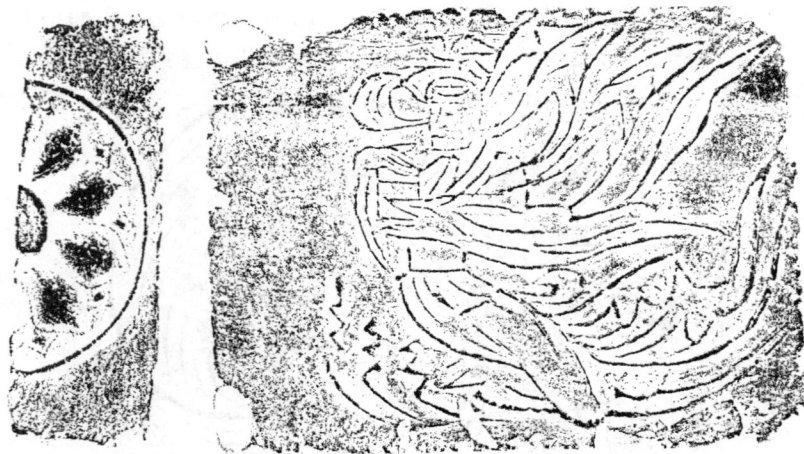

图2–115　捧佛经飞天

首先，飞天的大形是圆形，而圆形是动感较强，且有上浮感觉的视觉元素，同时，也具有使形象更完美、饱满的艺术效果，因此，选用圆形为该形象外部的基本轮廓，起到事半功倍的作用。其次，形象的整体与局部，都堪称完美，如对人物的头、肩、双手、胯和大腿等细节的准确处理,都是通过对人的形象有血有肉的准确描绘,完成对佛教飞天的完美诠释。最后,向上飘起的华丽的飘带,也使得这个形象显得既饱满,又神秘,充满神话色彩。

所用的线条转折有度,刀感、金石味十足,但却丝毫不减形象所需要的灵动和飘逸感。此砖的端面依然是此类系列砖所通用的莲花纹。

持博山炉飞天(图2-116):首先,这个飞天外轮廓圆形的特性被演绎得更加饱满轻盈。其次,飞天的形象戴上了插满花饰的高冠,双手捧托盘,托着博山炉,头、胸、腹、双腿的塑造得十分到位,整个形象就显得更加丰富、饱满。第三,线条更加流畅,用这些流畅的线条塑造的飘带,具有几乎一致的方向感、飘动感。因此,这是个完美的飞天。此砖,另两个端面也带纹样,一面是两个钱纹,以阳线表现,代表富贵、财富;另一面,依然是半圆的浮雕莲花纹图像。

图2-116　捧博山炉飞天

莲花中的佛像(图2-117):此图像的主题是一朵大花,在花蕊处,有一个僧人的头部图像,可能是为了表现亡灵被阿弥陀佛接到西方极乐世界,在莲花中重生的美妙情景。这也是所有佛教徒最美好的愿望。该画所用线条轻松随意,富有曼妙的童话感觉。砖的小端面有两个线纹,是祈愿吉祥富贵的意思。

图2-117　莲花中的佛像

狮子与莲心菩萨（图2-118）:画面的左边,有一个僧人盘腿打坐在一朵盛开的莲花上,正处在冥想状态,佛教认为静则生慧。右边有一个体形硕大的呈卧姿的狮子,而狮子是代表智慧的文殊菩萨的坐骑,因此,该画面的智慧寓意是显而易见的。

图2-118　狮子与莲心菩萨

飞天（图2-119）:从人物的神韵,到画面满壁风动的感觉,都显示出制作者艺术手法的高超。这也体现了唐代以前人物画造型能力和线条技法的发展水平,以及南朝和唐朝之间,绘画技法的传承关系,展示出浙江佛教文化发展的独特一面,具有较高的艺术价值和史料价值。

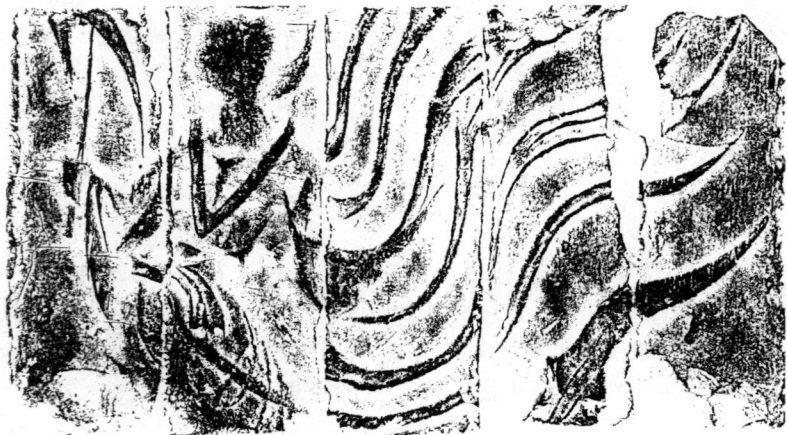

图2-119　飞天(五连砖)

(九)浙江嵊州南北朝画像砖

飞天（图2-120）:画面中,有一个头戴菩萨帽的飞天形象,其身后所有的飘带都飘向后上方,腹部和最低的飘带形成弧形的底边。人物的整体形象是一个花蕾造型,整个形象有一种轻盈向上的浮动感。

执扇侍者（图2-121）:画面中年轻的侍者弯着腰,一手抓着云雷纹扇子底部的扇杆处,一手向下伸于两腿之间,像是在调试杆子底部。动作生动,富有生活情趣。

丑陋执扇侍者（图2-122）:画面中的侍者举着扇子中下部杆子,帽小头大,长相丑陋,头形似歪瓜裂枣,骨骼粗陋怪异。侍者形象很像某些喜剧中的小丑,给人一种滑稽之感。衣袍中部的两条横向的弧线,把身体平分成两段。显然,制作者就是要创造这样一个小丑,惹人发笑的。

图 2 - 120　飞天　　　　　图 2 - 121　执扇侍者　　　　图 2 - 122　丑陋执扇侍者

扶杖者(图 2 - 123):画面中的女子衣着华丽,似一个女性供养人,双手扶杖,显得仪态端方。人物形象使用线描形式来表现,线条处理疏密得当:头顶较密,头肩部较疏;衣袖较密,衣摆较疏;鞋子又较密。通过疏密的对比和穿插,突显形象的韵致。

扶杖男士(图 2 - 124):画面上正面站立的男士,双手扶杖,头侧向左边,显得庄重威严。人物形象是以线描形式表现,并以疏密来表现出节奏和秩序:头部最疏,胸部最密,形成大疏大密的对比;胸腹部中间密,两边疏,对比强度适中;衣摆处疏密对比最弱。

图 2 - 123　扶杖者　　　　　　　图 2 - 124　扶杖男士

（十）福建福州南北朝画像砖

1.人物

仕女（图2－125）：此人头戴高高的发冠，身着广袖宽衣。头部立体感强，五官清晰。双手合十于胸前，面部表情严肃。表现方法采用浮雕与线条相结合的手法。头部为高浮雕，衣袍为浅浮雕，以线条来表现衣服的结构。整个形象线条疏密得当，飘逸洒脱，人物结构准确且生动。

2.佛教题材

读经僧人（图2－126）：一个玉树临风的僧人双手拿着一方薄片，正专心阅读。可能是在研读佛经，其神情的虔诚专注，被塑造得入木三分。造型手法依然是浮雕和线条相结合的方式，头部浮雕较高，衣袍处浮雕相对较浅。人物身体部分的轮廓线被省去，给人一种无边界的虚空感。衣纹多用向右下飘动的短斜线，又达成一种凡尘尽去的洁净感。制作者用甚为简洁的造型手法，将人物刻画得形神兼备。

图2－125　仕女　　　　　　　　图2－126　读经僧人

托盏僧人（图2－127）：这位僧人头大脸小，身材却甚为雄壮。左手托一盘，盘上置一盏茶，右手搭在胸口上，正低头做沉思状。形象四周以浮雕边界为轮廓，没有再另外勾勒轮廓。袈裟上的凸起线条左右交织，似乎表现出了人物内心的纠结和矛盾。

3.动物

狮子（图2－128）：砖面的上部有一个四瓣花，下面有一个狮子，狮子的表现手法依然是浮雕和线条相结合，脸部立体感较强，狮子面部如孩童，身体的塑造相对简单，鬣鬃和尾部的毛发都用较细密的线条表现。

图 2-127　托盏僧人

图 2-128　狮子

4.图案

如图 2-129 所示,这三种纹样都是南北朝最常见的装饰纹样。第一种的主体是放置在倒置荷花上的宝珠纹样,两边有菊花瓣般的三层护卫。第二种是浮雕和线条相结合的圆盘形荷花纹,这也是南朝荷花的程式化造型。第三种是敬天礼地、礼佛的瓶花清供,是南北朝装饰图案的常见题材。三种图案的压印模式都是两砖合一的形式。

图 2-129　图案类(拼砖)

(十一)湖北襄阳南北朝画像砖

1.神话

白虎(图 2-130):这个白虎的头部最突出的就是血盆大口,长长的舌头,锋利的牙齿,脑后的鬣鬃根根如刺。身体线条简练,尾部粗壮。虎爪,经装饰性美化。虎翼,是由粗到细的渐变线组成。背景是点点远山以及无限激荡的风云。造型特点是不求形似,但求气势。

图 2-130　白虎

　　千秋（图2-131）：此人首鸟身形象发髻很高，上衣宽松，腰间系带。双翼展开向上，翼羽根根可数，肌理感强。硕大的尾部如波浪般伸展在右翅外围，仿佛能激荡风云。背景空间里有许多缠枝花草纹,很好地烘托了仙界的浪漫气氛。

图 1-131　千秋

2. 历史故事

　　郭巨埋儿（图2-132）：画面颇为写实，荒郊野外杂草丛生，近处有几丛矮树，远处有数重山。妻子抱儿在左，郭巨执锹挖坑在右，一釜黄金突然从地里涌出，表现出郭巨孝心感动于天。画像背景逼真，人物造型准确。外围装饰有波浪形卷草纹画框，显得唯美而完整。

图 2-132　郭巨埋儿

3. 人物

仕女(图 2-133)：画面底置多足熏炉，一个身材窈窕的仕女穿华服立于画面中，梳高髻，面容姣好，脖颈长长。周围布满装饰性花草，烘托出婉约曼妙的气氛。

捧灯侍女(图 2-134)：一少女单腿跪地，手捧华灯，虽然只是黑白拓片，但看得出少女发式精致，面容姣好，身材曼妙，给人以美好的感觉。上部背景以花草纹填充，烘托出浪漫诗意的气氛。

图 2-133　仕女

图 2-134　捧灯侍女

老者(图2-135)：一老者峨冠博带立于画面中间。胡须长长,肩膀方正,双手藏于广袖之中,下裳多垂直线,显得甚为挺拔。头两边的装饰花草,拔高了人物的精气神,形象甚为伟岸高大。

图2-135　老者

4. 图案

双莲花纹(图2-136)：塑造莲花,采取从上向下俯视模式,中间是圆形的莲蓬,周围是向外发散的莲花瓣。四周满满装饰着其他细碎的花草纹,形成大小、强弱、虚实的对比,以凸显装饰面的主次层次。这种满工印模,其有华丽璀璨的美感。

图2-136　双莲花纹

独立莲花纹(图2-137):荷花的造型与上图相同,只是在荷花外,加了圆形外框,使得荷花的造型更圆满独立。四周的装饰花纹较为简单,显得整个装饰面更朴素、清新。这种由两块小砖的端面接合而成的荷花造型,是南北朝到唐代的最流行的程式化模印格式。

图2-137 独立莲花纹

(十二)山西太原北齐画像砖

纪年记名(图2-138):画像砖为北齐空心砖。

上印有"天保四年故人竹解愁铭记"十一个字。两边是十字穿环装饰纹。中间是两种凸起的纹样。一个纹样模式是类似洛书构架的花纹装饰,中间是圆形玉璧纹,四面是花蕾,四角是四片叶子。另一个纹样模式中间是圆,四面是三重台阶纹,更像是古代帝王礼天的处所或者帝台、明堂的符号。两个纹样排成一纵,交错分布。模印纹样和砖体的工艺都精致而考究。

图2-138 纪年记名

（十三）陕西咸阳西魏画像砖

佛龛（图2－139）：陕西咸阳西魏的这批画像砖，应该是佛塔上的装饰用砖。佛像的形式是神龛型，佛像盘腿打坐在龛内的台子上，慈眉善目，微微低头作手印。衣纹做工考究，富有质感和独特的美感。这类佛塔用砖和墓砖大不相同，是模印画像砖的另一品种。

图2－139　佛龛

二、南北朝时期画像砖的制作技艺和艺术形式

（一）南北朝画像砖的制作过程

1. 多砖一模线条画像砖制作过程

如图2－140所示，这类砖的制作过程共分十二个步骤：炼泥，制实心小砖土坯，稍阴干，排列成一个整齐的待印面，刻出如剪纸般的镂空的印模，在待印面上涂抹黏合剂，用炼制更精细的细膏泥（或加了糯米汤、蛋清等）填充镂空印模，待图像凝固后脱模，风干砖坯和坯上泥条图像，给砖坯编号，入窑烧制，根据编号或图案垒砌画像砖墙。

图 2-140　竹林七贤（局部）

2. 多砖一模浮雕画像砖的制作过程

如图 2-141 所示，这类砖的制作过程共分十三个步骤：炼泥，制实心小砖土坯，稍阴干，排列成一个整齐的待印面，刻出凹面印模，在待印面上涂抹黏合剂，用炼制更精细的细膏泥（或加了糯米汤、蛋清等）填充凹面印模并压实到待印面上，待图像凝固后脱模，清理浮雕图像周围多余的泥，风干砖坯和坯上浮雕图像，给砖坯编号，入窑烧制，根据编号或图案拼接完整的画像砖图像。

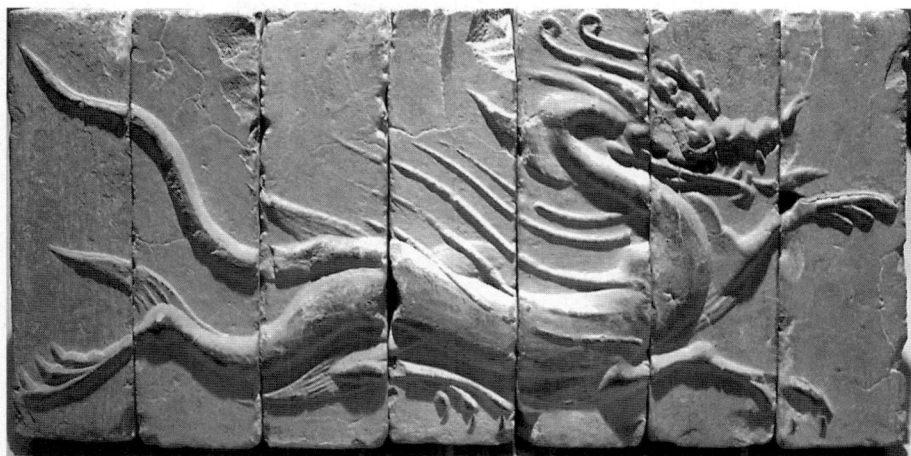

图 2-141　青龙（七连砖）

3. 一砖一面多模画像砖的制作过程

如图 2－142 所示，这类砖的制作过程共分十个步骤：刻制画框印模，刻制主体形象印模，炼泥，制作砖坯，趁湿压印画框，脱模，紧接着压印主体形象，脱模，阴干，入窑烧制。

图 2－142　仙人骑虎

4. 一砖多面多模画像砖的制作过程

如图 2－143 所示，这类砖的制作过程共分九个步骤：刻制砖大面的线条印模（也有可能是镂空印模），刻制梯形砖、小端面线条印模（有可能是镂空印模），刻制梯形砖、大端面浮雕印模，炼泥，制作梯形砖坯，趁湿压印三面图像，脱模，阴干，入窑烧制。

图 2－143　飞天（三面画像）

5. 一砖一模浮雕画像砖的制作过程

如图 2－144 所示，这类砖的制作过程共分七个步骤：刻制凹面浮雕印模，炼泥，制坯，趁湿压印浮雕图像，脱模，阴干，入窑烧制。

6. 一砖一模线条画像砖的制作过程

如图 2－145 所示，这类砖的制作过程共分七个步骤：刻制线条印模（也有可能是镂空印模），炼泥，制坯，趁湿压印线条图像，脱模，阴干，入窑烧制。

图 2 - 144　　浮雕莲花纹　　　　　　图 2 - 145　　倒莲花桃形圭纹

（二）南北朝画像砖艺术的传承和发展

1.程式化造型模式的继承和发展

南北朝画像砖的形式和技法依然有不少是沿袭汉代的传统造型模式,比如对于龙的造型依然沿袭汉代的兽状龙体的造型模式,但在细节的处理上有自己时代的特征和程式化处理模式。南北朝时期各地画像砖龙角造型几乎一模一样。南北朝借鉴汉代以云气造势和烘托气氛的传统,但其云气与汉代大不相同,有着自己的独特的造型模式,多以翻转、摇曳不定的排线来表现。南北朝画像砖更增添了花草造型和云气相结合的烘托方式,又创造了用文化符号和缠枝花草进入背景空间,来烘托气氛的新方法。这些点、线状的文化元素,既有宗教符号,又有民族文化元素,与汉画中抽象的点、线元素,有异曲同工之妙,但又指向明确。南北朝造像还注重形象自身语言因素和周围气氛的衔接。比如龙虎等灵异,利用渐变线条的仙翅,颈后、四肢肘后的飘飘绺毛,与周围云气呼应,来制造"满砖灵动"的艺术效果。比如利用人物的衣带与周围的花草装饰相呼应,营造浪漫的气氛等。

还有就是题材内容的时代程式化。最典型的例证就是对于人首鸟身的"千秋"和对兽头鸟身的"万岁"的塑造。各大出土地,几乎都有这类造型。这与南北朝时期华夏大地风云转化迅猛,整个社会氛围变幻莫测,政权更改频繁等因素,不无关系。因为,各个朝廷政权都难逃短命、早夭的时代宿命,所以,整个时代对于"千秋万岁"世事安稳、生活安宁的心理诉求就格外迫切。于是,这对神异的鸟,就成了整个时代最好的安魂丹。中国本土传承有序的神仙学说和儒教教化余音绕梁,经久不息。佛教乘着因连年战乱造成的自上而下心理恐慌,顺势植入。在南京出土的多砖一模墙面画像砖里,会时时看到胜纹,这是神仙学说的最显著符号。儒教的仁孝故事高调进入画像砖画面。在河南邓县、湖北襄阳出土的画像砖都分别都有郭巨埋儿的题材。佛教喜爱的莲花,如繁星点点绽放各地画像砖中。各地画像砖都有表现佛教飞天形象和佛、菩萨和僧人形象。魏晋的隐士文化观念，在南北朝画像砖中也有所呈现。

2.沉淀和吸纳了魏晋艺术家的审美和技巧

对各个时代的思想意识形态和文化艺术的深刻解析和艺术呈现，往往是滞后于时代的。很多精神产物都须经时间和历史的沉淀，经历大浪淘沙，只有经得起时代考验的好东西，才能留下来传承后世。通过画像砖艺术自身传承有序的呈现，我们发现时代对于社会意识形态有梳理性继承的现象：东汉梳理和沉淀了西汉的社会意识形态，加以扬弃。南北朝梳理和继承了三国魏晋时期的意识形态，并取其之长加以继承。魏晋丹青独到意趣和妙笔生花的自由风格，曾深刻影响后世绘画的发展，也不可避免地影响着南北朝时期的画像砖艺术。南京多地出土的南朝墙壁式"多砖一模"画像，都无处不在地体现出魏晋社会精英的归隐意识，以及大众的求吉纳祥的意识形态。与顾恺之等绘画大家线描艺术颇为契合的线描艺术形式，在画像砖艺术中，得到充分展示。从审美思想上，着力推崇传统道家"以无为本"精英意识和陶渊明"采菊东篱下，悠然见南山"的归隐思想。魏晋之风体现在对自由的强烈向往，对超高精神境界的上下求索，对高品质生活趣味的不遗余力地挖掘等许多方面。魏晋时期聚焦于轴心时代的老庄哲学，吸纳了同时代玄学的影响，使之成为这个时代当之无愧的艺术精神的内核，因此，魏晋精神是对老庄思想的最深刻光复。魏晋时期，这些高屋建瓴的独到精神领会；时代艺术精神对独孤求败的倡导；以及社会艺术精英对绘画技法前卫引领；都悉数经时代的检验，到南北朝时期，就大面积呈现在画像砖艺术中。使得魏晋南北朝画像砖艺术，呈现出赶超汉代的靓丽华彩，成就了自汉代以后，画像砖艺术的另一个光芒闪耀的辉煌时期。

（三）南北朝画像砖的突出成就

1.多砖一模的大型线描艺术成绩斐然

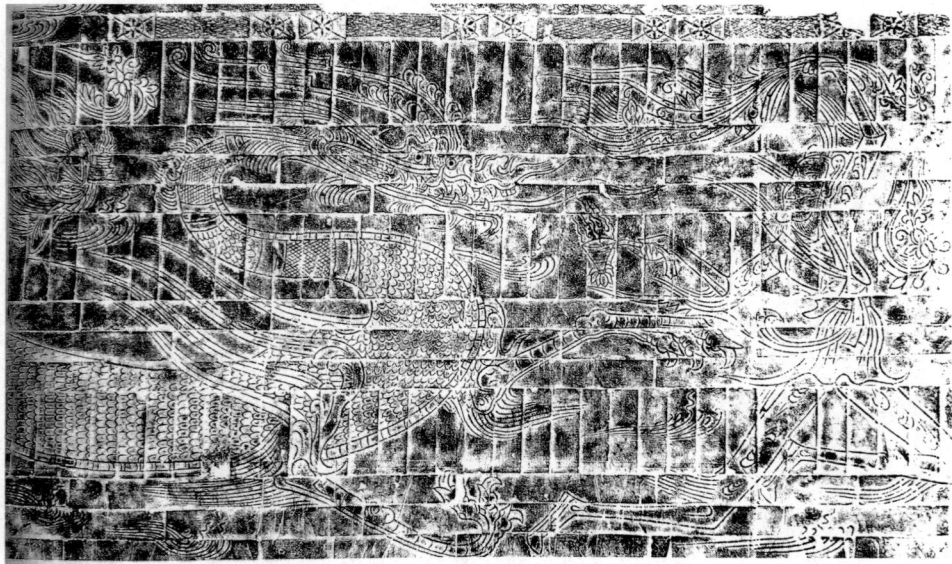

图 2－146　羽人戏龙

三国、魏晋、南北朝时期,中国白描艺术逐渐走向成熟,出现了许多专业画家。如东吴曹不兴,他的线条被称为"曹衣出水",技法被唐人推崇为"曹家样"。西晋卫协,传说他的白描细如蛛丝,却有笔力。东晋顾恺之,被称为虎头三绝,线条更是如"春云浮空,流水行地"。南朝刘宋画家陆探微,以书法入画,人物画被称赞为"秀骨清像"。南朝萧梁时期的画家张僧繇,被称赞为"张家样"。还有北朝画家曹仲达、杨子华。这些大画家的绘画功力都非同一般,对这一时期的壁画艺术有深远的影响。南京附近出土的大型南朝墓,有的就是皇帝之陵,画像砖的粉本,一定是出自当时的名家之手。墓中"多砖一模"画像砖的线条,细若游丝,依然富有神采和力度,造型细致周到,严谨准确,又不失画面的整体气势和宏大气象(图2-146和图2-147)。对于人物形象的勾勒,能够做到简练概括、形神兼备。

图2-147　竹林七贤(局部)

笔者认为,这些画像砖上所呈现的白描艺术,确实能够代表当时画坛的较高水平。对这类穿越时间长河的画像砖白描艺术的研究,有着深远的历史文化意义。此类研究有助于我们把握魏晋南北朝绘画鲜活的艺术神采,领悟他们追求疏淡、无我境界的审美格调;有助于解析那个时期更为深刻的社会意识形态,捕捉社会大众,在风云多变的动荡年代的集体意识和集体无意识;更有助于我们理解以上这些精神层面因素是如何通过民风民俗以及宗教信仰曲折呈现出来的。

　　2. 多砖一模的浮雕图像盛行

　　在南方潮湿的地下环境,砖上图像较为适合以浮雕的形式呈现(图2-148),一是浮雕形象装饰效果更好,更突兀;二是浮雕图像在外部颜色脱落后,依然会有较好的展示效果。这种由小砖聚合而成的浮雕形象,省去了大型砖烧制和制作的烦琐工艺。局部图像的印制失误或在脱模、烧制和搬运过程中的损伤,都可以通过更换一块砖方式补救回来,因此,从某种层面上来说,这也是模印画像砖技艺的一种改良和提升。多砖一模的拼贴效果,因砖缝的粗线条,造成一种别样的组合之美,成就了另外一种审美趣味。

图2-148　莲花纹(三连砖)

　　3. 出现人物和背景兼顾的全因素"绘画"

　　东晋画家顾恺之,在绘画理论中提出:要注意人物和环境的关系,把构图作为理性活动看待,强调"置阵布势"的构图,需要"密于精思""临见妙哉"。图2-149为湖北襄阳画像砖《郭巨埋儿》,画面中朴实无华的逼真树木,可以乱真的山石杂草,再现性的人物造型,无不闪烁着现实主义的迷人光芒。远山共有三处,从观者的角度来看,最左是一直一弯的二座远山加杂草,中间是"品"字形三个山头加两棵小树,最右是一长一短如眉黛的两座远山。画面的构图以开合见长,画面最下一排,有四开四合:自左向右,两石之开,中间以左树合;石与釜之开,中间以郭巨妻合;釜与石之开,中间以郭巨合;最右边两石之开,以右树合。中景物象与远山之间也构成了三开三合:左树与郭巨妻之开,以最左边那组远山合;妻与郭巨之开,以中间那组远山合;郭巨与右树之开,以最右边那组远山合。在这些众多的开合聚散中,完成绝妙的构图,也形成了画面荡气回肠的气韵。画面风格朴实,透视准确,以较为生动的人物塑造和较为客观的景色表现,来讲述仁孝故事。

图 2-149　郭巨埋儿

4.北方佛教石窟艺术造像模式的植入

在魏晋南北朝时期,同样是出于对佛教的信仰,北方在造石窟,南方在修墓葬。江苏常州和浙江余杭出土的南朝画像砖墓,已经开始把北方石窟造像的艺术模式植入画像砖的装饰艺术。这个出土于江苏常州的浮雕飞天(图 2-150),与河南巩县石窟的飞天形象的造型模式类似,显现出石窟艺术对南朝画像砖模印艺术的影响和渗透。

图 2-150　飞天(四连砖)

第三章

隋唐五代时期画像砖的模印艺术

第一节 隋唐五代画像砖的模印艺术

隋唐五代历时300余年,而唐代就占了280年。公元581年,作为北周外戚的杨坚,取代北周称帝,建立了隋朝,定都长安,随后就进行了一系列的改革,隋朝的国力日渐强盛。公元589年,杨坚派杨广灭掉了南朝的陈国,统一了南北方。隋朝在开国后,进行了多项改革:第一,贯通南北水运,开通运河;第二,未雨绸缪,广积粮,扩建和增建粮仓;第三,改善全国交通状况,修筑驰道。杨坚去世后,隋炀帝推行暴政,社会生产力迅速遭到破坏,又加上连年灾荒,民不聊生。随后,隋炀帝在江都被部将杀死,建国37年后,隋朝灭亡。

隋朝结束了分裂割据的局面,推动了社会经济的快速恢复,为唐朝近三百年的繁荣奠定了坚实的基础。

公元618年,跟随隋末起义军发展起来的李渊称帝,建立唐朝,定都长安,经过几年艰苦卓绝的战争,彻底统一了全国。公元626年,李世民即位,就是中国历史上的一代明君唐太宗,他深知隋朝早亡的深刻历史教训,积极改革,励精图治,社会经济迅速得到恢复,百姓生活得到很好改善。他在位时,唐朝社会政治清明,经济繁荣,社会平安祥和,人民生活富足安宁,史称"贞观之治"。

唐太宗的儿子高宗死后,武则天称帝,改国号为周,成为中国历史上唯一的女皇帝。

唐玄宗前期,锐意改革,政治清明,国力强盛,经济空前繁荣,进入唐朝的最辉煌时期,史称"开元盛世"。后期唐玄宗沉溺酒色,不理朝政,安史之乱爆发,致使唐朝从繁华盛世迅速转向衰微。

唐末,政治腐败。割据势力、朋党矛盾、宦官作妖等,严重削弱了唐朝政府的统治力量。加之土地兼并严重,百姓被压榨过甚,导致农民大起义,唐王朝分崩离析,彻底失去了生命力。

公元907年,唐朝被藩镇所灭。节度使朱温废唐自称帝,国号梁,史称后梁。在以后的五十年间,在中原大地,先后建立了后梁、后唐、后晋、后汉、后周五个朝代。与五代同时,南方各地先后出现吴越、南唐等九个割据政权,连同山西的北汉,被称为十国。

唐朝,开创两个繁荣盛世,很长一段时间内政治安定、经济繁荣,中国成为当时世界上疆域最大,生产技术最先进,物质文明和精神文明都高度发达的国家。

一、隋唐五代时期画像砖的题材内容

唐太宗吸取了隋朝"重佛轻儒",加速灭亡的历史教训,决定复兴儒学,统一思想。积极修订典籍,使儒家经典从文字,到解释,都有官方的标准版本。唐代儒学分新儒学和经学两种。唐代新儒学既有哲学思想的深刻意味,又有积极参与政治的独特品格。唐太宗从谏如流,采取魏徵的"人性本善""民本仁政"思想,在他的统治下政治开明,经济繁荣,成就了"贞观之治"。而诗圣杜甫,则是儒教精神的活典范,他的诗品和人品,都符合儒教所倡导的"仁"的标准。到了中唐,韩愈倡导复兴儒学,也是儒学没落数百年后,真正意义上的复兴。韩愈提出了天道与人道共存不悖,真正的人道是人类全体和自然万物的共同发展,并大胆提出:文化高于君权,道统高于君统。韩愈对儒学的推进,给儒学的发展带来深入思考和积极创新的崭新气象,为宋代理学的发展开了先河。而唐代的经学,则完全是象牙塔式的学术的经学,对儒学典籍的传世和注解,贡献巨大。在唐朝,三教并存,儒为根本。儒学始终是唐王朝的主要意识形态。

隋唐文化的共同优势在于:首先,隋唐时期对文化的开明态度,是隋唐文化走向中国封建时代巅峰的前提条件。对佛教,乃至伊斯兰教,以及伴随着商业往来而来的各类异域文化,都以海纳百川的态度进行融合同化。在融合外来文化的同时,也使得中国传统文化空前繁盛,同时又推动本土文化传播到中亚和东南亚,以及更远的世界各地。其次,隋唐文化繁荣的内在原因是对本土内在人文思想的融合,即儒、释、道三教合一。当然,儒教始终是封建意识形态的主流,朝廷对释、道,则有抑有扬,如:杨坚唯佛尊;李渊唯道尊;武则天又以佛先。但隋唐的封建政策始终允许三教并存,一切皆为我所用,引发本土哲学走向一种崭新的融合形式。第三,隋唐文化和科学空前繁盛,在艺术、文学、史学、自然科学和医学上都成就非凡。唐代诗歌和书法,更是成了世界文化最耀眼的文化符号。

但画像砖在经历南北朝的高峰期之后,在唐代,正处在相对衰微的低谷时期,不过在全国各地也有零星出土各种各样的隋唐时期的画像砖,以其独特的风貌体现隋唐艺术的绚丽风采。

(一)隋朝模印画像砖

双莲花纹(图3-1):(出土地不详)有两个圆形莲花纹,两个钱纹。两个莲花纹的表现形式与南北朝的表现形式一样,只是简单、爽利很多。外围的装饰也被省去了,只在中心线上加上两个钱纹。这样,砖的精神面貌增添了几分豪迈大气的特点,符合隋朝大统一的时代气韵。

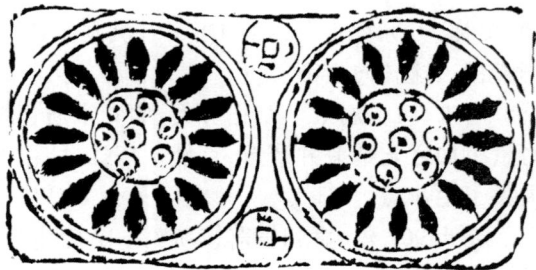

图3-1　双莲花纹

泡钉莲花纹（图 3-2）：采用洛书格式，中间是象征子孙兴旺的泡钉纹，外围是莲瓣，显得饱满厚重，朴素大气。隋朝的艺术风格，为唐代雍容华贵的艺术风格奠定了基础。

图 3-2　泡钉莲花纹

（二）唐朝模印画像砖

1. 敦煌神话传说画像砖

麒麟（图 3-3）：画面中的麒麟，龙头，长舌，牙齿锋利，头上长着一个弯曲成"S"形的独角，耳朵尖尖伸向脑后，弧形的脖颈后，连着一个向外发射能量的天珠。体形如狗，并像狗一样蹲在那里。前足似人足，后足是兽蹄。尾部很长，弯曲成两个连贯的"S"形。身体肌肉发达，显得甚为强壮。麒麟，是传说中的仁兽，是四灵之一。《毛诗义疏》云："王者致仁则出。"意思就是：为王的人，达到至仁的境界时，麒麟就会出现。《尚书》云："黄帝时，麒麟在囿。"西凉武昭王《麒麟颂》曰："一角圆蹄，行中规矩，游必择地，翔而后出，不蹈陷阱，不罹罗罟。"许多古代著述都把麒麟说成仁厚的谦谦君子。传说孔子是麒麟化生的。

图 3-3　麒麟

玄武（图 3-4）：只有唐代人才有这样的巧思，把玄武神的形象设计成花篮一般。蛇身从龟体下穿过，在龟体的最上方，头尾打结。龟头倚在画面右部的蛇体上，与中间的蛇头相向而笑。形象设计巧妙有情，十分有趣。这个给人间带来吉祥的玄武神，趣味盎然，妙思生香。

天马（图 3-5）：画面中的天马，扬起四蹄，奋勇向前。神情专注，尾部飘扬像旗帜，与颈部系的飘带相映成趣，成就了天马超强的速度的感觉。整个形象厚朴简括，散发出自由奔放的浪漫主义色彩。

图 3-4　玄武

图 3-5　天马

2.敦煌商旅往来画像砖

骆驼运货（图 3-6）：画面中一个商人扛一个棍子在肩上，一手牵着一头驮满货物的骆驼。从商人的体态样貌来看是个胡人，且心情大好，似乎在边走边歌。骆驼紧跟商人的脚步，也现出欢快之色。在骆驼背上如山的货物后面，还有一个小猴子，仿佛正左右摇摆地看风景，为驼商苦旅增添了情趣。画面利用浅条浮雕的形式，把商人高帽子、细腰、长上衣、紧身裤的异域相貌和欢乐的情绪状态表现得十分到位。值得一提的是在塑造骆驼背上的货物时，利用网纹、水平线和带十字线的矩形框架，把货物的层次给有序地呈现出来。不同于汉代画像砖浮雕和线条互为交融的造型手法，唐代画像砖的浮雕造型，多用面来表现对象，用线较少，且自成体系，与浮雕交融不多，只在最精彩的细节处现身，给人以"好钢用在刀刃上"的感觉。没有多余的背景因素表现，只从物象的神韵和体貌，就足以捕捉到穿越沙漠的荒寒之感，其形神兼备的高度造型技巧，是不言而喻的。

双骑吏（图 3-7）：两匹马都勾着脖颈低着头，但脚步迈得并不快，前面那匹马的后蹄，奋力支撑着地，像是在努力站稳的样子。画面背景上，没有用类似汉代或魏晋南北朝的云气来渲染气氛，而是单凭马的姿态来表现逆风而行的旅途天气状况。马上的两人显然已习惯气候恶劣的路途状态，从容地相互交谈着。陪伴，就是荒寒寂寥的旅途最好的解忧草，他们戴着同样的唐朝标志性帽子，衣饰相似，有一种无形的温馨的感觉。为了防止人们太关注骑士而忽视同样塑造精彩的马，制作者有意让靠画面里边的骑马者腋下夹着一个三齿的耙子（若为柔软的旗子，在大风天一定会向后飘扬），耙子横陈在马头上，把观者的视线压向马头，引导观众来观察艰难前行的马，观者仿佛能听到荒野肆虐的风声。

图 3-6　骆驼运货

图 3-7　双骑吏

人驼相伴(图3-8):胡人依然是高帽、长袍、细腰、紧身裤等富有唐代风格的造型。只见他抬起牵骆驼的手臂,回过头仰视着骆驼,像是在与骆驼交流什么。骆驼也现出欢快的表情,应和着他。骆驼的造型呈椭圆形,显得清爽圆润,骆驼的头部和眼睛也呈椭圆形,此外,背上驮的货物是标准的椭圆形。相同的造型元素,增加了骆驼形象整体统一的美感,也给艰难的旅途带来一种祥和之气。坐在货物前方的小猴子,安静而乖巧,从侧面反映了旅途的吉祥平安。

　　长途相伴(图3-9):两匹马并列而行,但从马儿们低头沮丧的情态来看,行程已很长。马上的两个人看起来也有些疲惫,但似乎还在不紧不慢地交流着。人和马四次的生灵疲惫烘托出了西北苍凉而又漫长旅行的无限寂寥。幸好马成对儿,人成双儿,这是遥遥苦旅的最大慰藉。

图3-8　人驼相伴

图3-9　长途相伴

　　胡人牵驼(图3-10):戴着小尖帽的胡人牵着一头骆驼,显然也是在河西走廊往返的商旅。骆驼形象十分逼真,酷似唐三彩的骆驼造型。这块画像砖几乎是唐代最具现实主义风格的画像砖,其高度写实的浮雕手法和呈现出的肌理美感,使它超越了砖画的范畴,可归于专属的浮雕形式,只是制作手法依然属于模印范围罢了。

图3-10　胡人牵驼

— 81 —

3.敦煌浮雕花纹铺地砖

敦煌铺地砖（图3-11）得益于敦煌石窟的开凿，由于开凿石窟，营造佛国盛境，需要调集全国各地的能工巧匠，因此，传承于汉代画像砖模印艺术，从魏晋时期就被引进到敦煌地区。在唐朝，出产于敦煌的铺地砖，设计完美，纹样丰富，有宝相四瓣花纹样、连珠复瓣花纹样、九宫格兔心花纹样、石榴花纹样、宝相卷草纹样、葡萄纹样、忍冬莲花纹样、卷草莲花纹样等。唐代铺地砖上的浮雕因素和线条因素，已经能够分工合作，各司其职，各自成为画像砖的一类独立造型元素，来服务于整体砖面的装饰。不像汉代画像砖那样，粘连和交融，难舍难分。唐代艺术品具有丰满健壮、雍容大度、浪漫豪放的时代气质，这也深深影响到这个时代敦煌的铺地砖，使其在浑厚中显精神，细节处见灵气，成为唐代纹样宝库的可贵财富。

图3-11 花纹铺地砖

4.酒泉灵异神人画像砖

兽面纹（图3-12）：夏商周时期就开始塑造辟邪纳吉的狰厉纹样，用在青铜器、瓦当、柱头和画像砖中，这在浙江出土的东汉、魏晋、南北朝的画像砖中尤为常见。这个兽面纹的双眉被幻化成云雷纹，眉间含珠，双眼是常见的环眼。鼻子造型则强化了鼻骨和鼻头处的软骨，成为无皮肤鼻子，以增加其丑陋感。牙齿完全裸露在外，上下颚不知去向。下巴被分解成三块，再往下又添加两块重下巴。法令纹和颧肌，也做了丑化的粗线型处理。这些处理使得整个面孔丑陋异常，目的是震慑妖魔。

图3-12 兽面纹

大力神人（图 3 - 13）：这个负责擎起柱子的大力神人，胸肌、腹肌和四肢的肌肉都格外发达，呈下蹲姿势，动作接近传统的蛙纹，让观者佩服的同时，又感觉无限同情。

图 3 - 13　大力神人

5. 酒泉社会生活画像砖

马上仪仗（图 3 - 14）：两人骑在马上手执旗帜，从人马疲惫的样子看，好像刚刚参加过某个仪式或是经历过战场厮杀。如此真实的呈现模式，不拘小节的雕刻手法，仿佛瞬间就能把人拉回到过往历史的某个节点。高手在民间，鲜活的艺术灵魂，始终在关注于生活的一个又一个当下的感悟和创造里，只要生命不熄，诗性智慧就永存心间，对历史和生活的记录的热情，以及昂扬的艺术创造力永远都在。

图 3 - 14　马上仪仗

双乐伎（图 3 - 15）：画面上有两个体态优美、温婉动人的女乐伎，一个在弹竖琴，一个在弹古琴。乐曲声如同她们所穿裙子的竖条纹一般，缓缓流出。竖琴弦、衣纹、琴声和谐融合。同时，这幅画像砖在雕刻印模时，并没有把形象的表面修得太光滑，而是保留着雕刻的痕迹和粗糙的肌理感，不由使人联想到李白的诗句"白发三千丈，缘愁似个长"。这是一个时代的艺术灵魂，自由到极致的产物，看似信手拈来，却又意味深长。

图 3 - 15　双乐伎

箫笛合奏（图 3 - 16）：画面中一人在吹箫，一人在吹笛。两个人的形象，都显得粗朴厚重，不拘小节，只简略地塑造了两个乐人形象的大体感觉，给观者留下更多想象的空间。这种表现形式反而把两个人沉浸在音乐中，物我两忘的状态表现得淋漓尽致，使人不由联想到王之涣"羌笛何须怨杨柳，春风不度玉门关"。艺术造型最可贵之处在于能够把握人物的整体形态，看似模糊，实则精准的神韵。

图 3 - 16　箫笛合奏

铠甲门吏（图 3 - 17）：不同于汉代的门吏形象，唐代门吏是全副武装的铠甲武士的形象，最可笑的是挂在胸前的两个护心镜，夸张如女性的乳房。制作者对于人物面

部的塑造大气而准确,形神兼备,对于铠甲质感的把握,也十分到位,似乎能让人感觉
到冷峻的金属寒光。

图3-17 铠甲门吏

6.酒泉十二生肖画像砖

牛(图3-18):作品最可贵的是,对于牛的轮廓以及神韵的把握。画面中的牛仰
着头,前腿单立,一副傲视群雄的样子。

图3-18 牛

兔(图3-19):画面中的兔子,前胸肥大,后腿蹬地,显示出绝佳的体能和超强的
弹跳力。制作者对兔子轮廓线的把握更是让人惊艳,这充分体现了艺术来源于生活、
高于生活的创作规律。

图 3 - 19　兔

蛇（图 3 - 20）：蛇的身体在空间中绕了两个圈，图像充分表现出蛇身体的遒劲和性情的狡猾、机敏。

图 3 - 20　蛇

鸡（图 3 - 21）：雄鸡胸部的健硕、肥大，尾部的繁茂、灵动，都被制作者精准地表现了出来。虽然画面上的鸡低着头，显得甚为低调，但从其挺起的胸膛和有力的腿爪，依然可以感觉到"一唱雄鸡天下白"的傲然气度。这是大唐盛世骨子里的时代自信，画像砖体现了大唐的非凡气象。

图 3 - 21　鸡

7. 酒泉铺地花纹砖

如图 3-22 所示,花朵中间的花蕊不仅是礼天的玉璧形状,内部还含有九个乳丁纹,外面有八个花瓣、八个雄蕊。其吉祥含义不言而喻。

图 3-22　花纹

8. 陕西武士画像砖

图 3-23 是陕西出土的三位武士形象,个个膀大腰圆,头戴官帽,腰系管带,脚蹬战靴。三人形象的区别,只在于相貌、身型、衣帽的些许细节。三人的动态也甚为一致,双手执环柄长刀,仿佛在执笏,显得器宇轩昂,同时也表现出大唐帝国在军事上的昂扬气度。

图 3-23　武士

9. 福建博物馆人物画像砖

执剑仕人（图3－24）：一位男士头上戴着发冠，手执长剑，身穿宽大的战袍，玉树临风。形象造型简练生动，线条疏密有致，人物自然生动，表情认真又显得轻松自在，无丝毫矫揉造作之感。

执镜少女（图3－25）：画面上是一个身着俏丽服饰，扎双髻的执镜女孩形象。表情纯真，衣饰新颖，亭亭玉立，展现出清丽活泼的样貌特征。

仕女（图3－26）：画面上的仕女一反唐代仕女丰满的特征，身材袅袅动人，衣服具有很好的下垂感。头部相对较大，梳着圆圆的发髻，两边对称地插满发簪。这是唐代偏居于东南沿海的仕女形象。因此，在大唐，不仅有"环肥"，更有"燕瘦"。在现实生活中人们的审美取向是多元化的。

图3－24　执剑仕人　　　　图3－25　执镜少女　　　　图3－26　仕女

骑吏（图3－27）：图像由两个砖的端面组合而成。表现的是一个骑手，骑在马上射箭的情景。两边还装饰有大小两朵祥云纹。在塑造形象时，制作者用较粗的线条来表现物像主要结构处的轮廓线，内部结构线和次要轮廓线则用较细的线条来表现。人物形象饱满强壮，马儿健硕有力。虽手法粗犷，仍不乏大唐气韵。

射手（图3－28）：画面上一个射手，一手张弓，一手拉弦，正十分专注地在瞄准目标。人物头戴圆帽，眉头紧锁，眼神专注于前方。人物衣袍，是用粗朴的竖直线表现的，上面稍细，下面较粗，手臂轮廓线内的填充线条最细。寥寥几笔线条，甚为粗略的形象构架，却把专注于射箭的壮士情态，表现得十分到位。寥寥几笔线条，就可化身为经典文化符号，甚为简略的形象，一样可以传神。

图 3-27　骑吏　　　　　　　　　　　图 3-28　射手

10. 福建小实心花纹砖

莲花纹（图 3-29）：半边莲花纹砖，这是浙江、福建一带最常见的唐朝画像砖的纹样。在后期砌墙时，与另一块砖合而为一，形成完整的莲花纹样。

图 3-29　莲花纹

卷草纹（图 3-30）：在连绵不断的半封闭连环卷草圈里，间隔展示花与果，循环往复，小巧精致。

图 3-30　卷草纹

菊花纹（图 3-31）：骨架是在横向的中心线上下，加两条对称的波浪线。在波浪线的上下空间内，填以半边菊花纹。

图 3-31　菊花纹

（三）五代（敦煌）模印画像砖

龙纹（图 3 - 32）：画面塑造的是一个纯浮雕的兽状龙纹形象，画面着重于对龙头的塑造，张开的大嘴和参差变化的头部轮廓，都展现出龙飘逸洒脱的风致和复杂的结构建设。龙翅为线性，线条为较跌宕的曲线，根部较粗，而尖稍细，如摇曳不定的火苗。还有龙头后、龙背后、四肢肘后和龙尾后，皆有类似火焰般摇曳的线条，构成画面风云变幻、幽深跌宕的气氛。龙爪造型复杂，但腿部力度明显弱于汉龙。

凤纹（图 3 - 33）：画面表现的是一个展翅飞翔的凤凰叼着一条绶带的情状。凤头塑造十分写实逼真。凤凰全身的肌理都甚为繁复，稍有雕砌、铺陈之感。绶带虽有效填充了凤凰周围的空间，也使得画面稍显拥塞。

图 3 - 32　龙纹　　　　　　　　　　　　　　　图 3 - 33　凤纹

第二节　隋唐五代画像砖的制作技艺和艺术形式

一、对隋唐南五代画像砖印模制作方法的解析

在隋唐五代时期，画像砖艺术正处于南北朝画像砖大潮后的低谷期。各地的模印画像砖的制作技法依然沿用汉晋、南北朝的基本方式，而无重大的技术突破和工艺改良。但根据隋唐五代画像砖呈现出的多样化的艺术面貌，可以推测画像砖在印模的制作方式以及材质应用上依然有不少新的突破。第一，笔者推测在唐代，陶质印模开始盛行。唐朝陶瓷业已高度发达，常采用堆、贴、捏、塑的手法，创作手法丰富，且不拘一格。陶瓷制品的模仿技艺，在这一时期，也得到了迅速发展，这无疑会给画像砖的印模制作材质和印模技艺带来新的机遇。随着南北朝画像砖工艺的大规模改革，画像砖印模的材质，已从汉朝占统治地位的木材质，向新的多样化印模材质转化，印模的制作技艺，也不会只局限于单纯的雕刻，而应该是结合了雕、塑、借（拿非印模器物替代印模）等多种形式。

比如说，敦煌唐代的铺地砖，无论是在图案设计水平或是制作水平，都达到了前所未有的水准。这类铺地砖印模的制作，应该是用泥，经过塑、雕、刻等综合处理手法，制成一个高度精美，但非模印的画像砖体，经阴干，烧制后，再利用这个母体陶砖，来制画像砖印模。最后，利用陶质模具批量生产画像砖。

图 3-34　花纹

再例如，在唐代，如唐三彩等装饰工艺品流行，在制作画像砖印模时，可以直接利用这些工艺品的一个立体面，作为原始内模，制作画像砖的印模，如这个高浮雕的麒麟画像砖，其形象就很像某些立体工艺品。

图 3-35　麒麟

还有不少画像砖成品表面肌理呈现出陶制模具的肌理效果。笔者推测，那些较薄的浮雕印模有可能是利用剪影式的木片或皮革，在泥胎上压印出形象的造型，再添加小细节而完成的。而浙江、福建等东南沿海地区出土的一些线条类画像砖的模具,很有可能依然是类似"皮影片"的镂空印模,采取的是漏印法。

二、隋唐五代画像砖艺术的传承和发展

唐代是中国封建社会高度发展的时期,唐朝以开放、包容、多元的胸怀和姿态,吸纳和接受各种文化因素,横扫整个欧亚大陆和东南亚。在甚为自由和宽松的文化氛围下,人们的思想意识形态得以解放,因此,那个时代的人们充满自信。人们常常在无限自信的状态下,观照宇宙时空和生命自身互为映射的宏大主题,同时也把人自身的生命意识无限放大,思通千载,视接万里。这也正是唐代艺术创作追求开放、清新、自然、随性等风格的时代原因,也使得唐代艺术品具有亲切、自由、舒展、活泼的特征。唐代画像砖艺术,植根于唐代艺术的大背景下,因此,其艺术特征自然而然受到时代大氛围的影响。

（一）唐代各地铺地花纹砖写满唐人对自然花草的无限热爱

在魏晋南北朝时期,人们就开始把眼光投向大自然的花卉草木上,在那个时期的画像砖上,也曾布满花草装饰纹样。到了唐朝,更是把这种传统发扬光大。唐朝还发明了饱满丰盈,雍容华贵,集众花特色于一体的宝象花。宝象花以"妙像庄严"一词得名。宝象花以莲花为主体,融入牡丹、茶花等其他花卉元素,有华丽富贵、繁荣吉祥的寓意。不同于魏晋南北朝花卉的秀丽、清雅,唐代花卉纹花型饱满,繁复华丽,雍容大方,能够从一个侧面反映出这个时代繁荣、强大、富足的气韵。唐代花卉图像,在写实的基础上,追求理想化的装饰性造型。风格富丽堂皇,灵动多变。例如,传统纹样卷草纹,到了唐代就成为了在后世享誉世界的唐草纹,其中心是花卉纹样,加上延伸到周围的卷曲枝叶,具有美感。还有石榴纹,葡萄纹,忍冬草等,这些绽放在铺地砖上的美丽花卉,向我们展示了大唐盛世的爱花情愫。

图 3 - 36 花纹

（二）外来造型因素与地域化因素碰撞出灿烂的艺术火花

自汉代张骞打通丝路之后,就开拓了中华大地和中西亚其他国家和民族的物质和

精神文化交流的渠道。唐朝的"丝绸之路",建立在文化交流的基础上,由此,唐朝文化和西域文化彼此交流、碰撞、渗透、影响。正如图3-37上所表现的中西商业往来的情形。中西文化互为影响,相互促进。唐太宗贞观十四年,开始在西域各地建立都护府,武则天时期又有增设,这使得当地少数民族更好地融入中原,也使得中原和西域关系更加紧密。《旧唐书》记载:"开元以来,太常乐尚胡曲,贵人御馔尽供胡食,士女皆竞衣胡服。"可见唐人对西域文化的喜爱。大唐的儒道思想、医学和其他先进科学,也在这个时候传入中亚,受到崇尚,很多国家都与大唐交好。汉代敦煌画像砖也有不少表现胡商的内容,在艺术形式上,似乎对外来文化有所借鉴,兼顾了大唐气势恢宏的富丽气象,也吸纳了外来文化的新异独特。

图 3-37　丝路商旅

（三）率真、简约、单纯的形式美追求

李白那首脍炙人口的诗歌"床前明月光,疑是地上霜。举头望明月,低头思故乡",率真、简单,凝练,直抒胸臆,表现出唐代艺术开放、大气、不矫揉造作的自然之风。在甘肃酒泉出土的唐代十二生肖画像砖中的动物形象(图3-38),几乎都有宽阔的前胸,劲健有力的后腿,朝气蓬勃,昂扬向上,富有生命力,简约而自然,率真而大气。唐代人对生肖动物的表现,也体现了他们对自身的期许和关照。

图 3-38　猪

（四）造型大气,不拘小节,注重对表现对象精神和神韵的追求

首先,唐朝画像砖造型基本都很饱满,轮廓线一般向外突出,在符合物象身体构造的同时,做适当的夸张,作品充满雄强的气势和外放的生命力量。其次,唐代人物造型写实感较强,比例匀称,结构合理,动态生动自然。如福建的这个骑吏的形象造型简

约、大气,颇具大唐风韵(图3-39)。第三,唐代造型注重对物像整体神态的塑造,善于捕捉优美的姿态,恬静的精神,结构的准确。虽手法简练,却能够做到形神兼备。在契合时代的各个层面上,展示高超的艺术水平。从这块酒泉画像砖(图3-40)对人物的表现手法上,就可以看到唐代造型,更注重对人物精神和内在神韵的塑造,追求一种浑朴大气的超高气象,不会在细枝末节上耗费力气。

图3-39 骑吏

综上所述,通过唐代画像砖这一大唐艺术盛宴上的小小艺术窗口,我们可以看到大唐艺术既注重整体造型的准确,又在绝妙的细节上又显得灵巧。在整体大气中显示出精神和情致,在具体精致的细节中凸显灵动和品质。这些画像砖具有丰满壮硕、雍容华贵、浪漫激情的大时代风貌。

图3-40 箫笛合奏

第四章
宋元时期画像砖的模印艺术

　　安史之乱是唐代由强到弱、由统一到割据的重要历史节点,这一年就是公元755年,唐玄宗天宝十四年。之后的152年,虽然也称为唐朝,但再也没有统一。公元907年,朱温灭唐,五代开始,又经历53年的战乱,直到公元960年,陈桥病变,北宋建立。宋朝结束了205年的战乱,在这漫长的战乱年代,中华民族传承已久的优良价值观,几乎被毁灭殆尽,实在令人痛心。第二年,宋太祖以"杯酒释兵权"的策略,把兵权收回中央;又改革官制,提拔文臣作为州、县长官,在中央增设副相,参知政事;又设枢密使、三司使分管兵权,用来分化相权。公元963年,采取"先南后北"的统一战略,全面消灭了南方割据政权,并在北方要地驻兵把守。公元973年,赵光义登基,公元979年,北汉被消灭,中国大部分地区被统一。在北宋步步强化中央集权统治的同时,也形成了"积贫积弱"的局面。北宋经历九个皇帝,公元1127年,金军攻入开封,徽钦二帝被俘,史称"靖康之变",北宋灭亡。

　　徽宗第九子赵构,在今天的河南商丘——应天府即位,建立南宋,公元1138年,定都临安,就是今天的浙江杭州。南宋统治者倚仗长江天险,对外实行长期求和政策,苟且偷安,不求进取,宁愿向金称臣纳贡,甚至残杀抗金的爱国将领。公元1276年,临安被崛起的蒙古族占领。公元1279年,大臣陆秀夫背着八岁幼主赵昺投海而死,南宋灭亡。

　　两宋时期,农业、手工业、经济、科技,乃至文学艺术,都得到了显著发展,城市和乡镇建设空前繁荣。由于经济高度发展,在宋代,还率先在世界上流通了纸币。在思想意识形态领域,两宋也有非凡建树,形成了完善的程朱理学。

　　公元1206年,铁木真统一了连年混战的蒙古草原部落,建立了蒙古政权,被拥立为大汗,被尊称为成吉思汗。之后,成吉思汗率先进攻西夏,公元1227年西夏灭亡,又于1234年灭金。1260年忽必烈即位。1271年,忽必烈改国号为元,元朝建立。公元1279年,消灭南宋,实现统一。元朝也是中国历史上第一个统治了整个中华大地的少数民族政权。

　　元朝在建国伊始,推行汉制,并"行仁政""不嗜杀",施行"治国安民"方略,重农桑,开言路,严吏治,积极学习中原汉族王朝统治方略。元代的统一结束了历史上较长的分裂局面,为统一的多民族国家的进一步发展奠定了基础。元朝统一后,疆域扩大,社会安定,社会生产力提高,人民生活安宁,也为经济稳定发展提供前提。

　　公元1359年,第四代蒙古大汗去世,蒙古帝国逐渐分裂为元朝及四大汗国。此时,元朝的根基已根本动摇,进入苟延残喘的衰亡期。1368 年,吞并南方各势力的朱元璋部队攻入元朝大都,元朝宣布灭亡。

第一节 宋元时期画像砖的模印艺术

宋代对于意识形态的最大贡献是建立了封建社会的核心价值观,即程朱理学。

程朱理学构建的原因和前提:其一,社会发展和社会政治的共同需要。205 年的割据和战乱,导致严重的礼崩乐坏,从轴心时代就开始营建的传统道德规范被破坏殆尽,已经不利于宋代大统一政治局面的稳定和发展。宋代统治者崇文抑武,倡导尊儒读经,希望重整伦理纲常,重建道德,重建社会秩序,重塑政治文化,建立令人信服和符合宋代社会现状的封建社会崭新的价值观念。其二,社会精神需求。宋代社会稳定,农业、手工业和商业迅速发展,人们生活的幸福指数迅速提高。仓廪实,则对精神富足有了更高的要求,社会需要一种精神信仰。其三,受众需求。上行下效的崇文抑武政策使得宋代成为中国文化史上重视文化学识的鼎盛时段。经文化熏陶而觉醒的一大批人,需要更规范的精神食粮。其四,科技文化发展的必然。科技文化的高度发展,为理学的哲学化,提供了对自然和社会规律的思考的知识基础,以及学派的支撑。其五,唐朝儒学的进一步发展。宋代的理学,在以儒为本的基础上又吸收佛、道精华,是不同于传统儒学的新儒学。

程朱理学的主要内容:第一,实现理学的哲学化和思辨化。将先秦儒学所提倡的原始儒学思想,提升为思辨严谨的思想体系,使其成为中华民族认同的价值信仰,成为中华民族正统的文化心理。第二,实现理学的社会化和平民化。推动了宗教、文学、思想等领域的新文化运动,如新禅宗、新文学和新儒教等。这些运动反映了平民化社会对新的价值体系和精神坐标的需求。此外,讲"天理""持敬""格物"是理学的三大核心精神诉求。

程朱理学构建的意义在于引导人们,追求"内圣"人格:第一,孔颜乐处;第二,民胞物与;第三,浩然正气;第四,为仁义而献身;第五,尊王攘夷。

一、宋代时期画像砖的题材内容

(一)陕西宝鸡八角镇画像砖

1. 孝子故事(二十四孝选取)

杨香扼虎救父,陆绩怀橘遗亲:一砖两图,讲述的是两个故事,中间以粗柱隔离。左边是杨香故事,右边是陆绩故事。

杨香是晋朝人,十四岁时,随父杨丰在稻田里割小米,突然蹿出一个大老虎咬住父亲。杨香完全忘了自己的安危,跳到老虎背上,扼住老虎咽喉,最终,使老虎窒息,父亲得救。画面中的父亲双手高举,似乎抓着画外的树枝,神情呆滞,显然是被吓坏了。小杨香骑在虎背上,双手抓住老虎双耳。制作者用杨香的衣服飘带,给小英雄作了一个"光环",来衬托杨香形象的高大(图4-1)。

图4-1　杨香救父与陆绩怀橘

三国人陆绩,六岁到袁术家做客,袁术用蜜橘招待他,他自己不舍得吃,而是悄悄藏在怀里,要把好吃的蜜橘带给母亲尝尝。画面表现的是在一个门楼前,小陆绩捧着橘子,献给母亲的场景。画面造型逼真,形象饱满,传达出母子之间浓浓的情意。

郭巨埋儿奉母,刘殷哭泽生堇(图4-2):依然是一砖两图,讲述的是两个故事,中间以粗柱隔离。郭巨在左边,只见他,用右手拿着铁锹,左手指着地下,神情坚定。郭巨妻子抱着孩子站在画面右边,神情悲伤。画面生动地表现了人物之间复杂的情感。

图4-2　郭巨埋儿与刘殷哭泽生堇

晋朝的刘殷,七岁就死了父亲。刘殷的祖母冬天想吃菫菜,因此,已经十多天吃不饱饭,年仅九岁的刘殷就跑到田里去哭,突然田里就生出菫菜了。后来刘殷梦到有人对他说"西边篱笆下有谷子",他醒来后去看果然如此,上书:"七年粟百石,赐孝子刘殷。"画面表现一个天兵给刘殷托梦的情景。

2. 日常生活之庖厨系列

切菜、端盘、送汤(图4-3):画面中一个妇人正在桌案上处理鱼。桌案上摆有鱼、其他的食材,以及成摞的碗碟。中间一个小姑娘双手捧着食盒,走向桌案。其右有一个妇人左手执刷,右手执茶壶,向画外走去。画面表现了厨房的繁忙情景。

图4-3 切菜、端盘、送汤

蒸食物(图4-4):画面右边有一个灶,灶上有五格蒸屉,灶旁一人掀开顶层盖子查看。左边一个成人拿着一个食器,似在教训中间的小孩。情景生动,表现了亲切可感的日常生活片段。

图4-4 蒸食物

熬汤（图4-5）：画面中有一个支架灶，左边的妇人一手扶釜，一手扇火。中间的妇人捧着罐子往锅里注汤。右边的妇人捧着茶汤器，在往外走。

图4-5　熬汤

摆宴待客（图4-6）：画面中有一桌案，案子上摆有点心和其他食材。右边的妇人抱着碗盘走向桌案。左边是一妇人和一孩童，似在等人。

图4-6　摆宴待客

邀客入席（图4-7）：画面上桌椅和食器已经摆好，在两边椅子的后边，一边站着男士，一边站着臂部搭汗巾的女侍者。两人仪态端方，已做好准备迎接客人。

— 99 —

图 4-7　邀客入席

　　在宋代以前，人们待客、吃饭都是席地而坐，到了宋代开始有桌椅。这组庖厨宴客组图，生动展现了宋代人待客的场景，是不可多得的。

　　3. 日常生活场景之养马系列

　　洗马（图 4-8）：画面上有个柱子，柱子上拴着一匹膘肥体壮的马。柱子右边一人左手拿着刷子，右手拿着手挠，似乎正准备为马刷洗身子。马的面部神情有些惊惧，而人物面部温和，动态自然。

图 4-8　洗马

牵马（图 4-9）：画面中男士戴着头巾，一手抓着搭在脖颈上的马鞭，一手牵着马，为了牵马时行动方便，还把身上的袍子的前半片，系到腰带里。马儿膘肥体壮，马具披挂齐全，显然是准备出发的状态。

图 4-9　牵马

4. 日常生活之安全护卫系列

力士（图 4-10）：左右两位力士都膀大腰圆，身穿盔甲，头戴盔帽，身着披风，脚穿战靴，右手执剑，左手扶在右小臂上，意气风发，威风凛凛，展示出宋代武士的豪迈之气。

图 4-10　力士（二）

5.居家装饰系列

花草图案（图4-11）：画像的外框是一个左右对称的马蹄果形状，有两层框边。内部有适合于这个外形的花枝作为装饰主体。从叶子看植物像菊花或牡丹，而中间花朵既像荷花，又像菊花，花蕊和花瓣都极具装饰美感。画面有模印痕迹，印过后又似乎得到精心修理，显得比纯粹的模印砖更精美一些。

图4-11 花草图案

门庭窗格（图4-12）：笔者认为，这组画像砖采用模印和雕刻相结合的手法，表现了宋代建筑门庭和窗格的真实样貌。

图4-12 门庭窗格

(二)陕西宝鸡市南郊画像砖

1.神话故事

天马(图4-13):造型简练,马鬃绽放,马尾飘扬,双翅以线条来表现,头部和四肢造型手法简练而概括。天马似乎刚刚挣脱了束缚,马缰绳画弧拖在飞奔的马体下部。

神人(图4-14):一个大头力士,造型如蛙,全身被挂在颈部的彩绸围绕,以烘托他超凡的神力。这种神人形象是个古老的题材。到了宋代,此类形象从下蹲的姿态,变为站姿。

图4-13 天马

图4-14 神人

2.丝路遗影

胡人牵驼(图4-15):画面中一个戴着大檐帽的胡人,牵着一匹骆驼在行走。骆驼造型简练、准确。从人和骆驼消瘦的状态,可以感受到他们旅途的艰辛。

图4-15 胡人牵驼

3.吉祥纹样

牡丹（图4-16）:中间的牡丹花和周围的枝叶,在方形画框中部,适于方形,显得俏丽而疏朗。虽然是装饰图案,但变形有度,接近自然花枝的状貌特征,使得图案造型更多地绽放出植物自身的生命情趣。牡丹具有富贵的吉祥含义。

图4-16　牡丹图

奔鹿（图4-17）:画面中有一枝缠枝菊花,造型随性生动,具有自然之美。在花枝中,有一只雄鹿在欢快奔跑。鹿与"禄"谐音,有升官发财的吉祥寓意。

图4-17　奔鹿

（三）陕西凤翔将军画像砖

将军（图4-18）:单从信息不全的拓片,就可以看到这位将军威武无比的气度。他表情坚定,眼神威严,全身披着盔甲,手中刚拔出的宝剑寒光闪闪。民间艺人调动了所有肌理元素,塑造了一个为了国家、为了民族,勇于牺牲小我的钢铁武士,仿佛也堆砌起了一座民族精神的钢铁长城。这正是程朱理学"内圣"教化的终极目标。这让人联想到杨家将、岳飞、文天祥等英雄的影子。

图 4 - 18　将军

(四)陕西安康的龙

龙(图 4 - 19)：宋代的龙增添了扭曲盘旋的蛇的特性,这条龙的形貌已经和汉代的兽状龙体相去甚远。龙头小巧精致,一如宋代开端的陈桥兵变那般,波澜不惊。中部强壮粗大,又似宋代的理学、科学、文学、艺术,乃至商业、经济那般发达。长长的尾部又恰似苟且偷生的南宋,细弱缠绵。

图 4 - 19　龙

（五）陕西汉中画像砖题材

1.孝子故事（二十四孝故事）

郭巨埋儿（图4-20）：画面中抱着幼小娇儿的妻子在画面左边,拿着铁锹的郭巨在画面右边。中间是一釜黄金,两人都举起拳头,像是在对上天宣示：一定要善待老母。画面上的人物形象饱满,较为逼真写实。

图4-20　郭巨埋儿

2.佛教故事

菩萨和供养人（图4-21）：画面上,佛和菩萨形象（残）,莲花台和台基完好。供养人为中年男子的形象,抱物于胸前,表情虔诚。人物高度写实。

图4-21　菩萨和供养人

3. 神话故事

举仙草男子(图 4-22): 画面上一个青年男子举着一叶硕大的仙草, 仙草如伞状罩于男子头顶。人物造型写实, 表情虔诚严肃, 头部较立体, 相对较大, 手部相对较小, 双足和下半身比例适当。

图 4-22 举仙草男子

4. 妇女群像系列

捧物妇女(图 4-23): 这一类妇女形象或捧寿桃, 或捧假山, 或持矩形不明物体等。此类形象皆为立像, 头部立体感强, 比例较大, 属于高浮雕, 胸、手部浮雕略低, 手型较小, 下面裙摆部为浅浮雕。这使得整个形象在视觉上有一种从上到下、由强到弱的秩序感。造型典雅优美, 富有宋代艺术品所具有的"尽精微、致广大"的特征, 是宋代画像砖中的精品。

图 4-23 捧物妇女(三)

倚门妇女(图4-24)：这一组妇女,执各种物件立于带窗格的门扇前,显得温婉秀气,人物造型比较写实。此组造型依然是头部立体感较强,胸、手部较低,裙摆部变为浅浮雕。这使人物形象带有一种自上而下的秩序感。整个砖面具有完美的构成形式,单从浮雕的造型层面来看,显然超越了前代的画像砖塑造人物形象的水平,此砖采用的手法也是综合性的。

图4-24　倚门妇女(三)

倚墙女(图4-25)：砖面上的妇女形象俏丽,双手插在衣袖里,倚着墙角站立,显得甚为窈窕美丽。头部几乎被塑造成圆雕形式,胸臂部浮雕变低,裙摆部又成为浅浮雕。制作者以浮雕的高低,来界定人物形象的主次部分,虚实得当,层次分明,不愧为宋代画像砖中的优秀作品。

图4-25　倚墙女

（六）甘肃通渭生产劳动画像砖

舂米（图4－26）：画面中有两位妇女正在舂米。一位妇女扶着支架，用脚踩动舂米的杠杆，另一位妇女则往米臼中投米。舂米机械使用的是杠杆原理，这说明在宋代一些简单的科学知识，已走入寻常百姓家，在为生产劳动服务。

图4－26 舂米

推磨（图4－27）：画面中一个妇女在磨台旁推磨，虽然磨杆被加长，增大了力臂，会有些省力。但长时间的体力支出，还是让这个身材单薄的妇女，累弯了腰，显得步履艰难。舂米和推磨这两幅画像砖，充分展现了宋代劳动妇女生活的艰难和劳动的艰辛；也从一个侧面讴歌了中华民族劳动妇女的坚强。

图4－27 推磨

（七）甘肃省陇西县画像砖

启门女（图4-28）：从东汉开始，墓葬当中就有类似的形象，据说这样的图像一直延续到清代。对于"启门女"的解释众说纷纭，始终没有一个令人信服的标准答案。在民间，人死去被称为入阴间，而女子也是阴性的，那么这个"启门女"是不是阴间的象征？地是阴性的，古代人死而入地，"启门女"是不是大地的象征？东汉佛教传入中国，"启门女"又有没有些许佛教意味？这些问题都值得进一步研究。

图4-28　启门女

赶驴推磨（图4-29）：画面中一头毛驴双眼被蒙着，被套上磨杆，由一个扎着双髻拿着长棍的女子赶着推磨。这是表现宋代借用畜力劳动的画面。处在磨盘后面的毛驴四肢瘦弱，像是疲惫地挂在磨盘上，充分表现出制作者对毛驴的同情。

图4-29　赶驴推磨

(八)甘肃兰州市画像砖(二十四孝图)

文王尝药(图4-30):讲的是汉文帝刘恒的故事。他是刘邦的第三个儿子。刘恒生性孝顺,母亲薄太后生病整整三个年头,他终日忧心忡忡,早晚尽心侍奉。他和颜悦色地宽慰母亲,夜晚衣不解带,照顾得十分周到。他了解药性,监督熬煮,每次端药都要亲自尝一尝,才让母亲喝。他真正做到以自己的孝、仁,来治理天下。诗云:"汉孝文帝,母病在床,三载侍疾,汤药亲尝。"画面中有两个人以手指向中间的大釜,表现的可能是监督熬药的情景。

王祥卧冰(图4-31):故事讲述的是晋朝人王祥,虔诚地用自己的身体融化河冰,求得鲤鱼,孝敬后母的故事。《晋书·王祥传》记:"父母有疾,衣不解带……祥解衣将剖冰求之,冰突自解,双鲤跃出,持之而归。"画面中有个"丫"形树杈,上面挂着衣服,一人穿短裤卧于冰上。王祥卧冰求鲤,真情感人;斜插画面的"丫"形枝,仿佛是在向上天发问:这样能得到鱼吗?长天不语,是因为万事皆有定数。但故事的结局还是很美好的。

图4-30 文王尝药

图4-31 王祥卧冰

卖身葬父(图4-32):《全相二十四孝诗选》:"汉董永,家贫,父死,卖身贷钱而葬。"图中表现的是,董永去地主家干活,遇见仙女,求妻为其的情景。画面开门见山,直奔主题,甚为干脆爽快。

图4-32 卖身葬父

（九）甘肃定西画像砖

双武士（图4-33）：双武士，头戴盔，身披甲，全身肌理密集，只有脸部、腰间的扎巾以及战靴三处的线条较疏。一人执斧如执笏执于胸前，斧的顶部高度平头。一人执铜驻地。两人形象都甚威武，表现了大宋军人的威仪。

图4-33 双武士

牧猪（图4-34）：画面中一人手执一棍，赶着一头小猪在放牧。可见平民百姓家无余粮用来养猪，只得赶而牧之。

图4-34 牧猪

（十）故宫慈宁宫北宋画像砖（二十孝图）

孝感动天（图4-35）：《全相二十四孝诗选》："虞舜，瞽瞍之子，性至孝。父顽，母嚚，弟象傲。舜耕于历山，有象为之耕，鸟为之耘。其孝感如此。"画面上，群鸟飞翔在天。舜赶着两头野象和三头野猪在耕地。人物的神态显得端庄、自然，大象和野猪的形象都准确、生动，令人信服。画面由高浮雕、浅浮雕和阴线刻三种手法相结合，外框为如意云头状。整个画面动感十足，生动异常。

芦衣顺母（图4-36）：这个故事出自《论语·先进篇》，讲的是周人闵损（字子骞），生母早亡，继母生二子。亲儿做棉衣用棉花，给闵子骞用芦花。天寒衣单，手未抓紧车绳，掉在地上，父以为其做戏，拿鞭责打，芦花满天飞。父欲休妻，子骞劝父，曰："母在一子寒，母去三子单。"画面采用写实手法，造型准确，人物形象生动，性格刻画深刻。

图4-35　孝感动天

图4-36　芦衣顺母

老莱娱亲（图4-37）："老莱七十。戏彩娱亲。作婴儿状，烂漫天真。"画面中的老莱子父母，坐在桌案前，作欢喜状。老莱子在院中的柳树下，给父母表演。人物造型准确，情态自然、生动。

丁兰刻木（图4-38）：东汉时期，丁兰父母早亡，于是就雕刻了父母的雕像，视之如生。凡事与雕像商量，每日三餐敬过再食。妻不敬，休之。画面把丁兰的虔诚和兰妻的不以为然的神态表现得十分到位。

图4-37　老莱娱亲

图4-38　丁兰刻木

曹娥投江（图4-39）：曹娥父为巫师，为迎神而溺亡，十四岁曹娥沿江哭号，昼夜不息，最后投江而死。画面中的曹娥挂着杖，在江边掩面哭泣。造型逼真，引人潜然。

（十一）陕西秦砖汉瓦博物馆收藏宋金画像砖

哭竹生笋（图4-40）：三国孝子孟宗，母年迈老病，医嘱汤鲜笋。严冬无笋，孟宗扶竹而泣，笋自地中长出。画面上两个竹子，数个竹笋，一人蹲地，张开双手，作诧异状。画面造型简洁生动。

图4-39　曹娥投江

图4-40　哭竹生笋

舍己救弟（图4-41）：汉代人赵孝宗，今安徽宿县人。《后汉书》传："及天下乱，人相食；孝悌礼为饿贼所得，孝闻之，即自缚诣贼，曰：'礼久饿羸瘦，不如孝肥饱。'贼大惊，并放之。"画面把孝宗的舍生救弟的勇敢，孝悌的无助，贼人的凶悍，表现得非常贴切。

伯俞泣杖（图4-42）：汉代梁国人韩伯俞，年少丧父，与母相依。母性烈，常杖击之，俞顺而任之。年长归家，必买饼加肉孝母。画面以体态语言和衣纹的柔顺，来表现伯俞对母亲的恭顺。构图严谨，母亲被置于两个黄金分割线的交点，格外醒目，伯俞退到画面一角，甚为谦卑，其头部位于黄金分割线处，以彰其孝。

图4-41　舍己救弟

图4-42　伯瑜泣杖

拾桑异器（图4-43）：汉代人蔡顺，经王莽之乱，拾桑以养母，用不同器物盛桑，黑者奉母，红者自食。《二十四孝》记："贼悯其孝，以白米三斗，牛蹄一只赠之。"

（十二）陕西安塞宋金画像砖（二十四孝图）

闻雷泣墓（图4-44）：王裒是魏晋时人，山东昌乐人。王裒父亲被司马昭杀，他终生不做晋臣。母生前怕雷，每打雷，王裒必至母墓旁陪伴。画面外框为如意云头形，内有一人在墓前哭泣。画面造型简练、厚拙。

图4-43　拾桑异器

图4-44　闻雷泣墓

二、元代时期画像砖的题材内容

元代，蒙古人以强悍的武力践踏了中原，轻儒，又贬汉。首先，汉族读书人一般都面临着科举无门的局面，在精神上也饱受摧残。元代对儒教甚为轻视，读书人的社会地位和尊严尽失。其次，蒙古统治者把人民分为四等：蒙古人，色目人，汉人和南人，并颠覆了以士人阶级为中心的传统。

元代虽然实行等级制度，但在宗教信仰和文化政策上，却较为宽容。蒙古贵族信奉喇嘛教；道家地位，虽几度曲折，对道家的优待和支持也是显而易见的；中亚伊斯兰教徒大量东迁，形成回族。

在元代，理学也被确立为官方学说，儒家的正统地位被进一步巩固。

元代时天文学得到突破性发展，完成《大元一通志》《河源志》《舆地图》的编纂，农学上《农桑辑要》《农书》《农桑农食辑要》等书籍编成，医学也有突破性进展。元代是杂剧和散曲的发展高峰，文人绘画也得到很好的发展。

（一）甘肃定西画像砖（二十四孝图）

田祯哭树（图4-45）：故事讲的是田祯兄弟三人，家境富裕，但很不和睦，共同商议怎样分家产，各种财产都分配停当，唯一堂前的紫荆花树，花叶美茂，共议三分。当夜，树即枯死，形态似被火烧，根茎憔悴。田祯看见后，感慨"人不如树！"悲不自胜，树应声复翠。兄弟相感，合财产，至纯孝。

元觉还笆（图4-46）：元觉十五岁时，勤劳的爷爷病倒，父母商量要用笆篱将老人丢弃到山上。元觉苦劝不听，就找回笆篱，保存起来。父亲见状问王觉留笆篱何用？元觉回答：等你老了，我用它把你扔了。父亲大惊，即刻接回爷爷赡养。

图4-45　田祯哭树

图4-46　元觉还笆

成子留母（图4-47）：朱寿昌，宋代安徽天长人，七岁时，生母刘氏被嫡母嫉妒，不得不改嫁他人。从此，母子分离，五十年不通音信。神宗时，朱寿昌在朝做官，四处寻找母亲，得知母亲下落后，辞官寻母，终于母子团聚。

梁公望云（图4-48）：狄仁杰是山西太原人，在武则天在位期间，官至宰相，十分仁孝。狄仁杰一日外出巡视，途中登太行山，看到南边的天空中飘着一朵白云，联想到远在河阳的年迈父母，潸然泪下，瞭望良久方去。

图4-47　成子留母

图4-48　梁公望云

— 116 —

(二)甘肃陇西宴乐画像砖

宴乐(图4-49):甘肃陇西的这组宴乐画像砖,采用浅浮雕形式。与汉代巴蜀的画像砖技法有些许相似,采用浮雕和线条相结合的手法,用浮雕来塑造立体,用线条来表现细节。这组画像砖共有四幅,场景都在幕帷之下,人物数量或为四人,或为五人。如一幅图片:一人击鼓,两人吹箫笛,一人扛方铜护卫。构图集中且完美,人物形象形神兼备。通过点线面相结合的手法来塑造形象,烘托气氛;并借助人物头部的高低错落、疏密聚散,来呈现乐曲和画面节奏,创意巧妙。

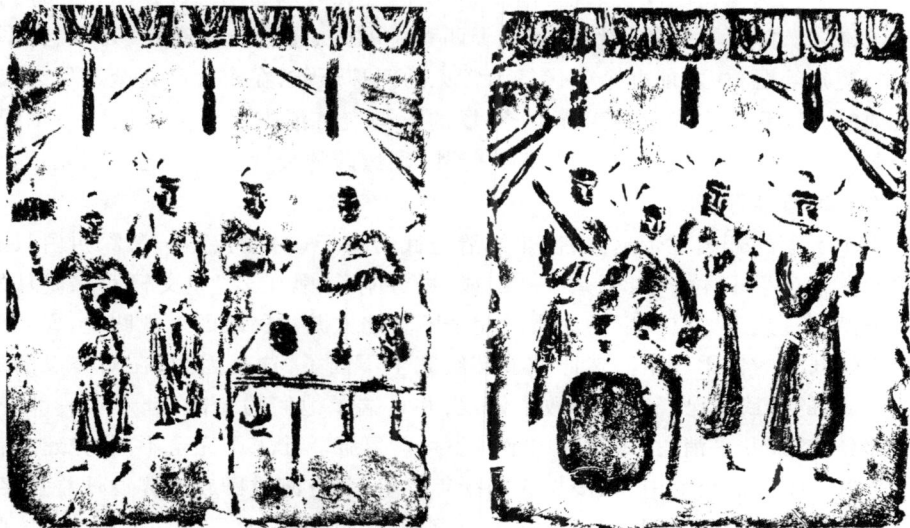

图4-49　宴乐

(三)甘肃漳县出土动物花卉画像砖

动物花卉(图4-50):甘肃漳县出土的这组画像砖,多为动物在花丛中奔跑的情景,除了歌颂自然之美,也突出了神话意味和祈愿生活美好的意旨。画面风格淳朴生动。

图4-50　动物花卉(二)

第二节　宋元时期画像砖艺术内容与形式的蜕变

　　宋元画像砖,可以说是自汉代兴起的这种用画像砖来装饰地下墓室的艺术形式的华丽收尾。宋元画像比起汉代、魏晋南北朝、隋唐五代时期的画像砖作品,题材内容相对精简了许多。除了主打的最经典的二十四孝主题外,还有少数庖厨、宴乐、将军、妇女、动物、花卉等题材,之前九个朝代最为常见的四神形象,在宋代已完全不见,在汉代铺天盖地的龙纹到了宋代也甚为稀少,官场的车马交游消失无影。这说明一个现象,画像砖艺术,除了那些封建朝堂的样板宣传外,画像砖的表现、内容,已与宋元社会、历史生活本身渐行渐远。

　　身为军事家的开国皇帝赵匡胤,非常清楚武力对于政权的意义,深深明白只有把军权掌握在自己手中才安全,于是统一事成,局势刚稳,就忙着"崇文轻武",要从思想上消除子民通过武力升官发财的念头。完全不管北方游牧民族的虎视眈眈,而是学起了汉光武帝刘秀的怀柔政策。然而世事已经完全不同了,这是因为,在刘秀以前的西汉,雄才大略的汉武帝已经彻底打败了匈奴,并且端了他们的老窝,赶走了一部分,招降了一部分,匈奴几乎消亡,短时期内绝对不可能复强。北宋则完全不同,他建立在自唐末以来近205年的动乱中,在漫长的割据年代里,北方游牧民族的势力日益强盛,所以北宋的怀柔,是没有根基和底气的怀柔,甚至不能叫怀柔,而只能算求和。北宋收复了江南,铲除了北汉,不顾周边危机四伏,在龙脉摇曳不定的黄河边——东京开封,展开了宋代繁华的锦绣之旅。稳定,也可能是没有办法的办法,宋朝也确实在暂时的稳定中,创造了惊人的科学和文化辉煌。

　　然而,维持内在的稳定又谈何容易。传承已久的中华民族道德文明,在二百多年的战乱中被消耗殆尽,要在思想上,让饱受战乱之苦的子民重新接受汉唐时期传承下来的有利于统治阶级的教化观念,显然没那么容易。于是,宋代必须重建新的主流社会意识形态和新的价值观念。程朱理学应运而生。首先,伦理观念成为宋代理学的最基本观念,更把心性学说和修心理论当作孜孜以求的目标,把范仲淹的"先天下之忧而忧,后天下之乐而乐"当作天下读书人的模范境界,在此基础上,对儒家经典进行新的解释,确立以"理"为宇宙万物本质的本体论哲学观,并倡导加强内在的道德修养和教化实践,让人通过个人内心的修为,理解和接受被宋代理学家重新定位的"天人合一"思想,成为严格遵从三纲五常的有内在的道德修养的圣人。这样一种在整个社会意义层面的观念重置和道德建立不无意义。无论是"靖康之耻"之后,还是在南宋苟安和"消亡"过程中,涌现出了无数忧国忧民的仁人志士,为民族大业前赴后继,不怕牺牲,谱写了许多可歌可泣的壮丽诗篇。

　　然而,三纲五常成为僵化的封建教条,严重禁锢人们的思想。更有不少时候,宋代理学也为官场黑暗所利用,成为不少人升官发财的华丽外衣。普通子民为了苟全性命,谨言慎行。这也是宋代各地画像砖,都在千篇一律地表现二十四孝的样板内容的最根本原因。

到了元代,中央政权被蒙古族取代,但蒙古是游牧民族,而汉文化发展成熟于农耕民族,两者之间存在着巨大文化差异,之间的矛盾是显而易见的。在元朝,在对国家性质的认识上出现了明显的倒退,传统的华夏民族认为国家是由有德的天子(上天的使者)、朝廷政权(辅助天子和利子民苍生的德智群体)和天下苍生共同组成的江山社稷;而蒙古统治者家国不分,认为国家是他的战利品,是家产,大臣是家奴。这就决定了在君臣的关系上,也发生了彻底的倒退,大臣失去了对皇帝劝诫和辅助功能,而堕落成为皇帝的高级奴才。于是,就有了元朝为所欲为的贬儒,以及为所欲为的不公平等级。统治者内在素质与身份地位层次的不匹配,也决定了元王朝命运的短促和文化的相对衰微。

综上所述,元朝画像砖只在边远地区复制着宋代的样板。

一、宋元时期画像砖对社会心理的表现和折射

首先,宋代统治者是从五代十国一个个短命的割据王朝里,夺取的江山,其战战兢兢的心态是可想而知的。205 年的战乱,使得"只要有足够武力就可夺取江山"的观念,几乎人尽皆知,如何让天下子民服服帖帖接受朝廷的统治,是宋代统治集团首要解决的问题。于是,构建了宋代理学,还要大力宣扬,而自古流传到宋的孝子故事,对于民间和下一代的启蒙教育,无疑是最合适的。因为由"孝"可以及"忠",即对长辈的孝敬,可以迁移到

图 4-51　二十四孝之芦衣顺母

对皇帝的忠诚。于是,宋代画像砖最常见的题材,就是"二十四孝",如图 4-51 所示。这个从南北朝时期就开始走入画像砖的题材,到宋代几乎成为画像砖艺术作品的主流题材,并被元代模仿。其次,北宋时期,北方的辽、西夏、金和蒙古陈兵北部和西北,对大宋王朝虎视眈眈,也使大宋朝廷连睡觉也不得不睁着一只眼睛,他们迫切需要精忠报国的武士,来保卫边关,保卫家乡。因此,宋代画像砖,对将军和武士的刻画,堪称一流。因此,我们说,透过画像砖艺术这个小小的窗口,可以窥见大宋王朝微妙的心理,一点也不假。

二、宋元画像砖是整个画像砖艺术历程的最外围涟漪

在中原、巴蜀这些画像砖发展较早的地区,画像砖艺术,到三国两晋似乎接近尾声。江浙一带,东汉画像砖由小砖起步,到魏晋辉煌一时,再到南北朝时期走向更绚烂

的高峰,至隋唐而近尾声。笔者在南方进行田野考察时,进行了详细的考察:唐代的砖,在端面或侧面,尚有卷草纹或者莲花纹;宋代砖大而厚,没有任何花纹;明清的砖则更简陋。西北地区,魏晋时期表现出强烈模仿中原的愿望,除了铺地砖受敦煌影响发展较早之外,用于墓室装饰的画像砖,到唐代才真正掌握了模印技术;到宋元才勉强接近巴蜀地区东汉的制作水平,故而宋元画像砖,一般都出土于陕西、甘肃等地,这时,各地的画像砖一般都已落下帷幕。因此,宋元时期是画像砖艺术延续的最晚时代。陕西和甘肃也是画像砖艺术延续最晚的地区。

三、宋元时期画像砖对模印技艺的分化重整

当历史的车轮转到宋代,已是举步维艰。对于北方的辽、金、夏的不断侵扰,宋代一律采取了忍辱苟安的对策,坚持"安内虚外""重文抑武"。同时,又构建了宋代独特的理学体系,因此,宋代成为中国历史上最理性和柔软的朝代。宋代工艺"理"大于"情",以典雅、温润著称,缺少雄强、博大的气势,其装饰工艺给人以自然平淡、舒畅顺达的审美气息,表现在画像砖上就是十分注意工艺的精致。一般的画像砖都有相对精美的外框,不少画像砖的外框还是十分精美的花式造型。图案的制作手法,也不是单一的模印形式,而是模印和雕塑相结合。不少作品的花饰外框是模印的,人物却是雕刻的。有些作品,整体身体有可能是模印的,但某些细节,又进行了深入的雕刻。如出土于陕西汉中的这些妇女形象画像砖(图5-52),制作手法完美至极。首先,呈现出来的气韵是温润和善的,很有宋代的时代特征。同时,在塑造时,十分注重人物形象自身的主次强弱,突显一种理性的秩序感。头部最为立体,最大也最突出;胸部次之;裙摆部最平最虚。砖体的形制,人物的大型比例,应该都经过了大致的模印处理。对人物的进一步塑造,

图4-52 持物妇人

是经过精心塑形,以及在细节处的精雕和细刻的,追求的是工艺品自身的精致完美,而不是制作的程序性和效率。所以宋代画像砖,对于较为成熟的模印工艺,不是照搬,而是根据需要活学活用。宋画像砖工艺,模糊了模印和雕刻的概念,继承并分化了其工艺流程,创作过程更灵活,需要模印就模印,需要雕刻就雕刻,不拘一格,改变了画像砖以模印形式制作图案的传统。

四、宋元时期模印工艺从主要技艺到从属技艺的蜕变

宋代虽然被界定为中国历史上最柔软的朝代,但也是一个锐意创新的朝代。宋代君王一向崇尚"文治",理学的建立使得宋代拥有更加完善的哲学思想,也赋予宋代美

学以完美的人文主义精神,其整体风貌恬静完善,纯和清雅,尽精微,致广大。宋代工艺已不满足于单纯的技艺追求,更追求意境、格调,厌弃浮华的雕饰,更趋向自然平和。这也决定了宋代画像砖,不愿走平常之路的特性。宋代画像砖已不满足于对传承有序的画像砖模印技术全盘照搬,而是有选择地进行继承,创新式地加以利用。例如,花式外框的工艺,传承了模印技术,既可以实现标准化,又可以提高生产率。再如,不少浅浮雕工艺沿袭了模印工艺,因为模印形象天生有一种厚朴大气之美,符合宋代"致广大"的审美意趣。但宋代人在"致广大"同时,是决不会忘记"尽精微"的,所以,宋代画像砖在模印工艺的基础上,又不遗余力地进行了一系列工艺改革,把单一的模印改为集模印、湿坯的雕刻、湿坯的手塑、湿坯的先印后刻、湿坯的先印后塑以及对烧制后的砖体刻制等多种工艺于一体,可谓不拘一格。因此,到了宋代,画像砖的模印工艺,已从前朝的主体工艺演变成画像砖的综合制作技艺中的一项。

综上所述,宋元时期虽然是画像砖的模印工艺渐次走向没落的时代,但也是一个异常精彩的时代。它不仅折射和总结了整个画像砖历史上所有的技术工艺,还赋予了宋代较为成熟和完美的审美境界,以及宋代独特的艺术形式和面貌。整个画像砖工艺在宋元完成了又一个华丽转身,逐渐从地下宫殿转向地上建筑,由单纯模印工艺逐渐转向模印辅助雕刻的后期砖雕工艺。画像砖工艺发展到宋元,与其说是结束,不如说是通过另一种形式实现了新的发展。

第五章

模印画像砖艺术传承、转型与发展的再审视

　　首先,超越时空对水陆两条丝绸之路的画像砖资源进行再梳理。透过对陆地丝路画像砖资源的梳理,可以清晰触摸到中原文明渐次向西部外围传播的脉络和层层涟漪,深切感受到"中原印砖芳菲尽,河西画像正绚烂"的状况,可以感受到跨越千山万水的地域阻隔对画像砖艺术传播的巨大影响。海上丝路的画像砖呈现模式却截然不同,由于割据政权的存在、官方港口的设立,以及其他未知因素的存在,海上丝绸之路上的画像砖资源,呈现超越时空的点状闪耀状态,各个地域画像砖的状况只受当地特殊的政治经济状况影响,突发因素占更大优势,无清晰的传播与传承脉络。

　　其次,对由模印画像砖到砖雕艺术的转型的状况进行了概括整理和深入探索。画像砖转型从宋元开始,明清达到鼎盛。模印画像砖适合规模化生产,产生的动因是提高了图像成形的劳动效率。而明清砖雕更注重独一无二的个性追求,在生产过程中,没有批量印制图像的需求,自然就不用再劳精费时去制作印模,直接雕刻就是,因此,才使画像砖的模印技艺逐渐走出了砖体装饰建材的世界。

　　最后,会发现,逐渐与画像砖分离的模印技艺,在其他生产和生活领域还在大放异彩,甚至在现在社会的标准件生产和各类生活与艺术领域,依然保持着长盛不衰的生命力,创造了更为广阔发展的崭新路子。

　　以上三部分,是对画像砖模印艺术的拓展性研究,也是对既定研究模式的一种小小突破,希望抛砖引玉,开启对画像砖研究的崭新天地。

第一节　画像砖呈现的水陆两条路的脉络梳理

一、陆地丝绸之路的画像砖

(一)时代:西汉,地点:西安(汉长安)

汉代长安城位于渭河以南的关中平原上,是张骞出使西域、开辟丝绸之路的出发地。自此,西域天山南北各国,相继归汉,横贯东西的丝绸之路亦由此开辟,这里也就

成了丝绸之路的东起点。此时西安的整版模印空心砖和小印模空心砖的技艺已比较成熟。从现存的画像砖的年代来看，以西安为起点，越往西，画像砖的年代就越晚。发源于关中平原和中原的画像砖模印技艺，沿丝绸之路向西传播扩散。在东汉的丝绸之路上，只有零星的模仿作品（如平安驿东汉画像砖）（图5-1），但在当时这已跨越时代，属于超前的技艺了。到了魏晋南北朝时期，这种模仿印模艺术的雕刻画像砖才在河西走廊传播开来。直到唐代，丝绸之路上才出现真正意义上的模印画像砖，这种画像砖的技艺在西北各地一直延续到宋元时期。

图5-1　线刻白虎

　　而这一时期的模印铺地砖，是个例外，可能是受敦煌石窟的影响，在魏晋时期就有了相当成熟的模印技术，到了唐代其技艺更是炉火纯青。而这种铺地砖技艺，并未对敦煌之外的画像砖的技艺发展进程有任何影响，至少从现存的画像砖来看，两者之间不存在技艺的交集。

（二）时代：东汉，地点：青海省海东市平安县

　　到了东汉，青海省海东市的平安县，是古丝绸之路的平安驿，这里出土了一批不带外框的画像砖。内容涉及神话传说：仙人托日月，大力神人（图5-2），双凤含丹（图5-3）；还有社会生活表现：墓主生活和骑吏等。从砖面的效果看，似乎有模印的特点，但又有湿刻和手塑的痕迹。这些画像砖与当时的中原大地和巴蜀地区的成熟画像砖技艺相比要显得稚嫩不少。模印技术的应用，是为了批量印制图像和提高劳动生产率的，少量或者孤品的画像砖制作，就失去了模印的必要性。平安驿位于河西走廊丝绸之路的南线，东汉时期这里就出现了相对完善的画像砖，比河西走廊北线要早几百年，比河西走廊的普遍地域都要早。这种技艺传播的超前性，应该带有很大的偶然性。

图5-2　大力神人

图5-3　双凤含丹

（三）时代：三国魏晋，地点：整个河西走廊

到了魏晋时期，各种类型的画像砖相继问世，河西走廊地区的武威、张掖、酒泉、嘉峪关、敦煌等地画像砖大量出土，几乎整个河西走廊地区都有画像砖出土，且出现了各种形制和各种题材内容的作品。

1．"纯粹"意义的画像砖盛行

从"纯粹"的字面意思上来理解画像砖这三个字，即以绘画艺术形式装饰的砖，也就是在画像砖上画画。然而，基于"汉画专业研究"层面的"画像砖"概念，却是模印的浮雕形式，在浮雕上再画细节结构和施彩。首先，汉画（包括画像石和画像砖）这种早期的综合艺术形式，具有绘画和雕塑尚未分离的全息和混沌状态。其次，这是因为画像砖作为墓室建材，又长期处于潮湿的地下，在中原或江南相对潮湿的情况下，表层颜色脱落后，若是浮雕形式就还会有图像存在。因此，我们说，模印画像砖的出现存在着各种各样的原始动因。而两晋时期的河西走廊，因气候干燥，不会出现颜色脱落现象，出现不少这种"纯粹"意义上的画像砖，省去了做浮雕的繁复步骤，可直接在烧制好的砖面上进行绘制。还有一个原因是，在魏晋时期出现了真正意义的绘画艺术和独立创作的艺术家，对民族壁画艺术产生了深远影响。这种直接绘制的"纯粹"意义的画像砖，也许就是壁画缩小的衍生品。

2．出现了带画框的减地画像砖

还有少部分画像砖作品（图5－4和5－5），显然是模仿中原模印画像砖而成，但制作方法完全不同，是在湿的砖坯上画出形象轮廓，留出画框，再剔去形象周围的"底子"，待砖坯烧成后，再在上面画细节和施彩，但整体上还是以绘画为主。

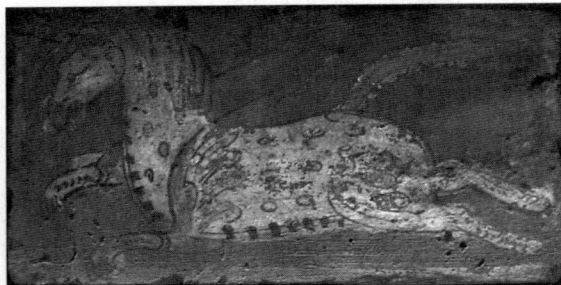

图5－4　天马彩绘砖

图5－5　带框剔底天马

以上两种画像砖，以写意的线条语言，以浪漫主义和东方表现主义相融合的随类赋彩手段，来塑造形象，反而高度契合和传承了汉画艺术的浪漫、豪放、沉雄、博大的艺术特征。这批画像砖规模宏大，个性鲜明，艺术价值高，地域风格明显，是中国画像砖艺术图库的重要组成部分。两晋时期的画像砖对中国画像砖艺术做出的最大贡献，应该就是河西走廊这批快意用笔的画像砖艺术形式。

3. 出现了高浮雕和浅浮雕的雕刻画像砖

这类画像砖，不是砖刻的，而是在湿的砖坯上直接刻就的，应该还是在模仿中原画像砖的模印效果。图5-6所示的托腮人物砖是浅浮雕形式的画像砖。图5-7所示的湿刻龙头画像砖，下面的龙头又与中原画像石的龙头造型模式高度一致，但在体量和材质上，有着天壤之别。

图5-6 浅浮雕托腮人物画像砖

图5-7 湿刻龙头画像砖

还有鸡首和牛首神人（图5-8），这种来自秦代的对"陈宝"和"怒特"的祭祀的独特造型，在战火纷飞的魏晋南北朝，成了中华大地普遍信奉的神灵。因为在古人看来，用来自上天陨铁矿石打造的武器，有着非同一般的神力。而春秋战国时期，秦国的弓弩制造，也的确是神一样的存在。

图5-8 鸡和牛

魏晋时期河西走廊大量出现的浮雕画像砖,显然都不是模印的,虽然艺术手法和模印画像砖的不同,但有相似的艺术效果,殊途同归。笔者认为这与边远地区对中原艺术的向往和模仿不无关系。

4.模印铺地砖

三国魏晋时期的模印铺地砖,做法讲究,印模精美,也是值得圈点的画像砖模印作品。这类铺地砖,与中原成熟的模印工艺高度契合,也许是得益于魏晋时期石窟在敦煌的开凿,可以想象全国的能工巧匠汇聚敦煌的盛况。

(四)时代:隋唐,地点:河西走廊

到了隋唐时期,在甘肃的酒泉、敦煌等河西走廊地区,画像砖的模印技术才基本成熟,比中原地区晚了一千年左右。

这个丝路商旅画像砖(图5-9)出土于敦煌。戴着小尖帽的胡人牵着一头骆驼,显然是在河西走廊往返的商旅。骆驼的形象十分逼真,酷似唐三彩的骆驼造型。这块画像砖几乎是唐代最具现实主义风格的,其高度写实的浮雕手法和呈现出的肌理美感,使它超越了砖画的范畴,可归于专属的浮雕形式,只是制作手法,依然属于模印范围罢了。

图5-9　胡人牵驼

敦煌模印铺地砖技术到了唐代已发展得炉火纯青,这依然得益于敦煌石窟的开凿。由于开凿石窟,营造佛国盛境,需要调集全国各地的能工巧匠,使得画像砖模印技术,于魏晋时期被引入敦煌地区。在唐朝,出产于敦煌的铺地砖(图5-10)设计完美,纹样丰富。唐代艺术品具有丰满健壮、雍容大度、浪漫豪放的时代气质,这也深深影响到这个时代敦煌的铺地砖,使其在浑厚中显精神,细节处见灵气,成为唐代纹样宝库的珍贵财富。

图 5 - 10　花纹铺地砖

这个双乐伎画像砖(图 5 - 11),制作上已经完全掌握了中原画像砖的模印技艺,但这时在中原这种模印的技艺已鲜有人用。

图 5 - 11　双乐伎

(五)时代:宋元,地点:甘肃和陕西西部

事实上,丝绸之路的东线甘肃、陕西西部的不少地方,画像砖的辉煌期是在宋元,比中原的画像砖繁盛期东汉晚了一千多年。

例如,出土于宝鸡的这个宋代大头力士画像砖(图 5 - 12),造型如蛙,全身被挂在颈部的彩绸围绕,彩绸烘托出他超凡的神力。这种神人形象是古老的题材,不过到了宋代,此类形象从下蹲的姿态变为站姿。

再例如,这个宋代的胡人牵驼画像砖(图 5 - 13),出土于宝鸡,画面中一个戴着大檐帽的胡人,牵着一匹骆驼在行走,骆驼造型简练、准确。从人和骆驼消瘦的状态,可以感受到他们旅途的艰辛。

综上所述,我们沿着陆地丝绸之路的国内线,发现了自西汉到唐宋的不少画像砖的遗存,并分析总结出了它们的传播路径和延续时期。通过对中国境内丝绸之路的画像砖分布路径与时代的综合比对,我们可以看到自西汉到宋元时期,丝绸之路的持续贯通,以及与之相关的贸易和信仰的点滴风景。

图 5-12 大力神

图 5-13 胡人牵骆驼

二、海上丝绸之路上的画像砖

(一)时代:西汉,地点:广东广州和福建武夷山

1.广州浮雕方相士空心大砖

在广州西汉时代的南越国遗址,出土有精美的大型空心画像砖(图 5-14),在画像砖的一个端面,呈现出模印的高浮雕的方相士的头胸造型,就如同这个以熊为外形的方相士,从一个圆形洞中探出身体,查看周围的情况。熊直直地竖起耳朵,睁着两个机敏的大眼睛,两个利爪蛰伏在双臂下,随时准备出击来犯之敌。造型生动而精美,其形象的生动程度不亚于陕西西汉的浮雕四神空心砖,并且广州的画像砖对形象的雕琢更加深入。

图 5-14 浮雕方相士

2. 广州实心铺地砖

如图 5 - 15 所示,砖面呈现的是矩形砖内套一个较小的四方菱形,菱形的对角线呈水平和竖直的正方向。菱形四边另有外框,中间相交的对角线将四方菱形分成四个三角形空间。空间内填充形如蝴蝶的蛾子形象,蛾子的塑造使用浮雕和线条相结合的手法,线条弯曲细密,整体形象显得繁密而真实。外围矩形的四个角填以繁茂的花卉形象,整个铺地砖装饰面花纹繁茂细密,与陕西、中原、敦煌等地的画像砖风貌截然不同,具有与遥远的西汉完全不一样的地域特征。

图 5 - 15　浅浮雕铺地花纹砖

3. 福建武夷山实心铺地砖

闽江流域的武夷山市城村闽越国遗址,也出土过精美的铺地砖(图 5 - 16)。图案为菱形的方胜纹样,方胜印模纹样以二方连续模式呈现。砖的中心大面由六个二连方胜纹印模压印而成。四边边框由小的鱼吻纹压印而成,整个装饰面显得简单大气。

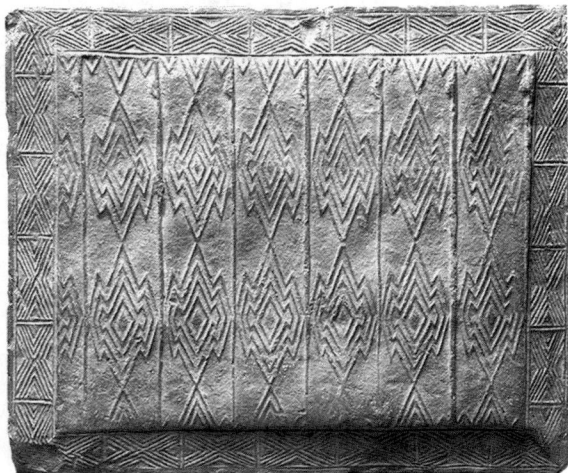

图 5 - 16　线刻方胜纹铺地砖

（二）时代：东汉，地点：广西合浦和香港

广西合浦和香港都出土过东汉画像砖。出土于广西合浦的实心画像砖（图5－17），砖面有绿色琉璃，并压印有篆字。

图5－17　篆字印模画像砖

（三）时代：三国魏晋，地点：江苏的镇江、扬州等地

三国魏晋时期，江苏的镇江、扬州、南京、常州和浙江沿海的嵊州、台州等地，都有画像砖出土。这些地方都与海上丝路有紧密联系。

图5－18　胡人小实心砖

如图 5－18 所示,这块胡人画像砖出土于浙江省近海地区。这是一个典型的胡人形象,高鼻、大眼、八字胡,戴着标志式的胡人帽,体态修长。这说明在西晋时胡人的脚步已到达汉代疆土的最东部,此砖印证了中国晋代各民族之间交流的广泛性和深远性。艺人用简单的线条呈现了胡人的样貌、半长的上衣、皱皱的短裤和及膝的长筒靴,表现出晋代民间艺人高度的概括能力和艺术表现能力。

(四)时代:南北朝,地点:江苏常州、扬州等地

在江苏的镇江、扬州、南京、常州和浙江沿海地区、福建福州,都有南北朝时期的画像砖出土。这些地方都是海上丝路涉及之地。

这个神异出土于江苏扬州(图 5－19),如猴的兽头、女体、带翅,整个身体的伸展动态如蛙,应是顶柱的神异力士或是镇墓兽,图像是由双砖合成的。

(五)第四时期:隋唐,地点:福州

这个骑射形象画像砖(图 5－20)是福州出土的唐代画像砖,是由两个砖的端面组合而成的,表现的是一个骑手骑在马上射箭的情景。两边还装饰有大小两朵祥云纹。在塑造形象时,制作者用较粗的线条来表现物像主要结构处的轮廓线,内部结构线和次要轮廓线则用较细的线条来表现。人物形象饱满强壮,马儿健硕有力。虽手法粗朴,仍不乏大唐气韵,也是大唐海上丝路的文化标志。

图 5－19　神异(二连砖)　　　　图 5－20　线刻骑射(二连砖)

综上所述,传说中国沿海对外交流,最早是在商代。通过对中国沿海各地画像砖信息的梳理,我们可以推测出,沿着海岸线从南海往上依次是:广西合浦,广东广州、福建武夷山,浙江台州、绍兴下辖嵊州,江苏的常州、扬州,再加上连云港的汉代摩崖造像,山东临沂、沂南的汉画像石,山东日照、莒县的汉画像石。这样就几乎把中国的海岸线连接在了一起。时代从西汉延续到隋唐,说明在此期间,海上的贸易经商、佛教传播和其他对外交流活动,从未停止过。

第二节　明清时期画像砖模印艺术的迁移和转型

公元 1368 年，朱元璋在应天称帝，明朝建立。朱元璋强化了中央集权，大兴科举，移民屯田，兴修水利，减免赋税，开创了洪武之治。朱元璋的孙子虽然施行了更为宽松的"建文新政"，但公元 1399 年，还是被朱棣篡权。朱棣迁都北京，加强中央集权，改官制，设置内阁和东厂，巩固疆域，派郑和下西洋。这一时期经济繁荣，国力强盛，史称"永乐盛世"。明王朝一共传了十六位皇帝，延续 276 年，直到 1644 年，李自成攻破北京，朱由检自缢于煤山，明朝灭亡。

在明代，理学的思想在国家层面被制度化，以恢复汉唐礼制为宗旨，在朝廷构建礼制教化体系，试图改变元朝以来自上而下的思想混乱，恢复儒家理想秩序。在地方层面，对程朱理学进行普及性推广，程朱理学的审美情趣和理想自上而下成为典范，简朴的生活和审美，成为广大疆域内官民的共同追求。汪鋐在《钦尊圣训严禁奢侈疏》中提到："官民服饰冠带、房舍鞍辔、坟茔器皿、床榻，各有等第，无非示民节俭，使不得纵欲败度。"明朝早期崇尚节俭，又有明确的法规限制，杜绝了厚葬之风，举孝廉制度消亡已久，厚葬再也不可能是评判仁孝的标准，墓室画像砖也就失去了存在的意义，再难像汉代那样，在广大士人阶层流行。但画像砖上传承的模印技艺并没有消亡，而是转化成了其他艺术形式。

程朱理学到明代中期逐渐成为僵化的教条。王阳明提出"致良知"的心学思想，提倡"知行合一"，主张激发人的主观能动性。明代中晚期，经济、文化和艺术都发展迅速，与王阳明的思想不无关系。

公元 1616 年，努尔哈赤登基，国号大金。1636 年，皇太极改国号为清，1644 年清兵入关，开始了清朝统治，在康雍乾三朝走向鼎盛，是中国历史上最后一个封建王朝，共有十二位皇帝，到 1912 年，宣统皇帝宣布退位，共统治 296 年。

清王朝统治者，一方面以汉族一向推崇的儒教价值观为核心，来笼络知识分子阶层的思想，同时又要兼顾其他民族的共同感受，所以清代的思想文化构建具有一种独特的二元特性。在清代初期，朝廷构建起的"大统一"的理论体系，淡化了满汉之间基于夷夏之辨的隔阂，民族之间的鸿沟似乎在表面上被抹平了。到了晚清，民族主义思潮兴起，夷夏之辨再度兴起。夷夏之辨，实际是中华各民族相互冲突和融合的共存形式在意识形态领域的思辨和升华过程，也是封建社会自身无法解决的民族矛盾。

一、模印技艺迁移

(一)城墙砖的"烧造地"和"年号"字标

到了明代,建造城墙的砖一般都由各地烧造,模印技艺被用于模印烧造产地或者年号。

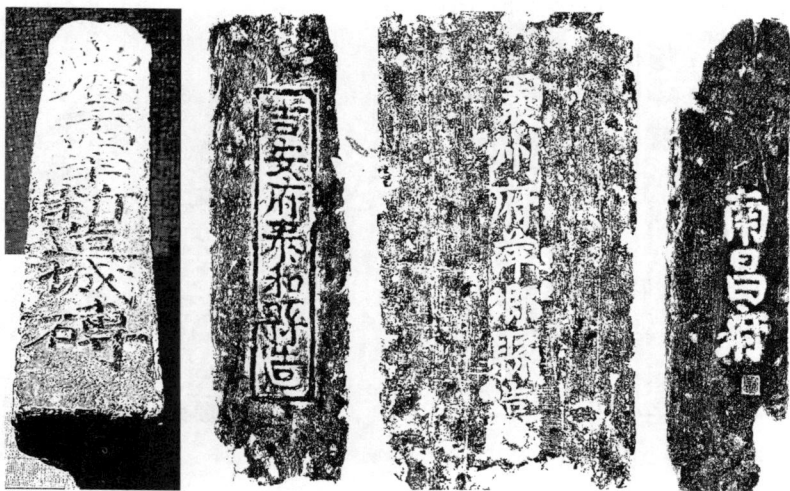

图 2-21　城墙模印文字砖

(二)模印技艺被用作墨模和糕点模

作为墓室建筑和装饰材料的画像砖虽然消亡了,但印模技艺却被应用到更广泛的领域(图 2-22)。模印墨、模印糕点、模印肥皂,甚至模印织物图案,"夹缬"就是模印技术用于织物花纹印染方面的典型例子。现在模印技艺更是被应用到广泛的工业产品的标准件制作中。

图 5-22　模印文字砖

　　图 5-23 是两个明代的墨模,左边的表现的是带竹石的月夜风景,右边的是四角用草龙纹装饰的篆体书法。这两个墨模风格典雅、造型高古,是模印技艺转型的范例。图 5-24 的糕点模,中间有一福字,四边装饰有花草,显得精致耐看。

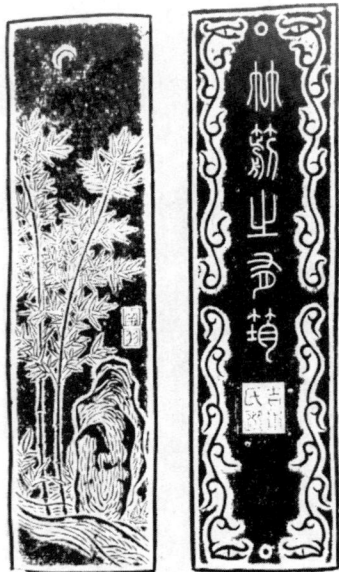

图 5-23　模印墨锭

图 5-24　福字糕点模

(三)模印技艺被用于建筑屋脊和墙面装饰

　　自从陶质的印模技艺被分化为建筑装饰材料印造工艺以来,模印艺术从来也没有离开过建筑装饰领域。在大型庙宇和宫殿建筑,乃至石窟艺术的华堂铺地,都有陶制建材的绽放之处。到宋元之后,画像砖印模技艺渐次退出墓室的装饰,它们的身影随着商业的发展,民居的日渐华丽,悄然出现在普通民居、家族宗祠建筑上,以及各类民间商业会馆的建筑上。明清的不少建筑的陶质装饰和陶质琉璃装饰构件,若需批量制作,就少不了模印技艺的参与。如陕西米脂民居上的莲花图案造型(图 5-25),以及河南省社旗县山陕会馆琉璃照壁上的"福"字、花朵装饰、成排的装饰斗拱等(图 5-26),也都是利用印模工艺批量生产出来的。

图 5-25　模印屋脊莲花纹砖

图 5 - 26　社旗山陕会馆照壁系列装饰花纹砖

二、画像砖技艺的转型

五代宋元阶段,在画像砖印模技艺的演化过程中,人们发现不需要批量复制的砖坯装饰制品,就无须再制模具,直接雕塑和刻制更快捷方便,于是,宋元明清的砖雕技术逐渐发展起来(图 5 - 27),其造型理念和原始技艺依然是来源于古老的画像砖的制作工艺。以山西的晋商民居和安徽的徽商民居为代表,可分为南北两个流派,技艺流传至今。

(一)砖雕技艺的历史演变

五代宋元时期,人们的艺术审美取向日益世俗化,建筑装饰艺术兴盛,各种雕刻工艺发达。这时的一些建筑和墓葬装饰开始向砖雕转型,最开始的工艺,是先用一个大体的模具压印主体,再利用雕刻工艺修饰细部。笔者认为早期的砖雕并未完全脱离模印技艺,一般也是在砖的湿坯上进行雕刻的。到了后期就干脆在砖上直接雕琢,从而形成了不同于模印图像的独特艺术风格。宋元时期的砖雕着重对生活情趣的刻画(图 5 - 28)。宋元时期处于砖雕艺术的萌芽期,为砖雕艺术开拓了富有民族气息和民间色彩的更广阔的土壤。

明清达官显贵、富商巨贾大肆建造住宅、园林、祠堂等建筑,砖雕作为建筑装饰得以迅速发展。各地民间工匠八仙过海各显神通,把来源于生活的各种形象呈现在砖雕艺术中,在各地域自成一格,汇合起来又形成具有浓郁民族风格的艺术形式。安徽亳州的关帝庙,是明清砖雕艺术最经典的殿堂,在庙门的三层牌坊上荟萃了各种题材的砖雕艺术品,林林总总,美不胜收。明清以来,砖雕工艺久盛不衰,一直延续到近代。

图5-27　砖雕建筑装饰构件

图5-28　砖雕建筑装饰构件

（二）砖雕的题材内容

1. 人物

人物砖雕主要题材是宣传伦理道德、忠孝节义的故事和历史传说，也有部分砖雕表现现实生活如渔樵耕读，表现文人雅士的闲情逸致如琴棋书画，以及与道教、佛教相关联的神话故事，还有当时流行的戏剧的某些剧中情节（图5-29）。

图5-29　砖雕人物场景

2. 动物花草和山水风景

砖雕表现的动物花草图案（图5-30），一般都含有一定的吉祥含义，往往把求生、趋利、避害的意愿，以象征性的手法表达出来，如"石榴多子""牡丹富贵""仙鹤长寿"

等,此外,也有以物品来喻人品的,如"梅兰竹菊"四君子、"松竹梅"岁寒三友,还有表现"仁者乐山,知者乐水"等山水观的(图5-31)。

图5-30　砖雕狮子

图5-31　"山水建筑"砖雕风景

3.图案纹饰

龙纹、鹿纹、寿云、如意、香草、胜纹、回纹、万字纹等吉祥纹样。

4.书法穿插

常将书法的匾额、对联、题款、印章和画面巧妙结合,相映成趣。

(三)砖雕的材料和制作工艺

1.砖雕的雕刻材料

金砖:是质地细腻的水磨青砖,色泽光润,坚硬如石,扣之有声。一般都用来作贡砖。富贵用砖。

半金砖:是金砖的二分之一,为长方体,是常用篆刻用砖。小富用砖。

半玉砖:质地精细,略次于半金砖,小而薄,形制也为长方体。小康用砖。

方砖:普通铺地方砖。清简用砖。

2.砖雕的步骤

构思：设计并画出预雕刻图形。

打坯：按照图纸凿出形象的主体。

出细：深入雕刻。

修补、打磨：用猪血和砖灰（3∶5），修补刻坏和不足之处，并抛光。

（四）砖雕的艺术风格

1.民族特征

中国民间美术求大、求美、求完整，讲究圆满齐全。民间艺人扎根于生活的底层，能够源源不断从现实生活中汲取创作灵感，往往具有旺盛的创作力。他们的创作技艺植根于社会生活和民风民俗之中，具有质朴、率真的审美观，丰富的创作素材和广大的受众。无论是个人独立创作，还是程式化群体技艺传承，都具有不拘一格和多样性的特质，使得来自民间的雕刻艺术繁花似锦。民间艺人的创作灵感来源于鲜活的生活，所以他们的作品往往具有灵气和非同一般的生动感觉。

2.时代特征

任何艺术作品都会打上时代的烙印，明代砖雕古拙朴素，清代砖雕细腻繁复。每个时代的艺术品的面貌都与这个时代政治、经济文化和社会意识形态息息相关。

3.地域特征

每个地区都有着自己独特的风土人情，一方水土养一方艺术。北方砖雕浑厚、朴拙、大气，南方砖雕玲珑、精致、秀润，虽风貌不同，但同样充满魅力，意义非凡。

4.装饰特征

砖雕的功用就是作装饰性的建筑构件（图5-32），装饰性是其功能性和目的性的本质属性。民间艺人往往利用夸张、取舍、形变、美化、概括等艺术手法美化表现对象，使其更具装饰美感。

图5-32　砖雕对狮

第三节　画像砖模印艺术在现代生活中的应用及衍化

　　清王朝的覆灭,标志着封建社会的结束。新中国的成立,标志着一个新的时代到来。落后的制度是需要更新的,但悠久的文化、深厚的文明则需要继承、传播和弘扬。来源于原始社会时期的模印艺术的光辉,依然会照亮我们如今的生活。不管人们认识不认识,承认不承认,那画像砖模印艺术始终活在我们身边,并且使我们的生活越变越美、越变越好。

一、"老酒新瓶"——依然活跃着的画像砖艺术

　　几年前,笔者在宁波北仑参加新农村建设活动,于村庄的废墟中发现一块汉代菱形纹画像砖,老乡解释说,20世纪70年代建房,因建材不足,他不得已利用了古代墓砖,现在老房拆迁才拆下废弃。抬眼四顾,周围的屋脊上有波浪纹花草尾屋脊砖,在20世纪七八十年代出产的屋脊砖(图5-33)竟然与汉代砖的纹饰一模一样,即使相距近两千年,纹样造型依然不变,这就是画像砖文化的传承。

图5-33　波浪花草纹屋脊砖

　　明清以后,以印模造型艺术为主的墓室画像砖悄然消失,取而代之的是人居建筑上,以砖为材,以雕刻为主造型手段的砖雕艺术。其典型代表就是徽派建筑砖雕,有画像砖实物为证(图5-34)。早在东汉,古徽州同样也有墓室画像砖,直到宋元明清。这种压印文字和形象的传统一直延续至今。那么,此地为什么在明清开始,兴起砖雕这种不可复制的转型技术呢? 这是一个值得我们深思的问题。

图5-34　云雷纹屋脊砖

令人诧异的是，比邻古徽州的浙江明清民居，虽与徽派民居建筑形式接近，也有石刻和木雕的精彩呈现，却鲜有精美的砖雕。明清以来，浙江画像砖一直在延续和发展模印艺术，建筑的屋脊砖，仍延续模印技术，这种装饰精美的屋脊砖，仍在浙江大地遍地开花。内容依然分图像和文字两种。此外，许多屋脊砖上面的纹样几乎是对汉晋画像砖的完美拷贝。

文化反映时代，浙江现代民居屋脊上的文字砖的内容自然不是过去的纪年和吉语，而是具有鲜明时代特色的"人民公社好""社会主义好""红太阳""毛主席万岁"等，不少纹样也变成了五角星和向阳花，充分反映了中华人民共和国成立后某一时期的政治氛围，具有浓郁的时代气息。这种画像砖印模技艺，由地下墓室转向到地上建筑的现象，应该还不只发生在浙江，这类现象值得在全国更广大范围进行调查研究。

在安徽黄山市的许多古镇的民居上，出现许多带有明清制砖作坊标记的文字，也出现不少商号标记的文字，这些文字具有显著的广告意味。从中不仅能了解到当时的商业经营状况，还能清晰地了解当时模印画像砖延续与转型的实际状况。当然，这些文字砖以民国前的居多，但确实也有不少是解放后出产的。巧合的是，笔者在前年装修房屋时使用的实心黏土砖，也出产于黄山市，砖体上有明显的"黄山"压印文字标签。新中国成立以来，这种在砖或瓦上压印"商标"进行广告宣传的模印文字，基本上在全国通行。

随着古建筑"复建"的流行，仿古砖瓦应运而生。这种情况既反映出中国传统建材生产技艺的延续，同时也体现出"古为今用""修旧如旧"等方法对于文化传承的意义。中国人不仅善于把握文化真谛，更擅长于举一反三、灵活变通。如今，当我们步入现代建材市场和装修材料市场的时候，这种"新瓶装老酒"的现象屡见不鲜。用现代化技艺生产出的地砖上，呈现的依然是古老、精美而生动自然的纹饰。

秦汉时期的大型实心砖和空心砖，有的是用来铺地和铺设台阶的，其上装饰纹除了美观，同时也有防滑作用。在闽越王城遗址，豪华的皇家浴池中的铺地砖，不仅纹饰赏心悦目，能够防滑，并且还有整齐排列的洞眼可用于排水。这种独特创意，正在被现代铺地砖、墙体砖，以及卫生瓷业发扬光大。我们不得不感叹：模印画像砖从来没有消失，在现代，它依然以"新瓶装老酒"的形式活着。

此外，自秦汉以来流行的大型空心砖技艺，虽说止步于魏晋，不复再来，但"空心"技艺和理念，却被应用到现代高层建筑构筑墙体上，继续发挥其重量轻、保温和防噪声等多种优势。

在江浙一带古玩店里常见一种鼓形陶器，直径 5～8 厘米，高度 5 厘米以下，顶面一般设有小凹池，周身遍布装饰纹样，成纹方式为模印。其制作的原理、制作程序以及造型手法与画像砖模印类似。但印模不是刻制，而是用最简易的细管、梳子、弧面物等工具挤压而成；也可以说是画像砖印模技艺的灵活运用。一说是镇纸，一说是席镇，虽然不知是何物，但也颇有趣味。

中国瓦当技艺应该不晚于画像砖，也是模印建材的一个重要种类，时至今日依然在延续和发展。大多仿古建筑上的瓦当纹饰及装饰形式模仿的是明清风格，因为明清古建也是现存最多的古代建筑种类。当然，也不乏紧跟时代的新样式。笔者所见最独特瓦当种类是浙江泰顺和庆元一带的方形瓦当，面积与一般瓦当相较更硕大，画面多表现模印的戏曲人物,很是精美,为中国瓦当形制的特例。

其实模印技艺一直与人们的生活紧密相连。中秋节时,就有许多地方会用木质月饼模做土月饼,这种饼模就是模印技艺的一种应用。还有广东的牛奶印,浙江温州用来印土布的夹缬印版技艺,全国各地各式各样的糕点印都是活在生活中的模印艺术。

模印技术诞生的原因之一,就是为了提高生产率,达成规模化生产。在现在生产生活中,模印技艺被称为"工业之母",有塑料模具、橡胶模具、冲压模具、压铸模具、铸造模具、锻造模具、合金模具、拉丝模具、玻璃模具、陶瓷模具、汽车模具等。模具的种类很丰富,与我们的生活密切相关,从这个角度上说,模具行业是一个永远不会陨落的行业。中国模印技艺有着悠久的历史,从青铜器到铁器,再到各种金属器皿;从瓦当到画像砖,再到瓷器等,模印技艺犹如一个千变万化的精灵,活跃在近万年的中国工艺制造史中。

二、画像砖及其他模印技艺特色分析和应用探索

(一)古老的"陶拍"——活着的"拍印"技艺

"陶拍",实际就是最简单的印模,应该是随着陶器的产生而产生的。最早期的"素陶拍"就是为了把陶瓷表面整理光滑。"慢轮时代",人们一边盘筑泥条,一边用陶拍拍打和修整器物的内外面,既可以使陶器变得更坚实细密,又可以增加陶瓷的光滑度和美观度。后来人们无意中发现印到陶器上的绳纹或其他印痕所制造的肌理,可以增加陶器表面的摩擦力,在移动和搬运过程中,不易打滑,此外,还能增加陶器的耐用度,美化陶器。于是人们开始利用木头或陶器制造陶拍,拿着陶拍在陶器上压印或拍打,就可以在陶器上形成肌理和图案。

现在的实用陶器的制作流程里,依然还保留着这样的"陶拍"印花技艺。在现代紫砂制作工艺中,也有类似"陶拍"技艺的影子。"陶拍"的模印技艺有三大优势:一是快捷方便,最简单的印花(爽快的压印和拍打还特别解压)。二是对烦琐工艺的简化处理。应对大面积的弧面陶器的肌理制造,简单方便,把烦琐的"模""范"技艺变简单了。三是灵活性。可以根据拍印器物的需要灵活地设计"陶拍",如凸面的、凹面的、平面的等。"陶拍"的形状可以是方的、圆的、三角形的,或者是较复杂的花纹轮廓形状。"陶拍"就像一支具有压印图像和拍打肌理功能的灵便"画笔",带着人工的"斧凿"痕,以及情感的韵律,尽情挥洒。最终效果不可预测,不可复制。陶拍的手工性和独特性得到了最大限度的彰显。

(二)"模范套印"技艺

内外兼施,模范共用,这种"套印"技艺,是把青铜器浇铸成型的最主要手段,是中国青铜工艺的光辉,在此基础上的"失蜡法"更是把中国青铜器制作技艺推向人类手工制作的巅峰,是追求完美的中国工匠精神所能体现的最精美工艺的典范。基本程序:(1)制模。先用泥制造器物的模型,此模型称作母模,或母范。(2)制范。将泥糊在泥模的外面,并用合适的力量拍打,使泥范上的纹样,反印在外面泥范内面上。阴

干,修整范内面的花纹,这就是外范(外范可分割成若干片,便于后期脱模)。(3)制芯。趁湿,把母范,刮去一薄层。阴干,制成内范。刮去的厚度就是所铸造的青铜器的厚度。(4)烘范。烘烤组合好的内、外范,以增加其强度。(5)浇铸。(6)脱模。

失蜡法的模范的外层花纹和器体层是用蜡制作的,其外范在外部包裹着蜡模,浇铸后,青铜置换了蜡模。

现在这种内模外范技艺的理念,也被陶瓷等行业,灵活借用。至今依然活跃在中国,乃至世界工业的制器、制零件的工艺流程上。

(三)"弧面模印"技艺

"弧面模印"技艺就是用刻好花纹的模范在坯体表面压印出纹饰。最常见的就是陶瓷印花,一般利用很浅的浮雕形式,凸显器物内、外面的肌理和表现层次,增加视觉触感和肌肤触感的肌理审美模式,这种技艺分内弧和外弧,内弧是碗、盏、盘、杯的内部印花;外弧是各类器物的外部印花。如今这种古老的技艺还在,只是模范的材料和工艺都更符合现代产业的需求。

(四)"平面模印"技艺

最简单的平面印就是印章,还有古代的封泥,依然活跃于民间的小雕版印模,木板年画,碑刻拓印,汉画拓印,包括画像砖的整版印模和小印模,都应属于平板模印的范畴。现在的"平面模印"技艺,依然活跃,例如现在的地砖模印,浮雕的墙体装饰,批量制作的浮雕装饰画,还有各种工业产品的外平面装饰。

(五)"包印"技艺

最典型的"包印",就是现在民间依然在用的月饼模。这实际上是外范工艺的拓展。外范本身就是外包模具。如内陷的汉代瓦当,包括前面提到的弧面印的外弧模式;古代铜镜的模具;钱范;等等,都是单面开放的立体模印方式。其原理和制作砖坯、豆腐、凉粉等是一样的。特点是开口大,脱模方便。

现代设备未必能做到"包打一切",但古老的技艺,以及在技艺创意和改革过程中的创新思维和非凡想象,可以面面俱到,也弥足珍贵,是民族工艺取之不竭的源泉。古老未必是落后,继古方可拓新。

(六)被忽视的"漏印"

我们经常看到,人们先用纸或者胶片,刻出大字,然后利用刷颜料的办法,建筑围墙上印出标语,这就是典型的漏印法。笔者从对陕西整版模印线条类画像砖(图5-35)的深入探究,以及对浙江东汉纹样砖上图案之间那些与造型无关的毫无意义的"关联线"(图中,胜纹和窗格纹有意连接)的反复观察,发现:不少画像砖的线条纹样和文字用的是漏印法(图5-36)。笔者推测镂空模具的材料可能是猪、牛、驴、马、羊的皮革,或者较薄的竹木片(只限于小砖纹样)。南京出土的竹林七贤画像砖(图5-37),有几百块砖共用一个印模,印模的材料肯定是拼凑的,要么是画好样稿,再一块一块砖,制作印模。古人的智慧有时让人捉摸不透。

图 5-35　陕西线条白虎

图 5-36　临安漏印花纹砖

图 5-37　竹林七贤（局部）

　　中华文明是四大文明古国之中唯一的没有断掉的文明,我们要明白,中华民族自古以来的创造力和凝聚力,是多么伟大和辉煌。对于国人而言,每一步前进的动力,可能都源于对于过往灿烂文化的总结和学习,这就是文化自信。看似遥远的画像砖模印艺术,其实从来就没有离开过我们的生活,汉画像砖模印艺术作为"活字印刷的先驱""现代排版艺术的鼻祖""现代工业之母",时时刻刻启发着国人创新。以往的画像砖模印艺术带有浓郁的中华民族风采和悠久历史文化信息,是民族文化的遗传密码,已经创造不少辉煌,重新上路,还将创造更多辉煌。

第四节 总 结

中国画像砖模印装饰艺术的整理和研究,需要用宽阔的视野、系统而科学的方法论和深邃的思维来梳理、分析、研究、揭秘。我们需要透过这些来自时光隧道的一块块凝结着先人智慧的灵砖上展现的一幅幅灵力四射的图像,窥探古代匠人性灵的闪光,倾听他们和着黏土的悠扬歌唱,感念他们对烈火熔炼的热切期盼。采撷这批凿空而来的璀璨遗存中有关艺术、科学、技术及生态的珍珠,用时代新观念联结成串,深层体味"古慧"与"今智"撞击的别样火花;进而,从琳琅满目的造型、图纹和象征符号中,透视其七千年发展历程中先民们的观念、信仰和艺术造物的"诗性智慧";最后,把"冰冷"的古砖、陌生而神秘的图像还原为活的民族精神财富。

在学术研究中,首先,要尽可能地拓展审美时空,把画像砖放置在恒长的时间长河和宏阔的意象空间,真切体悟沉浮在意象里的古老艺术的气息和意识、情感与智慧,体悟过往先民投射在画像砖上的生命律动和情智印迹,还原各个历史时期的先民鲜活的生命体验、百折不挠的生存意志和生生不息的理想期冀,以及与之息息相关的民族崇拜、信仰和宇宙观。在一代又一代的艺人对美的感受力和创造力的体验中,挖掘该民族艺术所具有的综合美。其次,要盘活传统技艺。画像砖的制作技艺,既是民族建筑装饰的经典,也是中国传统造型技艺的经典。制作的主要材料为土,和之以水,以木为模,以金为具,浴火而成,可谓五行俱全,与中国传统技艺的神魂都很契合。理应究之、全之、活之、用之、升华之。最后,还要洞悉差异优势。站在新时代的节点上,回眸各个历史时期产生的画像砖艺术,用时代新观念、新思维、新视野来研究和阐释传统文化——新瓶装老酒,可能会面临诸多差异和矛盾,如主体和客体的时代背景、审美判断和标准的不同。在审美主体与客体之间的差异和断层处,巨大的差异、断层或残缺反而会给研究者带来更多的抓手和机遇,在断层处切入,反而更容易接近本质和到达目的。

这些图画记载了先民的智慧印记、情感脉动和心路历程,体现着他们原始而又本真的逻辑形式,并借此构筑了他们自己能够体悟的亦真亦幻的艺术世界。我们可以捕捉到被尘封在画像砖里的一个又一个时代的丰富信息;把握和聆听其闪亮节点的迷人华彩;加以系统整合和归纳,自然会从中发现一条贯穿古今的文化流脉。

参考文献

[1]安徽博物院.安徽文明史陈列(上)[M]北京:文物出版社,2012.

[2]安徽博物院.安徽文明史陈列(下)[M]北京:文物出版社,2012.

[3]崔智,赵延梅.孝蕴古今[M]北京:中国文联出版社,2017.

[4]敦煌市博物馆.敦煌文物[M].兰州:甘肃人民出版社,2002.

[5]高楠.艺术心理学[M].沈阳:辽宁人民出版社,1988.

[6]高文.中国画像石全集·四川汉画像石(第七卷)[M].郑州:河南美术出版
社,2000.

[7]顾森.大汉雄风—中国汉画学会第十一届年会论文集[C].北京:高等教育出版
社,2008.

[8]杭州市文物考古所,余杭区博物馆.余杭义桥汉六朝墓[M].北京:文物出版
社,2010.

[9]酒泉市博物馆.酒泉文物精萃[M].北京:中国青年出版社,1998.

[10]刘凤君.艺术考古学导论[M].济南:山东大学出版社,1999.

[11]刘云涛,莒县博物馆[M]北京:文物出版社,2015.

[12]罗丹.罗丹艺术论[M].沈琪,译.北京:人民美术出版社,1987.

[13]罗世平,廖旸.古代壁画墓[M].北京:文物出版社,2005.

[14]罗哲文.中国历代皇帝陵墓[M].北京:外文出版社,1993.

[15]南阳汉画馆.南阳汉代画像石刻[M].上海:上海人民美术出版社,1988.

[16]濮安国,袁振洪.龙图四百例[M].北京:工业出版社,1988.

[17]舒之梅,张绪球.楚文化[M].上海:上海远东出版社,1998.

[18]太原市文物考古研究所.晋阳古城[M].北京:文物出版社,2005.

[19]汤池.中国画像石全集·陕西、山西汉画像石(第五卷)[M].济南:山东美术出版
社,2000.

[20]瓦西里·康定斯基.点·线·面[M].罗世平,译.上海:上海人民出版社,1988.

[21]王琳.金伯兴题记经典砖拓二百品[M].天津:天津古籍出版社,2009.

[22]魏学峰.中国画像砖全集(第一册)[M].成都:四川出版集团,四川美术出版
社,2006.

[23]吴山.中国历代装饰纹样·辽、金、元、明、清[M].北京:人民美术出版社,1995.

[24]吴山编,中国历代装饰纹样·魏、晋、南北朝、隋、唐、五代、宋[M].北京:人民美术出版社,1995.

[25]吴少湘,蒋朔.雕塑[M].北京:解放军出版社,1990.

[26]信立祥.汉代画像石综合研究[M].北京:文物出版社,2000.

[27]徐湖平.中国画像砖全集(第三册)[M].成都:四川出版集团,四川美术出版社,2006.

[28]杨芳菲.艺术中的哲理[M].杭州:浙江美术学院出版社,1987.

[29]张仃.中华民间美术大观[M].武汉:湖北少年儿童出版社,1996.

[30]张锡坤.新编美学词典[M].长春:吉林美术出版社,1987.

[31]朱良志.中国艺术的生命精神[M].合肥:安徽教育出版社,1995.

[32]祝君.河湟藏珍(历史文物卷)[M]北京:文物出版社,2012.

国家社会科学基金艺术学项目（18BH149）研究成果

中国画像砖模印艺术
（下册）

李国新　杨絮飞　著

ZHEJIANG UNIVERSITY PRESS
浙江大学出版社
·杭州·

目录

第一章

汉代画像砖的造型艺术概述

第一节　汉代画像砖的区域分布及产生的社会背景

一、汉代画像砖随区域和时间等因素流变概述

虽然人们对画像砖的关注和研究比画像石要晚得多,但画像砖的出现却比画像石年代要早一些,其向后延续的时间似乎也更长。标准意义上的画像砖最早出现在战国时期。早期的画像砖多用于宫殿台阶的踏步,从秦代开始,画像砖被用于修建墓室。两汉时期,画像砖的使用最为广泛;东汉时期达到鼎盛,其使用范围也逐渐扩展到更广阔的地域。魏晋南北朝时期,画像砖在艺术上又达到了新的高度。直到元代以后,画像砖逐渐从墓葬建材中淡出。然而,作为砖画和砖雕,画像砖依然活跃在中国各类民族建筑上。

汉代画像砖是画像砖艺术最繁荣、灿烂的时期。在整个画像砖的历史上,汉代画像砖在两个方面堪称第一。第一,分布地域之广阔堪称第一,其范围几乎涵盖全国各地,甚至包括香港地区。第二,形制之多样堪称第一,包括大型空心画像砖、大型实心画像砖、中型实心画像砖、小型实心画像砖和异形画像砖等。不同时代、不同地域的画像砖,没有真正具有社会意义的标准器,尺寸多变,形制繁多。

在制作画像砖方面,以家族为丧葬的基本单位的家族墓砖,其形制一般会依据家族自身的设计意愿,或跟风于当时社会流行的形制风格,或创立家族自身的特色形制。同时,也有以产业匠人为中心,以组合墓葬的形式被定制或售卖的情况。

画像砖的出产区域分布较为广泛,其中最繁茂的区域是河南、陕西和巴蜀。其次为安徽、山西和湖北。此外,小型实心画像砖的形式还扩散到全国各地。

早在战国时期,秦国陕西凤翔的秦雍城和河南郑州的杜岗就已经出现了空心画像砖,率先在陕西、河南两地播下了画像砖这一可贵艺术形式的种子。到了秦代,画像砖在图像装饰手法和形制模式上都有了长足的发展,种类也更加丰富。

20 世纪 90 年代,在景帝陵墓的发掘中出土了"四神"画像砖(图 1-1),这可能是最早出现的汉代画像砖。在陕西茂陵附近的瓦渣沟,也出土了汉代早期的画像砖。这两处出土的画像砖可能都与汉代帝陵有关,但由于汉武帝的茂陵尚未发掘,这种判断目前只能停留在推测层面。西汉中后期,河南洛阳、陕西咸阳等地也先后出现了空心画像砖,进一步扩大了画像砖的分布规模。到了西汉晚期,画像砖的出产地几乎遍布整个河南地区,并扩散到鲁西、冀南、晋南、鄂北、皖北等地。此时,画像砖艺术在中原地区蓬勃发展,艺术形式不断提升,为后世留下了大量艺高质优的画像砖遗存,展现了当时制砖艺人乘时风而"逐鹿中原"的宏大景象。西汉晚期和东汉早期,小模印画像砖的发展达到巅峰:众多的印模、多样的印制手法、丰富多彩的砖面排版模式,以及模印与手塑交融的造像手法,使画像砖的艺术形式绚烂至极。在这一时期,中原地区逐渐形成了一个拥有巨大资源的砖画像艺术宝库,河南的洛阳、郑州和许昌这三个地区以鼎足之势凸显出来,成为那个时代画像砖承前启后的典范,是时代和区域之间的立体交汇点。

图 1-1 玄武(陕西画像砖)

东汉时期,画像砖艺术达到了最高峰,其分布范围也更为广泛。产地南至两广云贵,北抵大漠;东至大海,西至青海。如此广大的疆域内,画像砖的踪迹随处可见。河南南阳盆地和巴蜀地区(四川盆地)成为两大精锐区域,推动画像砖艺术更加绚烂多彩地绽放。在艺术手法和制作工艺方面,东汉时期也有诸多改变和提升:整版印模印制的大画面图像与小印模集成压印的砖面装饰竞相辉,各具魅力;各种形制的实心砖相继出现,空心砖也呈现出异彩纷呈的多种面貌。画像砖的形制包括普通型、方形、长条形等,按体积分为大型、中型、小型;制作手法有手塑、模制;雕刻手法有浅浮雕、高浮雕;砖面形态有平面、凸面、凹面等。如此多样的画像砖载体形式和多渠道、多容量的信息传达,让我们能够清晰地感受到东汉时期画像砖创制产业的空前繁盛。

从三国到魏晋南北朝时期,画像砖艺术迎来了又一个大发展时期,也是其风格与技艺演变的重要阶段。这一时期,画像砖的中心地带逐渐向长江及其以南地区偏移,主要集中在河南西南部、苏南、鄂北和闽浙地区。此时还出现了拼镶式的巨幅画像砖,展现了画像砖装饰艺术的又一个高峰期,成为汉代画像砖艺术的一个完美样本。

二、以地域划分的汉代画像砖的种类及其产生背景

(一)点种标范的第一类画像砖——陕西画像砖

历史有时就是这么"厚此薄彼":刘邦,这个从沛县市井中走出来的汉朝开国皇帝,豪迈地高唱着"大风歌",稳稳地站在秦王朝的肩膀上,开辟了自己的西汉王朝。如此看来,秦始皇似乎比项羽更冤,自己辛辛苦苦统一了六国,却因暴政导致秦朝早亡。血淋淋的前车之鉴,使得汉王朝统治者如履薄冰,不敢有半点懈怠。汉代取秦之

中国画像砖模印艺术 (下册)

大合,而避其苛;继秦之强盛,而去其暴。汉王朝崇尚黄老学说,推行较为宽松的休养生息政策,从而大大地解放了生产力,使经多年战乱而日渐凋敝的经济状况得以恢复,国力日趋强盛,最终成就了"文景之治"。汉王朝建立之初,国力并不强盛,自上而下崇尚节俭,画像砖的制作费工费时,在这一时期,画像砖艺术也只能在西汉首都——长安,这个汉代政治和文化的中心,及周边区域绽放,汉代真正开启了以画像砖引领墓室装饰新潮流的时代。陕西画像砖是汉代当之无愧的第一代画像砖(图1-2),分别出土于咸阳的汉景帝阳陵、汉武帝茂陵附近的瓦渣沟等地,多为皇家墓室用砖。可以想象,当时为皇家构建墓葬,一定是汇集了全国各地的能工巧匠,画像砖的制作也不例外,因此,陕西画像砖在制作技法上几乎汇集了汉代画像砖制作的所有技艺,也可以说是汉代画像砖的种子和母版。

图1-2 朱雀(陕西画像砖)

(二)活用像模的第二类画像砖——洛阳空心画像砖

到了汉武帝时期,生产进步,经济繁荣,政治稳定,政权集中,一个如日中天的西汉王朝傲然屹立在世界的东方。国势的强盛使武帝张扬的个性得以尽情地彰显,那个时代,在思想意识层面,人们不再满足于汉初所信奉的黄老学说,汉武帝便采纳董仲舒的建议,罢黜百家,独尊儒术,以儒教思想重新统一人们的思想意识形态,进一步提高了民族的凝聚力。受儒教忠孝思想影响,汉代厚葬之风开始流行。耗时五十三年的茂陵,其豪华气派自不必说。从为其陪葬的爱将霍去病的墓葬,以及封土所铺陈的祁连山的恢宏气势,我们可以感受到大汉雄风咄咄逼人的震撼力!所谓上行下效,富起来的汉代豪绅,自然而然地由俭入奢;借着儒家宣扬的仁孝风潮,开山凿洞,雕石造砖,厚葬之风悄然兴起,并渐次影响整个社会。借着这股风潮,空心画像砖工艺自西安沿黄河向东传播至东都洛阳。与陕西画像砖的考究和繁复工艺相比,洛阳画像砖进行了从技法到形式的彻底简化。洛阳画像砖摒弃了陕西的整版模印画像砖的烦琐工艺,也未采用战国和秦代画像砖的小印模(包括纹模和画模)集成形式,而是采用独特的像模(一个形象一个模,不设外框),在设有外框装饰的画像砖平面上灵活压印出不同画面内容的有意味的画面。由于这批画像砖的小印模,是阳线小像模,采用活版压印图像的灵活画面组合模式。制砖艺人只需要制作一定数量的像模,就能组合成无数个画面,大大提高了装饰画像砖的生产效率。而这类画像砖装饰画面生成的前提是制砖艺人要有一定的审美素养。洛阳的这批画像砖(图1-3),以整体而完善的墓葬模式呈现,而每块画像砖就如同一个"积木"组件,共同组成一座天衣无缝的地下建筑,每块画像砖既是建筑材料,同时也是墓室装饰和美化材料。在当时的洛阳,此类画像砖似乎形成了一条成熟且完善的丧葬产业链。

图 1-3　小像模（洛阳画像砖）

"经实地考察和挖掘,这种墓主要分布在洛阳东北郊,东起首阳山西端,西至洛孟公路以东,北至邙山南麓,南至洛河以北。东西约计三十华里,南北十几里的狭长地段范围内。""……上限不超过西汉武帝(公元前140—前87),下限不晚于新莽(公元9—公元22年),如此仅150年左右。"①这批形式独特的画像砖上面的内容紧扣时代风潮,人物形象的印模,都是武伯、军士、骑吏、弓箭手的形象;动物有天马、虎、豹、鹿等畜类,还有鹰、大雁和朱雀等凡鸟和灵异;植物有珠树和嘉禾。这体现了汉武帝执政以后,整个社会空气里所弥漫的尚武风尚和社会集体意识形态,也体现了大众追随汉武帝爱天马的社会流行风潮。这一时期汉武帝一直在和匈奴进行胡汉战争,且屡战屡胜,大大增强了民族自信心,提高了民族凝聚力。西汉子民虽然身居大后方,但多年来,客观上一直受战争拖累,迫切盼望动荡不安的日常生活回归到平安吉祥的状态。出现在洛阳画像砖上的灵异图像,如白虎和朱雀两种灵异,都归属于"四神",白虎有保平安之吉意,朱雀有降吉祥的含义,这无疑迎合了人们祈求平安的心愿。连年征战,致使社会经济衰微,物资匮乏,人们自然要盼望树上结珠子(财宝),庄稼都长成高产的嘉禾,获得大丰收,以弥补战争亏空,这也是洛阳画像砖上出现嘉禾和珠树印模图像的原因。

洛阳画像砖这类匆匆而来又匆匆而去的孤品,以其独特的审美模式记述和映射了西汉中晚期的人们的集体意识,也一定程度体现了汉朝子民追随朝廷爱国、爱民族,投身到抗击匈奴战争中的大众觉悟,也委婉揭示出胡汉战争对人民生活状态无可避免的影响。

(三)繁花似锦的第三类画像砖——豫中地区空心画像砖

此类空心画像砖沿袭了战国小印模空心画像砖那种采取小印模压印图像的装饰模式。小印模分"画模"(其四周有外框的形象或者画面,呈现出独立的小画面效果)和"纹模"(有外框,或无外框的纯纹样印模)两类。西汉晚期到东汉中期,汉代社会长期奉行"举孝廉"的选拔人才制度,这给许多中下层的士人提供了出人头地的机会,人们都想通过孝行被推举,于是在黄河中华文明的发祥地——整个河南的广大地域,厚葬之风盛行。河南大地成为空心画像砖艺术的流行地,并向外辐射到周边省份。其核心区域是洛阳、郑州和许昌三地所围成的三角地带及周边地区,形成第三代以

---

① 黄明兰.洛阳西汉画像空心砖[M].中国美术(总第六期).北京:人民美术出版社,1982.

"洛—郑—许"为中心的豫中画像砖密集区域(图1-4)。

图1-4 小印模(豫中画像砖)

这一批画像砖的题材内容,除了一些具有吉祥寓意的纯纹样外,展现的内容相当广阔,涉及历史故事、神话传说,此外,还有社会交游、生产劳动、军事战争、休闲娱乐等内容,反映了汉代意识形态和社会生活的方方面面,也成就了一个汉代画像砖的最繁盛时代。

(四)锐意改型的第四类画像砖——许昌中型实心画像砖

在这一空心砖遍地开花的时期,出土于许昌的一部分中型实心砖,应算是另类。笔者认为,许昌中型实心画像砖形制的出现,原因很简单,就是为了节约成本。因为实心砖的制作客观上要比空心砖简便很多,同时这批实心砖上的图像是整版印模压印的,又省去了用小印模排版的较烦琐工艺。这批画像砖上的图案多以建筑为主(图1-5),辅以人物、车马、鸟兽、草木等,甚为简单,甚至有些粗陋。其中,印模的艺术价值分优、劣两种。优质的那部分无论是构图、造型、立意,还是综合艺术感都很有品位,但劣质的那些在各个方面都使人不敢恭维。其原因无非有两种:第一种,艺术价值高的是原创,可能是某个精英家族标新立异的创意,粗劣的那类是其他家族的跟风之作;第二种,两种砖出自同一家族墓葬,但砖上的装饰图像出自不同的刻模艺人,艺术水平存在着较大差异。笔者认为这批画像砖的数量,并未达到产业规模,这类画像砖形制应是未及流行到更广范围的小众形制。

图1-5 整模(许昌画像砖)

（五）技绚格丰的第五类画像砖——南阳多形制画像砖

南阳画像砖种类的繁茂，是其他任何地区都无法比拟的。这里出土的画像砖有大型空心砖，其中有整版印模压印的装饰图像，也有用小印模压印的集成装饰图像，也有大印模中又套压小印模的，还出土有多种大型实心砖，以及各种形制的小型实心砖（图 1-6）。图像内容不乏上层建筑和精英意识形态，并呈现出阳春白雪和下里巴人兼有的参差状态，造成其艺术层次和审美风格的多样性。这与南阳历史文化的灿烂是分不开的。在五十万年前，就有南召人在这里繁衍生息。在南阳的各地，史前不同时期的文化遗址不胜枚举。南阳也是夏文明的发祥地之一。《诗经·大雅·崧高》歌颂的伟人申伯的国家就是南阳的申国。春秋战国时期，南阳是关中和中、东部平原之间的最便捷通道。秦代的昭襄王时期，初置南阳郡。到了两汉时期，南阳与洛阳、临淄、邯郸、成都并称天下名邑，是全国五大城市之一。东汉开国皇帝刘秀建都洛阳，但他的发迹地和故乡却在豫西南汉水流域的南阳地区，作为"陪都""帝乡"的南阳地域自然是皇亲国戚云集。贵族集团的墓室装饰自然而然会引领厚葬潮流，其他跟风之作，或多或少受大环境的影响而出现艺术层次晋升的现象。

图 1-6　南阳整模画像砖

（六）独孤求败的第六类画像砖——巴蜀实心画像砖

公元前 316 年，秦灭巴蜀，焚书涤典，中断了巴蜀与古蜀文明的渊源。秦朝在巴蜀地区推行井田制和郡县制，以咸阳为范例建立城邑，并兴修水利。随后，秦朝采取较为宽松的安抚政策，使巴蜀文化快速融入中原文化。汉朝因袭秦制，大面积推广郡县制，鼓励手工业和农业发展，并开始投入文化建设，进一步加强民心工程，其中最典型的例证就是"文翁化蜀"。西汉末年，为避战乱，大批中原居民迁徙至蜀地，这进一步促进了中原文明与古蜀文化的交流，并带来了厚葬之风。中原主流文化经过秦汉两代统治者有意无意的渗透和影响，以及自然民族融合的过程，逐渐形成了与中原文明既和谐又有别的蜀地时代集体意识，也为东汉画像砖的内容题材、形式风格奠定了基本格调。另外，南阳作为东汉帝乡，画像砖的制作工艺高度发达。这一时期，画像砖的分布区域从黄河流域扩展至长江流域，随后沿长江上溯至富庶的巴蜀地区，形成了巴蜀地区独特的画像砖形式。巴蜀画像砖（图 1-7）的形制包括整版模印实心画像砖和各种小型模印实心画像砖，无论是在制作技法还是题材内容上，都与其他地区有着明显的不同。

图 1-7　巴蜀实心画像砖

(七)遍地开花的第七类画像砖——分布于全国各地的小型实心砖

西汉后期,元、成、哀、平四位皇帝,都极其昏庸无能,致使汉王朝的最高统治权落到了外戚和宦官的手里。吏治的败坏,到平帝时达到极致,造成封建纲纪的毁坏,许多封建豪强肆无忌惮,为所欲为,成为祸害一方的豺狼虎豹,社会问题日益严重,阶级矛盾激化。加上西汉末年自然灾害频发,民不聊生。广大劳动人民走投无路,只能铤而走险,奋起反抗。

王莽利用各阶层对西汉政权的强烈不满和失望,试图取代汉朝建立新莽王朝。然而,这一举措却使本已十分严重的社会矛盾变得更加尖锐。各地的农民起义相继爆发,如燎原之火,整个西汉王朝摇摇欲坠。从公元 8 年王莽篡权,到公元 25 年刘秀建立东汉王朝,这近二十年的西汉战乱,使不少乡绅富豪为避战乱而从黄河南岸四散而逃,同时也将中原文化带到华夏大地的每个角落。这是两汉之间的第一次大移民。避难的人们将中原文化和厚葬之风带到全国各地,并很快与当地的本土文化融合在一起,使得东汉的小型实心画像砖几乎遍布全国各地(图 1-8)。

图 1-8　浙江临安小型实心砖

第二节　汉代画像砖产生的综合因素

一、时代因素

每一种画像砖的产生都必然紧跟时代节奏,时代深刻影响着画像砖的艺术气韵和风格面貌。在两汉时期,应运而生的画像砖,形象拷贝了汉代人的社会生活情景和思想意识形态,物化了死后之客观和主观的双重世界,诠释了汉代人"视死如生"的生死观,也给了我们这些远离汉代的现代人提供了走进、感受、研究、把握汉代社会文化生活的丰富图像资料。透过汉画,我们能捕捉到汉代人尚武的雄姿英发,追官逐利的庸俗,婚恋的至真和自由,对多子多孙的迷恋,以及对死后的浪漫想象和迷信盲目。

受时代影响,汉代人似乎普遍存在澄澈的心态、质朴的个性,因此这个时代的艺术形式自然清新、醇厚真纯。

（一）西汉

汉初统治者重清净无为的黄老学说,轻徭薄赋,与民休息。以陆贾、贾谊为先声,以董仲舒为主推者的新儒教融合了法家、阴阳家、道家、墨家等各派思想,成为官方也是主流的意识形态,渗透到社会生活的方方面面。元帝时法家衰微,儒法互补的良好格局被打破。西汉王朝善于体察民间疾苦,注重日常教化,提倡尚武精神,推行孝道,以"察举制"和考试的双重模式来选拔人才。西汉造就了"文景之治",取得了胡汉战争的胜利,奠定了传承有序的礼教模式……创造了雄强博大的封建王国。

第一,黄老学说:汉初刘邦顺应人民普遍希望安宁的心理,以较为宽松的黄老学说为示范,采取休养生息政策。黄老学说,是黄帝和老子学说的合称,属于道家学派。它起源于战国时期,是道家学派假托黄帝之名来阐释道家思想的一种学说。黄老学说进一步继承和发展了老子的思想,融合了阴阳、儒、法、墨等百家学说的精华,形成了一个综合性的思想体系。

第二,孝悌之风:开创"文景之治"的汉文帝生活俭朴,行事谦恭,力行孝道,也就是在文帝的身教言传下,当时的汉代社会掀起一股重孝之风。

第三,独尊儒术:汉武帝时期,生产进步、经济繁荣、政治稳定、政权集中,一个如日中天的西汉王朝傲然屹立在世界的东方。国势的强盛使武帝张扬的个性,尽情得到彰显,一改汉初人们所信奉的黄老学说,采纳董仲舒的建议,罢黜百家,独尊儒术。儒教构建了以儒家礼制为基础,以天子为中心的中央集权的政治模式,并向下延至整个封建时代,成为两千多年封建王朝运作的核心模式。然而,西汉最强盛时期,法家思想并未完全退出历史舞台,始终是汉代统治方略的重要组成部分。汉元帝即位,大兴儒学,法家思想才被迫退出历史舞台。

第四，"举孝廉"制度：这是汉朝的一种由下向上推选人才为官的制度，是汉武帝元光三年开始推行的官吏选拔制度，是察举制的主要科目。察举，就是中央和地方根据个人的才能和品行进行推举和征召。

第五，遣使巡行制度：就是政府派遣使者去民间体察疾苦，观览各地风俗，宣扬皇恩浩荡，推行儒教思想。

第六，"以礼导民"的日常教化：以家族为单位，把"礼"渗透到社会生活的方方面面，规范人们的日常生活模式和言行举止，从而构建一个井然有序的文明社会。

第七，尚武精神：汉代以武扩张、以武止戈，是个尚武勇技的时代。《晋书》载："汉制，自天子至百官，无不佩剑。"汉代也成为中国人最引以为豪的时代，在历史上留下光辉的篇章。

（二）东汉

东汉兼收并蓄了西汉的治国方略、政策法规和思想意识形态。以刘秀为代表的一批忠耿之士，崇尚儒术，爱好经学，体察民情；推崇孝道，完善"察举制"……实现了"光武中兴"。对外采取怀柔政策，有效安抚了边外势力。引进佛教，建立道教，初步形成了儒释道合一的社会文化意识形态，并绵延后世。然而，豪强势力过强，以及自上而下对谶纬的迷信，以及对外执行怀柔政策的缺憾等问题的存在，也给东汉乃至之后的民族发展，造成了一定的弊端和隐患。可以说，汉代社会对图谶的迷信、富可敌国且参政决策的豪强地主的存在、"举孝廉"人才模式的功利性异化、佛教和道教对来世的渲染和影响等因素，共同催生了东汉的厚葬之风，也将汉代画像砖艺术推向了最顶峰。

第一，豪强当道。与西汉王朝布衣将相不同，东汉王朝是在豪强地主的支持下建立起来的，因此豪强势力甚为强大，中央政权在许多政策上都要对豪强让步，朝廷的集权遭到不同程度的削弱。不少豪强富可敌国，闭户成市，奴仆成群，俨然一个独立王国。此外，分布在各地的割据势力日益强大，还有来自朝廷内部的斗争，外戚和宦官的专权。以上提到的这些人群都是政治上的特权阶层，又是经济上的绝对富有者，有能力僭越礼制，大兴奢靡之风。东汉王朝厚葬之风大兴不止，与这些特权阶层不无关系。

第二，经术盛行。东汉皇帝大兴儒术，《后汉书·儒林列传上》记载："及光武中兴，爱好经术，未及下车，而先访儒雅，采求阙文，补缀漏逸。先是，四方学士多怀挟图书，遁逃林薮。自是莫不抱负奋策，云会京师，范升、陈元、郑兴、杜林、卫宏、刘昆、桓荣之徒，继踵而集。"从东汉画像砖的题材内容来看，东汉的文化意识形态甚为丰富，这与东汉王朝崇儒学、倡文教不无关系。

第三，徇行风俗。东汉开国初的官员多为忠耿之士。在顺帝时期，朝廷就派出八特使，分赴州郡，"徇行风俗"，督察地方吏治。

第四，外交怀柔。刘秀的怀柔政策是对边境外族施予友好政策。其好处是舍小患而顾大患，保证了中原的长治久安；坏处是导致外族过于强大，为魏晋南北朝和后世留下祸患。

第五，引进佛教。汉明帝夜梦金人，经大臣解释，得知这是西方的佛教。于是，汉明帝派使者前往印度引进佛教，并在洛阳修建了白马寺。佛教初传入中国时，翻译了

《四十二章经》，介绍了小乘佛教的入门之法。在宣讲佛法时，佛教徒灵活地仿照中国《孝经》《道德经》的形式，采取了使中国信徒容易接受的方式。

第六，道教建立。由于道教理论前期已在中华大地历经了漫长的发展历程，以及外来佛教的进入，刺激道教在东汉顺帝年间（126—144）由张道陵创立。道教崇尚"天人合一"和"道法自然"的思想。

第七，完善"察举制"。东汉时期，"举孝廉"制度得以继续，这是一种自下而上的官员选拔制度，主要包括孝廉、茂才、贤良方正、贤良文学、直言极谏等科目。被推荐人除了德才兼备，还有不少细节限定。可惜，由于缺乏统一标准，很快成为权力的游戏。人们在所谓"孝悌"的掩护下，艺术化地为生人疏通了担忧来世的共同心结，使东汉的厚葬之风盛行不衰，客观上推动了画像砖艺术的发展。

第八，迷信图谶。谶纬，是神灵启示人们的一种预言。事实上是假托神灵预言而对广大迷信者和贫民的一种暗示，"君权神授"就是最典型的范例。谶纬之风在整个东汉时代都甚为流行。汉光武帝迷信图谶，其后的明帝、章帝沿袭其风，对当时的儒学和整个社会文化产生了重要的影响。

二、观念因素

观念的释义：第一是思想意识，第二是观点和概念，也就是人们在长期的生活和生产实践当中，形成的对事物总体和综合的认识。一方面反映了客观事物的不同属性，另一方面，又带有较强的主观化的色彩。这里提到的观念，是在两汉时期盛行的大众意识形态和公共认知观念，这些观念与汉代画像砖艺术的发生、发展密切相关。

（一）灵魂不死的观念

汉代人对灵魂不死的观念甚为笃信，认为人死后会转化为鬼、神。在汉代人的观念里，死亡已不是令人恐怖的生命终结，因此，人们十分重视自己的死后之事，重视阴宅的构建和墓园的建设，希望通过具有装饰功能的画像砖图像的镇墓地、护阴宅、荫子孙、达吉祥等功能，来告慰和关照灵魂，也造福和护佑子孙。

（二）祖先崇拜的观念

首先，祖先崇拜具有教化作用。敬畏祖先会使人产生一种自我约束意识，从而促进家庭和部族的稳定。祖先的智慧、习惯、风俗、家规在长者言传身教、口口相传下影响后人，起到教化作用。其次，祖先崇拜能够起到心理调适和安抚作用。在祖先崇拜过程中，民族认同的进程不断被深化，这种认同是基于对炎黄子孙自身的认同。直到现在，民间的祖先崇拜仍具有一定的感召力和向心力，在汉代更是能够凝聚人心，团结部落。因此，在汉代人的观念里，为祖先建造一个豪华、体面的死后之地，充满浓重的家族教义和满满的仪式感。这无疑催生了人们对墓室和明堂装饰的竞逐，也在客观上催生了画像砖艺术的延续、改良和发展。

（三）遵循孝道的理念

举孝廉政策，催生出汉代独特的孝文化，"孝"上升成为个人品德的评判标准，不仅体现在政治上，也体现在文化上。首先，孝道，能促使以小农经济为主体的汉代农业之最基本单位——小农家庭的和谐。其次，孝道进一步规范了儒家的伦理。孝道也催生出各种孝道题材和内容，且具有丰富艺术形式的造型艺术作品，画像砖艺术也在其中，汉代的孝道观念也是汉代画像砖艺术如此绚烂绽放的主要诱因之一。

（四）政治渲染的观念

提倡孝道尊亲，以儒治天下，对于汉代政权的稳定大有益处，因为，祖宗崇拜在一种程度上为政治稳定提供了基础和合法性依据。第一，"孝"是仁的根本，"仁"又是建立稳定的社会秩序的根本。第二，"孝"可以推广到"移孝作忠"的君臣理论，而忠君又是政权稳定的前提。祖宗崇拜、丧葬文化在中华民族文明之初，就被列入礼教的范畴。这也是利用家族这个社会最基础的单位来宣扬封建礼教，进而成为进行政治教化的重要手段。因此，遵从孝的义理，重视孝的仪式，从朝廷到民众都给予认可。

（五）上行下效的观念

《尚书·吕刑》云："一人有庆，兆民赖之，其宁惟永。"在西汉早期，正因为汉文帝力行孝道，大力宣扬，整个社会也兴起了孝悌之风，实现了天下大治，开创了"文景之治"，中国礼教的发展，伴随着青铜礼器的发展，对于"模""范"的规范作用，社会普遍都有深刻的认识，大众也十分重视言传身教，榜样的力量。在画像砖图像里有不少对榜样人物歌颂的内容。

（六）修齐治平的人文观念

《礼记·大学》将修身、齐家、治国、平天下串联成一个环环相扣的系列性精神准则，这既是经学所蕴含的积极入世的基本思想观念，也是中华民族以理教化的严谨政治性伦理体系。民族观念里的"天下兴亡，匹夫有责"的倡导，正是基于对每个人"修齐治平"的教化。"修齐治平"也是民族普遍认知里"大丈夫"的标准。

（七）儒道互补的辩证观念

儒家积极入世和道家的清静无为是互为补益，互为完善的。儒家强调的是自强不息的社会责任，讲究"以天下为己任"的"仁"，教化民众该怎么做才能使社会不断进步，稳定发展。儒家主张通过教化来实现完美人生，注重社会"琢磨"和自我"琢磨"的双重教化作用。道家主张"返璞归真""绝圣弃智"，认为顺从自然，顺从天性，活出自我，才最好。儒家的刚健进取与道家的柔静退守，结合起来就是中华哲学朴素的辩证观。画像砖艺术的题材内容，往往是儒道并置，是对儒道互补辩证观的绚烂呈现。

（八）观物壮丽的宏阔观念

中国人谦恭守慎，顺天而行，构建了中国传统认识主观世界和客观世界的基本模

— 11 —

式。东汉人特别关注外部世界,希望从整体和宏观上,去观照天地人神以及宇宙。汉代人观天象、探宇宙、凿时空、穷河源、逐匈奴,激情豪迈,自强不息。汉代重巨丽之美,存宏阔意识,这样的观物习惯也深刻影响了他们对死后处所的构建,对画像砖的形制和题材内容的取向。

(九)整体混沌的艺术观念

汉代人明朗直率,开通豁达。汉代的艺术尚未从大艺术的母体中完全分离出来,往往能给人以全息的感官体验。其造型多在"似与不似之间",反而显得浑朴自然,具有较强的整体感、力量感和动态感。汉代艺术作品的风格粗犷厚重而又含蓄内敛,呈现出一种朴拙、原始的审美特色。画像砖上的图像,给人直观的视觉感受,远比文字更为深刻和生动,是中国美术史上不可多得的艺术珍品。

三、地域因素

地域因素,也是影响最为彻底和深远的因素。一方水土养一方人,也必然会造就一方具有艺术形式、技法风格和自身独特形制的画像砖。

(一)画像砖多产于政治、经济和文化发达之地

画像砖所分布的地区基本是当时经济比较优裕、文化土壤较为丰厚之地。政治带动经济,经济又促进文化,某一地区的进步和发展,往往是政治、经济和文化因素三位一体,相辅相成的。画像砖的主产地,往往也是这三种因素综合发达之地。

(二)画像砖多产于冶铁业发达之地

冶铁业对汉代画像砖出产的影响不容忽视,因为刻模、雕砖都离不了铁器。画像砖的主产区——河南,冶铁就十分发达,居全国首位。河南郑州、南阳等地都是汉代著名的冶铁中心。东汉帝乡南阳,是当时的全国五大城市之一,冶铁业十分发达。画像砖多产于此类冶铁业发达的城市。

(三)画像砖常产生于江、河流域地区

正如中国古代的大城市皆有河流流经一样,画像砖的分布同样与河流的分布有极大的关系,主要产区沿黄河、长江及其支流分布。西安及周边地区位于黄土高原隶属黄河流域。洛阳、郑州、许昌三角地区大部处在黄淮平原上,是黄河和淮河两大流域交汇处。非主产的周边地区也都有名川大河穿越,如华南有沿珠江的分布区;浙江有钱塘江分布区;福建有闽江分布区;东北有辽河分布区等。苏南属于长江的太湖流域,是鱼米之乡,桑蚕之地。

(四)画像砖多产于盆地

画像砖多产于盆地,比如河南南阳的南阳盆地,巴蜀号称天府之国的四川盆地。这两个地方都是画像砖艺术最璀璨之地。

四、人为因素

（一）墓主家族因素

在汉代，某些大家族为了安置家族成员的死后事，会在墓地近处专设窑厂，制作墓用画像砖，即便是这些家族的专属画像砖，或多或少也会受社会流行风俗的影响，但画像砖的家族个性和专属性是改变不了的。

（二）匠人因素

从事画像砖制作这一产业的匠人的知识背景、艺术修养和工艺水平，对画像砖的产生有较为直接的影响。画像砖风格的变异、形制的转换、技艺的改良，都与从事该产业的匠人有直接关系。或许是为了提高这一产品的生产效率，或许是随匠人擅长而促成的特色呈现，或许是为了在市场竞争中脱颖而出的改革创新，或许是为了单纯应和墓主的需求，但画像砖上留下的匠人风貌，确实是制作画像砖最深刻，也是最主要的因素。

总之，优裕的政治背景、繁荣的社会经济、深厚的文化背景、良好的地理环境是汉代画像砖主产区的共同特征。找寻事物形成成因的冲动，为我们思考和行动带来动力，而在思考和行动中，我们会获得更多。尽管散落在茫茫历史中的各种因素，就像散落在中华大地的画像砖一样，我们归纳、分析到的，抑或真切看到的，永远也不可能是最真实、最完全的部分，我们只能有条件地去接近、接近、再接近。我们没有办法完全还原历史，但我们至少可以在历史的语境下，尽可能去分析和研究，让我们离这些历史遗存更近一些。

第三节　汉代画像砖的艺术价值

一、汉代画像砖占据了正统和主流的所有艺术领域

汉代画像砖在某些方面与中国的陶瓷艺术有很大的相似之处，在陶瓷艺术中既有做工考究的官窑产品，也有自由庞大的民窑产品，所展示的艺术空间是多层次全方位的。

为什么说，画像砖艺术在这方面有着类似的特点呢？

先让我们再回到汉代画像砖的起始位置，看一看陕西省出土的画像砖（图1-9）：无论茂陵的附近的瓦渣沟出土的，还是确切知道的在汉景帝陵墓出土的"四神"画像砖，其设计皆高超严谨，做工精细考究，构图端庄而又不失空灵，造型雄壮却又精巧，品相佳，砖质细。造型艺术手法几乎囊括汉代画像砖制作的全部技巧。效果呈现，有浮

雕的,阴刻的,阳线的;风格,有工谨的,也有舒放的;构图,有繁密的,也有疏朗的。形象塑造有写实的,造型逼真生动;有变形的,传神鲜活;有装饰的,精美不失生动;也有简括的,空灵凸显匠心……如此精美的画像砖族群,绝不可能是一个寻常的汉砖作坊能够制作出来的,必定是一个技艺高超的能工巧匠团体。从设计、制模、脱坯、烧制到最后成砖,都有一个严谨可行的程序链在起作用,以保证画像砖制作的整个过程中,无论宏观、还是微观都万无一失,成品精美完善。因此,我们说汉代画像砖艺术肇始之时,级别应该是很高的。从某个方面来说,就像一个和民间联姻的血统高贵的公主,一步一步走向民间,走向大众。

图 1-9　白虎(陕西浮雕画像砖)

图 1-10　泗水捞鼎(南阳画像砖)

其次,让我们再看一看东汉皇亲贵族密集的河南南阳新野画像砖:东汉初期,新野"王侯将相,宅第相望",新野人封侯拜将者,数以百计。因此,在新野出土画像砖的墓应该属于贵族墓。这一点,从新野樊集出土的大题材、大场面、高规格的画像砖中就可以窥见端倪。《胡汉战争》《泗水捞鼎》(图1-10),这种体现卫国战争、歌颂汉君福厚德高题材的画像,绝非普通老百姓能够创作的。如此高规格的画像砖,非皇亲望族而不可为。而与其风格相近的四川画像砖,艺术水平与之相当,但内在格调却始终不及这些高规格画像砖,题材也更贴近民风、民俗和大众生活。

再看郑州、许昌的空心画像砖(图1-11),虽然形制和风貌都大致相同,但有的设计精美、排版规整、印模精致、艺术水平和品相均极属优等,然而有的排版凌乱、制作粗陋,印模和印术也难养人眼。两类砖一比较,层次之高下一望而知。

就所创造的艺术形象来说,有的如李思训画山水,倾尽精力,"屡月始成",像是技艺高超的匠人的典范之作,

图 1-11　执戟门吏印模
(豫中画像砖)

— 14 —

使人叹为观止;有的却如吴道子,寥寥数笔,一挥而就,形象生动,质朴率真,令人忍俊不禁。

综上所述,画像砖艺术就像汉代形象的《诗经》,风、雅、颂俱全,很值得我们深入探究。

二、汉代视觉艺术的综合宝库

汉代画像砖承载着丰富的艺术信息。笔者认定,对画像砖的整体认识,应该包括砖体的形象、花纹、文字、符号等所有文化信息。对于画像砖艺术的探讨,自然也应涉及承载着丰富讯息的汉砖的层层面面。如此说来,汉代画像砖所包含的艺术容量,的确是很壮观的。

从画像砖的整体艺术效果来看,各地出土画像砖因时代、产地、艺术风格和造型手法、构成形式上各不相同。同一地方,甚至同一个墓葬,所出土的画像砖的艺术手法也不尽相同。汇合在一起自然是林林总总,美不胜收。

从画像砖的装饰纹样和砖面构成来说,画像砖砖面的整体构成花样繁多,骨骼形式多样,堪称构成艺术模板宝库。画像砖宝库的单位装饰纹样的种类和样式也都异常繁茂。其中花纹有乳丁纹、云雷纹、柿蒂纹、环璧纹、多种几何纹等数十种。单拿乳丁一种纹样来说,因时代、产地、匠人、墓主的不同,存在着许多不同的版本和构成模式。因此,我们不难想象,汉代画像砖纹样资源的丰厚程度。

汉代画像砖还拥有大量鲜活生动艺术形象,各种身份、地位、性别的人物形象,种类繁多的动物形象,各种各样变化莫测的仙人、灵异等,不胜枚举。因此,画像砖注定是一个涵盖量巨大的综合艺术形象宝库。

另外,画像砖里还有各种样式的建筑、家具、器物、服饰、发式等,这些可供参考和研究的资料,自然也有很大的实用价值。

三、造型特征层丰又维多,视觉传达赏值高且研点多

洛阳画像砖中的门吏形象,堪称汉代军人标徽,是程式化造型的典范之作。在汉代,还常用青树象征灵魂不死,用乳丁纹象征子孙兴旺;用羽人象征升仙……画像砖概括性造型手法有:把舞蹈人物概括成一个模糊的动态人形(图1-12),把人物的四肢概括成一条线。抽象性造型有几何纹,如米字纹、菱形纹、回字纹、盘长纹、三角纹等,都属于抽象造型的范畴。完美性造型有很多类似西方立体主义特征的形象,如侧面的人脸却有两只正面的眼睛,这种在造型上,追求完美性,运用的是完美性的造型模式。实用性造型有:在作为墓门的砖上,塑造铺首,这样既装饰

图1-12　长袖舞形象(河南画像砖)

了墓门，又标志了墓门；有个别砖上的铺首形象下方，甚至设置有真正的金属环，可以直接叩门。随意性造型指的是画像砖制作者信手拈来的很多生动形象的作品，正因为随意不拘，越发显得朴拙可爱。

事实上，汉代画像砖图像的造型，往往并不只使用一种造型模式，而是运用综合造型的手法，即把不同的造型手法混合起来使用。综合造型，如盘长纹，既属于抽象性造型，又属于象征性造型，象征子孙兴旺，又象征好运绵绵不绝、恒常不断。综合造型看似归属模糊，正是如此，才显得画像砖艺术的审美层次丰富，视域广，维度多；鉴赏价值高，研点多，切入点易寻。研究者会有更深层的拓展空间。

四、具有丰厚的审美内涵

画像砖的造型给人极其丰富的审美感受，神游其中，纵不能物我两忘，也必会应接不暇。写实夸张，粗犷细腻，简练繁复，稚拙成熟，质朴妩媚，热烈疏淡，含蓄直白，俏皮庄重，苦涩甜腻……几乎集中了所有造型艺术的造型语言和造型艺术风格（图1-13）。我们不得不赞叹，汉代艺术家及其无数艺术工匠，的的确确拥有天马行空般的艺术想象和无穷的创造力。

图1-13　车马出行（贵州小型实心砖）

五、艺术造型手法高超又多样

例如，有很多画像砖画像能够让人用眼睛"听出"音乐——即用视觉艺术因素来表现出音乐的节奏、韵律美感。有的画像砖图像，能够沿外框边，甚为精准地把形象创造性地"填"进去，以达到完美的适合，同时还能使客观的静止画面具有强烈的动感。有的画面改变形象的客观、真实比例，使主次更加分明、重点更加突出。如新野画像砖（图1-14）中比例被无限放大的将军形象，异常高大，凸显在画面上，比旁边一般士兵形象要大得多，这是制作者有意拉大主角和配角之间的对比，使主角成为画面中最为醒目的焦点。有的画像砖形象，具有很大的装饰性，如在仙鹤的肚子里地填充一条鱼，似乎透视了鹤的腹部，形象地表现了鹤吃鱼的生活习性，使形象有一种独特的趣味（图1-15）。此外，洛阳画像砖中两个头的鹿，有一种摆头的动态感，使形象更生动，也更有视觉张力。在南阳画像砖中，把打猎和庖厨放在一个画面，把不同的时空加以合并，使不同空间、不同时间的事物处在同一个画面中，从而加强了事物发展的关联性，增加了所表现内容的连续感。

图 1-14　胡汉战争（南阳画像砖）

图 1-15　合家欢（洛阳空心画像砖）

　　画像砖中所运用的艺术手法,充分展示了汉代艺术家的聪明才智和创造精神,值得我们在现实的艺术创作中加以借鉴。

六、汉代画像砖造型巧妙运用了诸多形式美的因素

　　运用到画像砖造型艺术中的形式美因素,包括点线面因素、时空因素、构图因素、材质因素、肌理因素和色彩因素等。

　　以点线面因素为例:在豫中地区的画像砖中,"点"的因素被运用得非常耐人寻味。如图 1-16 中的点,像一条游动的视觉链条,整个画面仿佛在游动。在汉代画像砖造型艺术中,"线"的演绎更是出神入化,几乎达到无砖不线的地步,为后世的中国画"骨法用笔"奠定了实践基础。而"面"的因素也无处不彰显着自己独到的魅力:凸出的面、凹下的面、由点聚集所形成

图 1-16　水鸟印模（豫中画像砖）

的面、由线的排列形成的面、由图案填充所形成的面等。"面"在画像砖中所展示出的魅力，同样是可圈可点的。

其他因素在画像砖艺术中也都有出色的演绎，在此不再赘述，留在下面章节作详述。

七、汉代画像砖艺术中体现出了多样化的艺术风格

画像砖作品体现了多样化的艺术风格，除了受时代和地域影响而呈现出的不同的风格特点外，在画像砖自身的整体艺术表现上，同样体现出很多不同的风格。简言之，就创作个体来说，风格就是人。后世艺术家要形成自己的风格，一要摆脱外在对象的束缚，二要摆脱传统语言程式化的束缚。对于汉代艺人来说似乎不存在这样的问题：首先，任何对外在对象的感受和表现，皆来源于对外在对象的理解。例如，儿童和成人对同一个事物的理解是截然不同的：成人对外物的理解，更多受生活经验和知识结构的深刻影响，而儿童则更多的是依靠直观感受，因此，比较来说，成人似乎更容易受外界的束缚。从这一点来看，汉代艺人似乎与儿童更接近，不会被后人所谓的经验、成法、知识诸因素所累，受外界的束缚也较少。其次，当汉代人开始表述这个世界的时候，世界还像一张只有原始彩陶、青铜艺术等为数不多艺术语言形式存在的巨大白纸，当然可以画最新最美的图画。当这张纸，随历史的车轮铺展在我们脚下时，已经是被一个个时代的艺术脚印所填满样子了。虽然前人的脚印是一批丰厚的宝藏，但在我们欣赏、学习这批宝藏的同时，也会有较多的束缚和限制。我们需要克服的困难太多了，既要避免穿着前人的鞋子走路，又要在拥挤的空间里找到印着自己脚印的地方。从这一点看，汉代人幸福得多，这点也决定了汉代艺人创作的自由度大，更容易形成个性化的风格。众多的个体化艺人，在几乎完全不受束缚的情况下创作出来的画像砖，呈现出的必是一个百花齐放的绚烂格局。

八、汉代画像砖在艺术传承和借鉴上的相对陌生化优势

对传统的学习和借鉴，虽然存在被传统同化而消亡的危险，但绝对不能因噎废食，因为，传统始终是一笔丰厚的艺术财富。尤其是在"中国风"艺术元素备受本民族和世界艺术界推崇的当下，对本民族传统语言元素的掌握和运用也就显得更加重要了。由于汉代画像砖艺术被关注和研究的时代较晚，相对于其他传统艺术，其陌生化程度应该要大得多。而艺术的最可贵之处，就在于是否给人以陌生化的感觉，令人耳目一新。因此，汉代画像砖艺术，无疑是现代艺术形式可供借鉴的传统文化的黑马，有巨大的开拓空间。因此，研究和整理这种来自远古的伟大艺术，具有深远的现实意义。

第二章

汉代画像砖的形制

第一节 汉代画像砖形制的流变概述

笔者以地域为标准把汉代画像砖的形制粗略地整理了一遍,感触颇深。单从画像砖的形制而论,从最初的母版开始,画像砖始终都处在变革中,与时俱进。

一、发端——陕西画像砖

最初的陕西画像砖,是整版模印空心画像砖(图 2-1),做工都十分严谨和考究,工序也较为烦琐。要先刻好适合整个砖面的整版印模,一般装饰面有大面、侧面和端面三种,然后再制作出湿空心砖,最后,把所有计划装饰图案的砖面,都用刻好的印模压出图像。

图 2-1 双龙捧璧(陕西空心画像砖,正面和侧面)

二、变革——洛阳画像砖

到西汉中期,洛阳的画像砖在印模的设计和制作上都进行了大胆的改革,把整版印模形式,改为不设外画框的小印模(图2-2和图2-3),笔者在《汉代画像砖造型艺术》一书中,首次把这种小印模命名为"像模",是因为这种印模单纯以形象的模式出现,就像不设外框的肖像印,没有其他附加的形式因素。整个砖的装饰画面由若干小像模组成,如活版印刷般,灵活地点缀在砖面上,组合成有意味且占据整个砖面的较大画面。该画面一般具有强烈的绘画意味,小印模在画面上的呈现方式是较为疏朗的,与密集排列小印模形成装饰面的画像砖截然不同。这类画像砖图像,已具备了早期绘画的雏形。这种"像模"以阳线造型,压印到画像砖上,最终以阴线的形式呈现出来,这样的画像砖洗尽铅华,拓片呈现出高度洗练又甚为精美的线描特质,可谓是我国线描艺术的前身和先导。洛阳画像砖简化了印制整版画像的烦琐工艺,提高了生产效率,把压印图像的程序变得简单快捷。这也是画像砖艺人锐意改革的结果。

图2-2 洛阳空心画像砖

图2-3 伍佰(洛阳画像砖)

三、繁茂——豫中地区画像砖

到了西汉末和东汉初,流行"小印模"空心画像砖,这种小印模面积较小,往往独立构成画面,被笔者命名为"画模"。这也是一种压印画像砖图像的活模,一般匠人只需要以事先设计好的排版方式,就能压印图像,而不需要像洛阳画像砖那样对审美修为和艺术技巧有较高的要求。还有一种小印模和前面提到的小画模互相结合,共同装饰这类画像砖,叫"纹模",也是这种画像砖的活模。它们往往以单独纹样的模式呈现,如常见的柿蒂纹、常青树纹等。纹模或有外框,或无外框,其图像往往集成在画像砖上,装饰效果较为密集。豫中地区为此类画像砖的中心区域,出土最多,向外波及整个河南省和周边其他省份。这类空心画像砖也是汉代画像砖繁盛期极为普及的形制(图2-4)。

图2-4　豫中画像砖的繁密排版

四、化简——许昌中型实心砖

稍靠后的许昌中型实心画像砖(图2-5),则完全颠覆了烦琐的空心砖的制作模式,直接把砖制成实心的。当时流行的小印模被放大为整版印模,但图案相对于整版模印的陕西空心砖,就显得粗放和简洁多了,工艺也相应变得快捷。再加上图像的载体是实心砖,无论砖坯制作,还是图像压印,都会简单不少,生产率的提高也是必然的。

图2-5　建筑与人物(许昌中型实心砖)

五、多彩——南阳画像砖

南阳,是东汉时期画像砖形制品类最丰富的地方。当时的南阳是开国皇帝刘秀的故乡,皇亲贵胄、豪门望族不计其数,富可敌国。由于不少画像砖是用于豪强贵族墓葬中的,因此,出现了一些做工烦琐考究的整版模印大型空心砖(图2-6)。但这样的空

— 21 —

心砖制作工艺太过烦琐,因此,南阳境内首次集中出现改良升级的整版模印实心砖。第一种是与大空心砖长宽相近的矩形横置实心砖;第二种是竖长条式实心砖;第三种是和巴蜀、湖北等地区出土的砖形相仿的方形实心砖。也有最寻常的大型"小印模"空心砖,形制和工艺都与豫中地区的相似。还有各种各样的小型实心画像砖。这一时期的南阳,印模的创作水平和印制技艺也达到了空前的高度,是画像砖制作技巧迅猛提高,艺术水平长足发展的阶段。地处中原的南阳,水系却归属于长江的重要支流汉水流域,是黄、淮河流域和长江流域的交融之地。这里出产的画像砖,受多种文化渗透和影响也是必然的。

图 2-6　双龙穿璧(南阳空心砖)

六、蜀风——巴蜀实心画像砖

巴蜀地区出现的画像砖的主体是整版模印的实心矩形砖(图 2-7),长宽比例不等,有的图像带有装饰外框,有的没有装饰外框。巴蜀地区的中、小型实心画像砖形制多样,有梯形砖、子母榫砖,更有许多长、宽、高比例各不相同的实心小砖。

图 2-7　车马出行(巴蜀实心砖)

七、特异——各地异形砖

此外,各地由于大型墓葬画像砖的需要,产有一些特制的陶质墓葬建筑构件——异形砖(图2-8),其图像制作手法较多,有手塑的、湿雕的、砖刻的、印模压印的,呈现效果有高浮雕、低浮雕、浮雕和线条相结合的、阳线的、阴线的。技巧和手法灵活多变。制作工艺相对烦琐。

图2-8 白虎(豫中一对异形砖)

八、地花——各地铺地砖

各地各种类型的铺地砖一般都为实心的(图2-9),多为整版模印图像,也有部分为小印模图像。装饰内容多为纹样,少数为简单图像。

九、书呈——各地文字砖

文字砖的形制也多种多样,最普遍的是小型实心砖(图2-10),文字一般刻在砖的侧面和端面。也有一些大型的文字砖,为矩形实心砖。

图2-9 陕西几何纹铺地砖

图2-10 海内皆臣(山西十六字砖)

第二节 汉代画像砖形制的地域性梳理

一、陕西省画像砖

(一)大型"小印模"空心画像砖

图 2-11 所示的空心画像砖,中心是以单位纹样小印模组成的纯粹图案,四周以龙虎纹小画模围绕成画框。

图 2-11　龙虎纹(陕西空心画像砖)

(二)大型"整版印模"浮雕空心画像砖

这类空心画像砖的构图多为轴对称形式(图 2-12),偶尔也有不完全对称的画面。每一砖大多是一正面和一侧面有画像,两画面往往相互呼应,相得益彰。

图 2-12　白虎(陕西浮雕画像砖)

(三)大型"整版印模"阳线空心画像砖

这类空心画像砖的构图多为轴对称形式(图 2 - 13),偶尔也有不完全对称的画面。每一砖大多是一正面和一侧面有画像,两画面往往相互呼应,相得益彰。

图 2 - 13　青龙(陕西阳线画像砖)

(四)方形"小印模"实心画像砖

这类实心画像砖由小画模和纹模压印而成,也称集成画像砖(图 2 - 14)。

图 2 - 14　陕西小印模集成实心砖

（五）"整版印模"浮雕龙、虎纹画像砖（残）

这类画像砖的样式如图2－15所示。

图2－15　陕西龙虎空心砖

（六）方形带纹样实心铺地砖

这类实心铺地砖的图案，一般为乳丁纹或几何纹等纹样的组合（图2－16）。

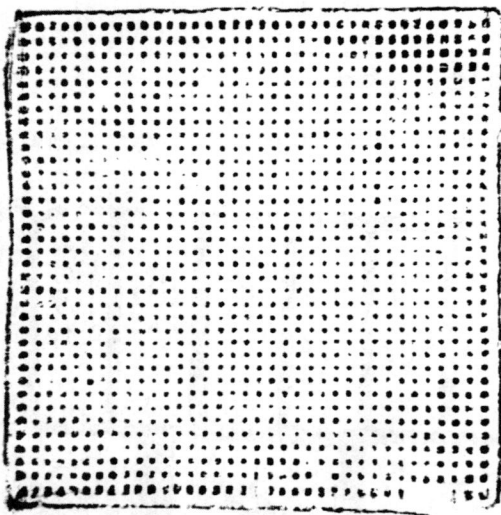

图2－16　陕西乳丁纹铺地砖

二、洛阳画像砖

（一）"小印模"集成的竖长型空心画像砖（两侧）

先以不同种类的小画模严密排布于砖面，因画模大小及横竖不统一，不免会留下空隙，再在空隙处填以纹模，排版方法简单直率。或为门扉砖，作为模印工具的"画模"的形象应是阴刻的，因此，砖面呈现为阳线（图2－17）。

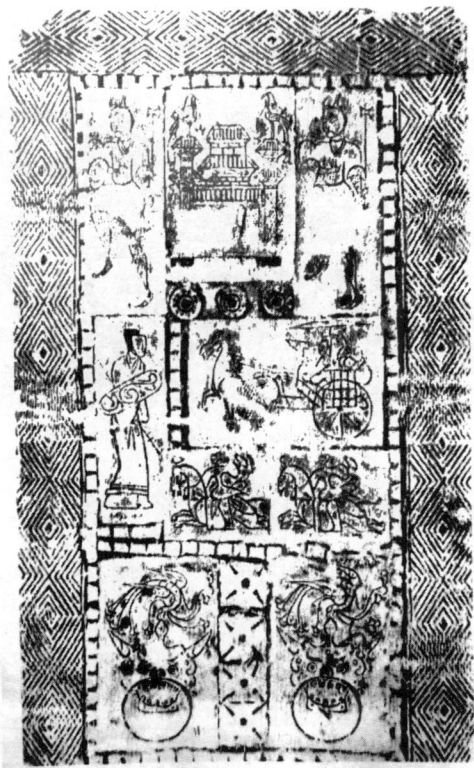

图 2 - 17　小印模（竖长型空心画像砖）

（二）大型"小像模"空心画像砖（批量）

　　画面四周分封闭和半封闭两种。封闭四周边框为双层,构图疏朗空灵（图2－18）;半封闭只有上下两层有边框,这是因为砖体作为墓室建筑构件,横向与其他的砖体互为拼接,边饰就自然被省去。像模以阳刻形式表现,呈现在砖面上是阴线效果。

图 2 - 18　小像模（横向构成空心砖）

（三）大型"小纹模"空心画像砖（部分）

　　画面四周分封闭和半封闭两种。封闭四周边框为双层,构图疏朗空灵（图2－19）;半封闭只有上下两层有边框,因为砖体作为墓室建筑构件,横向与其他的砖体互为拼接,边饰就自然被省去。画面由长短不一的波浪形花草纹、虎纹、朱雀纹和一些更小的图纹组成,装饰感极强。

图 2-19　虎、朱雀和花草(横向画像砖)

(四)图像和纹样交融画像砖

由外边装饰"印模"纹样将砖面分割成若干小画框,内部填充"像模"和"纹模"(图 2-20)。

图 2-20　多框虎纹(横向画像砖)

(五)密集型"小像模"空心画像砖

画面四周封闭或半封闭。小画像不同于一般的洛阳画像砖,以凸面阴线刻形式,在砖上呈现凹面阳线效果。小画像密布画面,显得绚烂茂密(图 2-21)。

图 2-21　凸面阴线刻小印模(横向画像砖)

（六）密集型竖向"小像模"空心画像砖

画面由横向装饰带分割成若干个小画面，再于其内填充各种"像模"。"小像模"也是凸面阴线刻形式，呈现在砖上是凹面阳线效果。砖面自上而下呈现多个小画面，有电影胶片感（图 2－22）。

（七）空旷型竖长"小像模"空心画像砖

如图 2－23 所示，画面空旷，只填充两个"小像模"。

图 2－22　凸面阴线刻小印模（竖直画像砖）　　图 2－23　双门吏"小像模"（竖直画像砖）

（八）大型双层"小像模"空心画像砖

如图 2－24 所示，中间由条形装饰带把画面分为两层，再分别在每层摆印"小像模"。只有画面中两棵树形"纹模"在压印时突破了中间的层隔，占据两层。

图 2－24　横向双层多像模画像砖

（九）模拟半面山墙的三角形"小像模"空心画像砖

如图 2－25 所示，四周皆有边框，构图较密。

图 2－25　三角形山墙异形砖

三、豫中地区画像砖

（一）横长较高型"小印模"空心大砖（批量）

如图 2－26 所示，砖体较高，中间由纯纹样集成块、纯画像集成块，或纹样与画像集成块并置呈现。边沿有斜绳纹和直绳纹。这些花纹和画像大多是通过印模压印而成的。图像一般为一面或两面以上。

图 2－26　横向多画模和纹模混构空心砖

（二）横长较矮型"小印模"空心大砖（批量）

如图 2－27 所示，砖体较矮，中间由纯纹样集成块、纯画像集成块，或纹样与画像集成块并置呈现。边沿有斜绳纹和直绳纹。花纹和画像一般为小印模所印制。图像一般为一面或两面以上。

图 2 - 27　横向纹包图空心砖

（三）竖长较宽型"小印模"空心大砖（批量）

如图 2 - 28 所示，中间由纯纹样集成块、纯画像集成块，或纹样与画像集成块并置呈现。边沿有斜绳纹和直绳纹。这些花纹和画像一般是通过印模压印而成的。图像一般为一面或两面以上。

图 2 - 28　竖直图纹并置画像砖

（四）竖长较窄型"小印模"空心大砖（批量）

如图 2 - 29 所示，中间由纯纹样集成块、纯画像集成块，或纹样与画像集成块并置呈现。边沿有斜绳纹和直绳纹。这些花纹和画像一般是通过印模压印而成的。图像一般为一面或两面以上。

（五）竖长型"小印模"缺角空心大砖（少量）

如图 2-30 所示，中间由纯纹样集成块、纯画像集成块，或纹样与画像集成块并置呈现。边沿有斜绳纹和直绳纹。这些花纹和画像一般是通过印模压印而成的。图像一般为一面或两面以上。缺角的形制，应是"积木"式墓葬，作为建材的画像砖在构建墓室时，相互拼接时的形变需要。

图 2-29　竖直较窄型"纹夹图"空心砖　　　　图 2-30　竖直纹图并置缺角异形砖

（六）横长型"小印模"缺角空心大砖（稀少）

如图 2-31 所示，中间由纯纹样集成块、纯画像集成块，或纹样与画像集成块并置呈现。边沿有斜绳纹和直绳纹。这些花纹和画像一般是通过印模压印而成的。图像一般为一面或两面以上，往往应墓葬拼接需要而有缺角形变。

图 2-31　横向纹图并置缺角异形砖

（七）模拟山墙的梯形"小像模"空心画像砖（稀少）

如图 2-32 所示，边沿有斜绳纹或网纹。这些花纹和画像一般是通过印模压印而成的。

图 2-32　小印模拟山墙梯形砖

（八）异形空心砖

如图 2-33 所示，形制随墓形而变，除用印模印制图像外，还有手塑、湿刻等其他手法，技巧灵活。还有一种拐角形空心大砖，也为了适合墓制构造，把砖直接做成拐角的模样。其上装饰花纹和画像并置，一般为印模所印制。

图 2-33　人像刻塑异形空心砖

（九）三角形空心大砖

如图 2 - 34 所示，多用于墓葬山墙，花纹和画像并置，一般为印模所印制。

（十）柱状空心大砖

如图 2 - 35 所示，整个砖做成房柱的模样，手塑和模印纹样相结合。一般在柱四周皆分布有模印纹样。

图 2 - 34　小印模拟山墙三角砖

图 2 - 35　柱状异形空心砖

（十一）矩形实心铺地砖

如图 2 - 36 所示，一般为纯花纹砖。

图 2 - 36　长青树、十字穿环铺地砖

（十二）许昌中型整模实心画像砖

如图 2-37 所示，一般一砖一画，有外框。

图 2-37　车马迎送中型实心砖

（十三）中型长条实心子母榫画像砖

如图 2-38 所示，图像一般在砖的一个侧面，以横向呈现，分为两层。

图 2-38　双层图像空心条砖

（十四）小型纯花纹砖

如图 2-39 所示，一般侧面和端面各分布花纹。

图 2-39　小型纹模实心砖

（十五）小型纯画像砖

如图 2-40 所示，侧面和端面各分布画像。

图 2-40　小型图像实心砖

（十六）小型文字砖

如图 2 - 41 所示,刻有年号、吉祥寓言等。

图 2 - 41　小型实心文字砖

四、南阳画像砖

（一）大型横长空心整模大砖

如图 2 - 42 所示,多采用祥瑞、灵异题材,也有史诗性大画面,描绘较大的社会生活场面以及人物、建筑等内容。四面带框或上下有框边。

图 2 - 42　横向整模空心大砖

(二)横长空心小印模大砖

如图 2-43 所示,类似于豫中地区的空心大砖的构造模式。中间为图像,四周外框有纹样。

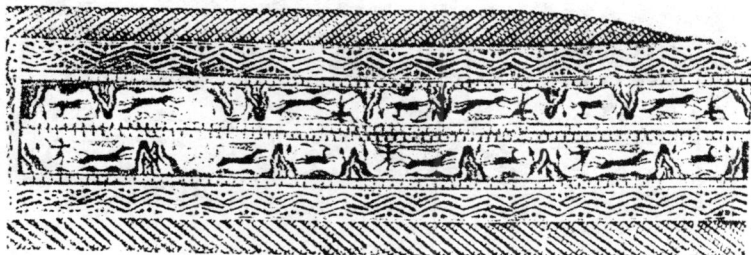

图 2-43　横向小印模空心大砖

(三)空心小印模大砖

如图 2-44 所示,类似于豫中帝都的空心大砖的模式。整砖都是纹样模式,应该可竖可横,无明显的方向感。

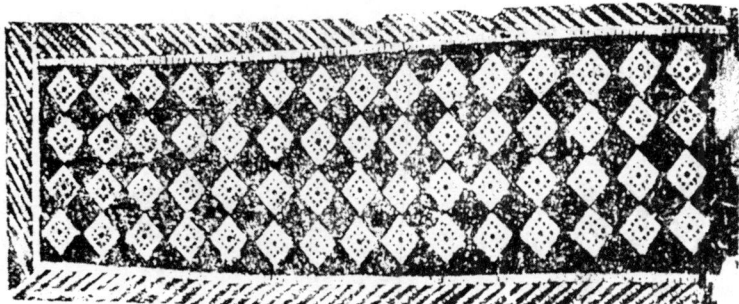

图 2-44　横向小纹模空心砖

(四)横长空心小印模大砖

这是初次在洛阳以外发现"小像模"画像砖,如图 2-45 所示。图像上部有四层纹样做上框沿,下部有一层纹样做下框沿。中间空旷画面中,等距离排列有四只朱雀。

图 2-45　横向"小像模"空心大砖

（五）大型横长实心大砖

如图 2-46 所示,多表现史诗性的巨大场景或较大的社会生活场面。四周有边框,比较接近画像石的表现风格。

图 2-46　横向整模实心大砖

（六）竖长实心大砖

如图 2-47 所示,把多种题材、内容上下罗列在同一块砖上,构图随意灵活。部分有外框,部分无外框。

（七）窄竖条实心条砖

如图 2-48 所示,砖体较窄,应是根据墓葬构架而制成的,由寻常画像砖中切而成,艺术形式与上图大致相同。

图 2-47　竖直整模实心大砖　　　　图 2-48　竖直较窄整模实心大砖

（八）实心方砖

如图 2－49 所示，多表现舞乐内容，也表现一般生活场景。形制已很接近四川方形画像砖，当为其前导。

图 2－49　方形整模实心砖

（九）中型矩形画像砖（多种）

如图 2－50 所示，方向分有横、竖双向，制式分有外框和无外框两种。

图 2－50　中型画像砖

（十）小型纯花纹砖

如图 2－51 所示，花纹一般在侧面或端面分布，整版模印。

图 2－51　小型纯纹样实心砖

（十一）小型横向纯画像砖

如图 2 - 52 所示,画像一般在侧面或端面分布,或一面或两面,小印模印制。

图 2 - 52　横向小型图像实心砖

（十二）小型竖直纯画像砖

如图 2 - 53 所示,画像一般在侧面和端面分布,或一面或两面,小印模印制。

（十三）小型文字砖

如图 2 - 54 所示,刻有年号、吉语等。另外,在南阳的方城、社旗等地出土的小印模空心画像砖,其形制和风格与豫中地区的较为一致。

图 2 - 53　竖直图像实心砖　　　图 2 - 54　小型文字实心砖

五、巴蜀地区画像砖

（一）大型整模矩形画像砖

图 2 - 55 是巴蜀地区主流画像砖形制之一，风格一般比较写实，内容涉及社会生活的方方面面，不带外框。

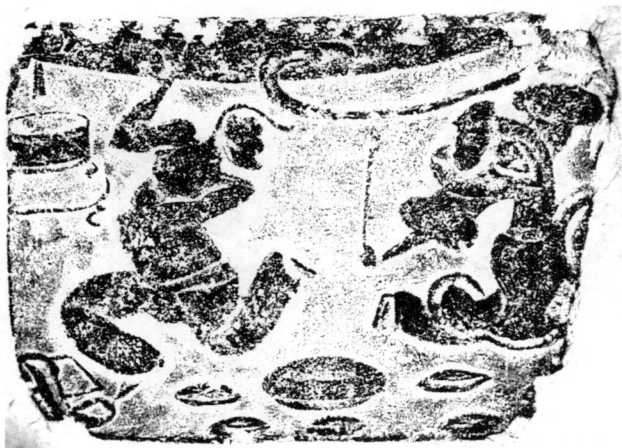

图 2 - 55　矩形无外框实心砖

（二）大型整模方形画像砖

如图 2 - 56 所示，比例接近方形，风格一般比较写实，内容涉及社会生活的方方面面，不带外框。

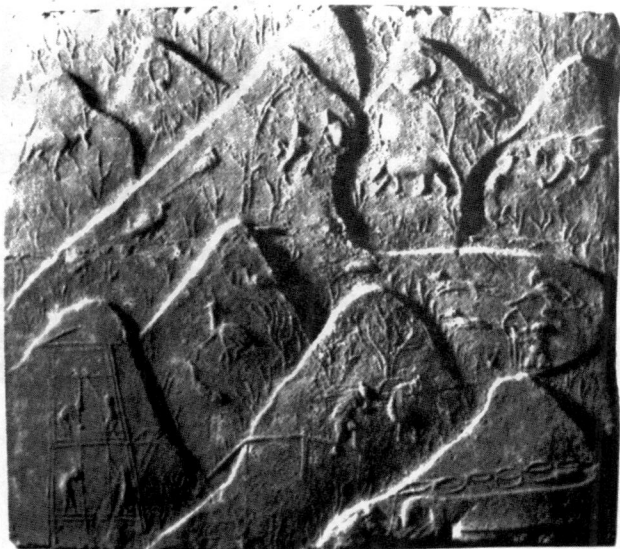

图 2 - 56　方形无外框实心砖

（三）大型整模横狭长画像砖

图 2-57 是巴蜀地区主流画像砖形制之一,风格一般比较写实,内容涉及社会生活的方方面面,不带外框。

图 2-57　横长矩形无框实心砖

（四）大型整模带框横置画像砖

图 2-58 是巴蜀地区主流画像砖形制之一,风格一般比较写实,内容涉及社会生活的方方面面。有画框,这强化了画面的独立感,增强了砖面图像的观感。

图 2-58　横向带框实心砖

（五）大型整模带框竖立画像砖

图 2-59 是巴蜀地区的主流画像砖形制之一,风格一般比较写实,内容涉及社会生活的方方面面。有画框,这强化了画面的独立感,增强了砖面图像的观感。

图 2 - 59　竖直带框实心砖

（六）大型图案和画面并置砖

如图 2 - 60 所示，装饰感较强，纹样为动感很强的波浪云纹，像乐曲的和弦一样烘托画面气氛，图像一般表现社会生活。

图 2 - 60　带装饰横长实心砖

（七）中型实心条砖

图2－61是巴蜀实心画像砖的一个类型，内容涉及社会生活的方方面面。

图 2－61　中型实心条砖

（八）小、中型梯形砖

图像在梯形砖的一个大面。

图 2－62　梯形砖装饰大面

（九）小型纯画像砖

如图 2-63 所示,图像在侧面和端面,或一面或两面。

图 2-63　小型图像实心砖

（十）小型纯纹样砖

如图 2-64 所示,纹样在侧面和端面,或一面或两面。

图 2-64　小型纯纹样实心砖

（十一）小型纹样和文字混合砖

如图 2-65 所示,图像和纹样在侧面和端面,或一面或两面。

图 2-65　小型图像和纹样混搭实心砖

（十二）小型文字砖

如图 2-66 所示,刻有年号、吉语等,文字在侧面和端面,或一面或两面。

图 2-66　小型文字实心砖

六、江苏画像砖

（一）纹样和图像结合小型实心砖

如图 2-67 所示，装饰面在砖的一个大面。

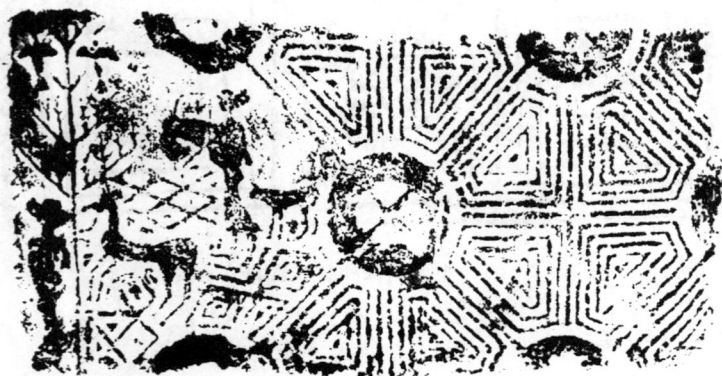

图 2-67　纹样和图像结合小型实心砖

（二）小型横置纯画像砖

如图 2－68 所示，画像分布在侧面和端面。

图 2－68　横向小型纯图像实心砖

（三）小型竖立纯画像砖

如图 2－69 所示，图像分布在侧面或端面。

图 2－69　小型竖直纯图像实心砖

（四）小型纯花纹砖

如图 2－70 所示，花纹分布在侧面或端面。

（五）小型文字和图像结合砖

如图 2－71 所示，是像后世的国画那样题字的画像砖。

图 2-70　小型纯纹样实心砖

图 2-71　小型文字与图像结合砖

七、湖北画像砖

如图 2-72 所示，方形实心画像砖与南阳新野、巴蜀的某些方形实心画像砖形制相似，内容主要表现社会生活。

图 2-72　方形双层图像实心砖

八、山东画像砖

（一）大型带底纹图像画像砖

如图 2-73 所示，此类画像砖表现祥瑞、建筑或社会生活场景。

图 2 - 73　大型带底纹图像画像砖

(二)大型图像和纹样融合画像砖

如图 2 - 74 所示,此类画像砖表现祥瑞、建筑或社会生活场景。此类画像与底层几何图案相互并置融合,风格独特。

图 2 - 74　大型图像和底纹融合画像砖

九、河北画像砖

(一)横长条形纯画像砖

如图 2 - 75 所示,画像分两层。

图 2 - 75　横向双层图像画像砖

（二）横长条形图像和纹样相结合画像砖

如图 2－76 所示，其上装饰一层画像，一层图案。

图 2－76　图像与纹样上下并置画像砖

十、安徽画像砖

（一）大型空心画像花纹砖

如图 2－77 所示，与豫中地区的小印模空心画像砖相似，图像和纹样由印模并置压印而成。图中这一种特大方形的形制，其最大面的面积为一般大型空心砖最大面的两倍。

图 2－77　方形超大小印模空心画像砖

（二）大型空心花纹砖

如图 2－78 所示，四周有框，中间为纯粹纹样。

图 2－78　大型小纹模空心花纹砖

（三）大型图像空心砖

如图 2－79 所示，四周有框，中间图像为祥瑞、建筑、歌舞等社会生活画面。

图 2－79　大型建筑图像空心砖

十一、辽宁画像砖

（一）空心画像砖

如图 2－80 所示，与豫中地区的小印模空心画像砖相似，此类画像砖为小印模印制，尺寸较小，大面的长、宽都为 20 多厘米。

图 2 - 80　中型小印模空心砖

（二）小型纯画像砖

如图 2 - 81 所示，画像在侧面或端面。

图 2 - 81　小型图像实心砖

第三章
汉代画像砖的题材和内容

第一节　陕西省画像砖的题材和内容

陕西画像砖出土有限,分西汉和东汉两个时期。西汉时期的画像砖题材和内容比较单一,其中主要题材是"四神"和一些吉祥图案。"四神"又叫四象,是在战国时已形成的一组神话灵异组合,是中国古代神话中执掌四方的四种神兽——青龙、白虎、朱雀和玄武。古人把天空的星象——二十八星宿,按方位分成东西南北四个区域,每个方位都有七宿。东方七宿组合起来,呈现出龙形,掌管春季、方位属左,五行为木,色青,叫青龙。西方七宿组合起来,呈现出虎形,掌管秋季、方位属右,五行为金,色白,叫白虎。南方七宿组合起来,呈现出鸟形,掌管夏季、方位属前,五行为火,色红,叫朱雀。北方七宿组合起来,呈现出龟蛇同体形,掌管冬季、方位属后,五行为水,色黑,叫玄武。"四神"分别镇守着四方。"四神"所呈现的方位观念是天上、人间的共同方位。汉代人认为:"青龙白虎震四方,朱雀玄武避不祥。""四神"在画像石、画像砖中是最为常见的灵异造型,且贯穿于整个汉代画像砖的发展过程。四神画像砖用于墓葬,是墓主祈愿平安和吉祥,在自己的坟墓里雕刻四神,来寄托美好愿望。

东汉时期的陕西画像砖为小画模压印的方形实心画像砖,内容相对丰富一些,表现的是汉代的日常生活场景、儒教的教化和祥瑞的内容。

龙虎纹(图3-1):陕西茂陵附近的瓦渣沟出土了一块很有意味的空心花纹砖,砖的外框由龙和虎两种图像的小画模围成,中间装饰着正菱形的柿蒂纹和正菱形的乳丁饰玉璧纹。该砖创制于西汉中早期,当时国家四方的边境尚不稳定,因此在汉朝人的心里,自然就会滋生出边境平安、国家和平的愿望。于是,制作者就把青龙白虎画像"镇守"于画像砖的四方,暗示汉王朝受"四神"守护,永远昌盛平安,边防坚固,国土平安。中间的玉璧纹,在汉代人心中,是和天沟通的神圣器物,有君权神授,江山社稷受上天保佑之意。乳丁纹代表人丁兴旺,多子多孙。柿蒂纹象征事事顺心、时时如意,"蒂"又与"帝"谐音,甲骨文的"帝",就是蒂的形状。因此,这块画像砖还有望子成龙的意思。

图 3-1　龙虎纹（陕西空心画像砖）

朱雀（图 3-2）：瓦渣沟附近还出土了一块朱雀画像砖（残），正面是一对尾对尾，对称呈现的朱雀形象。朱雀口中含着丹珠，形象饱满，体态生动，线条流畅，动感十足。侧面的朱雀形象与主体形态颇为相似，只是纤瘦了许多，更像一只稚嫩的雏鸟。在汉代，朱雀是降吉祥的灵异瑞鸟，在方位上又代表南方，往往装饰南门或南部墙面。

图 3-2　朱雀

玄武（图 3-3）：画面塑造了一对龟蛇同体的玄武形象，龟体四肢直立似乎正缓慢行走，蛇体盘旋于龟体上，颈部画弧上绕龟首，回头趋近龟首，仰望之。二者对望，饱含情感。画面人物形象姿态优美，富有动感。玄武和朱雀一样是降吉祥的灵异，在汉代人心中代表着无限美好，是祥瑞。

图 3-3　玄武

浮雕白虎（图 3-4）：陕西咸阳出土有浮雕白虎画像砖。有两对白虎的形象分别在砖的一个正面和一个侧面上。在正面的画面中，一虎欢腾跳跃，呈出气势雄强的下山之势；另一虎似乎在静静逡巡，回头注视其身后的远方。画像侧面的两只虎则相背而行，形象相像，又十分对称。浮雕的白虎形象属于写实风格，造型准确，艺术技巧精湛,形神兼备。汉代人十分信赖作为"四神"之一的白虎,常常以它们为精神依托,来佑护江山、城池和陵墓平安。

图 3-4　浮雕白虎

线条白虎(图 3-5):咸阳出土的画像砖,也有用单纯的线条来造型的白虎,显得十分有趣。在砖正面画像的两只白虎都用阳线表现,风格写实,又有装饰作用。两虎形象对称,在中心处有一只玉璧。

图 3-5　线条白虎

图 3-6 是另一块砖的正面和侧面的画像,也塑造了两对白虎形象。正面图像的两只虎,也是用阳线造型,中间饰有一棵鸡冠状仙草,以云气为根。虎身上部饰有云气,给画面增添了仙气飘飘之感。虎的造型重神似,不重形似,呈现出雄强博大的气韵。侧面的一对白虎形象采用装饰感十足的阳线纹,在两虎之间也有玉璧。这种"双虎捧璧"的汉画像题材,比"双龙穿壁"的形象要少,似乎也都出现在西汉。传说天下出现仁君,或社稷呈现出国泰民安的祥和局面时,白虎才会出现。可见,白虎的祥瑞之意不只是镇守西方,还包含有国泰民安的吉意。

图 3-6　白虎(侧面、正面)

线条青龙（图3－7）：此砖为繁密型龙纹画像砖，正面和侧面皆有画像。正面画像双龙相背，但头部又勾扭向后，四目相向，双尾相交捧一玉璧。此种交尾模式与东汉相同题材的画像石、画像砖那种龙身相交于璧中的模式有所不同。位于砖侧面的双龙，一样是相背而回视，双尾之间有一玉璧。龙身装饰繁密，尾部和龙身上皆有鳍状装饰。

图3－7　线条青龙（侧面、正面）

图3－8为简括型龙纹。正面双龙相背，回头相视，双尾共捧一璧。侧面双龙相向共守一璧。龙和璧组成的画像，在汉代相当多见。笔者认为，陕西画像砖龙、虎守璧的内在意义应该是接近的，往往象征阴阳和谐，子孙兴旺。

图3－8　青龙（侧面、正面）

线条朱雀（图3－9）：一块空心砖的一个正面和一个侧面都有画像，画像优美，且线条繁茂。在正面，两只朱雀以一棵珠树为对称轴，二者皆衔珠，展双翅而立。冠羽和尾羽都如孔雀翎毛般飘逸、舒展。朱雀体貌华丽，如盛装的美人。侧面的那对朱雀，也以珠树为对称轴，二者皆衔珠，双翅舒展如扇，相连而成优美弧线，体态娇美。动态似相离，又相顾，显得深情款款。

图 3 - 9　线条朱雀(侧面、正面)

　　图 3 - 10 所示的砖上的朱雀形象,线条相比更为简洁。在砖的大面,两只朱雀皆以一侧翅膀拥着一个玉璧,玉璧正中部的直径是整个画面的对称轴。两只朱雀的身体和双翅都较为简单,只有尾部显得华丽。两鸟皆单足而立,展翅欢跃,相向而鸣。在砖侧面上的一对朱雀的造型就更加简洁,也以玉璧中心直径为对称轴,做快步相奔赴状。

图 3 - 10　朱雀(侧面、正面)

　　阙门武士(图 3 - 11):表现的是门外的两个武士交戟而立,守卫阙门的场景。

　　朱雀悬鱼(图 3 - 12):重点描绘一只展翅作舞的朱雀形象,朱雀面前还有一条悬挂着的鱼。

　　树纹(图 3 - 13):刻画了一棵挺拔、茂盛的树木。

　　夫人倚几(图 3 - 14):一夫人盘腿端坐于案前,十分雍容华贵。因其头上所戴簪子比较像"胜",因此,这一形象塑造的也可能是西王母。

图 3-11　阙门武士

图 3-12　朱雀悬鱼

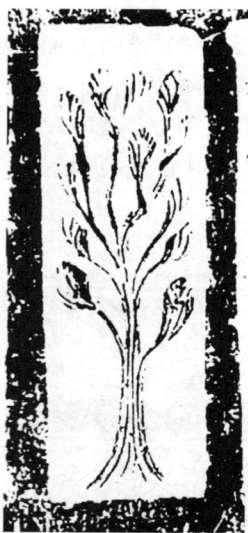

图 3-13　树纹

图 3-14　夫人倚几

三士人（图 3-15）：画面上有三人，两人在相互交谈，一人对着画外虔诚施礼。

孔子拜项橐为师（图 3-16）：画面中有一个成人和一个孩童，孩童一手拿风车，一手高举过肩，似乎正和成人辩论。画面上表现的应是孔子拜项橐为师的故事。《战国策》云："项橐生七岁，而为孔子师。"

图 3-15　三士人

图 3-16　孔子拜项橐为师

— 58 —

三人奏乐(图 3 – 17):三人斜并排,席地而坐,在一起演奏乐器。

双人舞(图 3 – 18):两人相对在跳长袖舞。

图 3 – 17　三人奏乐

图 3 – 18　双人舞

建鼓舞(图 3 – 19):近处两人在跳建鼓舞,远处三人则奏乐相和。

骑士(图 3 – 20):一人骑马行走。

图 3 – 19　建鼓舞

图 3 – 20　骑士

第二节　洛阳画像砖的题材和内容

　　洛阳画像砖,较之陕西画像砖题材更丰富了一些,少了很多仙界的灵异,却增添了不少现实的人物和动物,还出现了迎送、骑射、牵马等场面,充满生活气息。洛阳画像砖的画面构成富有一定的情节性,与陕西画像砖相比,其内容更贴近生活,更富有生活情趣。除了塑造熟悉的武士形象及田庄生活场景之外,制作者似乎更喜欢到野外观察野生动物,由此,塑造了很多形神兼备的艺术形象。

一、洛阳画像砖中的人物

　　执戟门吏之一(图 3 – 21):人物呈正侧面,腰间佩剑,双手执戟。动态端庄、表情严肃。线条简练准确,把一个英武的军人形象表现得十分到位。

执戟门吏之二（图 3 - 22）：此军人，腰佩剑而执戟，体态饱满，面貌敦厚朴实，精神昂扬自信，似乎充满取得胜利的勇气，呈现出很好的武士风度。

图 3 - 21　执戟门吏之一

图 3 - 22　执戟门吏之二

　　执戟门吏之三（图 3 - 23）：此军人，体态和表情都非常谦恭温顺，表现了执戟迎宾时彬彬有礼的儒雅姿态。

　　执斧武士（图 3 - 24）：一武士高举一斧，竖发吹胡，怒目圆睁，体态壮硕，富有杀气。

图 3 - 23　执戟门吏之三

图 3 - 24　执斧力士

　　执棒武士（图 3 - 25）：两位武士身体雄壮，相貌彪悍，各执一长棒。前者头微低，腰间佩长剑。后者仰面翘须，似在眺望远方。

　　骑射（图 3 - 26）：一武士骑在奔跑的马上，反身向后射箭。制作者着墨不多，却把马的健壮和武士的英姿飒爽表现得十分到位。

图 3-25 执棒武士

图 3-26 骑射

骑吏(图 3-27):一人骑马狂奔,他向后鼓起的衣服和飘向后的马鬃、马尾,都能显示出其行进速度。

射箭武士(图 3-28):一武士单腿跪地,正反身拉弓射箭。动态简练,造型生动。

图 3-27 骑吏

图 3-28 射箭武士

牵马人(图 3-29):一人手背朝前,正努力牵一马前行,马儿仰头嘶鸣,似乎正极力反抗,不愿前行。

驯虎人(图 3-30):一人扭身向后,用绳牵一虎,虎一边狂啸示威,一边向后挣脱。

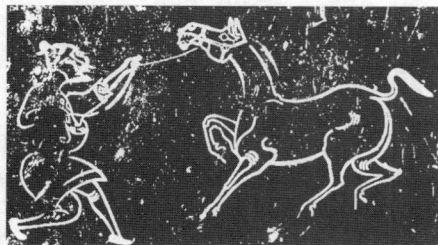

图 3-29 牵马人

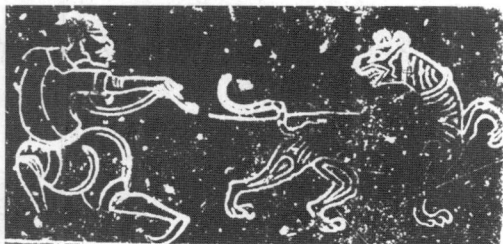

图 3-30 驯虎人

第三章 汉代画像砖的题材和内容

迎送场面（图 3-31）：一主二仆共三人，揖手迎接两位客人。主客双方都显得十分谦恭。

图 3-31　迎送场面

躬身迎客（图 3-32）：一武士身佩长剑，躬身作揖，谦恭有礼。三四位执棒武士昂然而至。

图 3-32　躬身迎客

二、洛阳画像砖中的动物

天马（图 3-33）：马是汉代最常见的交通运输工具，也是重要的军需资源，所以汉代人对马的重视程度非同一般。据说汉武帝曾问卜，云"神马当从西北来"，于是就接受张骞带回的乌孙王所献良马，并命名为"天马"，还先后做诗两首来赞扬所得良马。

《西极（指乌孙国）天马歌》："天马徕，从西极。经万里兮归有德。承灵威兮降外国，涉流沙兮四夷服。"

另外一首是《天马歌》："太一贡兮天马下，沾赤汗兮沫流赭。骋容与兮跇万里，今安匹兮龙为友。"

因汉武帝爱马心切，当时汉朝和西域之

图 3-33　天马

— 62 —

间,马匹交易非常频繁,马贩趁机大发其财。在洛阳画像砖中,马的形象众多,个个造型彪悍,沉雄大方,既有带翅膀的天马,也有人间的宝马。

这幅天马形象造型特点很像汉代的石雕,经过夸张性的概括处理,像一个充满势能的形象容器,具有很强的爆发力,这也许就是汉代人心目中最理想的天马形象吧。

图3-34又是一个天马形象,造型同样的雄强大气,翅膀的根部是一条渐次绽开的黄金涡线,翅膀下装饰着流动的云纹,臀部有一水珠的造型,可能是表示天马渗出的汗血。总之,整个马的造型充满了暗示性,富有巧思,把品种、速度和价值都形象地暗示出来了。

图3-35的马虽未带翅膀,但鬣鬃和尾部都作了精细的装饰,显然也备受主人珍爱。马身体内部线条简单而考究,形象生动,抓住了马抬腿嘶鸣的瞬间动作,与上面的天马形象相比,更加贴近生活。这匹马简直就是象征着力量和品质的宝马符号。线条凝练,章法严谨,疏密有致,张弛有度,隼接严密,构成了一个完美的汉代飞行器。

图3-34　天马

图3-35　马

虎(图3-36):一虎颈部带一项圈,作嘶鸣状。一边扭头向后观望,一边高迈着一条前肢,作前行状。虎身饰单线花纹,轮廓方硬古拙。

图3-37的虎张嘴后视,并微抬右前足,神态温和,抬头并下躬胸,似在嘶鸣。风格比较写实,饰双线花纹,轮廓自然生动。花纹装饰感强,富有美感,显得生动有趣。

图3-36　虎

图3-37　虎

豹(图3-38):豹子前肢抬起作静立状,似乎正凝神注视着猎物。制作者将豹的轮廓刻画得准确有力,生动真实。

狗(图3-39):一狗低头躬身,轻挪步,作向前搜寻状。结构准确,形象生动。

图 3－38　豹

图 3－39　狗

双鹿（图 3－40）：两鹿共用一身，八肢向前奔跑。雄鹿朝前直奔，雌鹿正向后顾盼。双鹿的形象都十分生动。

图 3－41 为一雄性梅花鹿，边撒欢奔跑，边侧头顾盼，显得温和灵动。

图 3－40　双鹿

图 3－41　鹿

图 3－42 为另一雄鹿如剪影般从高处跃下，身姿极为矫健俊秀。

朱雀（图 3－43）：双翅呈八字形展开，头、身、尾连在一起成了一个涡形的曲线，极富动感。

图 3－42　鹿

图 3－43　朱雀

图 3－44 的朱雀全身结构都用了同一种造型元素——"嘉禾"纹，整个造型极富设计美感。

图 3－45 的朱雀借鉴了青铜器的造型特点，变形较多，富有装饰感。双翅上翘，与双脚一起构成一个方形，并且正好与四边形的四个顶点相合，图案显得外方内圆，富有美感。

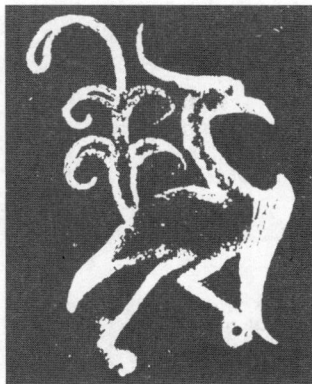

图 3 - 44 朱雀

图 3 - 45 朱雀

瑞鹤(图 3 - 46):鹤是忠贞于爱情的动物,这样才会演绎出这一家三口的经典画面。这三个美鹤宛若符号的"鹤家欢"。

图 3 - 47 为一幅简练的白描作品,就像现代人来到白鹤栖息的沼泽区,进行实地速写的作品。图像很好地抓住了水禽的特点,富有生活性。

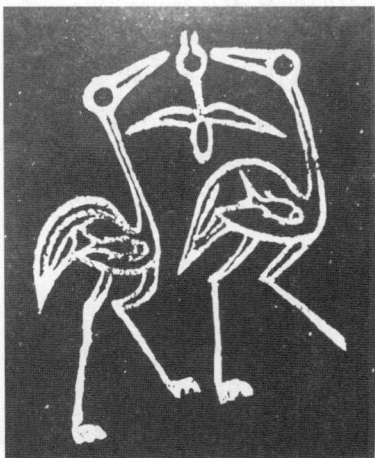

图 3 - 46 瑞鹤

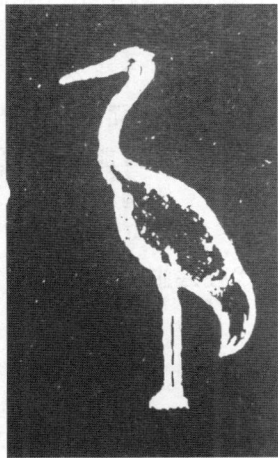

图 3 - 47 鹤

苍鹰(图 3 - 48):鹰是搏击于蓝天的英雄,在洛阳画像砖中刻画了一只正在蓝天上飞翔的鹰,苍鹰边飞边向下俯视。线条流畅,造型生动,显然是制作者认真地观察了苍鹰的动作样貌之后创作出的作品。

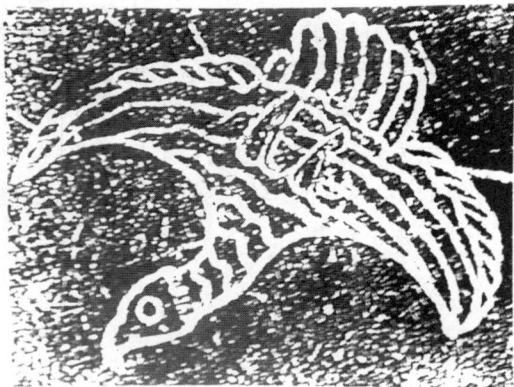

图 3 - 48 苍鹰

三、洛阳画像中的纹样

洛阳画像中的纹样主要有二方连续波浪卷草纹、独立的莲花纹、梅花纹、适合方形的柿蒂纹、适合圆形的鸟形纹等，一个个纹样小而奇，简而新。

第三节 豫中画像砖的题材和内容

豫中地区是以河南郑州、洛阳、许昌三地为中心的河南中部的画像砖产区，是笔者为了方便画像砖出土地域的分区，而提出的汉画地域新概念。该区域的汉代画像砖大多生产于西汉末期和东汉早期，这一时期，是小印模画像砖最为盛行的时期。与整版模印的空心砖相比，小印模空心砖无论是印模的制作，还是整砖的压印，都更简单。制作技法的改进，大大提高了劳动效率，促使这类画像砖，在数量、规模、种类、手法、题材、内容等方面都比之前要丰富了许多。题材内容就比洛阳画像砖丰富了许多，几乎涉及社会生活的方方面面。小印模画面的艺术形式适合表现生活的各个细节，虽然画面小，表现的场景不可能太大，但却能以"点"的形式，把表现范围拓宽到更广泛的领域，让人们从点点滴滴的形象中体悟到那个时代的生活的各个方面。

一、汉代社会生活中的人物

（一）墓主人

豫中画像砖中，已经开始出现墓主人的形象，如图3-49的小印模画像砖塑造的就是一个墓主人的形象。墓主人华衣正冠，安详跪坐，仿佛正在接受子孙的祭拜。在他的面前有"二千石"三个字，表明了墓主人生前所享受的俸禄和身份。不过，也许这只是一种美好愿望，这种榜提有时可能只是墓主人以及其子孙们的希望，希望他死后能享有两千石的俸禄，希望他在地下能过上富贵的生活。

图3-50为另一个关于墓主人的印模，人物的面前同样标有"两千石"的字样。这个墓主人峨冠博带，坐在一个几案前，一手伏案，一手抬起，眼光如炬，形象生动。尤为有趣的是，在其所坐的案前，一只小猫正虚步而行，仿佛正扑向猎物，给整个画面增添了许多生活情趣。

图3-49　二千石墓主　　　　　　　　　图3-50　二千石墓主

图3-51中的两个人物于屋内对坐，显得安详从容。一个执金吾的官吏和一个执笏佩剑的官吏守候在屋外。在汉代，执金吾者并非一般小吏，其典型的身份是首都的警备司令。由此可以看出墓主人的身份，应当更为显赫。

图3-51　墓主和侍卫

（二）官吏

执金吾的武士（图3-52）：在郑州、许昌的画像砖中，有不少执金吾的官吏形象。执金吾者在古代是保卫京城的官员，汉武帝太初元年，由中尉更名而来。金吾，又同金乌，是吉祥的象征。执金吾的官员，位列九卿，属于高官。汉代是一个尚武的时代，在汉代画像砖中武官的形象远远比文官要多。在冷兵器时代，体能好，力量大，是一种实实在在的优势，"力拔山兮，气盖世"的英雄自然备受人们崇拜。因此，执金吾就成了墓中人要仰仗的武士首选，希望执金吾的武士能保佑阴宅的平安。

图 3-52　执金吾的武士

图 3-53 印模中有两个执金吾的官吏，对坐于垂帐下，二人对称。但仔细观察两人动作的细节，并不相同，一人双手拢于阔袖中，木讷端坐，一人边打哈欠，边挠痒，一副百无聊赖的样子。这显示出两人所处环境的祥和平安。

这个图像上的武士着宽袖广袍，既执戟又执金吾，静静地站立在那里，似陷入深深的思索中。

图 3-53　执金吾和戟武士

执笏者（图 3-54）：古代官员上朝时，手中所执的板子，叫作"笏"，手持笏板与君王对话，就叫执笏。执笏之制是中国古代官僚制度的重要组成部分。朝臣执笏的作用有三:第一,标志身份;第二,作为备忘录和记事本;第三,遮挡脸。汉代官员上朝议事都要带笏板。官员们还会把毛笔插在发簪上,方便记录。

图3-55中的官吏佩剑执笏,衣整而冠高,肃然端立,颇有几分官吏派头。

图3-54 执笏官员

图3-55 佩剑执笏官员

执笏官员(图3-56):图中官吏执笏躬身施礼,头微低,目视斜下方,未佩剑,多了些文人的娴雅、谦恭,少了些武士的英武。造型简练,寥寥数笔就把一个汉代官吏的形象,形象地呈现出来。

执戟门吏(图3-57):汉代的执戟者有的是大官的随从,有的是门吏,有的做仪仗,是画像砖中最为常见的下层官吏。在郑州、许昌画像砖中,执戟者数量很多,形象的种类很多,表现和雕刻手法也各不相同,呈现在我们面前的是一个十分丰富的基层官吏形象资料库。

此图表现的是一个老年的执戟官吏形象,此人衣冠整齐,低眉顺目,拱手施礼。制作者采用写实的手法,把这个老年官吏的形象表现得逼真生动。此图的执戟门吏,装饰感很强,显得憨态可爱。

图3-58中的门吏雕刻简练概括,神韵俱足,颇具武士风范。

图3-59中的门吏用线表现,形象古拙,给人以敦厚朴实之感,使人望之而生可信赖之感。

图 3－56　执笏官员

图 3－57　执戟门吏

图 3－58　执戟门吏

图 3－59　执戟门吏

图3-60中的门吏线条简练,形象生动,形体被夸张地拉长,高大修长。

图3-61中盘腿而坐的门吏,主要用线来表现,多为弧形线条,有力而又张扬,整个形象有几分可爱滑稽之感。

图3-60 执戟门吏

图3-61 盘坐执戟门吏

图3-62中门吏组合中的单个形象,很像象形文字或者简括的符号。简洁的冠面,富有装饰感的衣纹,还有富有情致的罩头弯戟,都不免使人想到,原来门吏并不一定是用来看家护院的,有时就单单是达官显贵、富商用来炫耀地位和财富的一种"工具"罢了。

图3-62 执戟门吏(四个像模组合图像)

图 3－63 中用竖线来装饰门吏衣纹和官帽,门吏眼光圆睁,牙齿颗颗毕露,显得刁钻阴毒,颇有几分鬼卒之感。

图 3－64 中的门吏仿佛是用简练的线条"写"出来的篆字。

图 3－63　执戟门吏　　　　　　图 3－64　执戟门吏

总之,郑州、许昌的画像砖中,执戟门吏的形象很多,每个形象都使人耳目一新,又往往使人忍俊不禁,这些画像砖形象、生动地展示出了两千多年前汉代基层官吏的团体形象。

执盾门吏(图 3－65):在郑州、许昌画像砖中出现许多执盾者,有不少既执盾又佩剑,盾在古代是一种防御工具,一般为兵士和小吏所执,因此执盾者往往身份比较低下。有很多执盾者的身旁都标有"门亭长"的字样,在汉代亭长的职责是捕盗贼,盾是实施抓捕时的防身必备之物。

此执盾者头戴高冠,耸肩执盾,袖带飘垂,显得英姿勃勃。

图 3－66 中持盾者,捧盾于胸前,稳健地立于阙前。身体的宽度被夸张地扩张到与盾的宽度相当,使得整个形象的重心下移,既有一种稳如泰山之感,又有几分肥胖的滑稽感。此门吏弓腰含胸,满脸谦恭,仿佛正在听从官长的训话,又好像在讨好画外的权贵。

图 3 – 65　执盾门吏

图 3 – 66　执盾门吏

　　图 3 – 67 中的两位执盾者,抱盾于胸前,站立在构造复杂的阙前,一起躬身施礼,其肩头刻有门亭长三字,人物造型生动曼妙,富有情致,给人以独特的美感,表现了制作者对下层官卒的关爱之情。

　　图 3 – 68 中的执盾门吏形象简练到极致,长袍拖地,姿态优雅,斜执在胸前的大盾牌与人物身体和长袍的下摆形成角度反差,增强了画面的形式美感。

图 3 – 67　单阙双吏

图 3 – 68　执盾门吏

图3-69中的门亭长形象秀雅如女性，玉树临风，就连抱于胸前的盾牌也被设计成袖珍型的，仿佛是个美丽的装饰品，而不是用来防御的工具。袍下的双腿仅为两条细线，这不但没减弱形象的完整性，反而增添了几分柔弱之感。这样的形象即便到现在也依然闪耀着迷人的光芒。

图3-70中的执盾抱剑者，是用寥寥几笔绘成的，身材被夸张地拉长成一个细细的杆子，细而不弱，全身透出一股高个子独有的自信和骄傲。这么简练的人物造型，却承载着如此不俗的精神特质，很耐人寻味。

图3-71中的亭长头上顶有"亭长"二字的门吏，长袍轻柔而飘飘，胸前的盾牌也显得较为秀雅。

执盾者的形象在豫中地区的画像砖中，不在少数，这些处于底层的古代"保安"，有的含蓄，有的张扬，有的温和，有的暴厉，有高、有瘦、有强、有弱，给人以丰富的视觉体验，使人忍不住反复欣赏。

图3-69　门亭长　　　　图3-70　抱剑执盾门吏　　　　图3-71　亭长

大傩（图3-72）：刀、剑在汉代是寻常的兵器，在汉代画像砖的武士形象中，操刀剑者不乏其人。

此为执剑侠客，双目圆睁，张嘴露牙，两边髭须向上绽开，再加上脸部弧线的装饰肌理，人物面部显得甚为威猛。此人低扎马步，高耸着肩，双手执剑于身后，甚是豪迈。上衣肩袖用弧线做夸张的装饰，衣摆的装饰转用较为规整的竖直线，粗壮的腿部和身下的山川，则用更随性、细碎的直线制造肌理，整个形象在线条变化中体现着力量。人物脚下的几层山纹，暗示出其所处的地点，也衬托出了人物强悍的个性。这种武士的形象叫作"大傩"，在古代人们腊月襄祭之以驱除瘟疫。

图3-73中的剑客，扎着马步，双手握剑于腹前，歪头竖眉，吹胡子瞪眼，发怒的表

情。其头部四周填充了仿佛眼睛的圆形装饰元素,这些元素像幽灵般围绕着他,也吸引了观者的眼球,很巧妙地使人物的头部成为视觉焦点,也很好地烘托出其亢奋的情绪。

图 3-72　大傩

图 3-73　执剑武士

图 3-74 中的模印图像很好地表现出剑客抽身拔剑时一瞬间的动作。拔剑武士专注的眼神,两手一握一拔的协调动作,两脚的上下错落,"S"形流线装饰的衣服下摆,头、胸、胯方向的扭动,无不暗示出武士雷厉风行的搏击动态。

图 3-74　拔剑武士

图3-75又是一个立体主义风格的典型造型,双眼是正面的,嘴巴却是侧面的。身体是正面的,腿脚却是侧面的。执刀武士紧握在胸前的短刀,变形的面部,捆绑于身的衣纹,典型的头饰、下巴、领口、肘部、袖角,以及两腿间垂下的飘带,都呈现出尖锐的三角形,很好烘托出刀光剑影、杀气腾腾的气氛。

图3-76是一个人形怪物,可能也是一个大傩的形象。大傩有菱形的面孔,尖头兽耳,蒜鼻环眼,身着鳞纹盔甲,手里拿着一把大刀。整个身体,从头到脚的每一个细节都被精心装饰过,因此,这个怪异的人显得不那么可怕,反而憨态可掬。因为在形象塑造上,人的特征居多,笔者暂把他归入操刀武士的范畴。

图3-75　执刀武士

图3-76　操刀大傩

执钺者(图3-77):斧钺是古代冷兵器时代行刑、打仗的一种重要武器。一般体积比较大,有着弧形刃的,称为钺。体积小,而且是平刃的,叫斧。汉代画像中的执斧、钺者,往往是凶悍虎贲之士,使人望而生畏。

此执钺者,单腿跪地,高举弧钺,仿佛正挥向敌人,在他头部的前方有一弯月牙,表明此时为月高风大的黑夜,这加重了画面的惊险恐怖的神秘气氛。有意思的是此人竟留着类似现代人的短发,鼻子也较高,应该是一个凶悍的胡人。在整个形象的塑造上,弧形用得较多,凸显了形象的力度感和整个画面的内在张力。

执斧者(图3-78):画面中的执斧者,双眼圆睁,胡须根根绽开,裸露在外的双腿汗毛如钢针般密布,仿佛是两个杀威棒,半张的嘴巴仿佛正吆喝着什么。此人面部的刻画采用类似立体主义的手法——正面的脸上却安了一个侧面的嘴巴,增强了其头部的动感。此人夹着双肩和双臂,看似放松的微微弯曲的双腿,恰恰透漏出他压抑和紧缩的精神状态,反而强化了画面的紧张气氛,使人不由地想象,下一秒,随着吼声的响起,斧子仿佛也会同时挥出去。

图 3-77 执钺者

图 3-78 执斧者

图 3-79 中的执钺者,大鼻高颧,络腮胡子浓密,肩扛一钺,单腿跪地,右手高举,挡于面前,似乎是在回应长官的召唤。造型风格较为写实,但也不乏表现主义痕迹,比如,在战袍覆盖下的大肚皮上凸显的肚脐,还有四肢上如钢针般的肌理。整个形象,形神兼备,造型甚为鲜活生动。

图 3-80 中的双印模执斧者,仿佛在表演斧技。其头侧卧于肩,右手向后执斧,高举过头,左手高举,手掌平伸,手心向前,两腿分开,虚扎着马步。他的头部硕大,五官醒目,张着嘴巴仿佛在歌唱,腰细腿长,整个身体舒张、放松,充满律动感。如鸿门宴的项庄在舞剑一般,充满展示表演因素。

图 3-81 中的执钺武士一看就是一个高鼻胡人。他右腿跪地,全身紧缩成一团,侧面向左,注视画外,双手抱钺于肩,钺刃朝后,标明并不会马上挥钺进攻,而是在静待时机,伺机行动。受四周画框压抑的形象充满势能和张力,仿佛蕴含了无穷的进攻力。整个画面给人一种战前极度紧张的压抑感。

在使用冷兵器的汉代,在实际的战斗中,人的体能往往是决定胜负的主要因素。因此在那个时代,人们特别崇拜和惧怕力大无穷的英雄,如项羽、樊哙等这些大力英雄,在传说中,力大无穷的力士都被蒙上了许多神秘的色彩,使人敬畏又惧怕。

图 3－79　执钺武士

图 3－80　执斧武士

图 3－81　执钺武士

在遥远的汉代，弓箭是常见的适合远距离作战和狩猎的兵器。射箭的弓分不同的力量级别，有些强弓往往需要很大的力量才能把弦拉开，把箭撑到弦上去，这个把弓撑开的过程就叫蹶张。蹶张时要用双足大力度踏着弓，用手向上拼命拉弦，这样手脚并用，才能把箭安在弦上，然后才能把箭矢发射出去。能够蹶张的人往往是力量出众的人。汉画中有不少蹶张的场面。如今在我国西南的彝族山寨依然有射箭比赛的习俗，射箭前也要手脚并用把大弓撑开。笔者在电视上看到与两千年前画像砖中的"蹶张"相同的动态和场面时，感到兴奋不已。彝族在新中国成立之前还处在奴隶社会的发展阶段，在民俗中保持上古的遗风一点也不奇怪。

蹶张力士（图3－82）：此印模以简笔的形式塑造一个蹶张的力士形象。此人双眼圆睁，翘向两边的胡须就像猫科动物的长胡须一样，显示出人物的虎虎生气。蹶张力士袖管高卷，双腿裸露。双脚踩弓，双手拉着弦，正使出吃奶力气，努力把箭撑上去。画面形象虽然比较简括，还有些夸张和变形，但把一个汉代力大无比的英雄形象塑造得很生动。

图3－82　蹶张力士

图3－83是郑州、许昌画像砖中的一个比较独特的蹶张力士。说其独特是因为此地域的画像砖多为模制，而此力士却是先用纯手工捏制出来，再用阴刻手法勾勒和装饰的。该力士体积较大，视觉张力强，富有强烈的东方表现主义色彩。笔者曾在原砖前仔细观察良久，透过工匠留下的清晰指纹，似乎感觉到有一种强大的力量从形象中跃出，深深震撼着我。我们甚至可以通过其右脚脚尖的细节感觉到千钧之力。整体形象虽然粗陋，但形神兼备。

图3－83　蹶张力士

射箭武士（图3-84）：射箭行为在汉代无疑是最寻常的军事手段和较为普遍的日常生存技能。古代六艺把射箭列到第三位，可见射箭的重要性。在汉代，人们还有通过"射阳"活动来祈求吉祥的习俗。图中的力士带领着一只猎犬，似乎正在狩猎。虽然箭已射出，射手潇洒的射姿，仍定格在画面上，图像中力士仿佛还沉浸在精准投射的快感中。身边的犬正专注地盯着远方，随时准备扑向被射中的猎物。这样的组合形象一定是制作者在深入观察生活后塑造出来的。

图3-84　射箭武士

二、汉代社会活动和生产劳动

（一）活动场所——建筑

在豫中画像砖中，关于建筑的题材简直太多了，各种形式的建筑形象使人眼花缭乱，大开眼界。

甲第（图3-85）：此印模中的建筑形象，是一个典型的大庄园建筑群，画面从右边向左，依次是高大庄严的庄园大门；马厩，其内还拴着一匹马，马厩外种着一棵常青树；拜厅，厅内有一群人正朝着后面大堂方向跪拜；大堂中，农庄主两夫妇相对而坐，桌上置有三足鼎，两人似乎在畅饮；后室，共两层，下层室内，端坐着一位佩剑的官员，室旁有一仆人站立侍候。在第二层房屋中间，似置一鼓。画面以平行蒙太奇的手法，把本来纵深的几进院落，并置在一个横长的画面上，把汉代官员的甲第面貌，清晰地呈现出来。

图 3 - 85　甲第

豪宅(图 3 - 86):画面表现的是一个典型的汉代豪华建筑群的侧剖面。根据马厩的位置,从观者的角度看,画面的右边应是建筑群的阙门。双阙,都为两层的阙楼,高大巍峨,足有两层房屋的高度。两层阙都设有楼梯。两阙之间,建有平台,平台两侧,又各建有楼梯,分别与两边阙楼的第二层相连。平台上建有金字塔形阁楼,其两侧各有一个相当的陪阙,阙上设有测风的铜雀。这个平台应该就是传说中的"铜雀台"的模样。平台下是马厩。处在画面中部的那个阙楼的第一层,设有过道,其一端与后面的大厅两侧的楼梯相连。阙门后就是这个建筑群巨大的主厅堂——大殿,大殿分上下两层,下层是架空层,其下有带柱础的柱子支撑,透过架空层还能看到房屋后边的空间里所植的常青树。上层是建筑群中最宽大的大殿,从大殿的屋顶上悬下一个巨大的礼天玉璧,璧下两边隐约有模糊的人影在活动。大殿的二层也有楼梯与建筑群最后面的望楼相连,望楼也有两层,在其二楼外侧,四周有凸出于建筑立面的回形观景廊。整个建筑群从前到后都有楼梯相连,结构复杂,这种建筑模式绝非一般平民能够拥有,这也是笔者在汉代画像砖图像中见到过的最独特豪华的建筑群。

图 3 - 86　豪宅

广阔庭院(图 3 - 87):画面的最右边是一个两层阙楼,在阙楼的后面有一棵常青树,常青树的后面有一辆正在疾驰的骈车,车上有一乘一御,体形硕大,几乎填满了车篷下的空间。在骈车背衬的背景处,有连绵的远山,足见庭院之宏阔。马车的后面是墓主人的前厅和后房,胖胖圆圆的墓主人,打破了屋顶的限制"顶天接地"地盘腿坐于前厅。这是典型的东方表现主义,完全不受房屋和人物之间实际比例的局限,只为突出墓主人的存在感。后房是金字塔造型,屋顶的装饰线,如飞鸟之尾,凸显出后房高峻雄伟之感。

高大的阙门(图 3 - 88):在许昌整版模印的实心画像砖图录内,有很多是建筑题材的,像这种"车马过阙门"的内容更是屡见不鲜。此画像砖描绘的是一辆轺车正穿过高大的阙门进入一个有房舍的院落的情景。门厅为宏阔的四阿式顶立柱建筑,门厅

— 81 —

的两边各有高大的两层阙,双阙高出门厅许多,整个门楼组合建筑显得高大、魁伟、有气派。门庭两边的常青树茂盛如阔扇,有效扩充了门庭建筑群,画面更加丰满生动。院中的房子也为四阿式屋顶,在屋顶下的建筑立面上,有两扇门状的矩形方框闭合了房屋与外界的交流。一个矩形用折线装饰,一个矩形用人面纹装饰。在许昌的不少中型画像砖的图像中,房屋的立面装饰中几乎都有人面纹,这种人面纹是铺首还是另有含义,有待进一步研究。在房屋的上面有一只大鸟,从模糊的画像砖看,似乎有三只脚,可能是三足乌,在它的对面,有一张飘于空中的席子,其上坐着一个头戴方胜的夫人,一看就知是西王母。天上群鸟飞翔,地下建筑林立,建筑旁遍植常青树,这分明是寻常人家在世间的最理想环境。一匹马拉着一个有双联车篷的高大马车,正驶过门庭,到有人面纹的房舍去。笔者推测这个画面所要表现的可能是墓主人死后的冥界,经过这两个矩形阴阳门去朝见西王母的情景。这个画面所采用的艺术手法依然是平行蒙太奇,只不过是把现实的房舍和墓主人灵魂去朝见西王母的虚拟情节并置在一个画面中了。

图 3 - 87 广阔庭院

图 3 - 88 高大的阙门

屋顶画面(图 3 - 89):画面上共有五个建筑,但给人以建筑林立的感觉。其形式与平常的建筑有所不同,画面上几乎全是屋顶。不知是用屋顶来象征建筑整体,还是要用此种模式来表示现实中的坟墓。在正中间的屋顶下,有两个造型极为简略的执戟门吏,从观者的角度看,右边的屋顶下,有造型同样简略的人物躺倒在地,三个人物的形象都像儿童涂鸦一样稚拙。屋顶的两边,植有大扇般的常青树,周围分布着些许走禽和象征子孙兴旺的泡钉纹。

图 3-89　俯视建筑群

　　塔楼(图 3-90):画面主体是像炮楼一样的高耸建筑,主体有两层,上面还有一个附加阁楼式的瞭望亭,内有二人。在瞭望亭的另一边有一个类似电视天线的设备,主楼屋脊上立着一只大鸟。在上下层的屋檐之间的房屋立面,装饰有网格纹。在立面两侧的下层屋顶上,分别栖着一只瑞鹤。最下层的塔楼门口,有两个执戟门吏交戟而立,守护着大门,使得塔楼的气氛森严而又安静。《汉书》上记载,在建章宫的屋顶,竖有铜铸的凤,有五尺高,上面贴有黄金,下面有转枢,有风时,铜凤就会随风而转动,铜雀是古人用来测风向、占吉凶的工具。因此,汉代房顶或阙上的凤鸟可能就是用来测量风向的铜雀。《汉书》上还说:汉代在村子(亭)的四角百步远的地方筑有四方的土台,上面有屋,屋上有柱,高一丈有余,有大板贯穿柱子从四面伸出,叫作"桓表"——这是用来测日影计时的表。那么,此阁楼上,像天线一样的装置,可能就是汉代的"桓表",这个建筑可能就是专门用来测风和观测天象的,可谓是汉代的"气象台"。

图 3-90　塔楼

　　三层塔楼(图 3-91):这是一座三层塔楼,使人联想到《登鹳雀楼》的诗句:欲穷千里目,更上一层楼。这座像"阙"一样的三层楼阁,设有斗拱和楼梯,一个老人拄着杖,从一楼的楼梯向上攀爬,另外两位老人已爬上二楼,似乎在隔着柱子交谈。在二三层的房坡上,都有瑞鸟或停于屋顶,或正在飞翔,塔楼呈现一片祥和景象。汉代有"举孝廉"制度,在此图像中老人能健壮地攀爬楼梯,或许也显示出儿女的孝敬。

　　带阙门楼(图 3-92):在豫中画像砖中,这种带阙的门楼有很多种,形式大同小异,都有这种两个人骑马而去的背影形象。可见,阙门建筑在汉代的中原一带甚为流行。

图 3-91　三层塔楼

图 3-92　带阙门楼

　　重檐门楼（图 3-93）:在豫中画像砖中,这种重檐的门楼也有很多种,形式也大体相同,说明这也是当时一种很寻常的建筑样式。

图 3-93　重檐门楼

双阙（图3-94）：画像砖中双阙的画面也很多，大多数双阙画面上都有门吏形象，表现汉代门吏守卫庄园的情景。

单阙（图3-95）：单阙的画面在画像砖中占有很大数量，表现阙门的一个侧面和局部。很多时候画面上也有门吏。

图3-94　双阙

图3-95　单阙

（二）园林

如今的风景园林，在中国古代叫苑囿，在豫中地区的画像砖里有少许苑囿的画像，苑囿画像砖用小印模拼接而成，很好地呈现了汉代风景园林的大体风貌。

苑囿之一（图3-96）：画面用纹模和像模两种。形似屋顶的纹模和一些矩形纹模构建成园林建筑的框架。画面分前院和后院两个部分：前院由双阙门、院墙和望楼组成，后院由门楼、院墙和大厅组成。院前空地、前院和后院都栽植了不少常青树，表现了苑囿内外良好的生态环境。此外，园的前后园中都有不少鸟纹，还有不少骑吏形象，应该是狩猎者和狩猎对象，同时也表明古代苑囿的狩猎功能。

苑囿之二（图3-97）：这个园林与上面的大体相同，也由院前部分、前院和后院组成。院前部分树木成林、鸟成群，生态环境良好。前院有高大的三层双阙门楼，有成排的执戟门吏把守，内部骑吏奔驰打猎，显得气势恢宏。后院有高大的门楼和宏伟的大厅，装饰豪华，大厅上主客并排而坐显得甚为气派。

图 3 - 96　苑囿之一　　　　　　　图 3 - 97　苑囿之二

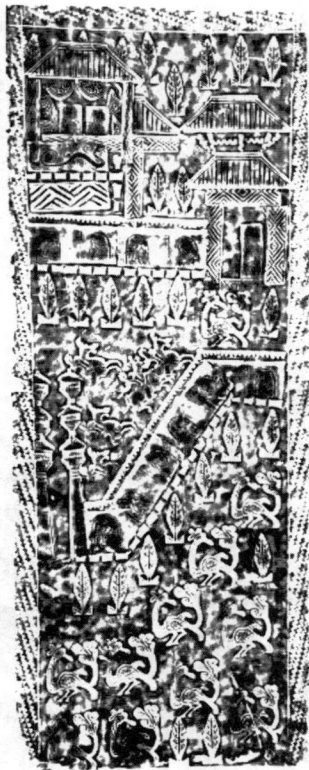

（三）车马出行

汉代等级制度森严，不同身份地位的人所乘的马车级别都有严格的规定。一般马的数量越多，马车的速度越快，级别也就越高。除了天子六驾外，最高的等级诸侯王才有资格乘坐四匹马驾的驷车。在豫中的画像砖中表现车马出行的画面很多，但多为级别较低的一马驾的轺车，两马驾的骈车就很少见，三马驾的骖车就更少见。乘轺车的人一般享受的俸禄都在千石以下。但在豫中地区出土的画像砖里，这种一马驾的马车种类却很多，形制各不相同，有无篷车、大篷车、小篷车，还有封闭的箱式车。驾车的畜力多为马，但也有难得一见的鹤。多为双轮车，但也有极为罕见的四轮马车。这些画面形象地给我们展示了汉代最为常见的交通工具——马车的丰富模式，以及人们车马送迎的真实社会生活。

骖车（图 3 - 98）：这个骖车是豫中画像砖中较为罕见的高等级的车马形象。图像中三匹马共用一个马身，三个马头从上到下一字排开，三匹马都张着嘴欢快地叫着。车夫面朝前坐着，手里拿着一个长长的杆子用来赶车。官员怀抱剑身侧坐，头部却扭向前方，似乎在观看前方道路。这是一辆带篷的骖车，篷下还装饰有羽毛，这体现了该车的高级。

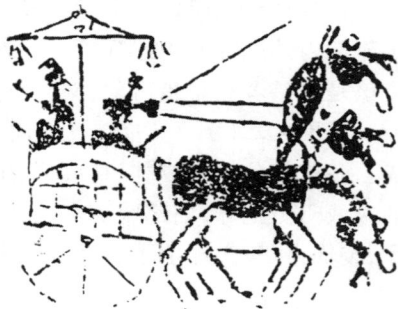

图 3 - 98　骖车

骈车(图3-99):在汉代,两马驾的车叫骈车,在马车中级别较高,仅次于骖车,一般为两千石以上的高官所乘坐,出行的规格必须要有导骑和仪仗。这个印模上的骈车上,有一人驾车一人乘坐,后面还有一位执戟者作随从。两马姿态不同,一马低头卖力,一马仰面嘶鸣。造型简练、线条古拙,形象地再现了汉代高级官吏乘车出行的场面。

狂飙骈车(图3-100):这又是一个骈车画面,两匹马无限欢快地拉着车在飞奔。车上有一驾一乘,他们在高大的车上只露出头部,乘车的官吏的头部刻画得较大,体现了他地位的尊贵。人物、马和车都采用了极为简练的线条,虽简练,却丝毫不影响马车狂飙时动人的情趣。

图3-99　骈车

图3-100　狂飙骈车

四轮马车(图3-101):豫中画像砖中有一个极为罕见的四轮马车的造型,让笔者感到惊奇,因为在以往出土的车马实物、画像、壁画等形象资料里,四轮车的实例几乎没有。甚至有人断言:在中国古代,没出现过四轮马车。但从画像来看,两个车轮又分明并排处在马车的一侧。难道是古人不懂得透视,把本来分布在马车两旁的两个轮子刻画到了一侧?显然不是这样的。如图3-102所示,图上也出现了两个轮,很显然,这两个轮子被很好地安在了马车的两边,并不像上图那样给人以四轮马车的感觉,显然汉代人并不是不懂透视,恰恰相反,他们不但对透视有较深的认识,还能在画面上,加以巧妙运用,这一点笔者在以后的章节将详细阐述。从整个砖面的造型来看,无论是对人物的塑造,还是对马的塑造,都体现出恰到好处的形变技巧,生动的动态把握,对整个画面的布局都处理得相当到位。这表明制作者是个深谙艺术造型的高手,似乎不太可能出现如此低级的错误。另外,从车轮外侧的线形连轴来看,也可以推测出,两个被安置在一条连轴上的车轮是在车体的一侧。因此,笔者认为此图像所表现的车型确实是真正的四轮马车。

图3-101　四轮马车

图 3-102　轺车

辎车（图 3-103）：在豫中画像砖中，出现了一马驾的有篷、带车厢的马车。这种车既遮风又挡雨，既保暖又隐蔽，车夫坐在车厢的前面，乘车的人坐于车厢内，要比一般的一马轺车隐蔽和舒适许多。这种车还常用来运送辎重、物品，具有货运功能。

图 3-103　辎车

鸟车（图 3-104）：这应该是一辆轺车，车上有一驾一乘，与普通轺车相比，似乎并没有什么特别之处。然而拉车的并不是马，却是一只高大的鸟，此鸟究竟是鹤，还是其他鸟类，似乎并不重要，重要的是用鸟来拉车，这无疑是一种颇有创意的设计。鸟车的周围布满密密的珠雨，更给这个画面平添了许多神秘的气息。

图 3-104　鸟车

辂车是汉代最为常见的代步交通工具,也叫轻车,只有一马驾车,或有篷,或无篷,坐于车上可以无障碍地向四方遥望,因此,叫辂车。按规制,一般千石以下、二百石以上的官吏可乘坐。辂车分无篷辂车、小篷辂车和大篷辂车三种。

无篷辂车(图3-105):此车为无篷辂车。车轮高大,一驾一乘,在飞奔快马的牵引下,显得甚为轻便。

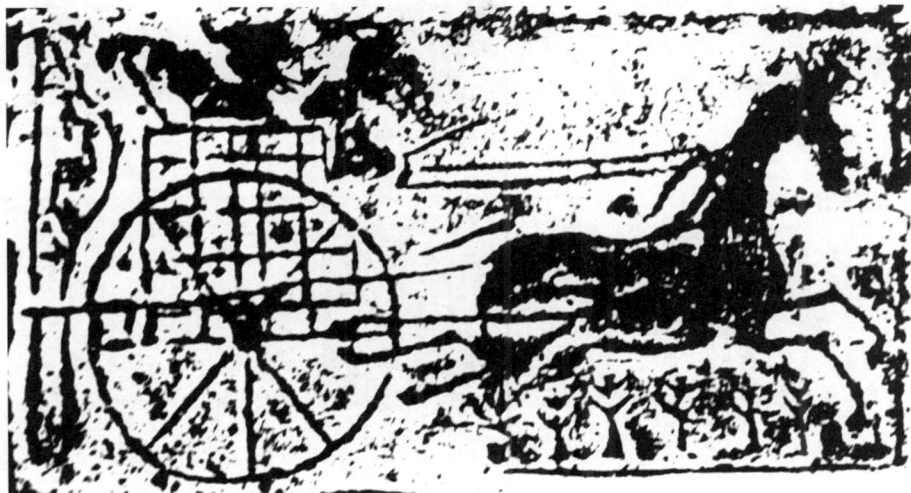

图3-105　无篷辂车

小篷辂车(图3-106):此为小篷辂车,即在无篷辂车上竖起一撑杆,撑起一伞状车篷。车篷较为小巧,仅能罩住车上二人。

图3-106　小篷辂车

大篷辂车(图3-107):此为大篷辂车。其车篷除了能罩着车上的人,还把高大车轮也遮得严严实实,甚至,还能遮住马的后半身,遮阳挡雨的效果显然要比小篷车好得多。

车马出行之一(图3-108):此图表现的是汉代官吏乘马车出行的场面,小篷辂车在前,车上有一乘一御,两位执戟骑吏紧随其后。虽然官吏所乘的辂车级别不高,但后有骑吏跟随,也是相当气派。

图 3 - 107　大篷辎车

图 3 - 108　车马出行之一

车马出行之二（图 3 - 109）：辎车的前后都有骑吏护卫，最后边还有执戟带弓的兵士跑步跟随。马车前呼后拥地向前奔去。

图 3 - 109　车马出行之二

车马临阙（图 3 - 110）：画面上一辎车向一阙门飞奔而去，阙门中站一执盾门吏，正躬身迎接车上的客人。马车前，一对瑞鹤环马首而飞，整个场面非常欢快热闹。

图 3 - 110　车马临阙

恭迎车马（图3－111）：画面右边，一辆车和一个骑吏随从，正向房屋款款行来。房前有两个峨冠博带之人，正躬身迎接。棚式房在画面中，只露出由柱子和斗拱支撑的房檐一角，屋下似乎摆有锅灶。有一人跪坐在屋前，似乎正在忙碌。

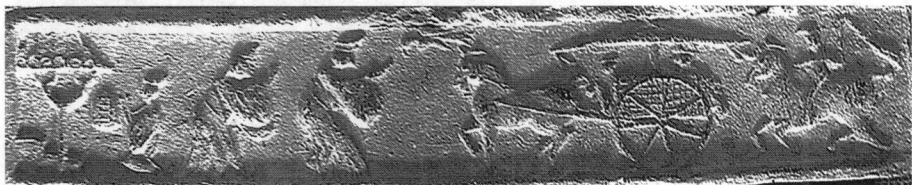

图3－111　恭迎车马

车马过桥（图3－112）：一桥彩虹般卧于画框之上，桥的两头各有一棵常青树，一排大雁正从天空飞过，风景十分秀美。一辆联篷轺车正缓缓过桥，御者的头部扭向乘者，两人相向欢谈，呈现出一派春日和谐又美好的景象，十分温馨。

图3－112　车马过桥

车马行军（图3－113）：一列流线型的行军队伍，有骑马拉弓的，有飞车执戟的，还有执戟背弓步行的。画面旁边并没有逃窜的动物，说明不是狩猎，而是行军打仗，一派车辚辚马萧萧的战争景象。

图3－113　车马行军

车马飞渡（图3－114）：前面马车风驰电掣般急速赶路，车上的汉节随车飘向后面。后面的随骑扭身向后反击追兵和已追赶上来的硕大恶兽，情况十分危急，观者不由地也替画中人的命运担忧。

图3-114　车马飞渡

（四）骑射、狩猎

在豫中画像砖中，骑射和狩猎的内容特别多。从赵武灵王胡服骑射开始，射术和马术结合在一起成为英雄志士最具标志性的综合武功技艺。在汉代，由于与匈奴作战、贸易往来、丝绸之路的开发等综合因素，大量优良马匹从西域被引进到中原，促使中原兵将的马术以及射术得到了长足的发展，马术、射术逐渐地进入寻常人的生活。笔者猜想，在汉代，人们若拥有一匹良马，绝不亚于今天的年轻人拥有一辆名牌摩托。那些射术和马术俱强的人无疑就是大众心中的英雄，所以有那么多的骑射形象出现在豫中画像砖中，并展现出多姿多彩的绚烂局面。在汉代，与骑射并重的马上技艺还有马上枪术、马上刀剑术等。

骑射之一（图3-115）：此图骑士坐在跳动的马上，扭身向后射箭，体态轻盈潇洒。虽然人和马是用简单的线条来表现的，但都被刻画得十分到位。透过马儿微侧的头部，弧线饱满的脖颈和向上斜视的大眼，我们可以想象到马儿倔强的个性，这也显示出马上骑士技艺的高强。

骑射之二（图3-116）：图中的马儿在山谷盆地欢快奔驰。马上的骑士刚刚将箭射出，从他高昂着的头和自信满满的表情，就可推测出战果颇丰。山谷盆地是骏马和英雄尽情释放激情的广阔舞台。

图3-115　骑射之一

图3-116　骑射之二

骑射之三（图3-117）：马上的骑士还在兴致勃勃地张弓射箭，而他胯下的马似乎因奔跑过度而筋疲力尽了，这可能是骑射中很常见的场景，马的体能是有限度的，不能无限制地奔跑。此画面委婉表达了制作者对马儿的爱怜和同情之心。

射虎之一（图3-118）：在崇山峻岭

图3-117　骑射之三

— 92 —

中,一骑士于飞奔的马背上转身向后,欲射杀一只猛虎。老虎似乎感到了即将到来的危险,正张开大嘴哀鸣。此画面生动地呈现出飞马射虎的惊险狩猎场面,给人强烈的感官刺激。

图 3-118　射虎之一

射虎之二(图 3-119):飞马上的骑士正转身向后,准备射杀身后的老虎,老虎也不甘示弱、翘尾、压臀、挺胸、勾头、长啸,似乎准备与射手决一死战,场面显得十分惊险刺激。此画面既表现了老虎的威猛,也表现出射手的勇敢无畏。

图 3-119　射虎之二

射虎之三(图 3-120):占画面三分之二的老虎被安排在画面的近景,正在群山之间腾飞跳跃,身形显得甚为巨大。远处有一人在马背上拉弓射箭,相对老虎而言十分娇小。虎与马相背而驰,人与虎在相互观察,显示了力量和智慧的较量,表现出人类的勇敢智慧。

图 3-120　射虎之三

在汉代,马上的兵器也并非只有弓箭,还有戟、剑等,在豫中画像砖中,就有不少执戟骑士,有的跟随车马作依仗,有的用戟作战,丝毫不亚于骑射的场面。

飞马执戟(图 3-121):画面中有三个飞马执戟的骑士,一骑士和另外两位骑士相背而行,马速飞快,有一种匆忙感,表现了战事胶着时骑兵各自执行任务的状态。

— 93 —

图 3 - 121　飞马执戟

执戟骑士（图 3 - 122）：此飞马执戟者，站在马镫上挥舞长戟在奋力作战。骑士形象虽然很简练，却给人一种英勇无畏之感，再加上骑士周围的富有张力的云气，画面充分展现出一种大汉王朝所独有的豪气。

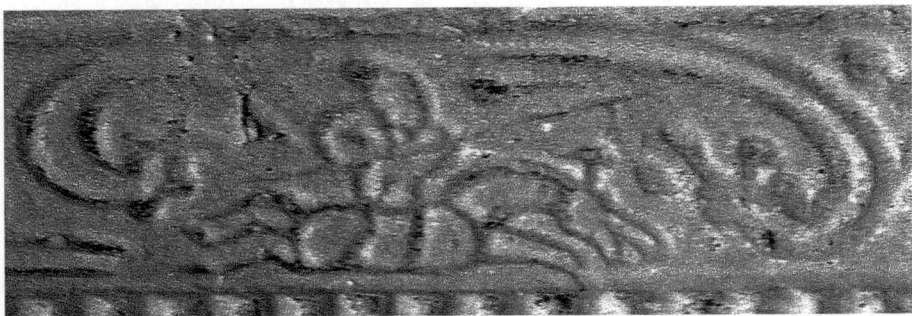

图 3 - 122　执戟骑士

狩猎是汉代社会生产的重要组成部分，斗兽乃狩猎的基本技能，因此，在豫中汉代画像砖中有不少斗兽的内容。

敲牛之一（图 3 - 123）：一人手持铁锤正奋力向对面的一头牛砸去，牛也不甘示弱地低着头顶着双角，正奋力向人冲去，情况甚为惊险。画面的环境甚为优美：两边都有山峰峻立，除了立在中间起到分割空间作用的常青树，在人物的身后，还有一棵造型甚为秀美的树。优美的环境有效柔化了斗兽的残酷和血腥，增添一种舞台表演的效果。牛和人的造型也甚为写实，整个画面充满了现实主义光彩。

图 3 - 123　敲牛之一

敲牛之二（图 3 - 124）：画面表现的是一个持锤斗兽的场面，一个武士将一条腿高高跷起，一手高举着一锤，正奋力向猛扑过来的野兽砸去，野兽张着大嘴正猛地向人扑过来。画面左下角有群山树木，简单交代出斗兽事件发生的地点和环境。

图 3 - 124　敲牛之二

敲牛之三（图 3 - 125）：一个力士手持斧头，一手抓住牛角，正欲杀牛。牛也毫不示弱，亮出牛角，弓起后背，奋力反抗。从画面整体来看，力士已很牢固地控制住了牛角，人主动性更强一些，胜负似乎已成定局。

图 3 - 125　敲牛之三

打虎（图 3 - 126）：两人手持棍棒，动作相似，都单腿跪地，正与一只高大威猛的老虎对峙。老虎显得强悍凶恶，它身后带刺的植物，增强了它的进攻性。人则显得机敏小心，意在智取。两人的身后都有雄鹰相伴，给打虎队增添了几分奇袭胜利的可能性。强强对峙，谁胜谁败，难以推测。

图 3 - 126　打虎

斗兽（图 3 - 127）：画面两头各有一个力士把关。一个力士持棍正与老虎搏斗，另一力士手持大刀与一头野猪较量。两人都自信满满地高昂着头，表现出一副不可战胜的模样，而虎和猪被驱赶到一个拥挤的空间里，似乎有些惊慌失措，看来在这场人兽之斗中，人注定是要胜利的。

图 3 - 127　斗兽

斗熊（图 3 - 128）：一个力士虚扎马步，身体后缩，向后收起的手臂拿着一把尖锐的刀，正与一头熊对峙着。熊也正张开四肢，仿佛在摇动身体示威，并伺机进攻，双方正处在搏杀前的一瞬，观者也不由地跟着紧张起来。

图 3 - 128　斗熊

戏虎（图 3 - 129）：一人单腿跪地作舞蹈状，似乎在与身边的老虎嬉戏，老虎威而不怒，张嘴摇头，显得憨态可掬。这种与老虎的和谐相处，虽无惊险，但也要戏虎人有一定的勇气和智慧，毕竟嬉戏的对象是凶猛异常的大老虎。

图 3 - 129　戏虎

缚虎（图 3 - 130）：一个力士两眼圆睁，双眼朝左上方斜视，须发如刺，折弯而上翘，牙关紧咬，一看就是个高大威猛的暴戾之士。平素威猛无比的老虎，被力士双手交叉后的左手抓着，力士抓着老虎脖子，轻轻提着，像抓一只温顺的小猫，反衬出力士的身材和体能。

汉代豫中画像砖中，关于狩猎的题材很多，说明在当时，狩猎是人们日常生活的一部分。

图 3 – 130　缚虎

狩猎之一（图 3 – 131）：此图中两人骑马拉弓，一起射向前面奔逃的野兽，制作者在塑造时采取了省略法，用画面两边的山体分别掩去了两马的后半身和奔逃两兽的前半身。在两重山之间的狭小空间里表现了山中射猎的场面，构思巧妙。

图– 131　狩猎之一

狩猎之二（图 3 – 132）：这幅山中狩猎图，画面被中间的一座山峰分割成两部分。前面部分一头野猪在拼命奔逃，其尾部还有一只小鸟也在飞逃。后面部分一人骑飞马扭身向后，射后面的老虎，马前头还有一小动物在奔逃，慌不择路，一头扎进中间山体的草丛里，头部被草木遮住，只露出下半身。看到它慌乱间踢腾的细小腿蹄，很容易想到它顾头不顾尾的滑稽模样，令人哑然失笑。总之，整个山谷都被射猎者的到来给搅乱了，惊慌的动物四处奔逃，观者似乎听到了它们绝望的哀鸣。

图 3 - 132　射猎之二

狩猎之三（图 3 - 133）：画面中，两位狩猎者堵在两头，一人负责在后面驱赶动物，一人在前面持毕捕捉，中间一头鹿和一头类似野马的动物在高速奔逃，但在慌乱间，反而奔向了罗网。为了反映动物在崇山峻岭中飞奔的速度，远山被缩略为高高低低微小起伏的小丘。被动物蹄子弹飞的植物种子，又被放大，如蒲公英种子般，满空中翻飞，很好烘托了狩猎时的嘈杂气氛。

图 3 - 133　狩猎之三

狩猎之四（图 3 - 134）：前面的狩猎者骑着马，背着箭袋，在山间缓缓前行，后面的随从缚一野兽执棍步行，狩猎活动似乎已经结束。尽管前方有大象逡巡，后面有猛虎觊觎，但狩猎者不再关注这些，因为他们如愿以偿地取得了战利品，心满意足地准备回程。

图 3 - 134　狐狸之四

狩猎之五（图 3 - 135）：这是一幅典型的汉代围猎图，参与围猎的有一位官员和四名随从，官员骑着一匹俊伟的高头大马，处于队伍最前面，正在射一只壮硕无比的老虎。其他四人步行，有的执戟，有的执棍，有的执弓箭，正在围猎一群狐、獾、鹿、麂子等较小的动物。动物们有的在拼命奔逃，有的似乎被吓坏了，呆呆地停在原地不动。整个狩猎场景，被塑造得有声有色，真实狩猎场面仿佛再现在了我们面前。

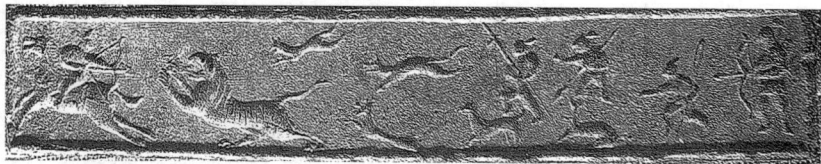

图 3 - 135　狩猎之五

（五）格斗、行军

格斗（图3－136）：画面中，一人执长戟，一人执剑，在山水和树荫间格斗正酣，身手都很矫健。被小印模塑造的人物形象，简练得只剩影子，但却十分准确生动，仿佛两个真人在画面空间中打斗。

图3－136 格斗

山中行军（图3－137）：在竖长的画面中，山岭一层又一层，每一层山岭上面都有一排执戟和拿弓的战士在树丛间穿行的身影，使人很容易看出这是一支庞大的军队正在山上行军。画面形象地向我们展示了古代行军打仗的真实状况。

图3－137 山中行军

三、历史故事

密谋（图3－138）：画面讲述的是秦灭六国时发生在秦燕之间的故事。燕太子丹惧怕秦国灭了燕国，且痛恨秦王的傲慢和绝情，于是与鞠武共谋刺杀秦王之事。鞠武推荐了田光，田光自认年事已高，便推荐了荆轲，并在之后自杀身亡。于是就有了"风萧萧兮易水寒，壮士一去兮不复还！"的悲壮诗句，荆轲刺秦的故事也由此成为千古流传的侠义佳话。图中所塑造的三人，正是太子丹、鞠武和田光，他们正在密谋刺杀秦王的场景。从观者的角度来看，三人都坐在低矮的帷帐下。最左边的人背对着观众，但将脸转向正侧面；另外两人则正面盘腿而坐，面对观众。三人所处的氛围虽然和谐，但却显得压抑而紧张。再加上身边放置的兵器等武器的烘托，使得这个狭小的空间充满了肃杀之气。

图3－138　密谋

狗咬赵盾（图3－139）：这是一个关于忠臣拼死进谏的可歌可泣的故事。晋灵公无道，修建桃园，弹击行人，终日戏乐。赵盾闯园进谏，却险些被灵公和奸臣屠岸贾派去的勇士刺杀。勇士不忍刺杀忠臣，触槐而死。屠岸贾又放獒犬来咬赵盾，狗被赵盾门客刺杀，赵盾免难，之后赵家还是被满门抄斩。义士程婴，舍子而保赵氏孤儿，故事凄婉悲壮，震撼人心。画面中的狗咬赵盾，就是忠臣赵盾的故事。民间谚语"狗咬赵盾，不识好人心"一直流传到今天。

图3－139　狗咬赵盾

四、神话故事

（一）西王母

相传，战国时期西王母是住在昆仑山上的掌管"天之厉"和"五残"的女神仙，那时的西王母还是一个半人半兽的怪物，长着老虎的牙齿，豹子的尾巴，头发乱蓬蓬的，戴着方胜，时常会高声长啸。到周穆王时期，西王母就变成了一位温婉美丽的中年妇人。

汉武帝时期西王母被幻化成一个头戴方胜,美丽动人,主管长生不老之事的年轻夫人形象,她身边有三足乌、九尾狐、捣制不死之药的玉兔和为其取食的三青鸟。

西王母之一(图3-140):豫中画像砖中,已开始大量出现西王母及其仙班形象。该图中的西王母坐在床榻之上,一手拿着一个类似纺线工具的东西,一手托着一颗"珠"子,正和面前的一只凤凰和一只三足乌,交流着什么。在凤凰的背后,有一人立于山边,正在吹奏双管乐器。画面中仙乐阵阵,凤凰献丹,三足乌站班,呈现出一派西王母仙班甚为吉祥和谐的风貌。

图3-140　西王母之一

西王母之二(图3-141):此图与上图的内容大同小异,只是把凤凰尾部吹管乐的仙人换成了捣药的玉兔。凤凰的造型比上图更简洁,更注重形象的肌理和疏密对比关系。西王母,三足乌,以及凤凰的造型细节,与上图也不尽相同。体现了在画像砖印模创制的过程中,艺人之间相互模仿借鉴,以及在商业竞争中花样翻新的细节设计。

图3-141　西王母之二

西王母之三(图3-142):此印模上的西王母头戴方胜,端坐在"工"形宝座上,观看旁边的玉兔捣药。那情形就像师傅教徒弟干活,显得很是亲切和谐。

昆仑山和西王母(图3-143):这幅画像可能是西王母题材画像砖中塑造昆仑山最成功的范例,一条连绵起伏的蛇形折线,形象地把昆仑山系给标示出来。空中的飞鸟、围猎的猛兽又把昆仑山云雾缥缈、群兽出没的生态环境给呈现出来。头戴方胜的西王母和她的灵异部下在深山中现身。一人乘飞马

图3-142　西王母之三

朝他们飞奔而来,这也许是飞渡成仙的亡灵。这幅画像用诗一样的视觉语言,如乐府、汉赋般叙事、抒情,虽然装饰的只是实心小砖的一个侧面,但艺术价值却不容小觑。

图 3 - 143　昆仑山和西王母

（二）东王公

西方有个西王母,东方就出个东王公(图 3 - 144)。出现这样的对应性神话传说,难道是出于汉代人对西王母的人文关怀?怕独居昆仑深山的她太过孤寂,于是就给她找了一个夫君。其实不是这样的,西王母和东王公,是按照东西方位相互对应的,被界定为方位之神,未必是夫妻。传说东王公住在蓬莱仙山上,图中羽人模样的乘者,就是东王公,其前有一御者挥鞭驾驭一龙,载着东王公在云海、仙界尽情翱翔,画面很好地营造了主人公飘飘然的仙人感。

图 3 - 144　东王公

（三）羽人

中国道教的最高境界,就是能长生不老,飞升上天。在汉代,人们想象着如同仙人一样飞升上天,必定要配备像鸟一样的羽毛和翅膀,于是,就幻想人类经过一定的修炼,最终会生出羽毛,升格为介于人与仙之间的一个过渡身份,叫"羽人",然后再成仙。汉代王充《论衡·无形篇》载:"图仙人之行,体生毛,臂变为翼,行于云,则年增矣,千岁不死。"在汉代,这种羽人的形象在汉代造型艺术中非常常见。这类出现在画像砖、画像石中的羽人形象,并非无本之木,而是来源于汉代人希望死后升仙的观念和对成仙的期盼和想象。这也正是我们在汉代画像中,会见到众多戴羽毛、生翅膀人的原因。

羽人拜云(图 3 - 145):长有羽毛和鸟翅的羽人,正举着一朵仙草,跪坐于地,神情虔诚,似乎在拜仙。羽人旁边还有一抹流云在飘飞,很好地烘托了仙气飘飘的气氛。

图 3 – 145　羽人拜云

羽人修炼（图 3 – 146）：这幅画像砖中的羽人，应是一个较为奇特的图像，在某种意义上是个真正的羽人。他的全身上下都长满了羽毛，他的两个上肢完全异化成有个小分叉的翅膀，大腿部羽毛飘飘，小腿和足部已经变成鸟的腿爪模样。这幅图像把汉代人对羽人的想象和幻想，形象、具体地呈现了出来。仿佛制作者亲眼见证了这种由人到仙的转化过程。

图 3 – 146　羽人修炼

羽人御龙（图 3 – 147）：图中两条应龙分别被两个姿态不同的羽人驾驭着，像两条巨型的龙舟一样，在空中翱翔。羽人身姿娇小敏捷，应龙遒劲威武，羽人在空中御龙的旅程充满了神秘和刺激，使人不由想飞身上去，随羽人遨游一番。

图 3 – 147　羽人御龙

羽人和双龙穿璧（图3-148）：这可能是由羽人指挥的最酷的龙穿璧造型，一条龙，衔着另一条龙的尾，三次十字交叉穿过三个玉璧，形成优美的三连璧造型，使人不由感叹这种龙体造型设计的巧妙和美感。在三璧间两个龙体围拢的空间内，各有一个羽人在做动作"导演"，形体甚为协调、健美。古人认为双龙交璧，既象征阴阳和谐，又象征子孙兴旺，同时代表着人间与天界沟通的模式。羽人是从凡人到神仙过渡阶段的身份，必然扮演着天、人交流过程中不可缺少的角色。

图3-148　羽人与双龙穿璧

羽人六博（图3-149）：六博本是汉代一种常见的棋类游戏，道具有箸、棋、局三样。箸，是竹制的带锯齿的筷状物，用于投掷。棋，分黑白两种共十二个圆形，用来在棋盘上走。局，就是带方格的棋盘。六博在汉代十分盛行。虽然羽人即将成仙，但也是由凡人修炼而来，在修行的空闲时间，自然也需要和他的同伴游戏一把。这两个戴翅羽人，不仅身生羽毛，手也发生了异化，几乎变成了鸟爪的模样。六博游戏似乎正要开局，两个羽人都伸出双手互相谦让，让这个传说中法度森严的仙界，充满了人间的礼仪和温情。再加上，羽人周围的环境布满了仙鹤与瑞鸟，整个画面充满了浪漫主义色彩。

图3-149　羽人六博

（四）宗布神

传说宗布是后羿死后在阴间被封的官职，这一官职专门在地狱祛除恶鬼。如图3-150所示，在这个许昌画像砖小印模中，宗布神竖发瞪眼，吹胡呲牙，摩拳擦掌，动态呈蹲式，似乎正准备向小鬼发威，一个英雄形象被塑造得生动逼真，跃然砖上。汉代艺人为了充分彰显宗布的威力,就把这个宗布形象成排压印到画像砖上,形成一个强大的宗布团队,以避凶趋吉。

图 3 - 150　宗布神

五、歌舞百戏

(一)墓主人的日常娱乐

斗鸡(图 3 - 151):画面中间有两只鸡正在酣战。画面两端各有一人,又各抱一只鸡待战。画面把汉代斗鸡场面很形象地表现了出来。

图 3 - 151　斗鸡

六博（图3-152）：画面表现的是两个官员进行六博游戏的情景。两人面对面跪坐于几前，情绪激动，一人腰间佩剑展臂如翅，咄咄逼人，一人腰间插金吾，摊双手于前，从容辩驳。场面异常生动。画面两端各站一人作警卫，一人执戟，一人执金吾，彰显了六博之人的高贵身份。

图3-152 六博

（二）歌舞百戏

建鼓舞：建鼓舞可能是汉代最喜闻乐见的百戏节目，故而，在豫中画像砖中，出现最多的百戏题材也是建鼓舞。建鼓是中国汉代的一种架子鼓，就是在鼓的中间穿一根木桩把鼓竖立起来，竖杆的上部一般都装饰有华丽的羽葆。表演时，鼓手一边在鼓面上敲击出节奏，一边进行舞蹈表演，声势浩大，有很强的表现力和艺术效果。

建鼓舞之一（图3-153）：这幅表演建鼓舞的画面中，两人一边激昂地踏着步跳舞，一边有节奏地敲打建鼓，羽葆似乎在画面上部激情飘荡，有一种鼓声阵阵之感。

图3-153 建鼓舞之一

建鼓舞之二（图3-154）：这幅画面中，共有四人，跳建鼓舞的有两人。远处还有两个人，跪坐于地，进行音乐合奏。表演者舞姿刚劲、潇洒，动作舒展、有力，节奏感很强，具有很强的感染力。奏乐者全情投入，动态生动。四个生动的形象，共同构成了鼓乐和鸣的欢庆场面。

图 3 - 154　建鼓舞之二

车上建鼓舞(图 3 - 155):画面展示的是一个百戏队伍,前面一人骑于虎上开道,在他的后面,一人持物吸引大象前行,大象拉一车,车上竖着一架建鼓,两个鼓手正在行进的车上表演鼓舞。车的后面,还隐隐露出一个动物的半个头,正走进画面。这样游行式的建鼓舞队伍,比普通的地面演出,视点更高,表演难度也提高了,给人一种炫目、新颖的感觉。

图 3 - 155　车上建鼓舞

鼓乐和鸣(图 3 - 156):画面采用对称的构图模式,中间两人正在跳建鼓舞,两边各有二人在奏乐。人物之间点缀有鼎、釜等器物。画面节奏感强,给人以鼓乐和鸣的综合视听感受。

图 3 - 156　鼓乐和鸣

长袖舞(图 3 - 157):流行于战国到汉代的一种婀娜多姿民族传统舞蹈。表演者利用长袖的收放、旋转、翻飞、回荡等,来展示绚烂的舞台效果,舞姿富有动感,具有很好的艺术效果。

此表演者与鸟竞飞的飘飘长袖,使人感觉画面满壁生风。制作者利用重物下坠原理,制造了上下放置的罐和鼎趋向碰撞的空间悬念,暗示出撞击节奏,很好地表现了轻歌曼舞的视听效果。

图 3－157　长袖舞

百戏（图 3－158）：画面中，一人在观看，两人在奏乐，一高鼻胡人袒胸露乳在表演弄丸，一个身材曼妙的女子在跳长袖舞。周围被立鸟、三足鼎、泡钉纹和抽象的圆点填满。然而，画面虽繁密，却并不显得混乱，反而闹中有序，生动地展示了汉代百戏的热闹场面。

图 3－158　百戏

奏乐（图 3－159）：跪坐在地的两个乐伎，都在专心致志地吹奏乐器，一个以正面对观者，一个以侧面对观者，动态富有变化。人物的头部，一仰一平，形成对比。两人沉浸在乐曲中，物我两忘。如此简单的画面构成，却把两个深深投入乐曲演奏的乐伎形象刻画得惟妙惟肖，人们仿佛也能听到美妙的乐曲。

图 3－159　奏乐

六、灵异

（一）龙

龙在中国，是最受崇拜的神物，是中华民族永远的图腾。《说文解字》解："龙，鳞虫之长，能幽能明。能细能巨，能短能长。春分而登天，秋分而潜渊。"传说龙有九似，集中了九种动物的特点：角似鹿，头似驼，眼似鬼，项似蛇，腹似蜃，鳞似鱼，爪似鹰，掌似虎，耳似牛。传说龙能吞云吐雾、施雨、降妖、除魔……神通广大。传说龙有很多种，如黄龙，是四龙之长，为千年黄金所化；应龙，是长有翅膀的龙，传说应龙曾帮助大禹治水，还帮助黄帝打败了蚩尤，可见法力之高强；有鳞的叫蛟龙；有角的虬龙；无角的叫螭龙；还未升为天龙的叫蟠龙；与白虎一起出现的叫青龙。传说，孔子即将出生时，有两条苍龙自天而下，盘附在他家的房子上，然后孔子就降生了。从古至今，民间有关龙的传说也有很多，龙的特点和个性几乎被内化为中华民族特有的精神特质，因此，中国人都自称是龙的传人。

在汉代画像砖中，龙的题材很多，因为在汉人的心中龙的出现能给人间带来吉祥，使天下太平，经济繁荣。此外，从汉代开始，龙就被统治者利用，成为"天子"的象征。《史记》记载：汉高祖是蛟龙与其母交会所生，生有龙颜，本来就是天之骄子。《汉书》上也记载了汉武帝在浔阳泛舟，亲自射获一条蛟龙并将之驯养的故事。从文化上来讲，从汉代始，龙从天上来到人间，成为皇家的特权，让人们相信皇帝是上天派来的真龙天子，垄断了龙的神圣性，从而也创造了汉代独特的以君权神授为基础的龙文化。

应龙（图3-160）：此画面雕刻的是一条应龙，大眼小角，下颚夸张。龙身似蛇，遒劲有力，转折有致，四爪小而含蓄，一双大翅膀酷似蜜蜂之翅，显得甚为奇特，也非常醒目。

图3-160　应龙

蛟龙（图3-161）：此龙是一条典型的兽状龙，拥有细长的角，长长的嘴，稳健的四肢，龙鳞和脊上刺。它体态矫健，正兴高采烈地衔着一条鱼，显得生龙活虎。

图 3 - 161　蛟龙

交龙不是单一的龙的名字，而是一种两龙交合的造型模样。早在陕西画像砖中就开始有交龙的造型，在豫中画像砖中交龙的模式就更多更复杂。

交龙之一（图 3 - 162）：图中的两龙，龙体都呈"S"形曲线，两者呈现出对称的组合模式，造型硬朗且疏放。四肢简约，尾部尖削，尾根带刺。两龙的龙头、龙爪、龙尾，以及上下方位都错落分布。它们的前肢与另一龙尾部相交，形成两个十字。龙的嘴部稍偏下方各有一颗龙珠，珠旁各有一只飞鸟。整个图像通过两龙体的交错和对应，形成一种跌宕起伏的涌动感觉，表现出一种跃动不息的生命活力。

图 3 - 162　交龙之一

交龙之二（图 3 - 163）：画面构成呈对称模式，两龙头在画面两端，深情相望。身体像麻花一样纠缠在一起，经三次交叉，形成三个十字。龙体造型呈波浪状，动感十足，充满生命活力。

图 3 - 163　交龙之二

交龙之三（图 3 - 164）：画面构成呈对称模式，两条龙的身体在接近尾部时，呈弧线形交叠在一起，又在画面中心位置分开，呈涡形弯曲，这样双龙的尾部就在画面的中央组成一个奇妙的造型：一个云雷纹，似心形图案。两龙的嘴边各有一条游鱼，似乎马上要被龙衔着。整个画面对称、饱满、和乐、吉祥，具有中和之美。

交龙之四（图 3 - 165）：画面上两条龙相交但不对称，头部分别在画面两端，但朝向一致。画面右端一条龙身形如舟，好奇朝画外观望，另一条龙靠画面左端，身体朝画框外，龙头回望右侧的龙。在两条龙相交的空隙内，有凡间鸟兽出没。两条龙既像是画面的一个主体框架，又像是画中世界的主宰，掌控着世界，又与平凡鸟兽同乐。感觉这龙和其他兽类的关系,就像汉代社会帝王和百姓的关系一样,也许这样的造型模式是制作者对人类社会的一个奇妙比喻。

图 3 - 164　交龙之三

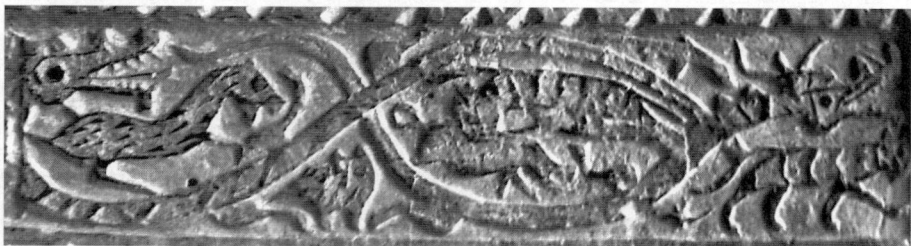

图 3 - 165　交龙之四

双龙穿璧之一(图 3 - 166):画面表现了两条兽状的龙交璧的情景。两龙头钻过位于画面两端的玉璧,颈部绕于玉璧内侧。两龙头相向,嘴巴共同趋向画面中心线上端的一条鱼。双龙的尾部相交于画面中央。这样的双龙穿璧形式,显得独特、新颖,同样,具有中和之美和较强的装饰美感。

图 3 - 166　双龙穿璧之一

双龙穿璧之二(图 3 - 167):两条虬曲的龙,龙头分别位于画面两头而深情相望,尾部共同穿过位于画面中央的玉璧,把玉璧悬挂在空中,龙嘴又各自衔尾尖。画面通过遒劲的龙身,表现出一种极强的运动张力,很好突显了龙的神性。

图 3 - 167　双龙穿璧之二

双龙穿璧之三（图3-168）：龙头分别位于画面两端而相望，龙尾十字相交穿过画面的中央玉璧。两龙的身上，各伏一虎，张着大嘴，隔着玉璧相望而啸。这幅图像在较常见的双龙交璧题材上，添加了虎元素，可能想表达龙虎共保平安之意。

图3-168　双龙穿璧之三

双龙穿璧之四（图3-169）：两龙头部相向，于画面中相交穿璧，而互衔尾。双龙共同形成一个流畅的横"8"字，与玉璧一起构成一个空灵、畅神的画面。

图3-169　双龙穿璧之四

戏龙（图3-170）：两龙一前一后向前行进，后龙轻轻衔着前龙尾部，前龙则吐舌后顾，双龙似乎在相互戏耍，气氛和谐，充满温情。

图3-170　戏龙

（二）白虎

白虎在四神当中主宰西方，季节为秋，代表白色，五行属金。在汉代画像中，白虎是一个形象威猛的祥瑞之物。在豫中画像砖中，白虎的形象很多。

线条白虎（图3-171）：这只纯粹用线条表现的白虎，以较粗的线条勾勒轮廓，再用较细的线条勾勒出虎的花纹。虎的头部采用立体主义的手法，在虎头的侧面表现了虎的双眼，使得这只老虎有一种别样的情趣。

图3-171　线条白虎

白虎之一（图 3 - 172）：这只白虎被描绘成矮脚虎的形象，却显得矫健有力。流畅的轮廓，灵活多变的虎纹，给白虎增添了几分活力。虎头惟妙惟肖，非常写实，使人感受到虎的气息。更可爱的是，在虎的背部和尾部，有几条线状刺，给虎增添了几分灵动，使其有种庄严威仪的感觉。

图 3 - 172　白虎之一

白虎之二（图 3 - 173）：这只浅浮雕式的老虎比较写实，表现手法与汉代瓦当里的白虎有几分相似。制作者注重轮廓线的虚实表现，如对脊椎等重要部分都做了强化，更注重对老虎花纹的立体化处理，并利用花纹的立体感来凸显老虎身体整体的厚重感，使原本比较拘谨的浮雕虎，变得更灵活和有趣。

白虎之三（图 3 - 174）：这只浮雕虎，显得憨态可掬、笨拙可爱。制作者似乎并不在意虎的真实结构，对虎的身体结构和花纹的塑造都较为随意，风格粗犷，率性而为。白虎看似笨拙的头部戴着一个看似呆板的钢铁面罩，但一些细节彰显了虎强硬、霸气的真性情。

图 3 - 173　白虎之二

图 3 - 174　白虎之三

白虎之四（图 3 - 175）：从画面整体看，这个老虎的周围还有一圈虚幻的影子，这给白虎形象增添了一些恐怖和神秘之感。因此，这个形象显得比自然界的老虎更加凶厉，更加凸显了作为灵异的白虎的精神特质，很有几分现代派表现主义的影子，是东方表现主义的体现。

翼虎（图 3 - 176）：白虎既然被奉为神仙，拥有翅膀也是正常的。这个翼虎，显得极为高大威猛，外形的塑造包括轮廓线的处理都干脆利落，使得整个形象如同一个巨大的能量团，给雄强、威武的老虎平添了几分英武之气。

— 113 —

图 3-175　白虎之四　　　　　　　　　图 3-176　翼虎

（三）凤凰和朱雀

凤凰是四灵之一，为百禽之王（图 3-177）。《说文解字》解："凤之象也，鸿前麟后，蛇颈鱼尾，鹳颡鸳腮，龙纹龟背，燕颔鸡喙，五色备举。"凤凰是像龙一样的祥瑞之鸟。《山海经》里也有记述，凤凰的身体成为五种美德的象征，其首纹为德，翼纹为礼，背纹为义，胸纹为仁，腹纹为信。在楚文化中，"凤"代表着崇高的人品，宋玉曾以"凤"来赞扬孤傲正直的屈原："众鸟皆有所登栖兮，凤独遑遑而无所集。"在生活习性上，凤凰不食活虫，不折生草，不群居，不乱翔，非竹食不食，非灵泉不饮，非梧桐不栖。《诗经》形容凤凰栖于梧桐的场景："凤凰鸣矣，于彼高冈。梧桐高矣，于彼朝阳。"

而朱雀是和青龙、白虎和玄武一起构成四神，代表四象之一的南方守护神（图 3-178）。统领井、鬼、柳、星、张、翼和轸七宿，称为"南宫朱雀"。《礼记》中有"前朱鸟而后玄武，左青龙而右白虎"的方位描写。朱雀的存在是与四象密不可分的。

《梦溪笔谈》卷七中，有对朱雀的单独阐释："四方取向苍龙、白虎、朱雀、龟蛇，为朱雀莫知何物，但谓鸟而朱者，羽族赤而翔上，集必附木，此火之象也。"沈括谈到，一种说法认为朱雀就是凤凰，另一种传说是：用"鹑"之形来象征一种由火幻化来的神鸟，即朱雀。两种说法都没明确认定朱雀就是凤凰。

图 3-177　凤凰　　　　　　　　　　　图 3-178　朱雀

在豫中画像砖中，凤凰、朱雀类的画像都不少，为了不混淆、弄错，笔者翻阅了不少资料，想弄明白两者之间的区别，遗憾的是未能查到确切的答案。

（四）人面兽

马腹虎（图 3-179）：在《山海经·中山经》中，描述了一种叫声如婴儿，食人的人面虎。

图 3 - 179　马腹虎

七、动物

在动物的王国里,争斗无所不在,弱肉强食、适者生存是这个世界永远不变的游戏规则。为了生存,动物们不得不进行各种各样的争斗:觅食之战、抢食之战、逃命之战、求偶之战、地盘之战等。有时动物间的争斗也会被人类利用,成为人类娱乐或赌博的一部分。汉代民间的杰出匠人,用他们高超的艺术技巧,在画像砖的世界里,向我们生动展示了两千年前的动物世界。

牛虎斗之一(图 3 - 180):一只虎,正小心翼翼靠近一斗牛,并伺机进攻。牛已觉察到危险,也亮出利角,发出警告,准备全力反抗。虎的智谋和牛的蛮力,通过它们的肢体语言被制作者很好地演绎出来,体现了汉代艺人敏锐的观察力。

图 3 - 180　牛虎斗之一

牛虎斗之二(图 3 - 181):一只卧虎和一只背上生翼的神牛正在对峙。牛弓颈亮角,剑拔弩张。虎从容地卧于地上,大张着嘴,静待时机。制作者要表现的重点也许不是牛虎双方体量的搏击,而是双方意志、智能的深层较量。

图 3 - 181　牛虎斗之二

虎鹿斗之一（图3－182）：虎仗着自己的体能优势，怒啸着向鹿扑去，鹿并没有惊慌失措地逃跑，而是把角顶向老虎，整个身体缩成一团，准备拼死一搏。制作者通过对斗争双方体态的高超表现，来褒奖鹿不怕强敌的超凡勇气。

图3－182　虎鹿斗之一

虎鹿斗之二（图3－183）：一只虎在鹿群中狩猎。一只鹿不幸与虎不期而遇。虎张嘴吐舌，步步紧逼；鹿奋力迎战，大声叫喊。一场残酷的厮杀即将开始。在远处的背景空间里，还有一只鹿在飞速逃窜。在画面下部，也就是斗兽的前部空间中是布满植被的重重山峦，很好地交代了兽斗的背景。画面造型优美，装饰感强，且十分注重对气氛的烘托，艺术价值高。

图3－183　虎鹿斗之二

小象斗虎（图3－184）：这是一场力量悬殊的战斗，一头猛虎跃起上身正疯狂向一头小象扑去，小象虽然弱小，但也不甘示弱，在奋力反抗。悲剧似乎是不可避免的，画面营造了强烈、逼真的艺术效果，很能唤起观者对小象的强烈的怜悯之情。

图3－184　小象斗虎

猛兽猎鹿（图3－185）：此画面在前文介绍西王母的章节中已有阐述，画面呈现出的这个局部，表现的是一群猛兽围猎一只鹿的场景。这是现代人只能在《动物世界》等电视节目中才能看到的情形，围猎场景被汉代人塑造得如此逼真，动物的身体都被简括成流线型，突出了猛兽猎杀时的速度和攻击力。可怜的鹿儿稍后便会四分五裂。

图 3 - 185　猛兽猎鹿

山中兽斗(图 3 - 186)：图中表现了两组斗兽场面：一边是一只凶猛的老虎,正扑向一头可怜的小鹿；另一边是一头野猪,刺着獠牙,在攻击一头大鹿。在画面的中间和两端,都有重山相隔,把两个时空发生的弱肉强食场景,并置在一起展现给观众。

图 3 - 186　山中兽斗

二狼追鹿(图 3 - 187)：两个恶狼,正在追杀飞鹿母子,前面的母鹿边跑,边回头观察后面的猛兽。小鹿在母亲的带领下,奋力前行,但依然难以摆脱狼群。两只恶狼强壮的胸肌,流线的身体,似乎在宣告这两只可怜鹿的悲剧命运。

图 3 - 187　二狼追鹿

恶狼追鹿(图 3 - 188)：一只恶狼在后面如箭般拼命追赶,公鹿护着前面的孩子,竭力向前逃窜。场面的惊险使观者精神也不由得高度紧张起来。制作者巧妙利用后面的"7"字形山峦的助推作用,来表现猛兽的速度。又利用前面的"7"字形山岗,为鹿母子的逃难设阻。这样就巧妙地把兽斗的结果暗示了出来。

图 3 - 188　恶狼追鹿

追猎(图 3 - 189)：一只张着大嘴的猛兽正飞奔追赶前面的两只猎物。在弱肉强食的动物世界,奔跑速度才是硬道理,因此,制作者让所有动物都像磁悬浮列车一样脱离了地面,身体呈流线体,飞快地掠过崇山峻岭。制作者以生动的表现手法将速度之快搬上了画面。

图 3 - 189　追猎

奔逃（图 3 - 190）：不知来自后方的是猛兽的追赶，还是人类的围猎，画面上的所有动物都在惊慌失措地奔逃，动感十足的画面处理，很好地烘托了恐慌不安的画面气氛。制作者利用画面两端和中央的山峦，制造两个底部为弧线的"盆"形空间，来表现慌不择路的动物的凄惶状态。又利用动态相同的动物形象之间的频闪，来制造动感错觉。其强烈的艺术效果是显而易见的。

图 3 - 190　奔逃

鸡战（图 3 - 191）：两只鸡面对面战得正欢，不知是在作斗鸡表演，还是在为食物、配偶而战。但从画面来看，两个鸡并没真正打斗，而是都张着大嘴，鸣叫着，在向对手示威。这也是一个独特的没有人参与的斗鸡场面。

图 3 - 191　鸡战

八、纹样

（一）铺首装饰

铺首，通俗地说，是一种看门的瑞兽。它通常用来装饰古代的大门，不仅具有实用功能；还带有吉祥寓意，是一种兼具实用性和祥瑞象征性的门上金属构件。它常常被塑造成立体的兽面，实际的功用是充当门环，因铺首为金属材料所制，可以扩大敲门声。在汉代画像中，铺首衔环成为一种常见的纹样，有避邪、逐疫、保护家宅平安等寓意。在画像砖上刻印的铺首衔环，是标示墓门的象征符号（图 3 - 192 至图 3 - 196）。经过历代传承，到明代以后，成为龙的九子之一。

在豫中画像砖中，出现了大量的铺首形象。它们有的直接脱胎于商朝的青铜艺术，有的是汉代人的独创；有的是模印的，有的则是手塑的；有的以线表现，有的用浮雕形式塑造；有的是高浮雕，有的是浅浮雕；有的似人面，有的如兽面；有的凶，有的善；有的丑，有的美；或大或小，或哭或笑。小小的铺首也承载了无尽的中华文化的密码。

图 3 - 192　铺首衔环

图 3 - 193　铺首衔环

图 3 - 194　铺首

图 3 - 195　铺首衔环

图 3 - 196　铺首衔环

（二）纹样

豫中画像砖中绝大部分是大的空心砖,表面的图案一般都是由一种小纹模并置压印成的纹样集成块,或者是由两种以上的纹模按照一定的方式组合压印成的纹样集成块,或者是画模和纹模交错排列成穿插式装饰面。另外,一些小砖的侧面也有很多种类的纹样。在许昌中型实心砖的整体画面中,有时也点缀性地压印一些小纹样。在豫中画像砖中,这种小纹样种类相当丰富。常见纹样有:钱纹、常青树纹、璧纹、十字穿璧纹、乳丁纹(图3－197)、菱形纹、鱼纹、太极鱼纹、折线纹、云气纹、波浪纹、柿蒂纹(图3－198)、盘长纹、网纹(图3－199)、人树组合纹、树阙组合纹、建筑人物纹等。每一种纹样都有好多种表现方式,汇合在一起形成了一个纹样宝库。

图 3－197　乳丁纹

图 3－198　柿蒂纹

图 3－199　盘长纹、网纹

第四节　南阳画像砖的题材和内容

一、汉代社会生活中的人物

（一）墓主人

画像砖的图像经常表现墓主人的形象，这反映了人们对死后生活的美好向往。墓主人题材往往被打上了很浓的阶级的烙印，在画像砖中往往被表现成锦衣玉食的统治阶级，旁边往往还有门吏、侍从服侍，过着奢华的生活。

墓主夫妇之一（图3－200）：图中的这对夫妇一人持笏、一人拿杖，周围的器物环境也显得比较华贵，显然就是在高楼华宅之中惬意享乐的贵族。

墓主夫妇之二（图3－201）：画像中的墓主人被刻画得极为简练，但动态和形象却十分生动，夫妇二人对坐在酒樽前，似乎在对酒言欢，两人正中的顶棚下，还悬挂一物，似乎是一个高悬的油灯，给这个画面增加一种温馨的感觉。夫妇谈笑，对酒当歌，即便到现在，也依然是一种幸福和谐的生活状态。

图3－200　墓主夫妇之一

图3－201　墓主夫妇之二

（二）官吏

佩剑执笏官吏（图3－202）：在汉代，官吏一般都佩剑执笏。佩剑一般是武士和士人的一种习惯。而"笏"是汉代官吏上朝时所拿的手板，有玉、竹、木等不同的材质，形状规格也不尽相同，不同的官级配制不同质地和规格的笏板。图中官吏头戴插有羽毛的武冠，身着襦衣，腰佩长剑，两手抱于胸前，执笏板，姿态优雅，笑容可掬。我们可以从他宽松的衣衫、富态的外貌和笏板长度来推断他不是一般的小吏。何况在原砖上，官吏的头上还有一朱雀，衔着一条绶带，可能是为了表现墓主人被赐官绶带的含义。

执节官吏（图3-203）："节"是古代官员代表朝廷出访的信物。《周礼》云："凡邦国之使节，山国用虎节，土国用人节，泽国用龙节，皆金也，以英荡辅之。门关用符节，货贿用玺节，道路用旌节，皆有期以反节。"汉节一般用竹子做柄，长八尺，上部束上三重牛尾。汉代张骞、苏武出使西域，皆持汉节。苏武被匈奴囚禁时，每天都坚持持汉节而南望故国和家乡。这位持节使者，头戴官帽，衣袖宽大，显得雍容华贵，头部微低，躬身，拱手，持节而施礼。节的顶端所系的绳子沿官员身后垂下，细节颇为生动。画像对于该官吏的艺术表现甚为写实，应是汉代画像砖中为数不多的现实主义作品。

图3-202　佩剑执笏官吏　　　　　　　　图3-203　执节官吏

执金吾官吏（图3-204）：图中塑造了两个执金吾的官吏，根据砖上的字体标注，可以推测右边的可能是使者尹，左边的可能是王将军。两人皆怀抱金吾，手捧剑，盘腿坐于帐下，像是在对话，又像是在切磋战事。再进一步推测，王将军可能是在前线领军作战的将军，使者尹可能是朝廷派来督战或者传达圣旨的使者，也可能是敌方的使者。从画面的气氛来看，还比较和谐。从两人的仪态可以看出，二人绝非亲密无间，而是矜持而又客气。汉代的金吾是一种棒状短兵器，一般用铜制造，两头涂以金粉。御史以下官员所执的金吾，则是木头制成的。执金吾者的官职，最低为县令。

执金吾官吏方阵（图3-205）：这是一个由执金吾官吏小印模压印而成的方阵。金吾是汉代冷兵器时期近距离作战的有力武器之一，类似于现代的电警棒。在汉代，有资格持有金吾的通常是县级以上的大官。东汉光武帝刘秀少年时曾说："仕宦当作执金吾，娶妻当得阴丽华。"这句话在刘秀称帝后，在南阳"帝乡"流传甚广，使得"执金吾"的概念在人们心中留下了深刻的印象。难怪这位墓主在墓中装饰了众多执金吾官吏的形象，或许他希望子孙能够"仕宦当作执金吾"，或许他希望这些身手不凡的

"御林军"来守护自己的阴宅。这些由印模"克隆"出来的武士形象简练生动,小胡子上翘,怀抱金吾行走,显得十分有趣。

图 3－204　执金吾官吏

图 3－205　执金吾官吏方阵

官员审案(图 3－206):汉代各级官员的等级森严,图中坐在棚下的官员双臂伏在案上,体态端正,应是主审官。从观者的角度看,其右下跪一人,手执一物,面向画面左下角两个弱小之人,似乎因惧怕而蜷缩成一团。在画面右上方较远的地方,也跪着两人,视线与执物之人一致。这里描绘的可能是官员坐堂审案的情景。制作者描绘这种

— 123 —

场面,不仅彰显了汉代法治的森严,而且歌颂了官员审案的才能,还在客观上展示了汉代审案的生动场景。

图 3－206　官员审案

（三）门吏

执戟门吏是南阳画像砖中比较常见的人物题材。戟为汉代的一种兵器,是在长杆上附上月牙形的利刀。执戟者或为仪仗,或为随从、门吏。

执戟门吏队列（图 3－207）:这是用一个印模连续印出的一个团队。执戟者昂头挺胸,呈现出忠于职守的模样。相同的印模在印制或烧制过程中都会有形变,反而使这个团队形象更加生动,这恐怕是制作者始料未及的。

图 3－207　执戟门吏队列

执戟双门吏（图 3－208）:这对执戟门吏一边在站岗,一边在窃窃私语。两人生动的衣饰、动态和摇曳的戟饰,使画面富有生活情趣和动感。

执戟门吏之一（图 3－209）:这个执戟者侧着头,大张着嘴,不知是在和远处的同伴打招呼,还是在大声呵斥贼人,抑或是在自娱自乐地唱歌。执戟者动态简单,衣饰朴厚,两臂抬起,似乎在磋磨着双手,举手投足间,他鲜活的形象跃然砖上。

图3-208 执戟双门吏

图3-209 执戟门吏之一

执戟门吏之二(图3-210):这个执戟者侧脸侧身,高鼻深眼,像一个悠闲站岗的胡吏。可见在汉代,胡人站岗是生活常态。

执戟门吏之三(图3-211):这一个门吏低头侧目,满脸堆笑,显得礼貌谦恭之至,一看就是深得主人信任的通达世事之人。

图3-210 执戟门吏之二

图3-211 执戟门吏之三

执戟门吏之四(图3-212):这幅图像线条简练如同简笔画,执戟者头部和脸部都略显夸张,肥头大耳,突出了武士的粗犷豪迈。

执戟门吏之五(图3-213):这位执戟者前执戟,后佩长剑,动态轻盈,显得年轻英武。

— 125 —

图 3 - 212　执戟门吏之四

图 3 - 213　执戟门吏之五

执戟门吏之六（图 3 - 214）：这位门吏侧身扭脸，似有所警觉，动作间流露出的迟缓，给人以老成持重的感觉。

执戟门吏之七（图 3 - 215）：这个门吏采用阳线刻的手法，线条洗练，形体准确。人物形象稳重端庄，十分写实。

图 3 - 214　执戟门吏之六

图 3 - 215　执戟门吏之七

门亭长（图3-216）：这幅标有"门亭长"的门吏，面对观者，神态自信稳重，看起来有一定的官职、地位，较有威仪。

这一幅幅画像描绘的官吏众生图，仿佛使我们回到了汉代，认识了这些人物，听到他们时而俯首听命，时而又吆三喝四的声音。

下面罗列的执盾者，较之执戟者地位更低。主要职责是捕贼、防暴。

执盾门吏之一（图3-217）：这位弯腰持盾的门吏，似乎在谦卑地施礼，常言道：人在屋檐下怎能不低头，说明这位门吏必是熟知世态炎凉，知道如何讨好上司来保护自己的人。

执盾门吏之二（图3-218）：这位门吏抱盾靠阙，做低头沉思状。不知是忙里偷闲，独自逍遥，还是受屈郁闷，低头伤悲，抑或有心事，正在盘算。

图3-216　门亭长　　　　图3-217　执盾门吏之一　　　图3-218　执盾门吏之二

三门吏（图3-219）：这幅画面共有三个门吏，执戟者低头顺目，似乎正向画外施礼，后边两个小吏在长官面前不敢造次，四目相对，似乎在进行无言的交流。这是很生活化的场景，人物精神面貌被塑造得十分细腻生动。

四门吏（图3-220）：这幅画面塑造了两对门吏，下面两人都大张着嘴巴，似乎在激烈地讨论问题，又好像在大声争吵。上面二位虽并排站着，却沉浸在自己的世界里，似乎没有任何交流和互动。一人自顾仰头看天，一人悄然平视前方。从两人的动态看，似乎都有几分无聊，又都有几分悠闲。二人面对眼前的吵闹都十分麻木，丝毫不在意。

总而言之，这种场景式的形象塑造，把汉代门吏日常生活描绘得绘声绘色，有滋有味。这些寻常的小人物和他们的身边事，仿佛更能体现真实的社会生活。

图 3 - 219　三门吏

图 3 - 220　四门吏

（四）力士

　　汉代人尚武，都十分崇敬"力拔山兮气盖世"的英雄，因此他们在画像砖中塑造了许多力大无比的英雄和武士形象。

　　执钺力士（图 3 - 221）：图中执钺力士，单腿下跪，右肩扛钺，表情肃穆，直视前方，处于待战状态。钺和斧都是汉代行刑、攻击的利器，体大弧刃者为钺，体小平刃者为斧。制作者把该武士硕大的身躯塞进狭小的画框里，使其具有更大的力量感。这种"欲扬先抑"的手法，反而能最大限度地蓄势，凸显其潜在的爆发力，有利于塑造出这个虎贲人物的个性。

　　佩剑力士（图 3 - 222）：这位佩剑力士，身披甲衣，马步横跨，双手作运气状，毛发炸竖，怒目圆睁，一副虎贲豪客像。他夸张的粗壮的腿肚和细瘦的脚踝形成鲜明的对比，这一对比更加生动地凸显出了豪客的威猛个性。

　　挥钺力士（图 3 - 223）：挥钺力士与佩剑力士处于同一块砖上。执钺力士侧身虚步，仿佛正挥钺劈人，动感极强。外貌虽无前者张扬，但雄强之势丝毫不逊于前者，看起来智勇双全，显然更具杀伤力。

图 3 - 221　执钺力士

图 3 - 222　佩剑力士

图 3 - 223　挥钺力士

蹶张力士之一（图 3 - 224）：这位出现在胡汉战场的蹶张力士一边干活，一边观战，高强度的劳动对他来说好像小菜一碟。其胸肌和臂肌都很发达，必是蹶张的行家。

蹶张力士之二（图 3 - 225）：下面这位蹶张力士，头上毛发如触电般向上炸开，肩部甚为肥大，似有过人臂力。力士身上盔甲如刺，腿毛如钉，全身上下充满力量感。只见他脚蹬弓，手拉弦，全身力气，似乎脸上的肌肉，都用在蹶张上，整个形象显得甚为饱满，也有几分呆萌。

图 3 - 224　蹶张力士之一

图 3 - 225　蹶张力士之二

执刀力士（图 3 - 226）：这位虎贲之士，手执环刀，短裤赤膊，头大面宽，五官突出，须发如钢刺般向外绽开。只见他身手敏捷，动作矫健，跟在龙后面狂奔的姿态，狂放而有力，一看就是位技巧型的御龙高手和威猛英雄。

图 3 - 226　执刀力士

（五）仕女和孩童

三仕女（图3-227）：新野画像砖中有三个翩翩缓行的仕女，个个都广裙而细腰，既像是在轻歌曼舞，又像是在缓缓前行，不由使人想起《孔雀东南飞》中诗句："足下蹑丝履，头上玳瑁光。腰若流纨素，耳著明月珰。指如削葱根，口如含朱丹。纤纤作细步，皎皎世无双。"画像砖流传至今，色失而质陋，但从这幅画像中依然可见它精湛的技艺，美丽的模样，可想在遥远的汉代，画像初成时，它是何等的明媚鲜艳。

戏水顽童（图3-228）：这是一个顽皮孩童的形象，小童似乎刚从水中上岸，脚下有一条被摸上岸的鱼，头上还顶着一片荷叶，很是可爱生动。使人不由想起汉乐府《江南》中的诗句。

图3-227　三仕女

图3-228　戏水顽童

（六）乞丐

胡人乞丐（图3-229）：寥寥数笔，一个高鼻子胡人乞丐的形象便跃然砖上。笔者在同情他的同时，也多了一些民族自信。近代列强入侵时，中华大地生灵涂炭，列强视人命如草芥。汉代全胜胡人的雄强豪迈场景与近代受列强奴役的惨状并置。后代国人，一定会对"振兴中华，匹夫有责"这八字有深刻的体会。国富民强，国强民安，我辈自当奋斗自强，为国争光。

图3-229　胡人乞丐

二、汉代社会活动和生产劳动

(一)活动场地——建筑

现存的汉代建筑已非常稀少,其中汉阙是较为著名的一种纪念性建筑。如今留存在世的汉阙,共四十余处,多分布在巴蜀,少数分布在河南、山东等地。现代人对汉代建筑的了解主要是靠出土的汉代陶楼和画像石、画像砖上有关建筑题材的图像。

甲第(图3-230):此图把阙门和一座两层厅堂并置在一个画面,展示了汉代的"甲第"门厅的建筑风格。从现实的角度看,此类建筑应该位于一片水域之前,因为在画面的最上边——画面透视的最远方,有四条大鱼在游动。在稍近的岸边,生长着两棵小树,还有两只鹤在上面游走觅食。两阙之间有一执盾门吏,主厅堂两边都种植着绿树。一对夫妇燕居于此,仿佛神仙眷侣。只见在一楼垂帐之下,他们隔鼎相对而坐,整个画面温馨和谐。这是汉代人参照现实生活,给自己构建美满、温馨、祥和、理想的死后环境。

图3-230 甲第

双阙厅堂(图3-231):这幅画面上斗拱凸显的双阙,开口较为宽阔,一乘车马似乎刚刚到达,很妥帖地停于其内。后面是厅堂,厅柱与斗拱,高擎着相对宏阔的屋顶,显得很气派。制作者用如此简单甚至有些粗陋的手法,就把汉代生活的场景简练地构建出来。在视觉艺术上,简单并不代表粗陋,铺张也不全是佳境。好的艺术就是善于用恰到好处的形式,表现出恰如其分的审美效果。

双阙与包厢(图3-232):两个建筑处于同一个歌舞百戏的画面。其中一个表现的是一个层阙高耸的门楼,门楼下一人似寻着歌舞声匆匆而来;另一个表现的是看戏的包厢。包厢几乎被简化成一个棚房,观戏的两三人只露出简练的头部。这两座建筑都位于建鼓表演的场地内,其设计被简化到了极致,目的是将主要精力集中在表现"建鼓舞"这一主题上。

图 3－231　双阙厅堂

图 3－232　双阙与包厢

　　亭台（图 3－233）：在这个画面上，两杆高高的细柱子擎起两个简洁的独斗拱，两个独斗拱架起一个平台。台上建门廊式厅堂，厅堂两边各有一个陪亭。此建筑虽然极为简单，但却给我们展现出了一个比较独特的汉代建筑案例，这个建筑艺术具有新奇性，其独特性和艺术性都不容忽视。

　　三重门楼（图 3－234）：这幅画面显然是一个三重门楼，上面每一层构成模式都不一样，显得丰富而不凌乱。下面一层不设屋檐，只在顶棚和地面之间安置了两个装饰有铺手衔环的大门。这种模式在其他地区的汉代画像砖中并不多见，不过与河南省南阳市社旗县清代山陕会馆的悬建楼正面很相似。

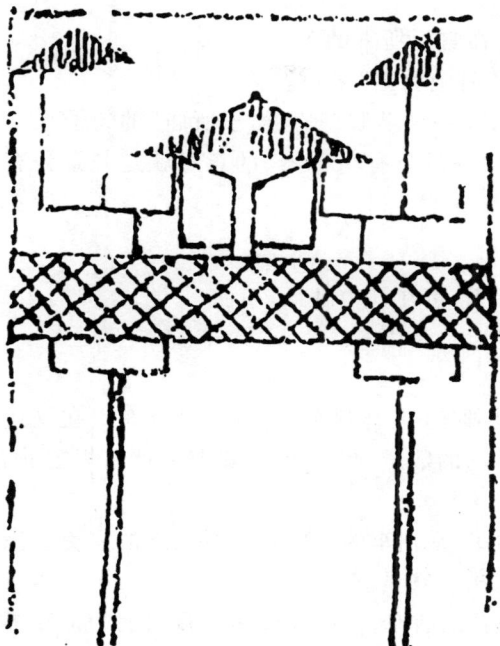

图 3 - 233　亭台

图 3 - 234　三重门楼

荒野庭院(图 3 - 235):画面上有简阙、草门、树木、栖鸟、饮马等。这幅甚为简约的图像,有着马致远《天净沙·秋思》的意境。寥寥几笔生动勾勒出一个边远的客栈,或者说一个僻静农家的现实场景。

图 3 - 235　荒野庭院

(二)社会交游——车马出行

汉代的车马更像人们外出交游的身份证。汉代是个特别注重礼治的时代,车马如同仪仗、服饰一样,成为明确等级、区分贵贱的重要标志。就是皇帝的用车,也有一整套严密的仪卫制度,称为卤簿。蔡邕在《独断》中云:"天子出,车驾次第,谓之卤簿。"卤簿就是记载了车驾的等级,随从和保卫人员装备的规模、数量和等级等细节的典籍。

1. **按马的数量来分**

轺车：一匹马驾的轻便车，也指奉朝廷急命宣召所乘的车。

骈车：两匹马驾的车。嵇康《琴赋》里有"骈驰冀驱"之句。

骖车：三匹马驾的车。《诗经·小雅·采薇》有"载骖载驷，君子所届"的句子。

驷车：四匹马驾的车。《论语·季氏》中"齐景公有马千驷"的意思就是齐景公有一千辆由四匹马驾的车。

2. **按马车的结构和用途来分**

辎车：古代一种有帷盖的大车，用来载辎重，可在其中卧息。

轩车：其一，为古代大夫以上所乘的车；其二，为楼车。

斧车：皇帝的重要使者出行时作导引的车。

南阳画像砖中的马车，有一马驾车、二马驾车、三马驾车，还有四马驾车。在汉代社会，拥有什么身份，才能坐什么样的马车。马的数量，车的等级，都是有严格规定的。这反映了汉代森严的等级制度。

轺车（图3-236）：这是一匹马所驾的轺车，乘轺车的一般是千石以下的官吏。该马体形俊健，正低头卖力拉车。车上坐一车夫，一官员。

骈车（图3-237）：这幅图像上两匹马所拉的骈车，一般允许两千石以上的郡守等高官乘坐。图中的两匹马昂头鸣叫，仿佛急于行走。车上坐一车夫，边紧拉缰绳控制着亢奋的马匹，边扭头向身后张望，似乎在等待车后的官员，画面所表现情节虽是寻常所见，但极其贴切生动，富有戏剧感。

图3-236 轺车

图3-237 骈车

骖车（图3-238）：图像中正在过桥的马车是拥有三驾的骖车，这种车辆只有郡守以上的高官才能乘坐，车棚广大，看上去甚是气派。车上坐乘、御两人，三马正合力上坡过桥，步调一致，姿态优美。

驷车之一（图3-239）：这是四马驾驭的驷车。这种车只有诸侯、将相才能乘坐。可能只有这种驷车，才能像图中车马一样飞奔上桥，而如履平地。成语"君子一言，驷马难追"说的就是这种马车，车速极快。在新野画像砖中，出现如此高规格的马车，有些难得，不过也很正常。这说明当时的帝乡南阳，是一个王侯将相经常出没的大都市。

图 3-238　骖车

图 3-239　驷车之一

驷车之二(图 3-240):图中的四匹马都在"罢工",无论车夫如何驱赶,四匹马始终都不肯向前拉车,而是回过头面对着车站立,做罢工状。制作者这样安排画面,究竟有何含义?又有何典故?这辆驷车,又是否是通往冥界的灵车?通人性的马儿,是途中偶然受惊?还是哀伤过度不忍让主人远去呢?这的确是个耐人寻味的画面。东汉初期,新野"王侯将相,宅第相望",新野人封侯拜将者,数以百计。新野被称为"光武城"。既然如此,在新野发现驷车,这种高规格的马车也就顺理成章了。

至于一般的轺车,在南阳画像砖中就更多了。

轺车之一(图 3-241):这个轺车线条简单凝练,像是信手勾勒的简笔画。车前的小吏表情肃然而又谦恭,在护卫着马车,又像是在恭迎主人上车,制作者不求形似,但求神似,画面生动极了。

图 3-240　驷车之二

图 3-241　轺车之一

轺车之二(图 3-242):这辆轺车正飞奔行驶,人和马的形象都极为简练,整体化作一抹影子,风驰电掣,给人以强烈的速度感。

图 3-242 辎车之二

辎车之三（图 3-243）：这辆车马更为简练，前面的导骑和后面的辎车，都被简化成一组符号，像是肖形印，又像是甲骨文和金文的字形。

图 3-243 辎车之三

辎车之四（图 3-244）：这是一幅相对较为写实的车马画面，车上的官员和车夫的身份、衣着、相貌都刻画得十分到位。车前奔马的形象，练达生动，制作者还着意塑造了马的倔强个性。这是一幅简练概括而又写实性很强的车马画面。汉代官员交游出行的生动场景，如在眼前。

牛车（图 3-245）：在南阳画像砖中，还有一个奇特的牛车图像，在前面拉车的不是马，而是牛。在汉代，牛拉车是很正常的，但在这幅图中，拉车的牛翻身上车，头部直逼坐在车上的两人。这头牛是受到了惊吓，寻求主人庇护，还是要攻击主人，这使人百思不解。

图 3-244 辎车之四   图 3-245 牛车

四轮马车(图3-246):在南阳方城出土的画像砖中,还有一幅比较典型的车马图,这是一辆四轮的马车,这与郑州、许昌的画像砖中的四轮马车相呼应,进一步验证了汉代曾经出现四轮马车的事实。

图3-246　四轮马车

(三)社会生活——骑射、狩猎、庖厨

在汉代,马是寻常、便捷的交通工具,骑马代步、骑马狩猎,再寻常不过。因此,在汉代画像砖中,骑射的画面十分常见。

骑吏(图3-247):这位佩戟导骑的官吏,正庄严地前行,不想,一只顽皮的猴子牵住了官吏所骑马匹的马尾,严肃的场面似乎马上就转为喜剧了。民间艺人通过对这一喜剧性细节的捕捉和表现,将本来异常严肃的场面刻画得诙谐轻松。

图3-247　骑吏

山中狩猎之一(图3-248):画面中,两位骑士一起在山中飞马猎兽,一人射中了一只兔子,一人正在射一只老虎。两马相背而驰,两人都是在马背上扭身向后射箭,高难度的动态展示,越发凸显了射手身姿的矫健。画面周围布满了抽象的圆点,不仅增强了画面的整体动感,也很好地烘托了尘烟翻滚的狩猎场面。

图3-248　山中狩猎之一

山中狩猎之二（图3-249）：这是一幅生动的山中集体狩猎图。画面中,有骑马射鹿者,有徒步网兽者,有背弓拖兽而行者,有骑马执毕捕猎者。画面上还有野猪、兔子、飞鸟、奔鹿等惊慌失措的动物在四散奔逃。整个场面宏阔壮观,热闹非凡,形象地展示了汉代野外狩猎充满激情的场面。

图3-249　山中狩猎之二

山中狩猎之三（图3-250）：图面两端各有一人执毕捕猎小兽,一人已撒网捕得一兽,吓得其他动物夺路而逃,在两人之间有几只惊慌奔逃的小动物,画面布局紧凑而热闹。远处群山嵯峨,很好地描绘出惊兽飞逃、尘烟飞荡的背景。在众形象之外,依然有许多抽象圆点,烘托气氛。

图3-250　山中狩猎之三

山中狩猎之四（图3-251）：画面中有三组山体,把空间分为两个谷地。前面的谷地里,有一个猎人手执毕在抓捕一只飞逃的野兽。后面的谷地里,一只飞鹿在狂奔,显然是受到后面追猎者的威胁。画面上的山峰较为写实,仿佛速写。

图3-251　山中狩猎之四

驱兽（图3-252）：画面中间有一头牛和一只虎相斗,虎张着大嘴,抬起前爪扑向牛,牛也不甘示弱,用牛角对着虎的胸部顶去。画面两头,各有一人在奔跑驱兽,一人执棒,一人徒手。牛虎周围的飞禽惊慌乱窜,就连蟾蜍也被惊动了。

网兔（图3-253）：图中的猎人执毕,迈着格外矫健的大步,飞奔着去追赶兔子,眼看就要成功了。猎人体态健壮,身姿矫健。快落网的小兔子,似乎因绝望而身体变得木讷无力。制作者对人物和小兔子外形的刻画和神态的捕捉都十分到位。

图 3 - 252　驱兽

图 3 - 253　网兔

　　猎食（图 3 - 254）：这幅竖长的画像,把猎鸟、捕兽、厨房烹制这一系列的过程,呈现在一个画面上。画面情节舒缓,似娓娓道来的连环故事,连续而不急促,给人以闲适、温馨的感觉。

图 3 - 254　猎食

从画像砖中出现的大量狩猎场景来看,狩猎应该是汉代获取生活资料的主要劳动手段之一。

(四)社会生活——舞乐百戏

奏乐是歌舞百戏必不可少的一个环节,在南阳画像砖中有许多边歌舞边奏乐的场面。奏乐者往往排座整齐,神情和肢体语言都表现出奏乐者的沉浸,看似配角,但他们演奏的乐曲却把握着整个场面的节奏,是整个歌舞场的灵魂所在。

奏乐者之一(图3-255):此方形画像砖上,共有一男二女三人在帷帐下奏乐。最左边的男的在吹箫,最右边的女的在弹古琴,中间一女乐手面前置一瑟,正在用双手击掌打节拍。他们面前还放着一个酒樽和三只耳杯。以酒来助兴,曲调可能会更优美吧。

图3-255 奏乐者之一

奏乐者之二(图3-256):这三个被笔者从画面中摘出的奏乐者,最下端的男的正侧坐吹笙;中间的细腰女乐在弹奏古琴;最上面那个女乐秀影细腰,姿态优雅,也在弄乐。从三人专注的姿态,仿佛可以听到他们所奏乐曲调的优美。

图3-256 奏乐者之二

汉代的建鼓有长圆和扁圆两种,固定在下面的底架上,大多数架形都被雕成连尾兽的形象,架中间的立柱贯穿鼓腔,高高竖起,柱顶往往饰有羽葆。演奏时鼓腹向观众侧立,两边各有一鼓手,边鼓边舞。再加上其他乐器的协奏,自然会给人视与听双重的知觉享受。

奏乐建鼓之一(图3-257):画面前景有两人正激情荡漾地表演建鼓舞,鼓柱上的羽葆也随风飞舞飘荡。另外四人在奏乐,前面侧坐者,在吹埙,后边二人边摇拨鼓边吹箫("拨鼓"很像现代小孩把玩的布郎鼓,可摇可击,作用就像今天的乐队指挥,起引导音乐之用),另外一人在吹排箫。

图3-257 奏乐建鼓之一

奏乐建鼓之二(图3-258):画面上部,两个形体比较夸张的鼓手舒展着身姿,十分投入地跳着建鼓舞。下面四人在奏乐,依稀可以看出有弹琴者,摇拨者,还有一人在演滑稽戏。这可能是汉代最为寻常的乐舞表演场面了,舞者、乐者都激情满满,颇有艺术感染力。

图3-258 奏乐建鼓之二

建鼓舞(图3-259):此二人在桥上架起建鼓,在为泗水捞鼎的盛大活动激情助威,阵阵鼓声就像是劳动号子,很好地烘托了泗水捞鼎盛大场面的气氛。

图 3 - 259　建鼓舞

　　盘鼓舞（图3－260）：图中有两个艺人在跳舞,他们所跳的是汉代有名的盘鼓舞。舞女腰饰彩条,舒展长袖,脚踏盘鼓,正窈窕而舞。一男艺人单膝跪地,与其配舞。两人一上一下,一高一低,配合得法。汉成帝的宠妃赵飞燕就善跳盘鼓舞,独标风华,无人能及。宋秦醇在《赵飞燕别传》中写到:"赵后腰骨尤纤细,踽踽步行,若人手执花枝,颤颤然,他人莫可学也。"

图 3 - 260　盘鼓舞

　　相传赵飞燕体轻若燕,善于掌上舞,甚至能够在由宫女托举的水晶盘上翩翩起舞,可见其舞技的精妙绝伦。

　　在南阳画像砖中,太多的舞女展长袖、扭腰肢,如飞燕般翩翩起舞。她们在身姿的舒展摇曳中,展现出柔美的舞姿;在长袖的飘飞舞动间,流露出优雅的气质。这个袖管翻滚;那个菱角轻点。这个广裤鼓风风姿绰约;那个蜂腰纤纤分外窈窕。这个挥袖临风,飘飘然如展翅娇莺;那个挺身转袖,姿容俊雅。姿态万千,丰富动人,使我们过目不忘,只能感服惊叹。

图 3 - 261　三组长袖舞

（五）社会生活——百技竞放

平索戏车（图 3 - 262）：这是新野樊集出土的画像砖。一前一后的两辆奔跑的马车上，竖起两个杆子。两杆的顶端之间有一条横索，一头与竖杆直接连接，一头由蹲在另一竖杆上的人来牵引。横杆上有一人正在做惊险的倒挂动作，还有其他三人，一人双手抓住前面的竖杆身体横飘在空中，一人顺着后面的竖杆向上攀爬，一人双手抓着拱桥顶上驸车的篷架，而其双足却被后面蹲在竖杆上的人抓着。飞奔的车队边表演，边渐次通过桥梁，其难度之高和惊险之极是可想而知的。

图 3 - 262　平索戏车

双索戏车（图 3 - 263）：是另一种形式的平索戏车，索的框架与上图相同，只是戏索的人更多，花样也更丰富。

图 3 - 263　双索戏车

斜索戏车（图 3 - 264）：下面也是有两辆行走的马车支撑。后一辆马车上竖一杆，杆上端蹲一人，此人与前车的乘者共同牵着一斜索。索上一人，头带兽头，在倾斜钢索上表演。前车上还竖有一"T"形杆，杆右端倒挂一人，其两臂平伸，两手上各站一人在表演。汉代艺人的杂技艺术真的太了不起了。

— 143 —

图 3 – 264　斜索戏车

弄丸（图 3 – 265）：弄丸是汉代杂技中较常见的一种。表演者手中执多丸，往空中抛玩，表演者手中之丸愈多，难度愈大，技巧性也愈高。此人手弄八丸，难度相当高。

缚虎（图 3 – 266）：笔者把缚虎列到百戏之中，主要因为缚虎与猎虎相比，前者之虎有驯化的倾向。画面上的老虎安静地蹲在那里，任由人用绳牵着，无丝毫的反抗意思，想必已被驯化，颇有几分现在驯兽表演的意思。

图 3 – 265　弄丸　　　　　　　　　　　图 3 – 266　缚虎

稽戏（图 3 – 267）：汉代的滑稽戏在百戏中很常见，常常和舞蹈，以及其他杂技一同表演。表演者一般是男性，往往会裸露上身，袒胸露乳，下着宽腿裤，边舞边作滑稽表演。这种角色可能相当于今日杂技表演中的小丑角色，起到缓和气氛，串联节目的作用。

图 3 - 267　稽戏

三、历史故事

(一)泗水捞鼎

　　如图 3 - 268 所示,这个历史故事讲的是秦始皇的故事。秦王嬴政听说在泗水中沉有一大鼎,就想把鼎给捞上来,因为鼎是安邦定国的吉祥物。秦王派了很多人,费了很大劲,终于把鼎牵引出水面,但突然间,一条大龙从水底跃出,咬断了系鼎的绳,鼎又重新沉下泗水,再也找不到了。这个故事意在说明,秦王无德,因此,他不该得到大鼎,江山也注定不能长久。秦朝的这个故事屡屡出现在汉代画像砖中,原因有二:其一,歌颂刘汉王朝以德治国,比秦王贤明;其二,立鉴以警后世。

图 3 - 268　泗水捞鼎

（二）胡汉战争

在汉代,中原和匈奴的战事频繁。汉武帝时期,汉王朝对匈奴作战十分主动,打败匈奴多次,取得了很多胜利,极大提高了民族自信心。图3-269描绘的胡汉战争大概就是表现汉军大败匈奴取得胜利的盛大场面。其场面之巨大,人物之众多,堪称描绘战争的史诗。

图3-269 胡汉战争

（三）周公辅成王

武王打下江山两年后就病死了,他的儿子成王还小,就由武王的弟弟、成王的叔叔——周公来辅政。周公虽然贤明,但也遭猜忌,为流言所伤。汉画中有不少表现这一题材的作品,见图3-270。汉代有不少未成年就继位的小皇帝,这类题材产生的原因可能是劝贤,也可能是要奉迎当时辅助小皇帝之人。后世人们往往把周公和王莽放在一起比较:周公惨遭污蔑,王莽却传出礼贤下士的美名。倘若当时身就死,古今忠奸无人知。画面上中间一小孩就是成王,两边各有一大人:一个是周公,一个是召公,表现的是周召共和的历史节点。

图3-270 周公辅成王

（四）二桃杀三士

如图3-271所示,以二个桃子竟然杀掉了三个叱咤风云的大将军,不是桃子杀了他们,是他们的自私狂妄杀了他们自己。从施计的一方来讲,仅仅因为三位将军有点自大,就抹杀了他们的功绩,用毒计杀掉了他们,施计者太过残忍。不过政治有的时候真的很无情! 用桃子清除政治隐患,绝对是阴谋的最高境界。此计高明之处恰恰也是其拙劣之处——借阴沟翻大船。赫赫战功的大将军本应马革裹尸,扬名后世,却因一时意气死于二桃之争,落个贻笑后世的下场。

图3-271　二桃杀三士

四、神话故事

（一）西王母

西王母是住在昆仑山上的介于人天之间的一个神仙,她主要管理刑罚之事,刚出现时是一个相貌丑陋的半人半兽之神,后来演变成一个美丽的夫人。她手下有九尾狐、玉兔和三足乌等精灵。传说,九尾狐能预言和成就王权帝业,玉兔专门为其捣制不死之药,三足乌专为西王母觅食。汉代人对西王母信奉有加,汉画中出现了许多与西王母相关的题材。

西王母和昆仑山(图3-272):图中的西王母头戴仙冠,坐在高山之巅,身后有一仙女手捧三足乌,面前玉兔在捣药,山下九尾狐在攀爬。山上草木峥嵘,有飞鸟穿梭于空中,应是青鸟,它是为西王母取食的鸟。

图3-272　西王母和昆仑山

西王母仙班(图3-273):图中的西王母一人坐在昆仑之巅,一手拿不死树,一手拿方框形物,在她身前从近向远排开的是:玉兔、蟾蜍、九尾狐、三足乌。在她身后有三人，有两个是带翅膀的羽人，一人没有翅膀，可能是刚刚飞升上天的墓主人的灵魂。此画面描绘出一个热闹非凡的仙界胜境。

图 3 - 273　西王母仙班

拜西王母（图 3 - 274）：这是一幅昆仑胜景图，山峦跌宕起伏，线条优美，山中草木峥嵘，瑞兽驰骋。西王母坐在宝座上，她面前跪着一个手拿仙草长发带翅的羽人，给人一种仙境幽深的感觉。

（二）伏羲和女娲

西汉末到东汉晚期，是对伏羲和女娲的信奉和崇拜达到最顶端之时。这两个在春秋时丝毫不相干的神仙，在后世却演变成了由兄妹结合成的夫妻。相传，伏羲是龙身，主阳，执矩；女娲是蛇身，主阴，执规。两人有化生万物，经天纬地之能力，象征着男欢女爱和生殖崇拜。一般呈现的形象都是人头鳞身的一男一女，下身交织在一起。

图 3 - 274　拜西王母

伏羲女娲（图 3 - 275）：南阳的一块画像砖上的伏羲女娲，都人头蛇身，有两个兽状下肢，尾部像蛇一样交织在一起。此图更为奇特的是，两人环绕的蛇尾之间，有一玄武正穿越而过。玄武是四神之一，主北方、主水、主黑色、主洞天、主阴，可以引导亡灵升天。

图 3 - 275　伏羲女娲

（三）羽人

在画像砖中出现了很多的羽人形象,因为汉代人坚信,人死后经过修炼,可以羽化升仙。

执仙草羽人(图3-276):此羽人站在有祥云托着的仙台之上,手拿仙草似乎在接引亡灵。

图3-276　执仙草羽人

三羽人(图3-277):图像上部有两个羽人正在兴高采烈地做六博的游戏,六博盘竖直展示出来。图像下部是一个羽人正在驯养一匹天马。这里描绘的是羽人在仙国嬉戏游玩的美妙画卷。

图3-277　三羽人

（四）持蛇神人

传说中的持蛇神人，叫尺郭，身高七丈，胸围七丈，头戴鸡父，魌头，穿着红衣服，系着黑色的带子，用赤蛇绕在额头上。据说他专吃恶鬼，早上能吃三千，晚上吃三百，渴了则饮露水，是汉代避邪之神。画面（图3－277）中一人侧向单腿跪地，颈间部绕一蛇在戏耍。可能是尺郭，也可能是其他操蛇神人，在《山海经》中还有许多操蛇仙人。按笔者经验，画像砖中耍蛇的场景很罕见。从耍蛇人的相貌上看，他并非高鼻深目的胡人，而是汉人。艺术来源于生活，可见，早在汉代中原大地已出现耍蛇的技艺，这种技艺并非后世从中南亚传入。

图3－278　持蛇神人

五、神秘灵异和可爱动物

（一）灵异

在南阳画像中，有很多双龙穿璧的图像：两龙的身体呈十字交叉状，并同时穿入玉璧。一般是穿入一个玉璧，也有穿多个玉璧的。两龙相交很显然含有性的隐喻，中间的玉璧起到强化作用，象征着天交地感、万物化育的古老母题，同时有阴阳相合、人神沟通、祖先崇拜、生殖崇拜的文化含义。

双龙穿璧（图3－279）：此图中，穿璧的双龙显然是遇到了麻烦，一边有一只像虎的野兽，另一边有一只像牛的怪兽，同时向他们发起进攻。双龙也怒吼着反抗，表现出一种大无畏的气概。这个颇具戏剧性的穿璧画像，摒弃了平淡和程式化构图，画面十分惊险刺激，达到了很高的艺术水准。

双龙穿三璧（图3－280）：这两条龙一连穿了三个璧，且两个龙头同在一个方向，两龙尾在另外一个方向。两龙身体中间的空隙里，有游鱼、蝌蚪和甲鱼，显得悠然自得。一般的双龙穿璧，龙头都在相反的方向，这种穿璧方式比较罕见。

图 3 - 279　双龙穿璧

图 3 - 280　双龙穿三璧

双龙穿璧(图 3 - 281):此图中双龙都仰头长啸,角须飞扬,难分雌雄。

图 3 - 281　双龙穿璧

　　战国时期的星象学已有二十八宿和四象之说,即东方苍龙七宿,西方白虎七宿,南方朱雀七宿,北方玄武七宿。四神所镇守的四方,是中国古代所意象的天上和人间的共同的方位概念。青龙白虎有护平安之意,因此,在汉画像砖中很多作品将四灵中的青龙白虎这一对灵异摘出来表现,似乎是让他们作为警卫镇守幽冥通向天国之路。

　　龙虎拥璧(图 3 - 282):此图中间有一悬璧,两边分别有一应龙和一飞虎。按照陈江风先生的研究,玉璧象征着天门,那么这两个灵异显然是来镇守天门的。也有人认为,青龙白虎这一对灵异,龙主阳,虎主阴,代表阴阳和谐,夫妻和睦,子孙兴旺。

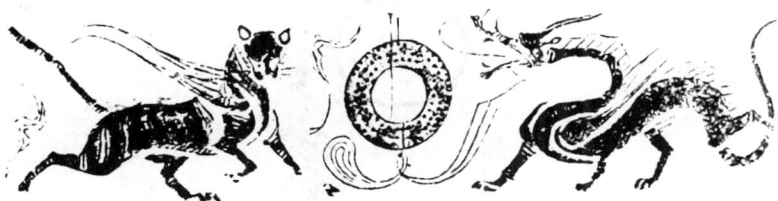

图 3 - 282　龙虎拥璧

装饰龙虎（图3-283）:画面上一龙一虎相背而行,像两个背靠背的卫士,在执行警戒。经装饰化处理的龙虎,很好地融入了汉代雄强博大的时代基因。龙虎硕大的身体被压缩在细长的狭小空间里,显得呆萌可爱,使人莞尔而笑。

图3-283 装饰龙虎

简洁龙虎（图3-284）:这对被简化到极点的龙虎,依然颇为生动,展现出了龙虎的主要特征,是民族文化的经典龙虎符号。笔者不得不钦佩汉代艺人敏锐的观察力和高超的抽象概括能力。

图3-284 简洁龙虎

铺首二虎（图3-285）:二虎与铺首结合,似乎是给看门的铺首又添了两个法力高强的助手,阴宅的安全性似乎得到加强。在南阳画像砖中也有一虎一铺首的图像组合,显然也是为了增强铺首护卫门户的力量。

图3-285 铺首二虎

朱雀(图3-286):朱雀是四神之一,代表火、红色、南方、夏季,传说能趋吉避凶。在南阳画像砖上,朱雀通常被装饰在汉阙的顶部,有可能用来表现所在阙门朝南的方位特征;汉代建筑的顶部广泛安置的铜雀,也可能被用来观测风向。

图3-286 朱雀

灵异汇集(图3-287):此图简直是一个灵异的世界。画面分上下两层,第一层中间是方相士(传说中的镇墓首,状似熊),两边各立有一只姿态不全然相同的朱雀。第二层中间是双龙穿璧,两边也各有一只姿态不尽相同的朱雀,这两只朱雀相对而舞。整个画面给人一种祥和温馨的感觉。

图3-287 灵异汇集

(二)动物

南阳画像砖中的动物种类繁多,神态各异,造型独特,手法多样,如图3-288所示,有些特别写实,有些十分写意,还有一些动物变形较多,比较抽象。动物主要有龙、虎、鹿、牛、马、猪、狗、羊、兔、鸡、鸟、鱼、鳖,甚至还有蝗虫。每个动物的个性都被很好地呈现,十分可爱。汇集在一起就是一个汉代动物群像录。

图 3－288　小动物汇集

六、南阳画像砖的图案和花纹

（一）大砖图案

乳丁纹：画像砖中数量最多的纹样是乳丁纹，有各种形式的方形组合乳丁纹（图 3－289），各种形式的圆形组合乳丁纹，镶嵌在其他图案里的乳丁纹。乳丁纹代表子孙兴旺，家族兴盛。儿女之事，显然是中华传统观念里的第一大事。

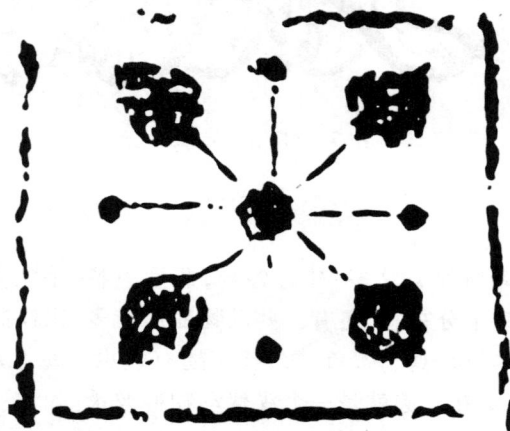

图 3－289　洛书格局纹样

柿蒂纹：柿蒂纹是汉代人最喜欢的纹样之一，代表事事如意。甲骨文的帝，就是花蒂的象形，在古人的观念里"蒂""帝"有相同的含义，暗含"世世为帝"之意，在封建社会，一般平民有"望子成龙"的想法，就会惹来杀身之祸，因此，大家都暗自用特殊纹样表明心意，心照不宣。

十字穿璧纹：代表阴阳和谐，子孙兴旺，又代表与天沟通，受天护佑。

洛书格局纹样：米字形方格纹，四面八方箭头纹等，带有很明显的河洛文化的痕迹。

阴阳鱼纹：含有阴阳互补、相生的哲学观。

云雷纹：代表风云激荡，气韵生动。云化作雷，是气息运行的最极端状况。古人认为云雷可以除妖斩魔，有辟邪作用。

回纹：代表富贵不断头。

（二）文字砖

吉语：大富长乐未央、卿二千石、羊、甲子、千秋万岁、百千万、宜子等。

年号：元和三年。

年号加吉语：永初七年作冢长富贵。

（三）小砖图案

动物变形纹：鸟纹、龙纹、鱼纹、饕餮纹、眼纹、指纹、变形兽面纹、铺首纹。

植物变形纹：柿蒂纹、寿桃纹、麦穗纹。

象征纹：十字穿璧纹、盘长纹等。

几何形纹（图3-290）：菱形纹、菱形田字纹、网格纹、多重半圆纹、折线纹、五字纹、波浪纹、工字纹、三角纹、沟云纹、连弧纹、三角纹、回纹、重环纹、乳丁纹。

图3-290　桃形云雷纹

第五节　巴蜀地区画像砖的题材和内容

四川省和重庆市以及它们所辖区域，在汉代，被合称为巴蜀地区。巴蜀地区自古就被称为"天府之国"，李白《蜀道难》一诗"蚕丛及鱼凫，开国何茫然！尔来四万八千岁,不与秦塞通人烟",描述的就是巴蜀地区。随着三星堆文明的进一步发掘,蚕丛及鱼凫的远古文明故事在人们的心目中已不再是渺茫的传说。巴蜀地区在群山包围之中,随着现代文明和技术的发展,交通得到了极大的改观。其实在古代,尽管隔着千山万水,巴蜀文明却从未停止过发展的脚步,这一地区的汉代文明和社会生活也被勤劳智慧的巴蜀人民用画像砖、画像石的形式,给记录了下来。透过这些珍贵的图像资料,我们得以了解到遥远汉代的巴蜀文明。

汉代巴蜀地区画像砖的题材丰富,内容广泛,几乎涵盖了汉代社会生活的方方面面。另外,这些画像砖还有构图完整、结构严谨、形式独特、气势恢宏等特点,具有很高的审美价值。

一、汉代社会生活中的人物

（一）墓主人

在巴蜀地区汉代画像砖中,墓主人的形象和生活还是相当丰满的。制作者在塑造墓主人的生活时,已不再满足将其形象描绘出来,也不单单描绘他们的生活场景、起居情况,还十分注意立体地表现他们多维的生活和丰富的情感。

燕居（图3-291）:画面中的男女墓主人紧紧地依偎在一起,显得情谊甚笃。两边的下人,都在为他们打扇,其中一人怀抱着金吾,似乎还兼做警卫。天气热到需要打扇的程度,墓主人夫妇还要紧紧依偎在一起,这从一个侧面反映出他们情感的深厚。

图3-291　燕居

宴饮（图3-292）:画面中墓主人和另外两人在一起宴饮,三人围坐在小几旁,有的敬酒,有的献物。气氛十分融洽,充分说明墓主人生活的快乐和优裕。

宴集（图3-293）:画面上有三位男士和一位女士,人物头顶有垂帐,脚下有席子,周围摆有几案、食器等,显然是在聚会宴饮。画面左边的一男一女正在划拳,右边一男子站起,趋向食器,可能是要取食物。此图反映了墓主人与友人宴饮的情景。

图 3-292　宴饮

图 3-293　宴集

双人舞（图 3-294）：两个宽袍长袖的人正在跳舞，姿态较为雍容，旁边还有人在为他们打扇，显得甚为惬意，可见这不是舞姬在表演，而是墓主人在自娱自乐。

图 3-294　双人舞

六博（图3-295）：在巴蜀画像砖中,六博的场面也很常见。参与这种游戏的人往往不止两人。六博有很多不同的玩法。垂帐之下,有四人分两组在玩六博游戏。前边的人玩兴正欢,两人跪坐于地,神情激昂亢奋,引得后面沉静对弈的两人都扭头看向他们。

秘戏（图3-296）：在古代,人口成活率低,为了避免近亲繁殖,优化种族基因,古人把农历三月三,定为上巳节。《周礼·地官》记载:"中春之月,令合男女。于是时也,奔者不禁。若无故而不用令者,罚之。"汉代仍存上古遗风。因此,在巴蜀地区的画像砖中,有不少表现了男女秘戏、野合的场景。

图3-295　六博

图3-296　秘戏

（二）官吏

二骑吏（图3-297）：一般是官吏出行的导骑和仪仗,骑吏的多少往往标志着官吏官职的等级。二骑吏也是巴蜀画像砖常见的题材,拥有二骑吏,其官员的官职一般在三百到一千石之间。

三骑吏（图3-298）：三骑吏一前两后,呈楔子形队形,向前进发,画面生动。依据二骑吏和四骑吏的标准,可以推测三骑吏所服务的官员俸禄在一千石以上,两千石以下。

图3-297　二骑吏

图3-298　三骑吏

四骑吏（图3-299）：是两千石以上官员的导骑和仪仗。在巴蜀地区画像砖中,四骑吏形象的构图虽然平均而分散,但制作者通过对人物和马匹的动势变化,以及刀、戟等武器细节的巧妙调整,往往能制造出极佳的艺术效果。

六伍伯（图3－300）：伍伯是汉代官吏出行的步行仪仗，官员拥有伍伯的人数也与他的等级有关。一般两百石到六百石之间的有两人，六百石到两千石之间的有四人，再往上八人。伍伯们往往要执戟、执盾、执金吾，甚至执扇，行走时动作夸张，和今天的游行队伍前导队列类似。

图3－299　四骑吏

图3－300　六伍伯

蹶张力士（图3－301）：在巴蜀地区的画像砖中，最典型的力士形象就是蹶张。制作者不仅着力表现了蹶张者的肢体语言，还重点描绘了蹶张力士夸张的面部表情，如刺的发须。力士边用力，边呐喊，嘴巴大张，形象鲜活又生动。

图3－301　蹶张力士

二、汉代社会活动和生产劳动

（一）日常活动场所——建筑

巴蜀地区的画像砖除了描绘墓主人的住宅以外，还有不少描绘了市井、酒肆等公共场所的建筑，制作者在处理画面时，也更注重整体效果，建筑也更加完整全面。

甲第门楼（图3－302）：高大、华丽的门楼和两边对称的陪衬建筑，很好地烘托了甲第的气势。而墙内伸出的树冠和穿飞树间的瑞鸟，又为此建筑增添了无限生机。这是一幅很好的汉代门楼建筑示意图。

图 3 - 302　甲第门楼

廊房（图 3 - 303）：这是个两层的独特的廊房建筑，就像江南的廊桥或避雨长廊等建筑。现在江西的婺源还有类似此廊房的彩虹桥，建筑风格大同小异。从中我们可以看出汉代建筑与后世建筑之间的传承关系。

图 3 - 303　廊房

庭院（图 3 - 304）：这是个典型的汉代民居，一个大院分成四个部分，各部分功能明晰，又自成一体，分别是：人居的大院和主厅；用于安全戒备的望楼及院落；喂养禽类的小院；喂养兽类的小院。此画像砖向我们展示了汉代民居的独特风貌。

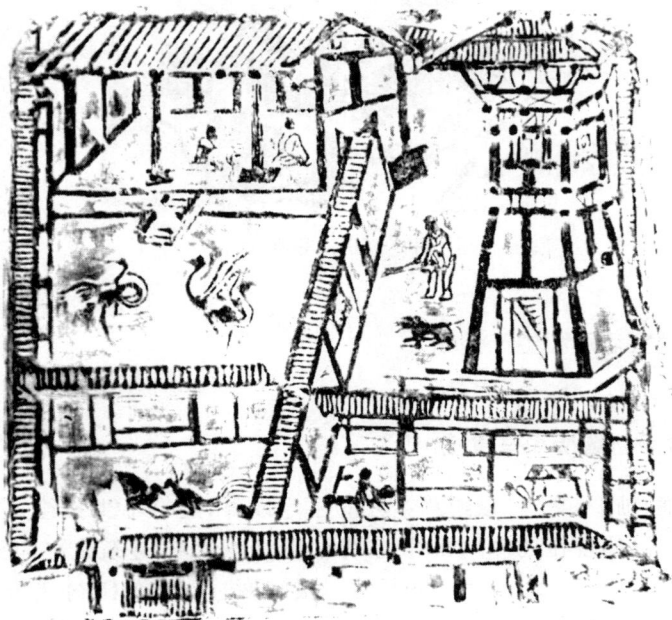

图 3 - 304　庭院

汉阙(图3-305):这是个汉代较为标准的阙门,结构清晰,描绘准确,堪称阙门的范本。主要分门楼、主阙和陪阙三部分。两个主阙之间的门楼顶上还有一只展翅欲飞的朱雀。

图3-305　汉阙

单阙(图3-306):这是个单阙的画面,阙两边各有一人,仿佛在隔着阙门打招呼。上下两层的檐间,还有两个小仙人在飞舞、翻腾,给画面增添了几分神秘感。

图3-306　单阙

第三章　汉代画像砖的题材和内容

（二）交易场所——市场、酒肆

由于巴蜀地区画像砖的画面多为方形,采用整版印模技术,更擅长表现场面较大且完整的现实场景,因此,在巴蜀地区画像砖中,出现了许多表现市场的精美画面,这些画像砖堪称汉代市场的活化石。

东市门(图3-307):图上刻有东市门三字,表现的可能是位于城市东边的市场一隅。画面上有店铺,有散货摊,有买卖者,他们讨价还价,自由交易。画面很好地复原了汉代市场的生动场景。

图3-307 东市门

北市门(图3-308):这个市场较大,图上刻有北市门三字。画面中有大小不同的店铺,有固定的摊点——设有桌子、遮阳伞等,还有一些散摊。着各种服饰和发型的男女穿行其间,讨价还价,自由交易,很是生动。

图3-308 北市门

综合市场（图3-309）：这是一个大型综合市场，可分为规整的四个部分，还有中心区域、市场大门等，可谓功能齐全，很像现代社会的综合性商业市场。此画像形象地向我们展示了汉代市场的全貌，也表现出汉代巴蜀市场经济的繁荣。

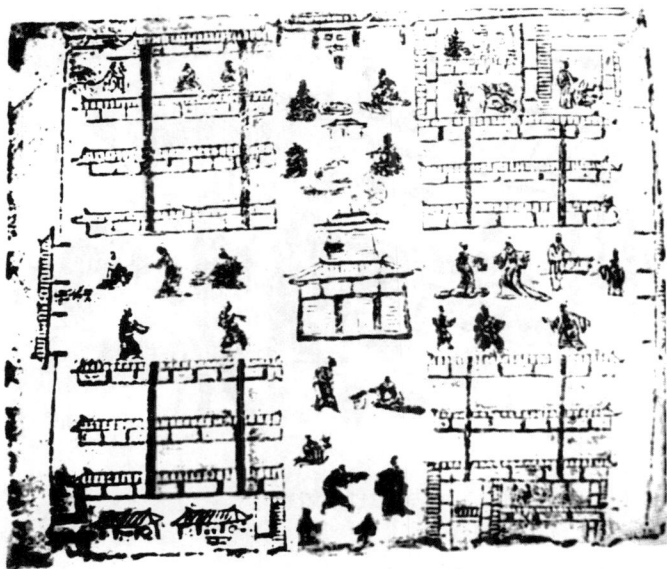

图3-309　综合市场

酒肆：在汉武帝时期，为了解决财政困难问题，实行酒类专卖，叫"榷酤"，禁止民间私自酿酒、卖酒。酒类产业由国家垄断，成为汉武帝时期官营的商品。因此，汉代酿酒业得到长足的发展。尽管，在汉武帝死后，酒类专卖很快就被取消，但酒类酿造和经营，已得到长足的发展。从汉代画像砖上的酒肆、酒作坊画面，就可以看到汉代酿酒业的发达。

酒肆之一（图3-310）：图中的酒肆，门面虽不大，但顾客却不少，有手拎的，肩挑的，车拉的，称得上生意兴隆。

图3-310　酒肆之一

酒肆之二（图3－311）：此图中的酒肆场面更为热闹，店铺规模也更大。店铺不只拥有门面，还把卖酒桌摆到店铺的外面，买酒者有手提的，肩挑的，车拉的，有男有女，有穿长袍的汉人，还有穿短褐的少数民族。车上、案上都放着从战国时就开始流行的羊樽酒器，引人注目。

图3－311　酒肆之二

（三）功能性处所——酒坊、武库

酒坊（图3－312）：图中的这个酒坊，应该是一个酿酒和批发酒的地方。屋内酿酒的人们在大缸旁忙碌。屋外有车拉和肩挑的买酒者。这很好地向我们展示了汉代酿酒、卖酒的酒坊的真实场景。

图3－312　酒坊

武库（图3－313）：这里是汉代存放武器的地方。大小两间房屋，一高一低紧紧相连，建筑无墙，只有屋顶。下面是房柱，上面是一斗三升的斗拱，支撑着"四阿式"顶，顶上置有铜雀。主建和配建都建在一个不太高的平台上。屋内放置有戟、弓等冷兵器，建筑的功能一目了然。

图 3 – 313　武库

(四)社会活动

官吏考绩(图 3 – 314):画面上,有一位来考察地方官的官吏,他坐在堂前一个铺有席子的台子上,表情肃穆。他面前跪着两个执笏官员,一人五体投地跪拜,另一人直身跪地,似在执笏陈述。两位官员的旁边还有一位官员,他正擒住一个贼人,似乎要将贼人押到长官面前。人物的周围有书简和毛笔等物,铺陈于地,表现出官员在对下级官吏所录典册,事无巨细地查阅。这里体现的是汉代官吏考绩的场面。

图 3 – 314　考绩

济民赈灾(图 3 – 315):汉武帝时期,统治者十分关心民众的疾苦,认为"扶世导民,莫善于德"。汉朝的济民救灾制度进一步程序化和制度化,设立了"平仓制度"和"捐输制度",并且完善了查灾和报灾制度,使得受灾百姓能够及时得到救助。政府推行赈济灾民、抚恤鳏寡孤独、尊奖孝悌、力田、赦免罪人与刑徒的政策。在巴蜀地区画像砖中,有不少作品表现了类似民生工程的画面。图中施赈的人坐在建筑前一堆粮食的后面,接受被救济的人的跪谢。旁边还有一人正从房内往外运粮食。

图 3 - 315　济民赈灾

养老(图 3 - 316):三位老人,在房屋前的庭院内,或歇息,或嬉戏,生活温馨、舒适。这幅图画从一个侧面,褒奖了汉代社会提倡尊老养老的抚民措施。

图 3 - 316　养老

讲经(图 3 - 317):早在汉景帝时期,蜀郡的太守文翁,为改变蜀地文化落后于中原的状况,率先在巴蜀地区建立我国历史上最早的地方官学。蜀地形成了爱学重教的良好风气。汉武帝时,罢黜百家,独尊儒术,儒学成了国学、官学,国家专立研究儒学的五经博士,兴太学,劝学兴礼,崇教化,励贤才,教化四方。巴蜀郡,在武帝之前,已拥有了郡办学校,推行到全国各地,全国兴起了宣讲儒学的高潮。此图展现的就是尊儒重教、宣学讲经的场面。

击鼓(图 3 - 318):一个女子在一座门楼边,敲击置于建筑旁边的大鼓。该门楼建筑有什么功用,该女子击鼓是鸣冤,还是聚众,都不得而知。不过,在巴蜀地区的画像砖中,许多公众的场合都有女子的身影,这说明斯时斯地对女子的禁锢还不是那么严苛。

拜谒(图 3 - 319):两个扛旗者,作为官吏出行队列的前导,暗示着后面有身份尊贵的官吏即将到来。画面中间,有一位着长袍执笏者,是迎接和拜谒的官吏,在他身前所跪二人是拜谒的小吏和百姓。

图 3 - 317　讲经

图 3 - 318　击鼓

图 3 - 319　拜谒

射术比赛（图 3 - 320）：画面上站立的两个人显得高大威猛，两人手里都拿着弓箭，显然是在比赛射术。正面那位，似乎先射，侧面那位手执弓箭准备射出，两人则都在朝一个方向注视，似乎专注于射箭中靶的情况。在古代，射术为六艺之一，也是汉代士人必备之修养。

图 3 - 320　射术比赛

搏击（图 3 - 321）：一人虚扎着马步，握拳展臂，亮出等待搏击的花式动作。一人扎蹲式的较低马步，云手运拳，似乎将跃起，一招制敌。在两人之间，有略微凸起的山岭，空中有惊飞的鸟雀。这像是两个武林高手在山巅比武和搏击。

图 3 - 321　搏击

缉捕（图 3 - 322）：一位武士背对观者脸侧向右，左手抱两个刀剑类武器，右手执戟，慨然而立。画面右一人执剑，羁押了一跪地的犯人。画面生动表现了汉代官吏缉捕到犯人后凯旋的场景。

图 3 - 322　缉捕

（五）车马出行

巴蜀地区的画像砖图像中的车马往往表现的是旅途的真实场面。

骖车：正如前面所讲，汉代等级观念森严，不同地位的官员只能乘坐对应级别的马车。在巴蜀地区画像砖中，未发现四马驾的驷车，只出现了三马驾的骖车。这种车多为郡守以上的高级官员所乘坐，级别仅次于驷车。

骖车之一（图3-323）：此图上边饰有卷云花边，下边为三马驾的骖车，车上有棚，车上坐一乘一御，三匹马的马头皆微微低下，缓步而行，显得从容悠然。

图3-323　骖车之一

骖车之二（图3-324）：图上是三驾的骖车，车篷宽大，车上坐三人，可能为一官、一御、一随从。三马皆表现得躁动不安，两马前蹄上扬，张嘴嘶鸣，似被惊扰，一马扭头侧视，神情显得极度不安。马车的前方似乎出现了什么突发状况。

图3-324　骖车之二

骖车之三（图3-325）：此耀武扬威、正飞奔过桥的马车，也是三驾的骖车，车上坐二人，三马正全速飞奔，吓得车前的孩童匆忙奔逃，但他们似乎难脱险境，性命堪忧。桥下有青龙、白虎作饰，构图饱满。

图3-325　骖车之三

骈车过桥（图3-326）：这辆正在快速过桥的马车是两马驾的车，为骈车，在马车中级别仅次于骖车，一般为两千石以上的高官所乘坐。此车的车篷较为宽大，有雍容华贵之感，车旁还跟随一骑吏。木桥结构清晰，透视感极强，说明汉代人已有了较为完整的透视观念。

图3-326　骈车过桥

辎车（图3-327）：在巴蜀地区画像砖中，一马驾的辎车最为常见。辎车旁一般都有步行的随从、仪仗，还有拦车告状的民众。这些车有的正在过桥，有的正在疾驰，有的缓缓前行，有的暂停歇息……巴蜀画像砖上，辎车形象众多，展示出汉代车马出行的丰富画卷。

图 3 - 327　轺车

缁车（图 3 - 328）：在巴蜀地区画像砖中，这种一马驾的厢式马车也不少。厢式轺车一般用来运送物资，搭送女眷和孩童。

图 3 - 328　缁车

棚车（图 3 - 329）：这种棚车三面封闭，在汉代多为妇女所乘。这辆马车的后面有两个携武器的伍伯护卫，旁边还有人推独轮车拉行李，一看就是女眷乘坐之车。驾车的马，无论是动态，还是形体，都显得甚为矫健。

图 3 - 329　棚车

斧车（图3-330）：一般为古代战车的遗留样式，在汉代多作为县官及以上官吏，显示威仪的导车。这种车一般高大威武，车上竖大斧，且置长戟。

图3-330　斧车

（六）生产劳动

巴蜀地区表现生产劳动场面的画像砖比其他地方的要更丰富一些。由于这些画像砖的制作者更了解下层劳动人民的真实生活，因此，他们创作出来的劳动场面充满了生活的美，真实自然，具有纯朴的现实主义风格。

弋射、收获（图3-331）：这个著名的画像砖表现的是劳动场景。画面分两层，上层表现的是人们在荷塘边弋射的场景，下层表现的是收禾的场景。画面极富生活情趣，充满一种真诚而质朴的美，是不可多得的好作品。

图3-331　弋射、收获

播种（图3-332）：在画面中，两人在倒退刨地，两人弯腰在往田里下种，三角形的构图使这个寻常的劳动场面显得简洁明了，有一种纯朴的美。

图 3 - 332　播种

拾芋头（图 3 - 333）：画面中，三名妇女弯腰在水田里拾芋头，神情甚为专注。一名妇女在田埂上，往外捡芋头。在水田里还有一些大鱼、水鸭、水鸟等，情景真实生动。

图 3 - 333　拾芋头

渔猎（图 3 - 334）：岸上的人在张弓射鸟，水中有两条船，船上有人在捕鱼，岸上有远山和近树装点，水中有荷叶和水鸟。整个画面繁茂丰满，肌理感强，热闹而有序。

图 3 - 334　渔猎

— 173 —

盐场（图 3 - 335）：此图真实再现了制盐工人从盐井里打卤水、煮盐、制盐的艰难劳动场景。所谓井盐就是在有卤源的地方凿井取卤，或在天然盐水井中取水煎煮而制成。在战国时期，李冰在蜀地，不仅主持和兴修了造福后人的著名水利工程都江堰，还主持开凿了盐井。从那时起井盐就被广泛使用，至今不衰。画面上的制盐工人，身如蝼蚁，从井架上提取卤水，又把卤水肩挑背扛，运到煮盐处，他们的辛苦是显而易见的。他们工作的地方是崇山峻岭，有野兽出没，也有打猎的猎人身影。

图 3 - 335 盐场

春米（图 3 - 336）：画面背景是一个有架空层的仓库，前面空间表现了四个人分工合作春米的劳动场景。两人在春米，一人在踩水车，一人肩扛着容器，负责运输。劳动者的形象，都被形象塑造成蝼蚁之形，简练，生动，又有暗喻。画面节奏感强，像一个视觉的劳动号子。

图 3 - 336 春米

庖厨（图 3 - 337）：巴蜀地区的画像砖中，有关庖厨题材的画像砖有一定数量。主要表现厨师在厨房操作的繁忙景象，反映了汉代巴蜀饮食文化的鲜活状况。这个画面表现的是一个无墙的棚式厨房。棚屋下，放置着一个食材架，架上挂满鱼、禽、兽头等食材。站在观者的角度上，在食材架的左下部，一人跪坐在蒲团上，拿着大刀，正在案上切鱼。其身后有个人牵着一头羊，从画面右部进入厨房。最前面一排，从左到右依次表现的是：一人在灶前吹火；一人在放在地下的盆子里淘洗着什么，其身旁卧着一条狗；两人站在一个案子旁，都凑近案上盆子里，共同合作着烹制食物。画面繁而不乱，所表现的事物看似繁芜却清晰明了。

图 3 - 337　庖厨

三、历史故事

（一）鼎之事

升鼎（图 3 - 338）：巴蜀画像砖的升鼎画面，与各地画像石和南阳画像砖中的泗水捞鼎题材都不一样，表现的不是一个升鼎的大场面，而是两人利用滑轮来升鼎的小场面。人物动态生动。本来意义深远、声势浩大的"泗水捞鼎"活动，似乎被巴蜀地区的画像砖演绎成了一个普通的劳动场面，可见，远离政治中心的巴蜀地区，对于汉代众口一词的贬秦运动的政治意识相对淡漠。

图 3 - 338　升鼎

楚子问鼎（图3－339）：此图表现的是春秋时的一个故事。"楚子"是指春秋时代五霸之一的楚庄王，"问鼎"比喻为图谋王位。楚庄王在位时楚国非常强盛，为了称霸中原，他先后用兵于陈、蔡、郑、宋等国，又趁攻伐洛水流域之机，陈兵东周边境，炫耀武力。周定王立即派大夫王孙满前去慰劳。楚庄王别有用心地问王孙满：周之九鼎"大小轻重"。"九鼎"被视为统治权力和江山的象征，其政治价值对君王来说犹如生命一般。楚庄王问鼎，等于公开表现对周王朝的轻蔑，是向周王朝明目张胆的挑战。王孙满为了维护当时已风雨飘摇的周王朝政权，十分严肃地说："周德虽衰，天命未改，鼎之轻重，未可问也。"

图3－339　楚子问鼎

四、神话故事

（一）神人

西王母仙班（图3－340）：巴蜀地区画像砖中的西王母形象，比起其他地区表现得更加完善。华盖下的西王母端坐在龙虎座上，她手下的灵异：三足乌、九尾狐和捣药玉兔围绕在她身边，周围云雾缭绕，一派仙境的氛围。亡灵在西王母处与其先祖相见，俯身跪拜。这表现了人们对死后生活的美好向往。巴蜀地区的西王母形象题材很多，表现手法虽有不同，内容则大同小异，此画面的完整性更强，与其他地方相比画面上的灵异，多了一个蟾蜍，而且还把凡人的形象加了进去。这样，仙人和凡间的沟通，似乎就更频繁快捷了，画面也有了更丰富的想象和创意空间。

伏羲女娲（图3－341）：画面主人公是人头鳞身的伏羲女娲形象，两人的形象呈对称构成模式。伏羲右手高擎着一个内有金乌的硕大的日轮，左手执规。女娲左手高擎着一个内有蟾蜍的硕大月轮，右手拿矩。二人身姿优雅动人，尾部相近，并未相交，但却以同样的姿态对称盘绕成一个组合云雷纹，增添了画面阴阳和谐、风雷激荡之感。

日神（图3－342）：人头鸟身，胸含带有金乌的日轮，在天空中翱翔，这就是中国汉代巴蜀地区的阿波罗形象。其散开的尾翼几乎铺满整个画面，显得简单而又大气，具有视觉张力。

图 3 - 340　西王母仙班

图 3 - 341　伏羲女娲

图 3 - 342　日神

　　月神（图3－343）：和日神一样人头鸟身，胸内带有蟾蜍的月轮，在天空翱翔。比起阳刚的日神，月神低调阴柔了很多，她的翼翅收了起来，展开的尾部也比日神小了许多，给人一种柔美的动感。

图3－343　月神

（二）仙事

　　仙人御龙（图3－344）：画面中有两个仙人坐在仙车上，仙车由三条龙拉着，车轮由蛇盘旋而成，仙人御龙在星海中遨游。很像屈原的《楚辞·大司命》所写："乘龙兮辚辚，高弛兮冲天。"画面充满了东方浪漫主义的神秘气息。

图3－344　仙人御龙

　　仙人六博（图3－345）：一对身上长翼的仙人相对跪坐于地，正兴致勃勃地玩六博游戏，画面的左右角上分别有两个带尾的小仙人在空中，翻飞腾跃，给画面增添了几分仙气和几分神秘气息。

　　仙人戏鹿（图3－346）：一人骑于鹿上，鹿前有一个身着长袍的女仙人，手执灵芝和一个如意状仙物，女仙人上前馈赠食物，并表示欢迎。在巴蜀地区的画像砖中，这种仙人戏鹿画面绝不是孤品，表现的似乎都是亡灵乘着仙鹿奔赴仙境，并受到仙人的热情欢迎的场景。

图 3-345 仙人六博

图 3-346 仙人戏鹿

五、歌舞百戏

在巴蜀地区的画像砖中,表现歌舞百戏的场面不少,其题材多为盘鼓舞、叠案、弄丸、冲狭、稽戏等。在画面上,舞、乐、耍、玩、观融为一体,亲和欢快的气氛溢于砖外。

舞乐(图 3-347):画面中有两人在跳舞,一人弹琴,一人似在观赏。在汉代舞蹈已成为一门专门的艺术,称为女乐。习得女乐之人一般都要经过宫廷或贵族家庭的长期的专门培训,而后艺人在皇帝的内宫,或贵族厅堂表演,艺术氛围浓郁,常使人陶醉其中。到东汉末,琴的形制稳定下来,琴的艺术也日臻成熟。琴艺与舞蹈的结合,相得益彰,极其观赏性,非常吸引人。

舞蹈稽戏(图 3-348):图中一人,着宽衣博带在翩翩起舞,旁边二人围绕她作滑稽表演,有一种庄谐合一的感觉。西域的舞乐,通过丝绸之路内传,汉代曾刮起一股胡舞风。巴蜀地区,又处于西南多民族聚集区,所以蜀地的舞蹈糅合了更多西域舞蹈的审美因素,显得更加丰富多彩。

图 3 – 347　舞乐

图 3 – 348　舞蹈稽戏

百戏之一（图 3 – 349）：此图为百戏表演的场面：中间有一人在跳长袖盘鼓舞，右边一人在弄丸，左边有一人在十二层的跌案上表演倒立的绝技。人物动态生动，画面层次分明，近、中、远三个层次的人，透视变化明显而清晰，给人以忙而不乱的秩序感。

图 3 – 349　百戏之一

百戏之二（图 3 – 350）：画面中多个表演项目同时在上演：中间是冲狭，一人拿着一个冲狭圈，正等待表演者来冲；左边一人在跌案上表演，旁边一人扶案协助；右边一人在表演剑丸。

图 3 - 350 百戏之二

驼舞（图 3 - 351）：在河南画像砖中常见的建鼓舞，在巴蜀地区并不多见。但这幅图像中，出现了难得的建鼓的影子。在驼背的中间，竖着一只饰有羽葆的建鼓，两边各有一人在驼背上跳建鼓舞，驮着建鼓和舞者的骆驼，也似乎在随着节奏踏步。

图 3 - 351 驼舞

骑吹（图 3 - 352）：骑吹表现的是汉代马上行军奏乐的场景，是举行大型活动时的一种礼仪。巴蜀地区的画像砖中出现的骑吹，有三人一组的，也有六人一组的。不管人多人少，都能生动地展现出汉代这种独特的马上奏乐的表演模式。

图 3 - 352 骑吹

— 181 —

六、灵异

在巴蜀地区的方形大砖中,对灵异的表现并不多。而在小型条砖中,对四神等灵异的表现相对较多,手法也比较灵活多样。四神中常见的是龙和朱雀,也有白虎和玄武。

(一)龙

在巴蜀的画像砖中,龙的形象并不少见,较著名的有前面提到过的龙车。

苍龙星象(图3-353):此苍龙图把龙的形象和星象图形象结合在一起来表现,展现了汉代人对满天星斗的独特诠释。

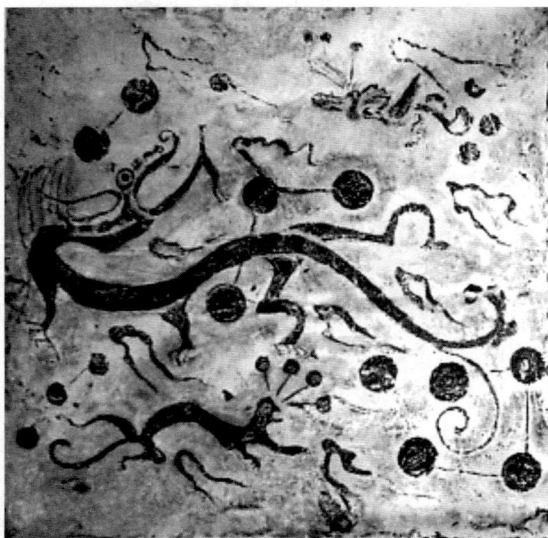

图3-353 苍龙星象

羽人御龙(图3-354):羽人赶着一条巨龙行走,就像农民赶着一头老牛。制作者把神秘的神话故事,用如此纯朴的方式诠释出来,使人倍感亲切。

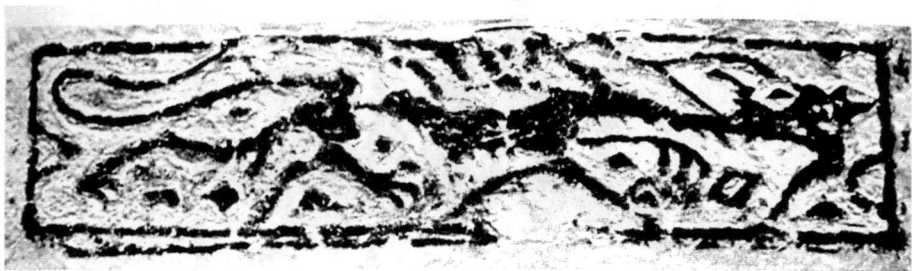

图3-354 羽人御龙

胖龙(图3-355):这条龙的头部虽然不太醒目,但肥硕的身体几乎占满画面,使人自然而然会联想到其惊人的吞吐量,无形间能感到威慑之力。

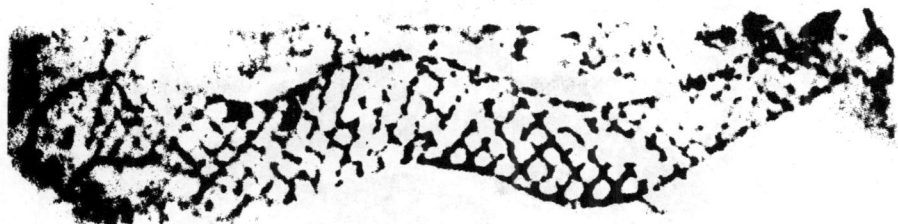

图 3 - 355　胖龙

龙（图 3 - 356）：这可能是中国最为纯朴的龙的形象，很像一只田间的普通爬虫，很难使人联想到这竟然是中华民族地位高贵的龙家族的一员。笔者不由大胆联想：让皇帝穿上普通老农的行头会是什么样子？而老农心中的皇帝的形象，一定很像这条厚朴的龙。

图 3 - 356　龙

羽人御龙（图 3 - 357）：与上边的两条龙相比，这条龙显得英俊一些，兽状的鳞身曲折有致，结构变化也比较自然。龙头雄壮，龙角尖削，龙嘴大张，像是在高声长吟。身后一个羽人轻轻扶着龙尾，给龙增添了几分仙气。背景空间中布满仙草，仙草烘托了画面的非凡之气。

图 3 - 357　羽人御龙

交龙（图 3 - 358）：这只巴蜀地区的交龙，不像其他地方的交龙，制作者凸显的不是它虬劲而盘曲有致的身姿，而是双龙欢悦亢奋的头部，以及相交的身体，使人想起巴蜀热烈和激情的地域风格。

图 3 - 358　交龙

（二）朱雀

朱雀的形象在巴蜀画像砖里相对较多,有不少朱雀形象出现在建筑屋顶的画像砖上,更多的朱雀出现在一些小砖的侧面,与玉璧一起组成对称的画面。此外,也有展翅舒尾游弋在云海里的朱雀形象。仔细品味后,笔者感觉一个个简练的形象如同美丽的符号,耐人寻味。

（三）凤

丹凤含珠（图 3 - 359）:丹凤直立衔珠,双翅向四周绽开,尾部向下弯而拖于地,丹凤姿态简练优美,线条舒展而富于动感。

图 3 - 359　丹凤含珠

凤凰巡天（图 3 - 360）:一只凤凰舒展着双翅,束着身体和尾巴,滑行在云海中,十分唯美。

图 3-360　凤凰巡天

双凤捧璧(图 3-361):画面呈绝对对称模式,两边凤凰各衔着一条丝带,系着一个玉璧,将玉璧固定在画面的中心。玉璧在古代是与天沟通的神器,而凤凰又是祥瑞,此画面的含义是不言而喻的。

图 3-361　双凤捧璧

(三)其他灵异

白虎(图 3-362):画面中左右两端各有一璧,在两璧之间有一只怒吼的白虎,白虎呈现出的是一个威猛的影子,但却比更具体的虎的形象更有威慑力。

图 3-362　白虎

玄武(图 3-363):在巴蜀地区的小砖中,蛇绕在龟身上所形成的玄武形象,与陕西画像砖中的玄武有几分相似。龟蛇的头深情相对,整个形象和谐,又富有情感。

图 3-363　玄武

白虎铺首（图3-364）：在汉代画像砖中铺首的形象，一般是用来标明墓门位置的，在汉代人的观念里，白虎是用来镇守一方平安的。这幅图像独特之处在于白虎铺首画面的两端有朱雀和玄武的形象。增加朱雀与玄武，首先，可能是以此象征南北两个方位，其次，是为了表达吉祥的含义。

图3-364 白虎铺首

青龙白虎（图3-365）：这对青龙白虎在桥下，用来装饰桥梁；在这对灵异周围还有星象环绕。在汉代，青龙、白虎分别代表镇守东、西方的瑞兽，青龙和白虎的装饰就给这座看似普通的桥增添了很多吉祥、神秘的气息。

图3-365 青龙白虎

朱雀玄武（图3-366）：中间有一玉璧，玉璧的两边是两只线条粗犷简练的朱雀和玄武。在墓中，这一对图像可能是用来表明方位的。

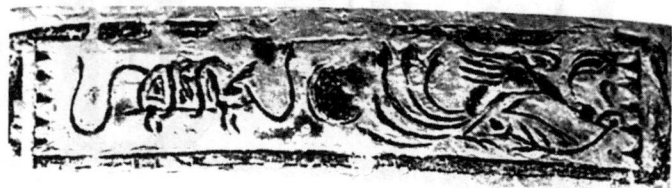

图3-366 朱雀玄武

七、动物

在巴蜀画像砖中,对动物的表现有很多,有许多是在大型的方砖画面中,在建筑、劳动、车马骑射等画面中,都可以看到动物的身影。在一些小型的条砖中,动物的形象也很多。

(一)汉砖上的动物世界

蜻蜓与小鸟(图3-367):画面中一只倒立的蜻蜓和一只展翅飞翔的小鸟,它们被夸大到和它们旁边的人一样大。汉代这种不考虑比例的自由造型模式,在巴蜀画像砖里被发挥到极致,也成就了巴蜀画像砖小砖图像诙谐、幽默、无厘头的表现风格。

图3-367　蜻蜓与小鸟

蜻蜓与羽人(图3-368):在这个画像砖中,制作者把蜻蜓、玉璧和小飞人并置在一起,画面新颖而奇特。

图3-368　蜻蜓与羽人

鹤舞(图3-369):两只仙鹤,一只正展翅而炫舞,另一只则拢起翅膀激情摇尾。它们的头部深情相向,似乎在用叫声和肢体语言在交流情感,表达爱意。仙鹤造型十分逼真。

图3-369　鹤舞

孔雀（图3-370）：画面中间有两只孔雀，一前一后立于左边人的面前，从画面中的房屋和树木看，这两只孔雀像是被人驯养的，在巴蜀画像砖的其他建筑画面中，也出现过孔雀的身影。

图3-370 孔雀

子母龟（图3-371）：在巴蜀画像砖的条砖中，有一些龟的形象，有单独的，也有与其他形象组合的。图中大龟的背上有个小龟，制作者刻画了造型奇特的子母龟形象。小龟，既成就了大龟龟背的肌理，又体现出大龟背小龟的这个颇具生活情趣的细节。

图3-371 子母龟

兽斗（图3-372）：图中的两兽，后肢着地，做相向直立状，前肢缠绕在一起，做搏斗状，甚为生动。兽斗形象与原始岩画的兽斗图像相似，说明题材来自制作者对生活的真实观察。

图3-372 兽斗

八、纹样

巴蜀地区画像砖的纹样多集中在条形砖的侧面，图案非常丰富，有璧纹、联璧纹、十字折线纹、菱形纹、卷云纹、柿蒂纹、菱形回纹、十字纹、乳丁纹、斜方格纹、圆轮纹、田纹、雏菊纹、花朵纹、叶脉纹、花蔓纹、十字穿环纹、规矩纹、三角纹、米字纹、水波纹、眼纹等。

第六节　江苏画像砖的题材和内容

汉代画像砖流传到江苏时,已经到了衰微期。图像多位于小砖的侧面,出土的画像砖画面模糊,难以辨认,品相相对较差。题材内容较之盛期也贫乏了很多。

一、汉代社会生活中的人物

执剑武士（图3-373）:画面上,一戴冠武士,头微侧,剑端着地,双手叠放于剑柄上,一副尽心尽力、忠于职守的样子。

执幡人（图3-374）:幡是引导亡者灵魂升入天国的一种冥旗,一般由走在送葬队伍最前面的亡者儿子举着。图中的执幡人高举幡旗,双膝微曲,扭头向后观望,似乎在观察身后的队伍或者亲人的灵柩。执幡人步履蹒跚,仿佛正沉浸在悲痛中。

图3-373　执剑武士

图3-374　执幡人

二、汉代社会活动和生产劳动

（一）车马出行

轺车出行（图 3 – 375）：图中有一辆轺车在行走，车前应是一导骑，马上有一个骑吏的轮廓线条较微细，车内空无一人，有几分神秘。也像是表现，骑吏引导着这辆轺车去接人的情景。

图 3 – 375　轺车出行

骈车出行（图 3 – 376）：画中一骈车上，坐着一乘一御，前面有两个并行的导骑。导骑和车马的速度似乎都很快，仿佛能够听到隆隆的车马声。这是一幅典型的汉代出行图。

图 3 – 376　骈车出行

车马（图 3 – 377）：画面左边立着一匹马，马嘴上系一条缰绳，在其身后，停着一辆无棚的马车，表现的是车马休息的场面。

图 3 – 377　车马

（二）社会活动

狩猎（图3-378）：此砖在江苏砖中比较奇特，地纹为十字穿璧和三角形回纹的组合纹样。画面的左边有一棵顶天立地的树，树下有一个人牵着一头捕获的鹿。在其右上部，还有一个人领着一条狗，正拉弓射向远方的猎物。画像砖的底纹与上面画像完美结合，相得益彰。

图3-378　狩猎

四人过桥（图3-379）：画面右边有一座由两柱支撑的拱形桥。在拱形桥面上，有只细狗在追兔子。拱形桥下，被桥柱分割的三个空间内，分别有三个人形，形象都不完整，有的只露出头部，可能是想表现游泳和涉水的情景。在桥的左边，有四人似乎要过桥，前面一人横扛着一长戟，第二人像是牵了一只羊，第三人以肩挑担，第四人空手而行。画面形象简单，线条简练，富有稚拙美。

图3-379　四人过桥

三、历史故事

（一）荆轲刺秦王

壮士荆轲与燕太子丹的谋划刺杀秦王，荆轲欲以献地图为由，伺机刺杀秦王。秦王在咸阳宫接见荆轲，并亲自观图，图穷匕首见，荆轲举刀刺秦王（图3-380）。秦王逃脱，以剑斩荆轲左腿。荆轲又用匕首投向秦王，只击中柱子，刺杀不成遂被侍卫所杀。画面中有一柱子，柱子左侧神情激奋者，就是荆轲，柱右举剑过头者为秦王。此砖生动表现了发生在战国末期的最悲壮的一幕场景。

图3-380　荆轲刺秦王

（二）二桃杀三士

这是一个家喻户晓的智谋战胜鲁莽的故事。晏子利用人性的弱点，即膨胀的私心，借两个桃子轻而易举杀掉田开疆、公孙接和古治子三位盖世英雄。画面（图3-381）分两个场景：一个场景是三人抢桃，田开疆、公孙接捷足先登，得到桃，古治子因失利而悲愤交加；另一个场面是悲惨结局，古治子悲愤自杀，田开疆、公孙接猛然醒悟，后悔莫及，弃桃唤友，但为时已晚，两人随即也惭愧自杀。

图3-381　二桃杀三士

（三）伍子胥

伍子胥（图3-382）本是春秋时楚国人，为避父兄之难来到吴国，成为谋臣，以其旷世之才扶助吴王，使吴国日益强盛。伍子胥对吴国忠心耿耿，最终却含冤而死。

（四）习武与孔子见老子

如图3-383所示，画面分上下两部分，上部分两人手执武器，一人做攻式，一人做守式，似在习武。下面部分有两个老人面对面站立，似在交流。中间还有一小人在凝神细听。画面呈现的是汉画像中常见的"孔子见老子"的造型。

图 3 – 382　伍子胥

图 3 – 383　习武与孔子见老子

四、神话故事

（一）升仙

如图 3 – 384 所示，画面刻画了一跪坐于地的伸手接物的老人和一给老人送珠玉的羽人的形象。上刻文字"艳云是白虎，玗琪入时，自文亘日升"，意思是艳丽的云彩是引导升天的神兽白虎的化身。玉树和美玉送来的时候，将在仙人的引导下飞升天宇。

图 3 – 384　升仙

（二）羽人戏鸟

如图 3 – 385 所示，这个长满羽毛、生出翅膀的羽人，跪坐于地，正举着一只小鸟戏耍。羽人神情有几分虔诚，似乎把小鸟当成了学习飞翔的老师。

（三）转型羽人

如图 3-386 所示,画像中立一羽人,右手举一棵仙草,遍体生毛,背生双翼,似乎正处于凡人转化为仙的转型时期。

（四）方相士

在汉代,人戴上有四个眼睛的熊皮,用来驱逐鬼怪,这样的驱鬼之人叫像人,也被称为方相士。后来,为了防止阴宅被恶鬼侵犯,墓主人便在坟墓中装饰方相士图像（图 3-387）,用来避邪。这里所塑造的只是方相士的头部。

图 3-385 羽人戏鸟　　　图 3-386 转型羽人　　　图 3-387 方相士

五、灵异

（一）龙虎戏耍

龙虎戏耍（图 3-388）,有些书中称其为"双龙戏耍"。笔者仔细观察,认为从头部的圆团和四肢细微特征来看,右边兽物更像白虎,两兽皆带翼,显然是超凡的仙界灵异。龙虎相戏象征平安、生殖繁盛和升仙等吉祥含义。

图 3-388 龙虎戏耍

（二）羽人戏龙虎

如图 3-389 所示,图像在实心小砖的侧面,偏右部有一个羽人在和白虎戏耍,左边是一条青龙。此砖有升仙寓意,以及镇守平安的吉祥含义。形象塑造纤巧飘逸。

图 3-389　羽人戏龙虎

（三）翼虎

如图 3-390 所示,画面中一只白虎,身带双翼,四肢张开,做飞奔状,身姿修长劲健,身上花纹巧妙优美。这种在帝王仁德、政治清明时方会出现的瑞兽,充满了迷人的魅力。

图 3-390　翼虎

六、纹样

江苏画像砖的绝大部分是小砖,主要纹样有鱼纹、十字穿环纹、菱形纹、网格纹、瑞草纹等。

第七节　其他地区画像砖的题材和内容

一、安徽地区画像砖的题材和内容

安徽北、中部地区，东北与汉代开国皇帝的故乡徐州接壤，又处于古代大中原的范畴，文化范围也归属于黄淮平原的范畴，在汉代此地经济文化的发达是必然的。这一地区画像砖，所涉及的题材有：建筑人物、建筑云气、建筑车马、建筑吉祥文字等，有执戟盘坐官吏等人物，有璧纹、斜方格纹、树纹、菱形纹、菱形花蔓纹、柿蒂纹、石竹花纹、回子纹等纹样，还有交龙、白虎、方相士、铺首衔环等图案。

（一）建筑

双阙双门（图3-391）：这个建筑图中，有两个阙、两个门厅。四个建筑之间布满了祥瑞的云气。在双阙的两边一边有铭文："宜官秩"三字，一边有铭文"大富贵"三字。中间门亭柱子上装饰有五字纹，五字在汉代是个比较尊贵的数理，代表阴阳和谐，具有吉祥之意。

图3-391　双阙双门

祥云建筑（图3-392）：上面只有三个半建筑。最低的是门楼，上面有蛇形祥云，下面有交叉的两枝戟。中间较宽的门楼，檐下有垂帐，下面有栏杆，屋柱上有五字纹装饰。最右边建筑，由细细的柱子擎起的亭式建筑。右边两个建筑之间有"宜官秩"三字。

图3-392　祥云建筑（残砖）

宜子孙建筑(图3-393):(砖残)画面上两个主体建筑都是房柱显著的大厅,大厅下设垂帐,垂帐下,有羽葆装饰。厅外檐下设有提梁大酒壶。两个大厅中间有宜子孙三个字。西面大厅的左面,有一棵用线条表现的大树。

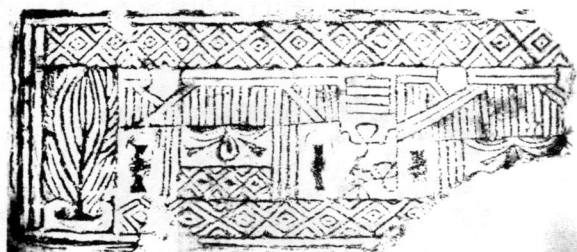

图3-393 宜子孙建筑

吉语建筑(图3-394):剩下部分的建筑显示有一对重檐的双阙和一座双层门厅。双阙内有两棵树,树中间有"长乐未央"四字。站在观者的角度,在左边的阙柱上,有"君宜宜"三字。在门厅的左边,有"宜子孙"三字。此画像砖图像说明:在汉代人心目中,阴阳两种宅子的存在很重要;祈愿生活美满幸福、子孙兴旺的心愿也很重要。

图3-394 吉语建筑(残砖)

车马建筑(图3-395):画面上的建筑有一个主门厅和一个辅门厅。一只大鸟立在主门厅前。在它左边,一辆马车自左向右行驶,神秘的是车上既无乘者也无御者。整个画面除了大鸟,就是空荡荡的马车在空荡荡的建筑前飞奔。

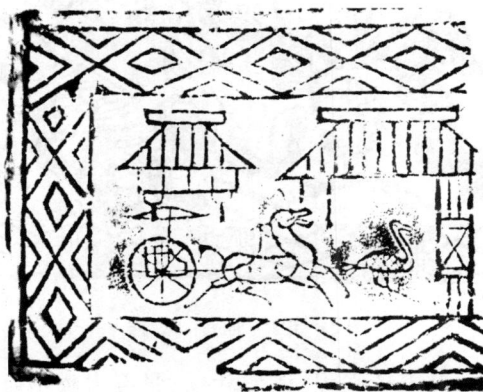

图3-395 车马建筑(残砖)

（二）灵异

朱雀玄武和常青树（图 3 - 396）：在画面上有一棵较大的常青树，树上立一鸟，应是朱雀。树的左边，有一个龟蛇合体的玄武，龟的颈部被夸张地拉得很长，树的右边也有一条蛇。

图 3 - 396　朱雀玄武和常青树

铺首、虎、熊（图 3 - 397）：画面上布满造型神异的灵异形象，其中最易辨认的是熊、白虎和铺首衔环。画面饱满，气势宏大，给人以神秘、雄浑之感。

图 3 - 397　铺首、虎、熊

白虎（图 3 - 398）：白虎表情强悍，体形壮硕，张着大嘴咆哮，摆着尾巴疾行，山林之王的气势跃然纸上。

图 3 - 398　白虎

（三）人物

呐喊武士（图 3 - 399）：一高冠武士盘腿，抱剑，坐于地，张着大嘴，像是在呐喊着什么。整个形象虽然淳朴低调，但他稳当如山的坐姿和超出五官比例很多的大嘴巴，表现出一种非凡的时代气韵。

图 3 - 399　呐喊武士

二、湖北地区画像砖的题材和内容

湖北地区接近东汉的帝乡南阳，地处古楚国腹地，画像砖的艺术风格与南阳地区接近，但又有自己的特点。画像砖题材主要体现了当时的社会生活和娱乐场景，如车马迎送、宾主座谈；骑吏、执戟步卒、执剑步卒、执节侍从；建鼓舞、盘鼓舞、踏节舞；奏乐、六博等。

武士、车马迎送(图3-400)：分上下两个画面,上部表现四个武士,前边两个武士腋下夹着刀剑低头前行,后面两个武士用肩扛着长矛前行。从四个人的动态看,都呈现出长途行军的略显疲惫的状态。下图表现的是一个辎车过桥的情景,辎车上有一乘一御,车后跟着一名步行随从,在对岸桥头,一个执笏官吏在躬身迎接。

图3-400　武士、车马迎送

建鼓舞(图3-401)：画面的主体是建鼓舞,位于画面下部。建鼓被置于白虎架上,上饰有羽葆和华盖,两人在其左右劲舞。建鼓上部有四个奏乐者,左边一人击铙,其他三人边吹管乐,边摇拨鼓。画面注重装饰,以及细节的处理。

图3-401　建鼓舞

六博歌舞(图3-402)：画面上部,两人坐在六博盘附近,正在兴头上;下部有两人在舞蹈,两人在奏乐。画面舒朗,空旷,磅礴大气。

车马过桥（图 3－403）：画面的主体是一辆带篷骈车，车上一乘一御。御者扎发髻，乘者戴官帽，手执便面。在画面的上部，有两个随行的骑吏，一前一后与马车并行飞驰。

图 3－402　六博歌舞（残缺）

图 3－403　车马过桥

会客、歌舞（图 3－404）：画面的上部主宾二人各执武器，跪坐于席，看似相谈正欢，但其后有一随从执节而立，暗示出这次会面的严肃性。下面有三个人在表演舞蹈，以助兴。

图 3－404　会客、歌舞

三、河北地区画像砖的题材和内容

河北的画像砖题材主要体现了当时的社会生活场面,如车马出行图、狩猎图、辎车出行图、牧牛图等。纹样有菱形回字四方连续、方形羊角适合纹样、五铢钱纹和套环乳丁纹等。

车马狩猎(图3－405):上面两个画面用的是一个横长相同的印模。画面表现的是一队浩浩荡荡的车马狩猎队伍,印模不全。最前面的是执棍,并俘获两兽的步行猎人。其后,是一个执弓的骑马猎人。后面有两辆辎车,两车上,都有一乘一御,乘者稍大,而御者小,显得主次分明。两车之间有一武士,武士肩上扛着金吾,腰间插着剑,显得十分英武。马的形象比较可爱,动态感很强,造型也很美。其他被猎动物造型与马相似。

图3－405 车马狩猎(残缺)

放牧(图3－406):陕西、河南和巴蜀地区的画像砖图像都很少有放牧的场景,这与地形、气候有较大关系。放牧图也就成了河北画像砖的经典。画面中的牛排着队,神情温顺。猎人大跨着步,高举着鞭,姿态潇洒,仿佛随时要挥下去。

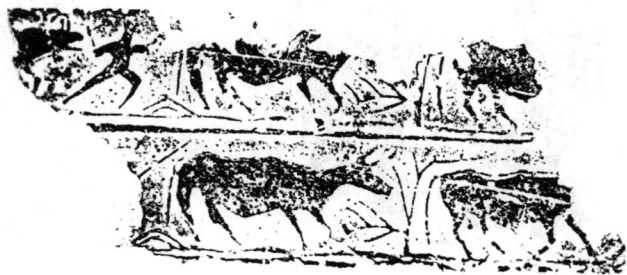

图3－406 放牧(残缺)

狩猎（图3-407）：画面中一骑者和一步行者在合力追逐一群野兽，表现出汉代声势浩大的狩猎场景。

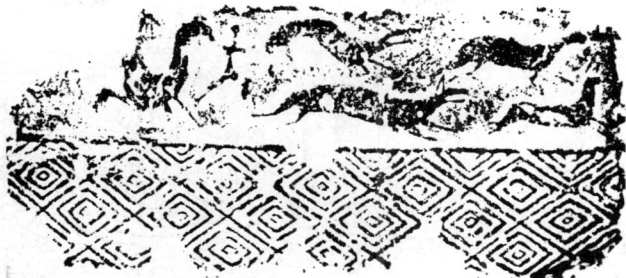

图3-407　狩猎（残缺）

四、山东地区画像砖的题材和内容

山东的画像砖内容有带云气底纹的降龙图、带对角底纹的伏虎图、带部分装饰底纹的建筑狩猎图、车马出行图、交龙图、执戟门吏、建筑、建鼓舞、观舞图等。

甲第歌舞（图3-408）：画面上有一单阙和一二层主楼，主楼的一楼有两人跳建鼓舞，二楼有三人在观看。与单阙相呼应的是一个佩剑武士。画面疏朗、空旷，但颇为气派。

图3-408　甲第歌舞

神人缚虎（图3-409）：画面分图像和底纹两层。底纹为多重线的鱼吻纹。图像表现的是牛头神人抓住两只老虎的尾巴，把它们擒获的情景。

图3-409　神人缚虎

力士降龙（图 3－410）：画面中的力士，双手顶着天花板，双脚踩着两条蛟龙。力士袒胸露乳，神情威严。两条龙现出痛苦的状貌。双龙身体相交形成的空间中，还有白虎和羽人出没。

图 3－410　力士降龙

狩猎（图 3－411）：此砖与上面的底纹砖不同的是，印图案的部分底纹被事先作了清平处理。狩猎的场面是，两位猎人持矛合力阻截一只猛兽。除此以外，还有其他兽类在四周活动。画面表现的应是神话故事，似有一个人头蛛身的怪兽，还有一只带翅神兽，神兽的一条后肢被处理成涡形线。整个画面的图像和底纹处理得都比较玄幻。

图 3－411　狩猎

五、云南地区画像砖的题材和内容

云南地区的小画像砖图像有车马出行图、车马狩猎图、牵牛图、喂牛图、驯马图、牧牛马图、骑马图、双龙嬉璧图、立马图、飞马图等，纹样有人字纹、田字纹、车轮纹、菱形纹、对角纹、五铢钱纹等。

车马出行之一（图 3－412）：画面上有两个步行的武士，一前一后随着一辆轺车出行。画面造型随意，如儿童涂鸦，但有一种稚拙、童真之美。

车马出行之二（图 3－413）：画面上有一辆轺车，轺车的前面有两位执戟武士，在做导引。其后跟随一骑吏，与一步行武士。画面造型简约，人物和车马皆如影子般虚幻，却传达出一种缥缈迷幻的风尘与沧桑之美。

图 3 - 412　车马车行之一

图 3 - 413　车马出行之二

人与兽（图 3 - 414）：画面内容简单，表现两头奔跑的野兽和一个站立的男子，造型风格粗朴直率，如原始岩画。

图 3 - 414　人与兽

骑吏纹样（图 3 - 415）：图像的两端为纹样，左边是鱼吻纹，右边是菱形回纹。中间图像是骑吏，人和马的形象都比较模糊。

图 3 - 415　骑吏纹样

双龙护璧（图 3-416）：画面的中间用丝带悬着一个玉璧，两边各有一条龙，像是在保护玉璧。在汉代，玉璧被认为是人与天沟通的圣物，因此，有关四神与玉璧组合的画面很多。

图 3-416 双龙护璧

骑吏（图 3-417）：菱形回纹有富贵不断头的吉祥含义，中间的骑吏孤身一人，神情潸然，似乎在天涯孤旅。

图 3-417 骑吏

六、贵州地区画像砖的题材和内容

贵州的画像砖内容体现了当时的社会生活，如舞乐、车骑出行、车马雀阙、牛车树阙等。

车马雀阙（图 3-418）：在一个不太高的单阙上有一个用来测风的高大铜雀。阙的前面有一匹马拉着一辆轺车，缓缓前行。造型稚拙，富有童话感。

图 3-418 车马雀阙

车马树阙（图 3-419）：画面中有一个人，牵着一头牛，拉着一辆车，正走向一棵树和一座单阙。场面十分温馨，充满田园诗般的美。

图 3－419　车马树阙

车马过阙（图 3－420）：画面上有一个导骑引导着一辆轺车，驶过一座阙。造型如影子，充满童话美感。

图 3－420　车马过阙

拜谒（图 3－421）：在一个广大的屋棚下，一人盘腿而坐，四人前来拜谒，四人神情和姿态各异，表现出人们面见长官的复杂心态。

图 3－421　拜谒

七、浙江地区画像砖的题材和内容

浙江省的汉代画像砖有龙、鸟、鱼、花瓶、刀、人物等图像，还有菱形纹、回字纹、五铢钱纹、璧纹、回字纹、斜方格纹、云气纹等纹样。大多为图像和纹样结合的图案，传达出吉祥和美好的含义。

— 207 —

图 3-422　图纹砖（四种）

八、辽宁地区画像砖的题材和内容

　　辽宁地区的画像砖有执戟亭长、小童、戴冠人物、车马迎送、厅堂人物、人形鸟纹、鸟纹、双鱼纹、鱼纹、龟纹等图像，还有五铢钱纹、菱形纹、麦穗纹、璧纹、乳丁套环纹、三角纹等纹样。

　　光芒力士（图 3-423）：力士的头部圆如太阳般向外放光芒，身体饱满，四肢纤细，充满孩童般的纯真光芒。

　　神人（图 3-424）：这个戴山子帽的神人，头部下有一个圆环，很像铺首衔环。整个形象给人磊落大气的感觉。

图 3-423　光芒力士

图 3-424　神人

　　执戟门吏（图 3-425）：这个画像砖上的执戟门吏，上部有亭长二字，与中原画像砖门吏风格相近，具有中原之风。可见在画像砖流行的汉代，印模的交流和借鉴是不受地域限制的。

图 3－425　执戟门吏

车马迎送（图 3－426）：砖面分三个单元，左边单元表现的是一个大厅，内有两个简略的人影，中间单元是竖排的年号，右边单元表现的是一辆辎车和随从，被一个执笏官员和随从欢迎的场景。

图 3－426　车马迎送

狩猎（图 3－427）：画面上有一人两兽。人在中间正拿着弓射向前面的猛兽。

图 3－427　狩猎

第四章

汉代画像砖的印模艺术造型

第一节　画像砖的制作过程

一、空心画像砖的制作过程

（一）选土、炼泥

选土：制作画像砖的土，一般要选取地下较深层未经扰动过的生土，最好是黏土。

和泥：将泥处理成均匀、细碎的颗粒，筛去杂质，加入水搅拌均匀。

炼泥：与普通的砖不同，画像砖的砖坯上要压制花纹图像，因此，画像砖的制作对泥的要求较高，将泥和好后，还需用木棍、铁棒等反复敲打炼制，还要除去泥内的杂质和干土块，直到泥成为十分细腻的膏泥为止，然后堆放待用。用这种炼好的膏泥烧制的汉砖，非常细腻，有人甚至用汉砖刻制砚台。

（二）制作泥饼

制作木质泥饼范：笔者认为，在制作画像砖之前，首先要用"泥饼范"制作空心画像砖的泥饼。"泥饼范"的材质应是木材。六面体的画像砖只需要大面、侧面和端面三种来界定长、宽、高的尺寸，其实凹型的"泥饼范"两个侧面和两个端面和一个底面，五块板就行（也可以省去底面），和现在的豆腐范有点相似。

制作泥饼：与制普通砖坯一样，把炼好的泥压入泥饼范中，用泥弓削去上面多余的泥，脱模待用。

有不少书上认为，这种画像砖的泥饼是直接用泥弓从泥块上削下来的，笔者认为，这样削下来的泥饼，无论是致密性还是均匀度，都达不到制作空心砖的要求。

首先，直接削的手工泥饼每一个的厚度难免不均，即便是同一个泥饼的厚度也同样会不均。均匀切削的技术难度很大，且泥饼越大这一步骤就越难。不如用泥饼范操作起来较为快捷,劳动效率高。

其次,经"泥饼范"压制而成的泥饼,会成为坚实细密、表面光滑的泥坯,更利于印制花纹、画像。而削出的泥饼要达到合格的质地就很难,因此,笔者以为,做空心砖的泥饼是用专有的"泥饼范"制作的。

(三)制作空心素坯

制作砖范:制作按照画像砖的长、宽、高尺寸,用五块能自由拆装木板,围成一个凹的砖范。

制作空心砖:把前面制好的泥饼,分别贴在砖五个面上,用手把接缝处压接好。在中间的空间里,放上特制的沙袋(可以防止空心砖的塌陷、变形),再在顶部覆盖一层泥饼,处理好与其他四面的拼接,加顶盖木板压成空心砖素坯。

脱模:待砖体稍干成型,移去外部木板。

(四)压印花纹和画像

晾砖:将制好的空心砖素坯置于通风处,经短时风晾,泥坯会变得硬实一点,就可以趁湿压印画像砖的图案了。

修平和抛光待印面:确定好待印面后,可以将其修整得完美平整。先用细刷子沾清水,在待印的砖面上反复扫刷,把砖面处理得更加光滑细腻。

设置脱模媒介:在模具或砖面上涂抹上隔离性的媒介物,以便顺利脱模,保证图像的清晰。媒介物质可能是液态的,如水或油,也可能是粉质的,如细沙或滑石粉。各地、各时期的媒介也不尽相同。巴蜀地区的媒介物就极有可能是细沙,因为那里的画像砖的表面都有细细的沙眼。

压印图像:用整版印模或小印模,在整平的砖面压印出图案。小印模压印相对简单,整版印模的图像压印,就要做到用力均匀,才能确保整版图像达到完美。

脱模:这一环节只限于整版印模的图像压印。因为事先有了媒介的环节,脱模就相对容易,只要多加小心不破坏图像就好了。

整修:砖是湿的,泥又是软的,在压印、脱模过程中,每一步操作都很难做到完美无瑕,因此,需要对图像不尽完善的部分进行整修。有的制作者在整修时会产生好的创意和灵感,提升画像砖图像品质。

(五)去除沙袋

挖去沙洞:趁湿在空心砖没有图像的一个端面上挖一个洞。若砖坯存在接缝问题,就用手伸进端面洞口,沿沙袋外围进行修补。

阴干砖体:在画像砖没有干透的情况下,沙袋在其内部起到支撑作用。

去除沙袋:待画像砖干透后,用利器把沙袋扎个洞,待沙流尽,再取出空的皮囊。有些书上叙述沙袋的去除是在压印图案之前,笔者不这样认为。因为太早去掉沙袋,在压印图案时中空的砖体很容易受损,沙袋的作用也就没有充分发挥。

(六)入窑烧制

制好的画像砖坯,经过阴干和晾晒,去除沙袋,干透后即可入窑烧制。

— 211 —

二、实心画像砖的制作过程

（一）选土、炼泥

制作步骤同空心砖。

（二）制作实心砖坯

实心画像砖，没有中间的空囊，制作方法就简单了很多。选土、炼泥后，用木质砖的坯范就可作坯。

（三）压印纹样和图像

晾砖：方法与空心砖相同。
修平和抛光待印面：方法与空心砖同。

（四）压印图像

实心画像砖压印图像多为"整版印模"印制，压印图像可一次完成，免去了很多烦琐的程序。另外，还有更简捷的一次成型方法，就是把画像印版模和砖体其他面的素板一起组成五面的砖范，加上隔离剂，把炼好的泥压进去，用泥弓刮去多余的泥，脱模晾晒，就可烧制了。

（五）入窑烧制

方法与空心砖相同。

第二节　模印画像砖的印模制作方法

一、汉代模印画像砖的印模类型

模印画像砖上的图像一般都不是直接在砖上制作出来的，而是先用木材（或其他的材料）雕刻（其他木材以外的印模材质，也有别的成纹模式）成印版或印模，再在湿的砖体上用压印的方法，通过压印形成图像。画像砖图像的印制，分整版印模和活印小印模两种方式，且印制的方式也各不相同，因此，印版模、小印模的模式也各不相同，形成了几种类型，也形成了不同的印模制作方法。笔者将其概括为七种：前三种为版模，即整版印模，中间三种为小印模，最后一种是小实心砖整版印模。

(一)整版印模

1.大型空心画像砖的整版印模

这种印版模是专门用来印制整版印模的空心画像砖的。这种印版,在一般情况下,都是既有外框又有内部装饰图像,外框是内部表现内容的外在装饰,是一种具有完善艺术形式的完整而又独立的印版模式,即一种有自生画框的独立绘画呈现形式,或者装饰画呈现形式。陕西画像砖和南阳画像砖出现了很多这种类型的印版模。这种印版模雕刻手法多样,有纯用线条表现的,也有用浮雕手法表现的,也有线条(图4-1)与浮雕(图4-2)两种手法相结合的。印版模所存在的状态,与画像所展现的状态往往是阴阳相反的:若砖上图像是阳线的,印版模的表现就是阴线的;砖是浮雕的,印版模就是凹雕的。这就需要雕版工匠对最后印到砖上的效果有比较充分的估计。因为这种印版模,是用于印制空心砖的,因此,对于空心砖砖体的厚度和承重能力也要有所考虑,如浮雕形式,若浮雕过大过重,就会影响空心砖的重力结构,进而影响成砖的质量。

图4-1　繁密线条朱雀印模(陕西画像砖)

图4-2　浮雕白虎印模(陕西画像砖)

2.大中型实心画像的整版印模

这种印版模是用来压印实心砖的,因此,省去了很多制作空心砖时的烦琐工艺,也没那么多的手法束缚,雕刻技艺也更加自由、奔放一些。许昌中型实心画像砖(图4-3)、南阳的部分画像砖和巴蜀地区方形画像砖,使用的就是这种整版印模。

许昌中型画像砖,制版时运用的线条较多,也有很少一部分是线面结合的。风格大都粗朴稚拙,体现了较大实心砖出现之初手法的简拙,但也有少数作品俊秀飘逸。

南阳实心砖形制多样,有横长型、竖条型和方形等。刻模工艺,也更加丰富娴熟,浮雕和线条相互结合,相得益彰。粗放处,形体模糊,只现神韵;细腻时,毫发毕露,犬牙皆显。简到寥寥数笔的村头小景,繁到波澜壮阔的大型历史画卷如《泗水捞鼎》(图4-4)。有的气势浩大如鸿篇巨制《红楼梦》,震撼人心;有的温婉细腻如《聊斋志异》,

动人心弦。那种竖条形的刻板，分明就是古版的后现代作品：把天上、人间，斯地、彼处，凡人、瑞物……超越时空，纳入一砖。南阳的汉代画像砖"整版整模"印版模，的确是艺术价值极高的旷世杰作。

图 4-3　线条建筑印模（许昌画像砖）

图 4-4　泗水捞鼎印模（南阳画像砖）

巴蜀地区的矩形汉代画像砖的整版印模（图 4-5），表现内容一般是关于社会生活、生产劳动的，仿佛是视觉的纪实性调查报告，很有现实主义艺术的造型风格，组合在一起仿佛是汉代社会生活的史诗般的画卷。

图 4-5　酒业官营印模（巴蜀画像砖）

3. 实心铺地花纹砖整版印模

如图4-6所示,这种印版模是用来印制铺地花纹砖的,是一种类似四方连续的图案印版模,流行于全国各地,且一直延续到后世。但对于花色的质量不大讲究,不追求高端的墓室铺地砖来说,这种印版模,不需要用墙体装饰的整版空心砖的较烦琐工艺,也省去了用小印模装饰的空心砖排版的麻烦,制作工艺相对简单。

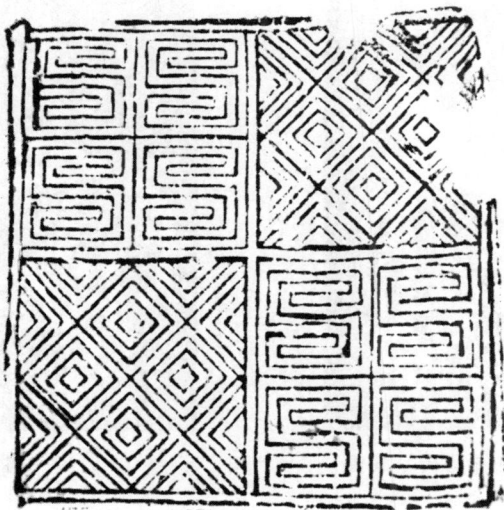

图4-6　几何纹印模(陕西铺地砖)

4. 小型实心砖整版印模

在所有的汉代砖墓中,小型实心砖永远是使用数量最多的造墓中坚力量,大型画像砖,往往只是用在装饰墓门、墓室的主要地方,数量是有限的。草儿虽小,却能够绿满大地,聪明的汉代工匠也没忘记对小砖的美化,他们除了用上面所提到的纹模、画模等小印模来印制图案外,也在小砖的侧面和端面(也有在砖的大面的)整体印模压印图像。表现题材广泛,手法自由奔放,就像流行在民间的歌谣,很好地展示了劳动人民的智慧,散发着清新自然的生命气息。在汉代,这种小型整砖图像也比较常见(图4-7)。

图4-7　狩猎整版印模(豫中小实心砖)

(二)小印模

1. 像模

这种印模是小型印模的一种,以形象的模式出现,如一个武士(图4-8),一匹马(图4-9)。这种印模只有一个孤立或几个组合形象,不设外框,只是一个视觉的造型元素,未形成独立画面,因此,笔者称其为"像模"。如洛阳画像砖中的人物、动物的印模就是这种"像模"。这种印模的特点是使用机动、灵便,可以和其他印模随意组合成各种大、小不同,意味相异和组合形式多变的画面。但对印制印模的匠人的艺术水平要求较高,不易学习借鉴,因此,在出现一百多年以后,就突然消失,被后来的新形式印模替代。

图 4-8　骑射（豫中画像砖小画模）

图 4-9　马（洛阳画像砖小像模）

2. 画模

这种小印模从西汉中后期到东汉早期,曾经风靡中原大地,并扩散到周边地区,最后遍布整个黄淮平原。中心区域位于郑州、许昌和洛阳所形成的豫中三角区和周边区域,笔者简称其为豫中地区小画模。这种印模,一般带有外框,能够单独形成画面,便于表现社会生活方方面面的各种细节,观者透过一个个微型画面,可以窥一斑见全豹,感知汉代生活之阔壮,感知汉代精神的自由雄强。且豫中地区的这种小印模,在压印到砖面上时,往往是由多个相同或者不同的画模以并置的方式组合在一起,成为"画模集成块"（图 4-10）,以"团队"的形式向观众展示出来,如粒粒珍珠串成项链,似颗颗水珠汇成掬泉。给人感觉还是很强烈的。更大的优点是这种印模可以由艺术水平较高的工匠刻制,一般的制砖工人只需压印就好,不需要太高的构图和艺术创作技巧,并且印模可以多次重复使用,很方便。它是早于毕昇活版印刷好多年的活画版印模。因此流传范围较广,流传时间也较长。

3. 纹模

如图 4-11 所示,这种小印模一般是由一个独立的单位纹样构成的,在大型的空心砖图像面上或者小砖侧面进行压印,形成成排或成片的装饰纹样。很像现在基础图案中的一个单位纹样,如柿蒂纹、钱纹、璧纹、乳丁纹等,一个纹样一个印模。这种印模出现较早,在战国时期,画像砖产生之时就已经出现了。这实际上和活字印刷的道理一样。

图 4 - 10 画模集成块（豫中画像砖）

图 4 - 11 由泡丁纹和乳丁纹组合的
小纹模（豫中画像砖）

（三）汉代画像砖图像的其他手法和替代印模

1. 湿坯刻绘法

如图 4 - 12 所示，湿坯刻绘法就是不用印模压印，直接用利器在湿的砖坯上，刻绘图像的手法。以签、刀当笔，直接造型，无比快捷，但这种手法并不常见，需要刻绘者具备一定的艺术功底。

2. 手工捏制法

一些高浮雕，或者凸出的形象，印模制作难度较大，一般这些造型不是通过印模压印而成的，而是直接用手工捏制的（图 4 - 13），有些砖塑上，还明显留有人的指纹印。

图 4 - 12 湿刻胡人乞丐（南阳画像砖）

图 4 - 13 手塑蹶张力士（豫中画像砖）

3. 手工补模法

有些时候，在印模印制过程中，出现这样或那样的失误，造成形象的缺憾，制砖匠人趁湿对那些不完美的地方，进行人工修补，或者把印模间不完美的接缝给修补完美，或者把本来不贯通的印模边框给去掉,使画面贯通起来。如图4-14所示,前面的鹿和后面的鹿使用了同一个画模,但分两次压印成,印者把两个画面模巧妙地贯通起来,有效增强了艺术美感。

图4-14 "无缝对接"补模法(豫中画像砖)

4.边框纹和装饰线纹的印制手法

以豫中画像砖为代表的小印模画像砖的边框纹,往往是和印模压印的图像一起压印出来的。一般也有固定的模具,只是这种模具的制作不需要太多的艺术手段和雕刻技巧,可以由制砖匠人随意刻制出。图4-15和图4-16中的边框,都采用了斜压的齿状条纹,有装饰画面的作用。第一,可能是用木制、竹制,或者铁质的硬质条形齿状物直接压印而成。第二,有的长条形装饰纹,可能是在细圆木条上等距离刻"V"形沟槽而成的边框模具,用它直接压在湿砖上,自然就形成了长条齿状装饰纹。第三,有些凸起长条纹则是用湿泥条平铺在砖面上,用刀背、小木条等距离压按而成。第四,凹进的细长压线,则可能是用刀刃类细棱物,直接压印而成。

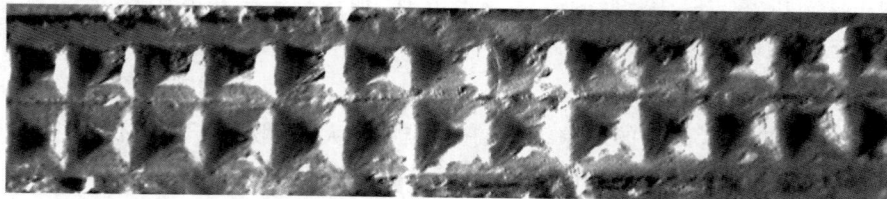

图4-15 边框装饰(豫中画像砖)

图4-16 边框装饰(豫中画像砖)

5.死模活印法

刻好的印模压印效果一般是固定的,不会改变。但智慧的印模匠人,往往能死模活印,制造出更理想的形象。如图4-17所示,画像砖上的野猪,经匠人两次叠加压印,就成了一前一后,紧挨着奔逃的两个野猪形象,使得野猪形象鲜活起来。

图 4 - 17　死模活印法（豫中画像砖）

6. 漏印法

如图 4 - 18 所示，以片状材质（如皮革）镂空刻模，把图像漏印在砖体上。印模类似民间的皮影。

图 4 - 18　边框装饰（豫中画像砖）

二、画像砖印模材质考证

过去很长时间，笔者与其他学者一样，保持着这样的看法：画像砖的所有印模都是木质的。但多年来笔者辗转全国各地，对海量画像砖作了仔细的观摩和深入的研究，渐渐得出这样的判断：画像砖印模的材质不一定都是木头的，很有可能用了其他的材质。

（一）木质小印模的缺点和局限

大型浅浮雕整版印模使用木材的概率应该比较大，用别的材质的可能性也有但不太大。一是受到尺寸较大的限制：尺寸比较大，用木材板就比较方便，若用陶质，模具本身的制作工艺也比较烦琐，尺寸越大，花费的社会必要劳动时间就越多。二是受雕刻工艺的限制：用木材雕刻相对容易、快捷一些，直到现在，装饰工艺里的木材雕版还占较大比重。若用石质，石头硬度大，并且天然石材的取材难度很大，此外，石材的加工难度也很大，在石材上雕刻难度要比在木材上雕刻大得多。三是受重量的限制：木板比重较轻，模板雕好以后，搬运或用来压印图像，操作起来比较轻便，而石质或陶质重量都比较大，移动和操作起来较难。根据笔者对当代制砖过程和技艺的观摩、研究所得到的信息，以及对汉代社会的科技和经济发展状况的考量，最快捷、经济的材质应该还是木质材料。

画像砖的小印模，特别是豫中地区的那种小印模，都是重复使用的，同一个印模的图像在不同的空心砖上也会出现，甚至远在辽宁出土的画像砖上还有类似豫中画像砖的小画模。可见这种小印模是被反复使用的，流传也较为广泛。因此，这种被数次反复使用的印模，需要满足一个最基本的要求，就是耐用。首先，在这一过程中，小印模要经受反复清洗、浸泡的考验，使用者要细心地加以保养，使它不因过分浸泡而腐烂和不因过度干燥而开裂。其次，那些图案精美、刻工细腻的小印模，对木头自身材质的要求也较高，不是一般木材就能够用来制作小印模的，需要选用特定树种的木材。尽管如此，这种木制印模在小印模中，还存在一定的比例，这是因为木材质地软，便于雕刻；柔韧性强，便于造型；价格低廉，便于制作。不过这种小印模使用其他材质的可能性还是比较大的。

（二）金属印纽在汉代的流行和材质优点

为了研究印模的材质问题，笔者专程到上海博物馆的中国古代印章馆进行考察，发现在汉代，流行金属印纽，而且发现从战国到汉代都有铸有各种形象的肖形印（图4-19）。因此，笔者推测，在制作画像砖印模时可能有金属的参与，然而，这方面的史料和考古信息都比较少，这些推测无从考证。金属印模的材质优点是显然的，其细腻，独特，便于按印，耐用。缺点是制作麻烦、造价高。

图4-19　马（洛阳画像砖小像模）

洛阳花像砖的像模，造型和线条两方面都显得较为独特。其印模的用线是凸出的阳线，风格又极其简练，这种情况要用常规的剔地雕刻法，在雕刻过程中要剔去图像周边和内部的很多面积，形成空白底，非常麻烦。因此，笔者认为这种像模有可能是金属的，其凸起的线条可能是使用金属掐丝工艺制作的，因此具有十分简练的造型和饱满、规整、弧形、富有张力的凸出线条。这种模具的发明者特制出的模子大概流传了150年，之后就消失了，因此洛阳这种特殊的画像砖也就彻底在这个世上销声匿迹了。虽然笔者认为这种推测不无道理（图4-20中这么长的阳线花纹图案，按常规的在木材上雕琢的方法根本没办法实现），尽管画像砖印模的金属材质说不无道理，但苦于没有实据，因此只能作为一种思路，希望在以后的考古发掘中能发现类似的印模，以证实笔者的假设。

图4-20　花纹

汉代在流行金属印纽的同时,也流行较为坚硬的玉石印纽(图4-21)。那么画像砖的印模是否也有玉和石的材质?与木材和金属相比,玉石既不怕干裂,又不会生锈,历来就是作为印材的好料,这种材料雕刻的印模不但制作简单,也很耐用。再加上玉在古代为高层统治者所专用,具有避邪作用,一般中下阶层用不上玉作为陪葬,用玉做的印模压印的画像砖图像,是否也可以起到避邪的作用呢?因此,玉、石印模的运用也不是不可能的。

图4-21　施礼门吏像模(洛阳画像砖)

(三)陶制印模的优点

砖即是陶,是陶质的建筑材料,砖、陶是一家。利用陶质印模来压印画像,也有一定可能性,中华民族模印技术,自古至汉传承有序,制作陶质印模工艺难度并不大。因为陶和玉、石一样,不怕水、不怕锈蚀,成本低廉,工艺也不复杂。以陶制印模制作画像砖的方法应该是:第一,事先做成木、玉、金属的模,再翻成陶模;第二,在湿的泥坯上直接刻、塑,然后烧制成型;第三,在烧成的砖体上直接刻。因此,陶质印模创作空间更为自由。从宋代的毕昇发明用陶字活版来印制书籍来反推,陶质印模压印图像的效果是不成问题的。因此陶也不失为画像砖印模的好材料。

而整版印模中,高浮雕的印模极大可能是陶质的,秦、汉兵马俑的出土,已经向我们展示了秦汉陶模工艺的精湛。

(四)皮革印模的推测

笔者原以为整版印模中的线条印模,也是木质的,但有一次去成都,观看陕西西汉大型空心砖巡展,发现砖上的线条有局部脱落现象,观察发现其上的泥条的线条图案与原砖并非一体。笔者又观察自己收藏的浙江画像砖线条画像,发现图案有类似剪纸般的造型元素粘连情况,推测出一些线条类整版印模,有可能是由皮革或者其他类型的薄片材质刻制的镂空模,漏印上去的,因此才会出现图案线条与原砖黏连不紧的现象。

第三节　画像砖印模的流变及其原因

一、高屋建瓴的皇家整版印模

陕西咸阳汉武帝茂陵附近的"瓦渣沟"和汉景帝阳陵出土的画像砖一般都是整版印模，其表现技法有纯阴线雕刻的，或者是用皮革镂空雕刻的（如驴皮雕刻的皮影），印在砖面呈现的是纯阳的线条；也有凹面的浮雕，印在砖面就是凸面浮雕。这一批整版模印的画像砖，做工精良，造型精美，艺术感强，是汉代画像砖的母版和种子，但这样的"整版整模"型印模，无论是前期对印模的设计和雕刻，还是后期的压印、脱模，工艺都相对复杂，符合其为皇陵服务的较高要求，其艺术和工艺水准也是一般民间匠人可望而不可及的。

二、流传最广的画模和纹模

早在战国时期，空心画像砖的整版印模、实心铺地砖的整版印模以及画模和纹模等的小印模，都已经被应用到了画像砖制作过程中。

到了汉代，由于"画模"和"纹模"这样的小印模压印灵活方便，小印模逐渐在陕西，以及豫中地区流行起来。也就随即出现了"画模"和"纹模"并置排列，共同装饰砖面的百衲衣似的空心花纹砖，即豫中地区大型空心砖图像压印模式。这种点缀画模的画像砖，在某种程度上是对纯花纹空心砖的一种改进，即在纯花纹装饰中，开拓了一个个小小的图像窗口，可以用来表现人们对现实社会的认识和对死后生活的憧憬。把人们的理想和祈愿也点缀上去。这种画像砖的图像制作，制模和压印可以分开操作：制砖匠人可以到制模匠人那里购置画模，然后将其压印到湿砖上，再烧制。压印"画模"的排版工艺并不复杂，画模又可以反复使用，因此，这种形式的画像砖流传的时间最久，范围也更广。

三、一地奇花的像模

到了西汉中晚期，国力下降，社会动荡，由于空心砖整版印模雕刻复杂，制作困难，逐渐从画像砖的制作工艺中淡出。洛阳地区出现了模仿这种大空心砖效果的画像砖改良版，就是用没有画框的小"像模"，在空心砖的素坯上压印出组合的大画面。这些"像模"形象典型，造型严谨，富有视觉张力，具有很高的审美价值，再加上工匠在压印时，巧妙地组合了画面，使得洛阳画像砖呈现出疏朗、独特的审美风貌。但是由于制模和压印都需要较为高超的艺术技巧,不适合一般的工匠大批量制作;再加上当时在洛阳还有一种在素面砖上直接绘制图画的更为快捷的"画像砖"与之竞争,这种形式的"像模"只延续了一百多年,也就淡出了画像砖世界。

四、过渡版本的中型整版印模

到了西汉末东汉初,人们似乎又不满足豫中画像砖这种单一的"画模"和"纹模"的装饰模式,转而回归了整版模印画像砖。在许昌,人们尝试用较大画面来美化死后的居所,开始制作整版模印的中型实心画像砖,这样既可拥有更便于观瞻的较大画像,也可以省去制作大型空心砖的烦琐程序。这种中型的整版印模,也是后来南阳和巴蜀地区实心画像砖的先导印模。

五、灿烂辉煌的多彩印模形式

东汉时期,光武中兴,社会经济得到了很好的发展。南阳是刘秀的发迹之地,是"帝乡",南阳许多画像砖墓的主人是皇帝的近亲远戚。传说以邓禹为代表的南阳的皇亲国戚,提倡节俭,把大型的画像石墓改为砖墓,但国戚的气派还是要的,因此,南阳画像砖的制作规格在东汉画像砖中,是比较高的,制作手法也比较丰富,形制也较为丰富。其中有制作考究的大型横长整模空心画像砖,唯南阳才有的大型横长整模实心画像砖,以及竖条实心画像砖、正方形实心画像砖等。因此,南阳大型画像砖的印模是以整版印模为主,小印模和纹模为辅的格局。南阳画像砖不但创造性地继承了先秦、西汉的空心整版印模制砖工艺,还在许昌中型实心砖整版印模的基础上,创造性发展了多种形式实心砖的整版印模制作工艺。印模的画面多样,横的、竖的和方的都有,使人耳目一新。南阳画像砖将画像砖所惯常表现的小场面、小题材,拓展到类似画像石的大场面、大题材,使画像砖艺术如同画像石一样呈现出一种前所未有的恢宏气势。

六、观瞻可人的矩形大印模

偏居于西南一隅,自古"不与秦塞通人烟"的巴蜀地区,却通过长江和汉水与当时全国五大城市之一,位于汉水上游的南阳有来有往,使得巴蜀地区的画像石和画像砖,都与南阳的有几分相像,特别是画像砖的印模制作工艺也有着几分亲缘关系。巴蜀地区的画像砖,属于实心整版印模的矩形画像砖,其制作手法与南阳的实心砖十分相似,不过,形制和内容题材不尽相同。巴蜀地区的画像砖的形制有接近正方形的矩形,分无边框和带边框两种。由于与当时的政治文化中心较远,题材内容也像荷兰小画派一样更贴近民间的生活,重点表现当时社会生活,而避免了过多的政治渲染,闪耀着现实主义的淳厚质朴的光芒。因此,其印模的大小基本属于中型稍大,正好便于表现某个劳动场景或者某个特定的社会生活场面。小砖整印模在巴蜀地区的小砖画面中较为常见,巴蜀地区的小砖印模,其手法写意,自由奔放,充满浪漫主义和表现主义的情怀,在简约、随意中凸显迷人魅力,别有一番情趣。

第四节 小印模的排版和构建法则

一、"画模"和"纹模"同构砖面的排版艺术

如豫中地区典型的大型空心画像砖那样,使用小印模在画像砖面上印制图像,其最核心的工艺要求是把两种不同种类的印模(画模和纹模)互为结合和配置。在一个画像砖装饰面上,往往使用的纹模和画模不止一种,如何巧妙地把多种面貌的小印模合理排版,又如何巧妙地把大小不等,画幅横竖不定的画模和纹模完美排列在画像砖面上,这比把大小均匀的文字排列在一起,要难得多。但是,从现有存世的空心画像砖的效果看,汉代的排版匠人比我们想象的要聪明得多,面对着千变万化模具和实际印制过程中面临的突发状况,他们应付自如,表现出了高超的智慧和巨大的创造能力。

(一)面状排版

在画像砖上,纹模或者画模,呈团块状分布在一起,形成花纹或者画像的集成块(图4-22)。这样在画像砖上,就形成由"纹模"方阵和"画模"方阵并置的团块对比效果,图案装饰和画像展示边界清晰,呈现明朗的效果,视觉效果也比较鲜明、生动。

图4-22 面状排版(豫中画像砖)

（二）线状排版

如图 4-23 所示，纹模和画模没有清晰的界限，也没有可循的排列规律，而是像横向或者纵向的队列一样，呈线状随机排列，画像砖呈单个条状的装饰效果，给人一种随性、纯朴的秩序感。

图 4-23 线状排版（豫中画像砖）

（三）间隔排版

如图 4-24 所示，纹模和画模呈一定模式间隔排开，形成一种重复变化的节奏和交叉对比的艺术效果。

图 4-24 间隔排版（豫中画像砖）

（四）重复排版

如图 4-25 所示，同一个纹模或画模呈线状或者面状重复排列，给人以强烈的视觉冲击感。一个本不甚强烈的视觉符号，因一再重复，变得醒目和强烈起来，这充分彰显了整齐划一的独特魅力。

图 4-25 重复排版（豫中画像砖）

（五）无缝对接

框边"纹模"的无缝对接（图 4-26）：一些作为框边的纹模，在印制时，为了达成框边的连续效果，印制时尽量使"纹模"之间，排列整齐，在模与模之间不留接缝。

图 4 - 26　框边"纹模"的无缝对接（豫中画像砖）

画模之间的无缝对接（图 4 - 27）：还有一些表现山峦或者狩猎场面的印模，要使山峦之间气韵贯通，模与模之间需尽量做到无缝对接，确保完美效果。常常给人一种整版模印而成的错觉。

图 4 - 27　画模之间的无缝对接（豫中画像砖）

（六）对称排版

画像砖上的画模一般排成一排，每一排的画模个数以奇数居多，这也为画模的对称排版提供了便利。画模之间的对称排列一般都在横向排版里面，往往安排一个或者几个印模，作为对称中心，两边的画模数量相同，画面一样，呈对称状排列（图 4 - 28），凸显了中国传统文化中注重和谐、对称的特点。

图 4 - 28　对称排版（豫中画像砖）

(七)均衡排版

当"画模"数为偶数(亦有奇数),则往往采用均衡的排列方式(图4-29)。奇数的均衡排列,两边的画模数量不一定相同,画模的大小和内容也不尽相同。总之,均衡排列十分灵活,可以变通。

图4-29 均衡排版(豫中画像砖)

(八)拼凑排版

如图4-30所示,拼凑排版就是在某个待印空间里,无规律地罗列,或者进行印模拼凑,自由随性,只为填满空间,不过多考虑其他因素。

图4-30 拼凑排版(豫中画像砖)

(九)转向排版

如图4-31所示,在同一块画像砖上,相同的印模被印制在不同的方向。其中有两个印模的方向是一致的,而在画像群中还包含一个反向的图像。这种构图方法被称为"特异"。这种设计可以增加反常排列印模的醒目程度,并增强整个画面的视觉张力,从而使被转向的画像成为视觉焦点。

图4-31 转向排版(豫中画像砖)

（十）横向排版

如图 4 - 32 所示,画模或纹模沿着横向的方向排列。这种排列方式分为横版横排和竖版横排两种,前者一般会形成水平条纹状骨架,增加画面的稳定和平静之感;后者会形成高挑的层状结构,给人以严谨、稳固之感。

图 4 - 32　横向排版(豫中画像砖)

（十一）纵向排版

如图 4 - 33 所示,画模或纹模沿着竖直方向排列,形成竖直条纹的骨架模式,给人以修长、高耸之感。

图 4 - 33　纵向排版(豫中画像砖)

(十二)双向排版

一块画像砖中,同时运用两种排列方法,即有的画模或纹模沿着横向的方向排列;有的画模或纹模又沿着竖直方向排列,就叫双向排版(图4-34)。这种方法能造成丰富的视觉效果。

图4-34 双向排版(豫中画像砖)

(十三)错落排版

纵向或者横向的两排印模,所用印模的种类和数量相同,但在排列时,上下或者左右的印模不完全对齐,呈现出如图4-35所示的错落分布的效果。

图4-35 错落排版(豫中画像砖)

(十四)画模包纹模排版

如图4-36所示,以"纹模"为装饰主体,周围以画模围绕,使画模像一个细长而游动的"电影胶片",富有动感,仿佛是游走的图像;同时画模呈四周封闭的排列模式,起到画框作用。

图4-36　画模包纹模排版（豫中画像砖）

（十五）纹模包画模排版

如图4-37所示，以画模为装饰主体，周围围绕纹模，集成的画像有一个严密的画框，而与外界隔开，成为一个独立的空间。

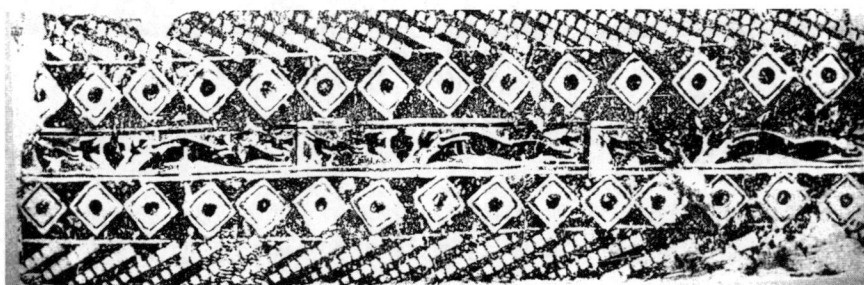

图4-37　纹横包画模排版（豫中画像砖）

（十六）整齐划一排版

如图4-38所示，一种画模或纹模一排到底，给人以整齐划一的审美感受。

图4-38　整齐划一排版（豫中画像砖）

二、以小像模构建大画面的构图技巧

在洛阳画像砖中，"像模"的数量是有限的，但是画像砖艺术家却能利用有限的像模图像构成千变万化的画面效果，并且蕴含某种特定的意味，具有很高的艺术价值。这种画像砖有很多大的画面，使用并不多的印模，采用一定的艺术形式和审美规律而印制和构建成的。高明的匠人们在印制过程中，通过大胆的艺术想象和一定的艺术手法，将单一呆板的画面元素，通过构建和组织，变成生动自然的大画面，不得不说，的确蕴含着高超的艺术技巧。以下介绍几种匠人们运用的主要艺术手法。

（一）致简的构图与立意

如图4-39所示，在这个竖排的画像砖空空的画面上，只有两个执戟门吏。他们是谁？在哪里？在迎接什么人？事情发生在什么时间？画面上没有交代和暗示任何信息。但从他们谦恭的体态上不难看出，他们是在迎接贵宾。仔细分析，未知信息其实并不重要，重要的是画面上的主人公，两个很虔诚的门吏，画面充分表现出了他们的热情、尊敬和诚意等足以打动人心的情感。艺术往往因情感而美，因此，两个门吏体现出的"双重"尊重和情义，已足够了。其他任何多余形象的添加，都是画蛇添足。这就是简化手法的独特魅力，"淡极始知花更艳"！

（二）重复手法

图4-39　双吏（洛阳画像砖）

在洛阳画像砖中，重复手法被运用得很多，主要有两种：某种单一图像的重复和有意的群像重复。如前面提到的画面上两个执戟门吏，实际上就是一个像模印出的，就是单一形象的重复，这种重复强化了门吏对客人的情感，是十分必要的。若上图只有一个门吏，就会弱化画面的情感因素，画面所体现的情感魅力就会削弱，而蜕化成普通的门吏图像。因此，我们说这种形象的重复手法是一种高明的诗意的手法，并不是任何人都有这种意识的。

再如，图4-40中，用五个同一个像模等距离印出的武伯形象，在画面上构成了一个威武的小分队。画面所体现出来的节奏、步履的坚定、精神的从容、队列的有序，都暗示出这个团队潜在的力量。墓主人拥有这样的一群武士，自然就心安了。这种反复出现的形象，客观上强化了武伯这个符号形象。把一个武伯"克隆"成一支雄强的武士队伍，画面集聚了巨大的人力势能，从而增加了画面的艺术感染力。

武士和马，在汉代可能是最寻常的组合，在图4-41中这个组合被重复了两次。在视觉上，把一人一马变成一个牵马的武士队列，画面的气势无形中被扩大化了。墓主人无论是拥有这样的马队，还是迎来这样的客人队列，都显得体面、气派。这就是重复的魅力。

图 4-40　武伯（洛阳画像砖）

图 4-41　武士和马（洛阳画像砖）

（三）异类的分割手法

在相同的两个形象之间安插另一个形象，可以营造出某种特定画面意味。在图4-42中，同样两匹马，被一棵树隔开，呈现出前面那匹马与一个凶猛的老虎同处一个空间，非常危险，而后面那匹马显得安全得多。如果没有这棵树的隔断，后面的马就与前面的马同处一个画面空间，就不会给人这种安全的视觉感受。可见，这种隔断在视觉上有重要作用。

图 4-42　虎与马（洛阳画像砖）

（四）关联形象的搭配方法

两种不同的图像并置在一起，观者会自然把它们关联起来，这种图像并置形成某种暗示,制造出某种画面意味。图 4-43 中的射箭者和两只奔鹿,射箭者搭弓射向鹿,鹿逃向另一方向,很容易想到这是狩猎的场面。豹子和白鹤放在一起,也自然构成了猎手与猎物的关系。画面因关联的作用而变得危机四伏,异常紧张。白鹤是否躲过猛兽的攻击? 飞鹿又能否躲过猎人的利箭,两个悬念把画面的戏剧效果调动得意味十足,制作者艺术手法的高明不言而喻。

图 4-43　弱肉强食(洛阳画像砖)

(五)背景图像的烘托手法

如图 4-43 所示,背景上有三只飞行的大雕,人们似乎能听到大雕在空中清冷的嘶鸣,这很容易使人联想到事情发生的地点是在人烟稀少的荒郊野外,很好地起到了烘托画面气氛的作用。

(六)相似、对比、暗示手法

如图 4-44 所示,画面的中间,有一头猛虎,猛虎的两边各有一匹马。两匹马都面临着被虎吞噬的危险,但老虎前那匹马的前面有一位执戟武士,面马而立,似乎对马有一定的保护作用。而老虎后那匹马的后面虽然也有武士,但他背马而立,他的注意力并不在马身上,对马的保护作用则相对较弱。因此,老虎便扭头盯上了这匹马。两匹马的环境相似,只存在微弱的差别,但是正是因为这差别,却能暗示观者捕捉到其中微妙的玄机,这样,借助观众的想象,画面就会变得意味十足。

图 4-44　觊觎马的虎(洛阳画像砖)

第四章　汉代画像砖的印模艺术造型

— 233 —

第五章

汉代画像砖的印模艺术形式

第一节 陕西画像砖的印模艺术

陕西画像砖分整版印模和小印模两种。整版印模分浮雕整版印模、线条整版印模和雕线结合印版整模三种。小印模分画模和纹模两种。

一、浮雕型整版印模的艺术特点

浮雕型的陕西空心砖上这种大版印模分正面印模和侧面印模两种。在图 5-1 的虎纹画像砖中,正面的印模描绘的是一只款款踱步的平地虎和一只向下飞扑的下山虎。两虎的形象洗练、简明,较为写实,虎既自然,又生动。构图属于对称模式,画面十分注意两只虎之间的呼应关系:一虎身体呈 45 度斜线向下跃,动感极强,威风十足;另一虎一边行走着仿佛欲踱出画面,一边又回头察看另一只虎。当观众的视线,沿平地虎的视线去扫描下山虎之后,然后沿地面回归到平地虎身上时,无形间会形成一个由两条视弧线组成的椭圆,造就了画面满满的视觉张力和两虎"不动之动"的动感之美。

图 5-1 整版模印浮雕双虎(正、侧面)

侧面的印模描绘了两只完全对称的两只虎,即将相背蹿出画面,而两端边框在视觉上,又阻隔了它们的前进,使它们更富有向外运动的动感趋势。这种浮雕的双虎印模在陕西画像砖中有两套,画面构图几乎一样,造型也极其相似;只不过一套显得精谨干练,另一套显得粗拙朴厚一点。

二、线条型整版印模的艺术特点

陕西的线条空心画像砖,表现的内容多为四神形象(图5-2),中间多装饰以玉璧,也有装饰佳禾和花卉的。大多画面线条比较密集,装饰感较强,形象比较华丽,动感十足。玉璧和背景画面,多装饰乳丁纹,给画面增添一种浑厚而曼妙的氛围。也有一些画像砖线条比较简洁,如龙纹画像砖,其形象简练,装饰简洁,线条转折有度,富有金石之感。凤纹画像砖则形象简练概括,憨态可掬,线条稚拙大方,流畅如行云流水。

图5-2 整版模印繁密双龙(正、侧面)

在陕西的西汉空心画像砖线条印模中,如图5-3所示的空心砖的正、侧两面虎身都是完全一样的,但虎头却各不相同。正面的虎头一高一低,一个正侧面,一个四分之三侧面;而侧面的虎头高低虽相同,但一个是正面的虎头,另一个是正侧面的虎头。这样的设计,使原本绝对对称的画面立刻变得活泼生动,富有趣味。

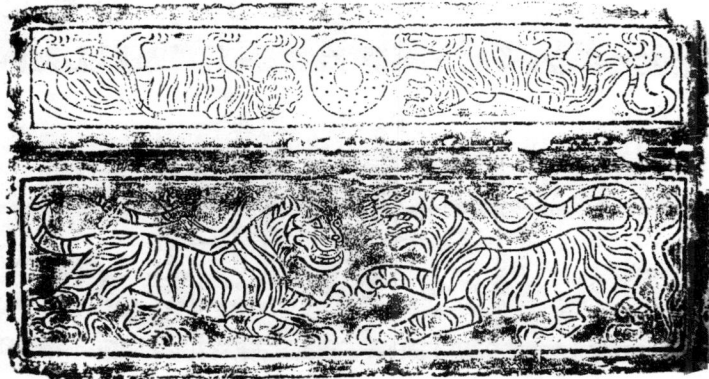

图5-3 整版模印线条双虎(正、侧面)

三、雕线结合的整版印模的艺术特点

　　这种浮雕和线条相结合的画像砖图像,有朱雀图、玄武图,以及龙图等。在这种画像里面(图5-4至图5-7),既有较浑厚的雕塑语言部分,又有精致的线条语言部分,十分丰富。在龙纹的画像砖中,画像分三个面:正面、侧面和端面。画面主要表现的是带翅膀的应龙形象。龙的头尾都比较纤细,龙角、龙耳、龙翅、龙爪也都比较纤巧,属于劲健秀雅型的。大面和侧面的图像都对称,对称中心除了玉璧外,还有仙草和灵芝。正、侧画面给人的感觉是秀雅而又不失大气,倒是端面的独龙形象,反而显得更加雄强张扬一些。

图5-4　整版模印雕线结合双玄武

图5-5　雕线结合双龙（正面）

图5-6　雕线结合双龙（侧面）

图 5-7　雕线结合双龙（端面）

四、画模的艺术特点

陕西画像砖的画模分西汉和东汉两个时期。西汉时期有一个画模较为典型，是位于一块龙虎纹空心花纹砖的边框处的，由一龙一虎组成的画模（图5-8）。画模中的龙和虎是用线条来表现的，线条遒劲有力，富有动感。形象的周围还饰有云气、羽人等，使画面显得比较丰富，充满了云蒸霞蔚的涌动感。其中龙、虎的造型十分写意，与其他西汉砖中的龙、虎造型相比有一定的反差。

图 5-8　龙虎印模

陕西东汉时期的画模与河南豫中地区的画模有一些相似，主要表现墓主人和一些日常生活的舞、乐、骑、拜等动态画面，还塑造有阙、吏、朱雀等物象（图5-9）。采用线面结合的浮雕造型，写实中，又略带写意的因素。画面装饰不多，构图分对称和均衡两种，形象夸张和变形的成分不多，比较简朴自然。

图 5-9　三乐人印模

五、纹模的艺术特点

陕西画像砖的"纹模"也和画模一样，分西汉和东汉两个时期。西汉的有方形适合心瓣柿蒂纹和方形适合乳丁纹（图5-10）。花纹方中寓圆，圆适于方；疏密有致，对比分明；造型简括，寓意深远。东汉的纹饰主要是钱纹和树纹，造型比较写实，属于画像类的装饰花纹。

图5-10 柿蒂纹和乳丁纹纹模

六、铺地砖整版印模的艺术特点

如图5-11所示，多采用四方连续图案展开模式，分单位纹样的四方连续平铺模式和两种图案的交叉组合模式两种。多点状纹和几何纹，给人平稳、疏淡的感觉。

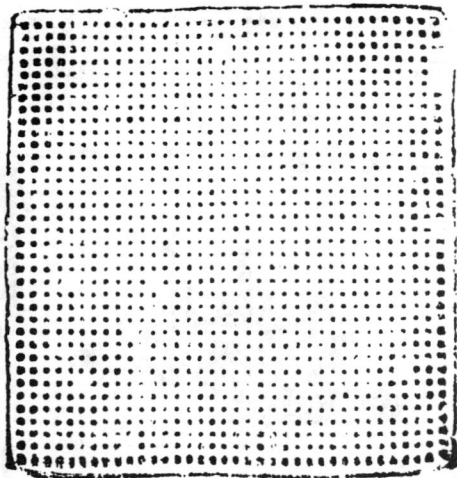

图5-11 陕西乳丁纹铺地砖整版印模

第二节　洛阳画像砖的印模艺术

一、洛阳画像砖人物"像模"的艺术特点

洛阳画像砖像模形象是以线为手段来塑造形象的代表性作品。洛阳画像砖的像模的艺术特点可概括为以下几个方面。

（一）至简的线条

如图5－12所示，所有表现人物的像模，造型都十分简练，以至于达到去一根线条则太疏，添一根线条就多余的地步。在画像砖宝库中，此类画像砖的军人和武士形象最为简练。

图5－12　执戟门吏像模

（二）人物比例低矮

所有像模的人物造型，都比正常人比例要低，高度一般有五至六个头长，与陈洪绶塑造的低矮人物有几分神似，很好地凸显了劳动人民淳厚善良的精神面貌。

（三）饱满的形体造型

洛阳画像砖像模的人物造型都用向外突出的弧形线，富有张力，一般会使人物的内部显得饱满，也使人物显得底气十足，富有力量。

（四）形象形体结构把握准确

如图 5-13 所示，由力士的像模能看出他富有力量，形象在制作者神遇迹化的线条的精神触摸下，仿佛活了。其线条随形象结构，变化得十分到位，也十分简练，乍一看，似乎觉得他仅仅是用轮廓线围成的"空壳"，仔细审视其简练的线条，每一条都堪称完美，既张弛有度，又疏密有致。每个形象的轮廓线，都有虚有实、转折有致，严谨而准确，把武士的体态、动作、内蕴、精神乃至情绪都表现出来了，用笔如此少，表现的又如此多！这是多么高效的图像信息储存器呀！

（五）线条简洁疏密得当炉火纯青

洛阳画像砖的像模采用线条的疏密来表现形体，其线条语言被演绎到了极致（图5-14）。此门吏用线很切合中国用线的理论精髓：线条对比首先体现大密大疏，然后，更细致地体现出大密中有小疏，大疏中有小密。一组的大密是整个头部和颈、胸部位，大疏是肩与肘部之间部位；另一组的大密则是袍子的前摆部位，大疏是衣袍的后摆部位。大密中的小疏，如脸颊部位；大疏中的小密，如腰带部位。这种丝丝入扣的线条疏密的处理艺术，使得画面虽无一处明显的体面塑造，却把人物形体的体面关系，通过线的语言巧妙地表现出来。制作者的用线，达到了炉火纯青的地步。

（六）注意人物形体的张弛有度和曲直互补

如图 5-15 所示的执杖门吏，宽大的衣袖从肩部开始，一环套一环，渐次增大的弧形线条，把衣袖部位表现得恰到好处，既表现出宽大衣袖的松弛感，还表现出下等小吏所着衣服的粗糙感和厚重感。他的脸部和躯干重要转折处的线条生动而准确，很好地表现了人体结构。门吏所持的仪仗和他的衣袍的下摆都为直线，与其身后曲折有致的形体结构线，形成曲与直的对比，两种线条相映成趣，丰富了人物的视觉感受。

图 5-13　执棍力士像模　　图 5-14　执戟门吏像模　　图 5-15　执杖门吏像模

（七）人物面部的刻画皆选取正侧面

有趣的是，所有的洛阳画像砖像模，所表现的人物形象采用的都是人物的正侧面。

二、洛阳画像砖动物"像模"的艺术特点

常言道："鬼神易写，犬马难描。"洛阳画像砖却用自己独特的造型语言形式突破了动物形象难以塑造的难关，把一个个动物形象塑造得十分完美。创造出的形象，既来源于自然，又从自然中提升出来，成为一种高度意象化的、独立的艺术形象。其线条语言十分丰富，无论是刚劲有力、坚不可摧的轮廓线，还是秀美、灵动、千变万化的形象内部线条，都很贴切地把动物的形神表现了出来。在中国视觉艺术领域，堪称动物图案的典范之作。

（一）高度洗练的轮廓线

洛阳画像砖中刻绘的动物形象（图5-16），其轮廓多采用富有装饰性的、较为规整的线条，洗练、疏朗、刚劲，具有很强的主观表现意味。这种铁线钢条般的线条语言，率真、强硬而又毫不含糊地被极有技巧地陈述出来。把艺术形象从自然中升华和提升出来，使其与自然似而不似，不似却又极似。如马的轮廓线，显然与自然中的马存在着很大的差距，经过高度概括的线条其力度感和流畅性都增加了许多，整个形象显得更加饱满，向外的扩张力也更强，使马显得俊健又彪悍。正是因为使用了高度洗练的轮廓线，这种刚劲有力、张力极强的线条使得形象如同固若金汤的城池，给人以坚不可摧的感觉，显示出宏大的气势。

如图5-17所示的老虎的轮廓，方中寓圆、圆中寓方，老虎的身体被夸张处理，主次对比加强，颈部弯曲的力度也增大了不少，虽然老虎形象被简化到极点，但其神态却十分到位。

图5-16　天马像模　　　　　　　　　图5-17　老虎像模

又如图5-18所示的朱雀，整个形象被概括成一个涡形绽开线，显得既有力度，又有动感，就像被上满的发条，随着涡形线条的渐次展开，画面表现出一种极强的力量感，同时也显示出别样的美感。洛阳画像砖的这种极为精简概括的造型手段，将通常

人们所熟悉而难以表现的动物形象,塑造得十分到位,真正做到了言简、形肖、神足,三者俱备。

图 5 - 18　朱雀像模

（二）意象化的内部线条

洛阳画像砖中的动物形象的内部,线条较轮廓线要灵动、秀美得多。首先,在于形式的多种多样,笔者相信在形象的创造中,存在许多偶然的因素,也存在着许多制作者的灵思和智慧闪烁的痕迹。如图 5 - 16 所示的天马,制作者在马轮廓内添上了一个翅膀,在翅膀下面添加一朵代表速度的云,再如,翅膀的前面是一个涡形绽开线,巧妙地给马的身体内部灌注了一些奔腾的势能。

如图 5 - 19 所示,这匹较为写实的马的头部与胸部、胸部与腹部、腹部与臀部,这些主干结构的交界处,都被灵动的装饰线条断断续续地隔开,这样就使得马的轮廓内部的空间,灵动、活跃了许多。这些装饰性分割线,既像那些能激活一池死水的"小生灵",又像几把"断水之刀",增强了形象内部的气韵流动感。

又如图 5 - 20 所示的鹰,制作者沿着羽毛的走势,在其内部给鹰制造了一层意象化的流动如空气般的肌理,丰富了鹰的形象,有助于表现鹰的神韵。

图 5 - 19　马像模

图 5 - 20　鹰像模

（三）巧夺天工的统一符号

洛阳画像砖中,各种动物形象显然都有制作者的主观设计理念,动物形象的各个局部都被抽象为符号化的基本因素,再经过群体呼应的手法来构建整体形象。这些基本因素组合而成的系统化的整体艺术形象,比未经概括处理的自然形象要典型、生动、完美得多。图 5-21 所示的朱雀,其头部、翅膀和尾部的基本形状都像是尾巴弯曲的嘉禾的一片叶片,整个形象像一个被高度一致化的局部形体组件组装起来的完美的偶像,有一种典雅的美感。图 5-22 所示的朱雀,装饰在其轮廓线内部的基本形状也都大体统一,其内部既相互统一又相互呼应,在呼应中显示出一种连贯的动势,涌动着一股内敛的大气。

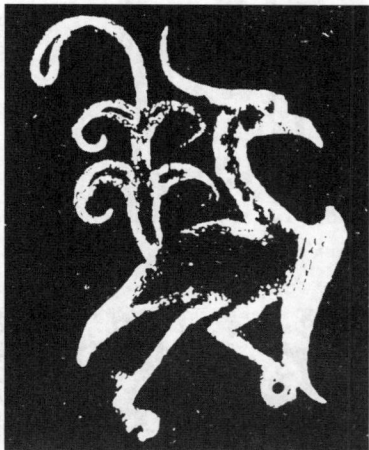

图 5-21　朱雀像模　　　　　　　　　图 5-22　朱雀像模

三、洛阳画像砖植物像模的艺术特点

洛阳画像砖中,植物像模主要表现的是嘉禾(图 5-23)和珠树(图 5-24)两种植物。植物的形象也作了意象化处理,茎秆一般比较规范,或粗细一致,或渐变规整。嘉禾和较小的珠树,两边不一定对称,但枝叶都作了装饰化处理。大的树木往往以树干作为对称轴,两边枝叶都很对称,枝干被规范处理成盘肠纹等,树叶也作了装饰化处理,

图 5-23　嘉禾像模　　　　　图 5-24　珠树像模

树叶上有更细微的装饰,有的树顶还设有华盖。这些像模虽来源于生活,也超越了生活,成为人造的植物视觉符号。

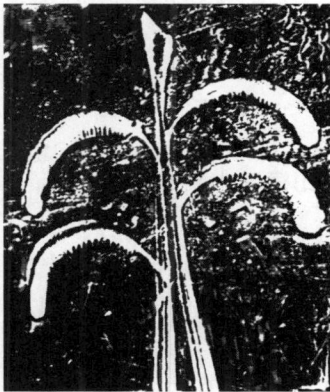

四、洛阳画像砖的纹模艺术特点

洛阳画像砖的纹模比较丰富,其压印手法也比较灵活。主要分三种:(1)小型纹模,其中有传统的方形适合柿蒂纹,七个同心圆组成的六瓣花纹(图5-25),以及肖形印般的鸟纹(图5-26)。(2)几何形边框纹,一般一个单位,就是一个矩形,其中菱形纹样较多。(3)无边框的折枝花草纹(图5-27和图5-28),有长有短,最长的长度与砖相当,呈条状二方连续,最短的就只有一枝花。

图5-25　柿蒂纹纹模　　　　　图5-26　鸟纹纹模

图5-27　折枝花草纹模　　　　图5-28　花叶纹模

第三节　豫中画像砖的印模艺术

一、豫中画像砖的小印模艺术特点

豫中画像砖的小印模的集成装饰模式,在中原乃至周边地区的广泛流行,也说明了小印模艺术进入了一个天时、地利的全盛时期。这种小印模的图像就像文字一样,丰富着空心画像砖装饰的同时,也壮大了自己。小印模植根于民间,活跃于社会生活的各个层面,在区区方寸之地,却展示了一个广阔深邃的艺术空间。透过这些画面,观者个个都能成为"窥瓶水之冰而知天下寒,尝一片肉而知一锅之味"的智者。更何况,在这一地区产生的小印模繁若群星,令人目不暇接,这些小印模画像实乃视觉艺术的饕餮大餐。

图 5 - 29　三重檐单阙画模

（一）矩愧度惭——形制种类繁多

这一地区的小画模，一般依据内容的需要来变换形状、横竖、比例和大小，没有统一的形制模式，印模的大小宽窄也没有固定的尺度。

一般横长的画模，适合表现较大的场面，如狩猎场面、车马出行场面、建筑群、山水画面、西王母仙班、交龙、青龙白虎等。

竖条的画模，一般表现单阙、凤阙等建筑，以及执戟门吏、依阙门吏等人物。

横幅矩形画模，表现较小的场面（图 5 - 30），如单一的人物、动物、车马（图 5 - 31）、骑射等。

竖矩形画模，表现建筑、双阙、人物、树木、武士、铺首等。

正方形画模，表现玉璧、铺首、人物、动物（图 5 - 32）、建筑、骑射等。

图 5 - 30　官场考绩

图 5-31　车马

图 5-32　双鹤衔鱼

（二）题材——拟虚摹实，丰富多彩

第三章已对这一地区画像砖的题材做了详述。豫中画像砖的小画模不仅表现了虚拟的神仙、灵异、鬼魅世界，还表现了现实的社会生活和遥远的历史故事，内容较为丰富多彩，为我们研究汉代的社会现实，当时人们的精神世界，以及思想意识形态，提供了大量而珍贵的图像资料。

（三）手法——妙法无穷，染尽层林

从豫中画像砖画模的雕刻手法，以及砖上图像的效果来描述，有：高浮雕、浅浮雕；阴线的、阳线的；浮雕和线条相结合的，凹雕阳线的。各种各样的刻模艺术，妙法无穷。此外，由于制模材质不同，手法也不同。至于所展现的艺术手法，就更是林林总总：写实、写意、变形、夸张、概括、简练、重复、取巧、弄拙、美化、丑化……不胜枚举。

（四）形式——雅俗交汇，百川归海

豫中画像砖画模所构建的艺术形式恰似《诗经》，风、雅、颂俱全。高标者，文质俱全，举世仰观；粗陋的，如孩童涂鸦，遭人轻视。可谓园广植杂，河海鱼多，给人以丰富多彩的审美感受。

（五）造型——承众纳奇，摹造兼容

在造型上，豫中画模不乏具汉代造型艺术之大众风格的泛泛之作，同样也不乏超凡入圣的奇异佳品。有的是对自然生活的模仿，有的是离生活较远但具有想象力的艺术创造。作品给人的感受也是多维和立体的。

（六）立意——高古俗媚，粉墨共舞

豫中画模有表现历史文化、社会本质等立意高远的佳作，也有夸富趋靡的低俗之物。满汉佳肴、市井小吃，应需而出，横陈满案，情景生动丰富。

（七）构图——苦营信拈，不拘一格

有的画模章法严谨，如行军图中对军队藏露的处理，分明是匠人苦心经营之作。有的画模构图随意，像小动物、门吏等形象，一看就是信手之作。

(八)风格——百花齐放,万家争鸣

画模体现的风格首先可归拢于中国传统再现和表现两种流派,其次,还有西方现实主义、浪漫主义、立体主义、表现主义、抽象主义等众多流派的影子。呈现在观众面前的,是炫目灿烂的艺术万花筒,令人目不暇接。

二、豫中画像砖画模的艺术手法

(一)夸张和变形

夸张和变形是指艺术创作中,将表现对象的某些特点进行扩大、形变和扭曲处理,使其偏离正常的视觉形象,具有更强的视觉张力和艺术感染力。这也是豫中画像砖画模创作常用的手法。如郑州画像砖印模(图5-33),两个互相争吵的人的头部,被夸张处理,一个极小,一个极大,增强了他们之间的对比和反差,在视觉上造成强烈的对立,就像两个相声演员,一站在台上就逗人发笑,利于表现画面的情节,增强喜剧效果。

图5-33 斗鸡

如图5-34所示,门吏的身体被有意地拉长,这种将人物身体缩短或拉长的手法是为了表现人物独特的个性及情绪特征。

图5-34 执戟门吏

再如，汉代画像里常用的"提速法"，也是利用夸张变形的手法来表现的。例如，把奔跑的马的身体夸张到如饱满的气囊，而把其腿连同蹄表现得如细线（图 5 - 35）。这样，在视觉上，赋予马善于弹跳的艺术特性，以增加其在画面中奔跑的速度感。

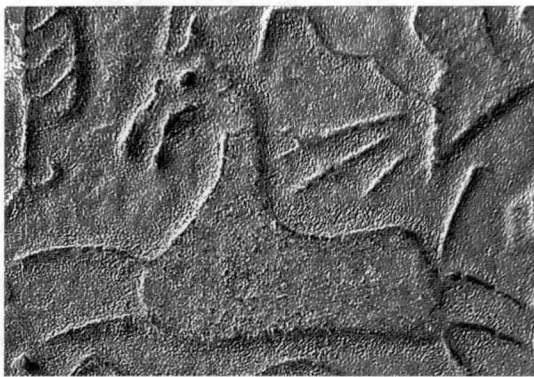

图 5 - 35　奔马

还有，快速奔跑的动物身体，被有意拉得很长，以增加其形体的流线感，在视觉效果上也能有效增加它奔跑的速度感（图 5 - 36）。正是这种看似不甚真实、不甚准确的影像，能给人崭新、独特的视觉感受，也能给人非同一般、摄人心魄的审美体验。看似变形的形象，事实上却是制作者重神而忘形的一种独特感悟和表现世界的方式。

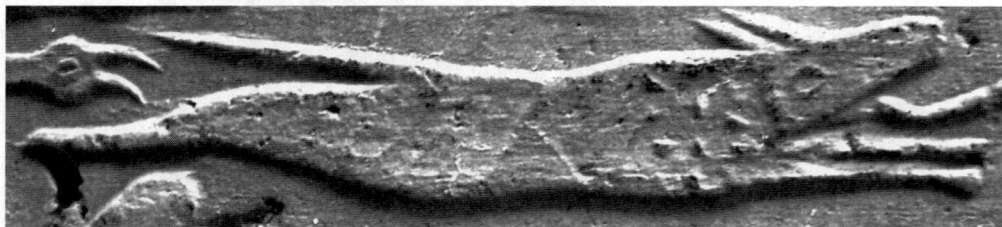

图 5 - 36　奔兽

（二）增繁和精简

增繁和精简也是豫中画像砖印模比较常见的表现手法之一。如图 5 - 37 所示的骑射印模，人物和马的身上都被添满了较为夸张的弧线形点状肌理，形象呈现出异常繁密的视觉效果，增强骑吏不惧猛虎的坚强个性，也使"装满"力量的虎的皮囊，变得密实而富有质感，表现出虎的强悍个性和超凡体能。同时，马和人的表面肌理的繁密，在视觉上也增加了自身重力，凸显了马奔跑的艰难和劳累。这样就在观者心理上造成对人马处境的担忧，并对立双方的斗争结果设置更大的悬念，从而增强画面的艺术感染力。

图 5 - 38 中的门吏，被简化得像一个文字符号，更能凸显让他安抚亡者和家属精神的符号功能，同时精灵化的外表更能凸显其"神通广大"，也更能彰显墓主人的文化素养。

图 5-37　射虎

图 5-38　执戟门吏

增繁和精简的手法就像人们平时说话一样,有时妙语连珠,口若悬河,的确是件好事,就像诸葛亮舌战群儒时,话语越多越精彩,效果就越好。但有些特殊场合则是话越少越好,因此,古人有言"讷于言,而敏于行"。

(三)节奏和韵律

笔者在欣赏汉代的画像时,每每为汉代工匠以视觉语言来表现属于听觉范畴的节奏感和韵律感的独特技法所折服。图 5-39 的印模中,两位击鼓者的双臂都呈"S"形,以鼓架为对称轴,呈倒"八"字对称,双臂的斜线和"S"形,都能产生动感,再加上鼓架上端飘扬的羽葆,给人一种因人的舞动和鼓点振动而引起的空气运动感。散布在建鼓周围的抽象"点",实际上是画像砖制作者所创造的阵阵鼓声的视觉通感的形象"代言者"，正是有了这些看似可有可无的"点"的存在，才使我们仿佛听到了极富节奏的鼓声。通感是一种较为高级的艺术修辞手法，能够调动人们的多种感官，使人沉浸式地投入到艺术欣赏中。这种手法在文学语言中尤为常见。例如，朱自清先生将若隐若现的淡淡荷香比喻为"远处高楼上渺茫的歌声"，这样的描述使人们对荷香的感受更加真实和贴切。虽然通感通常用于文学创作，但在汉代画像艺术中，艺术家也常通过视觉元素的巧妙运用，激发观者的情感共鸣，创造出令人震撼的艺术效果。

图 5 - 39　建鼓舞

（四）造影法

造影法在豫中画像砖小印模中运用得比较广泛。一是因为印模尺寸较小，容易达到造影的效果；二是造影法能收到较好的艺术效果。如图 5 - 40 所示，有关西王母题材的画像砖，就常用造影法。画面中西王母往往呈现为一个戴胜端坐的侧面的影子，这种塑造手法反而增加其神秘感，画面表现了一种含蓄美，也产生了欲扬先抑的艺术效果。

图 5 - 40　西王母与凤凰

如图 5 - 41 所示，骏马的形象被简化成一个矫健影子，它那展开的细弱的四肢与雄壮的躯体形成强烈的对比，有一种凌空飞动之感。

图 5-41　骑射

（五）童境法

儿童的作品不矫揉造作,往往直抒胸臆,能表现出事物的本质,具有意想不到的艺术效果。汉代人很早就发现了这一点,也把这种手法运用到画模的创作中。豫中画像砖有很多画模,粗略看去很像儿童作品,似乎是制作者的随意之作。仔细分析才觉得能够理解其藏在不准确中的准确——精神的准确,寓在拙中的大巧,躲在稚气后面的成熟。如图 5-42 所示的《狗咬赵盾》,赵盾的形象粗拙,赵盾伸出的左手只用了几根简单的线条,极似儿童绘画对手的处理方法。这个传说中的侠肝义胆之人,被刻画得如此粗拙、草率,仿佛是随意涂鸦而成。制作者也正是利用儿童画扑面而来的率真,很好地塑造了他忠耿、淳厚的个性,他憨厚质朴的精神跃然纸上。民间艺人往往会用类似自身的

图 5-42　狗咬赵盾

形象,来塑造他们所尊敬和热爱的人,使画面中人物呈现一种童话般的率真之情,利用"童境法"很好地表现了赵盾那种高尚的理想化人格。

（六）制动法

人们都知道视觉艺术是一种静态的艺术。但汉代艺术家却掌握了一种更高超的艺术手法,使画面产生一种"不动而动"的视觉效果,即"制动法"。如这个《长袖舞》画模,舞者一脚着地,在视觉上有一种不稳定的感觉,制作者又有意拉长舒展的双袖,使水平长线达到一种平衡。艺术家往往会故意在其创造的艺术作品里制造"险境",

然后再用另一种手段"化险为夷"，从而达到"以静制动"的艺术效果。图5-43所表现的舞者情绪奔放，仿佛要舞出画面。但制作者却巧妙地在画面的两头安排两个敲击节奏的乐人，并使他们成为观众视线的两个端点，不动声色地把舞者限定在画面之中。同时，也可以将这二人视为两把阻止舞者冲出画面的"刀"，这两把"刀"并没有限制画面，这一阻拦的结果反而使视觉产生一种欲冲出画面的"势能"，观众视线的左右"跳跃"产生出舞者在画面里"舞动"起来的感觉。

图5-43 舞乐表演

再如，图5-44所示的虎画模，在虎的周围有许多圆点形乳丁纹。这些点的队列，围绕着这只虎，沿方形内框按大小顺序排列。而画模中，若干不符合排列规律的圆点，由于数量少，就被视觉界定为滚动出队列的"自由分子"。点队列会诱导观者视线，沿点的链条游动和扫描。观者视线循环的动态，往往会被错成点的动态，于是画面仿佛就动了起来。经此暗示，画模中的虎似乎也动了起来。这就是所谓的暗示制动法，同样也收到了很好的艺术效果。

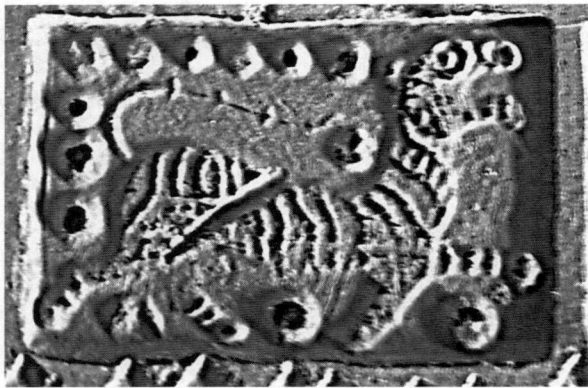

图5-44 虎

（七）藏彰法

笔者要阐述的"藏彰法"，与成语"欲盖弥彰"用的是同样的反向强化原理。在许多表现狩猎的"画模"中，射猎者的形象被凸显在画面中，而被射的动物则被隐藏在山、石、树的后面，只露出身体的很少部分（图5-45）。在这种构图模式中，观者会更加关注这个被攻击者，从而诱发观者的想象，并引发观者强烈的同情心。

图 5 - 45　山中射猎

（八）烘托法

　　有许多时候,烘托法与其他艺术方法相融合。像上面讲到的《建鼓舞》画面,制造节奏和韵律的圆点,同时也对画面起到了一种烘托作用。还有上面,围绕在虎周围的圆点制动法,在某种层面上也是在烘托画面的动态气氛的。图 5 - 46 画模中的鹤车,周围的圆珠也是用来烘托画面仙境的。原本有一颗丹珠状的圆点在鹤嘴里就够了。如果那样的话,画面就会显得很普通很平常。聪明的汉代工匠在画面中“下”了一场“珠雨”,既表现了仙界丹珠多多的吉祥含义,也很好地烘托了神仙境界,收到了意想不到的艺术效果。

图 5 - 46　鹤车

　　综上所述,任何一件艺术作品都不是由一个孤立的艺术手段创造出来的,各种艺术手法往往是你中有我,我中有你,就像笔者上文阐释的那样,很多种手法往往是共同作用于一个画面,由此,产生出像中画像砖小画模非凡的艺术效果。

三、豫中画像砖纹模的艺术特点

（一）形制多样

豫中画像砖形制多样,常见的有矩形边框纹模、方形纹模、圆形纹模、环形模、八边形纹模、菱形纹模、鱼形纹模、鸟形纹模、柿蒂形纹模、各种树形模、树阙组合模、树人组合模等(图5-47)。

图5-47　一块砖上的多种纹模

（二）纹样丰富

同一形制的印模可有多种图案填充其内,可谓丰富多彩。抽象的有折线纹、菱形纹(图5-48)、盘长纹(图5-49)、网格纹、云气纹等;具体的有兽面纹、山水纹、动物纹、植物纹等。传统的纹样也作了不少改进。

图5-48　菱形纹

图5-49　盘长纹、网格纹

（三）单位纹模构成更为复杂

豫中纹模内部的构成相对复杂,其象征意义也更明显。如方形适合乳丁纹纹模(图5-50),就是把乳丁纹做成阵列状,将纹样纳入一个小方形内,这样"人丁兴旺"的吉祥含义就表现得更加明显。又如,回子纹和田子纹结合在一起,增强了人们对土地归属的美好愿望等。

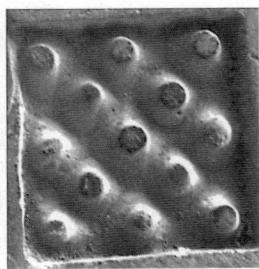

图5-50　乳丁纹(两种)

（四）具象纹模多

在洛阳花纹砖中,就出现了一些鸟纹、龙纹和骑射纹之类的具有画像因素的纹模（图 5 - 51）。在豫中画像砖中,这种肖形的具象纹模又增加了许多,并且纹样的外轮廓,也随着纹样结构而变化,显得较为灵活和美观（图 5 - 52）。可见纹模匠人对纹模的创造,也随时代不断改革和创新。

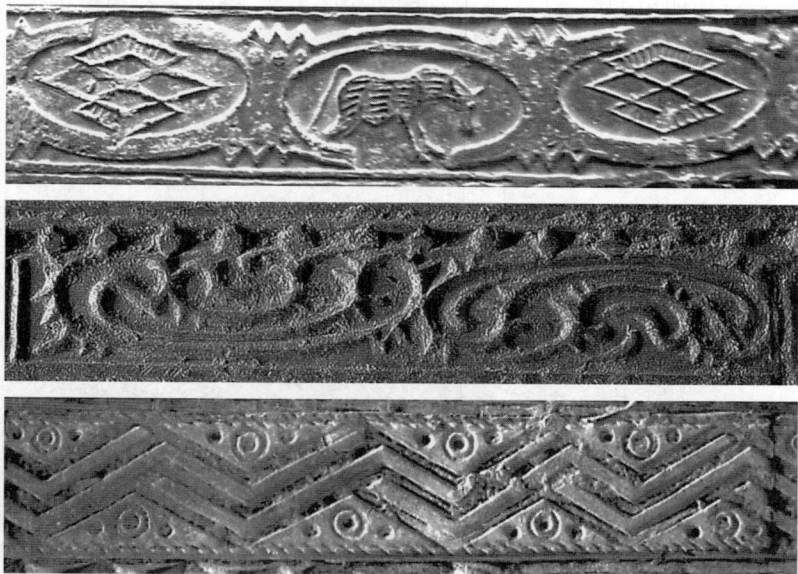

图 5 - 51　纯纹样中的兽纹

图 5 - 52　长青树和双阙

四、许昌中型整版印模的艺术特点

许昌的这类中型砖通常每个画面对应一个完整的印模,这些印模一般都有简单的外框,也有较为华丽的设计。这些砖多以建筑为题材,向人们展示了汉代这一地区的多种建筑样式。砖面上除了建筑,还常搭配有树木、人物、车马和动物等元素。从砖面来看,多数采用阳线形式,也有采用浮雕与阳线相结合的效果。这表明印模的制作工艺并不复杂,通常是直接在木制印模上刻出阴线和凹雕即可。其艺术特点可以概括为以下几点。

（一）对称式构图

许昌中型整版印模的画面,多采用对称的构图方式,绝大多数图像为绝对对称,也有部分图像是相对对称的(图5－53)。均衡构图的画面也有,但数量不多,这可能与中国建筑具有中和之美的对称式构成模式不无关系。令人惊讶的是,在这些印模中,不仅整个画面构成是对称的,就连单个的造型元素也往往是对称的,如建筑、树木,以及一些人物的造型。

图5－53　对称构图的建筑

（二）建筑的拟人化

在许昌中型画像砖图像的主建筑的立面上,都有类似"铺首"的人面造型,与常见铺首造型不同的是,这里的铺首衔的"环"并不醒目,而是被安排到人嘴的位置,其人面往往慈眉善目,如现代童话里的"树仙""山神",充满童趣,具有拟人化倾向。此图上的铺首与寻常意义上的铺首有着很大的区别,整个建筑仿佛成了有生命的人(图5－54)。

图5－54　拟人化的建筑

（三）装饰感较强

建筑、树木的造型都有图案化倾向，建筑和树木上多装饰有线条，所用的线条分布均匀、规整，具有很强的装饰美感。另外，在画面上还点缀有回形纹、乳丁纹等装饰纹样（图5-55）。

图5-55　建筑画面装饰感强

（四）以拙为美注重童趣

如图5-56所示，画面上所塑造的人物、动物和车马等，大多比较简单拙朴，很多形象都像是信手涂鸦之作，重神不重形。有些形象就像是儿童画一样，具有很强的童稚感。

图5-56　建筑画面具有童稚之美

（五）网格状肌理运用

因为多数画面是用线条来表现的，所以，在一些画面中建筑、人物、车马的绝大部分往往装饰有网格状的线条肌理（图5-57）。这种网格状的线条肌理，看起来像丝织物一样，具备柔韧性和紧密感，视觉上对稳固和粘连画面起着很大的作用。在这一幅印模中，这种网格状的肌理被高度意象化了，成为构建画面的统一而微妙的因子，布满画面上几乎所有的形象，且较之其他的画面，这种网格语言更富有变化和更为灵活，给画面造成一种整体统一的秩序外，又赋予画面一种恢宏的大气。

图 5-57　用网格线装饰建筑

（六）浮雕点缀画面的艺术

在为数不多的雕线结合画面中，浮雕的部分表现的多是人物和小动物，在画面中起到点缀的作用（图 5-58）。但正是这些不太引人注意的小点缀，使画面生动起来。因为单一的线条表现，对称的构图，本身就容易使画面陷于平淡、呆板。有了造型独特且排布自由的"小精灵"点缀画面，就像空巢老人家平添的一个活泼的小孙子，画面的氛围一下子就活跃了起来。

图 5-58　用点状浮雕点缀画面

五、豫中小实心砖整版印模的艺术特点

豫中小实心砖的整版印模，也有不少艺术精品。其制作手法自由奔放，创造力强，具有很高的艺术价值。

（一）造影法

印模中的物象，都被制作者塑造成了一个渺远而虚幻的影子，如同雾里看花，水中望月，给人一种缥缈的朦胧感。如图 5-59 所示，印模物象如影子，形似跳蚤的奔马，似乎更有弹跳的活力。马上勇士的影子,在人们的想象中似乎更英勇彪悍。双阙下的门吏显得愈发渺小虚化,但视觉张力丝毫不减,在人们的想象中似乎更加丰满。这也许就是朦胧美的魅力所在。

图 5-59　猎归

(二)烘托法

如图 5-60 所示,画面以阙门为界,共塑造了两个场面,一个是牵马的场面,一个是虎斗小象的组合形象。两个场面的周围都有云气围绕,这种云气的跌宕和曲折,对画面的气氛有很好的烘托作用。如象虎相斗场面的周围,自虎向小象的云气,就像一股猛烈的大浪,把搏斗双方力量的悬殊很好地表现出来,起到的是类似电影背景音乐的作用。

图 5-60　牵马、虎象之斗

(三)适度形变法

如图 5-61 所示,画面的形象基本上是写实的。但制作者在塑造形象时,对物象做了适度的变形,如马的头部适度变大,马腿变长、变细,这样就使得马的形象更加高大,脚步更加轻快。再如两个门亭长,他们身体的躯干是很有风致的"S"形,这样就把他们谦和稳重的性格,很贴切表现出来,体态也显得更聘聘动人。

图 5-61　迎宾

（四）概括法

图 5-62 中的昆仑山被概括成一个草绳状的长折线，山上的西王母仙班，以及野兽、鸟兽等，也都被简化成点状的符号。但这丝毫没有削弱印模对西王母和昆仑山的表现力，反而使这个仙山佳境更加神秘，也更引人入胜。这可能是最为大胆也最为成功的概括手法，笔者深深为之折服。

图 5-62　昆仑仙山

第四节　南阳画像砖的印模艺术

一、南阳画像砖的艺术特点

（一）大而整的整版印模的全盛期

在南阳画像砖中，有相当数量的画像砖是整版模印的。这类印模版的工艺的精美程度，完全可以和陕西大型空心砖的印模版相媲美。在形象的塑造上，这类画像砖要比陕西画像砖更加生动形象，构图更加灵活多变，题材内容更加丰富。而在整版模印的实心砖制作上，无论是形制、大小，还是制作工艺上，都比许昌中型实心砖有了更大的进步。其艺术表现手法更是远远超过许昌中型整版模印实心砖，将整版模印实心砖制作工艺发展到了一个新的艺术高度（图 5-63）。

图 5-63　拜谒、二桃杀三士

（二）印模的形制和规格多种多样

南阳画像砖印模形制主要有：横长实心砖整版印模，横长空心砖整版印模，方形实心砖整版印模，竖长条实心砖整版印模，画模，纹模，以及小砖整版印模等。南阳画像砖是目前出土的画像砖中形制和品类最全的画像砖种属。

（三）雕线结合形神兼备

南阳的整版印模，一般都采用浮雕与线条相结合的表现方式。其中，一种为在浮雕体的表面再起阳线，一种是在浮雕塑造的主体延伸的各个细节部位，采用线条刻画的手法，如动物的爪、牙齿、胡须等部位（图5-64）。据笔者推测，有些形体某些细节部位的线条，可能是在脱模以后泥坯未干时，用木、竹、金属等锐器补划上去的。

图5-64　朱雀

（四）画面的典型化处理

南阳画像印模版在情节的描绘上，艺术手段较之多数画像砖，有了很大的飞跃。善于抓住事物发展的最富有戏剧性的场面，使画面的情节构成更加典型，艺术表现力也就更强。

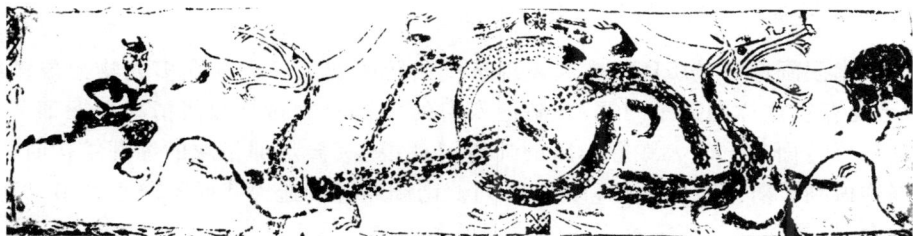

图5-65　双龙穿璧

比如，图5-65表现的是一对交龙，被愤怒的牛和执刀力士扰乱的场景，原本平淡无奇的交龙画面，变得更戏剧化。

南阳画像砖对门吏的塑造也更注意人物性格和情感的刻画，不再拘泥于呈现呆板的门吏符号，而是刻画了更为鲜活的艺术个体。其中的门吏形象，有的很张扬，有的两两成对在窃窃私语，充满鲜活的生活气息。

（五）场面宏大气势磅礴

在南阳画像砖中，有很多作品表现的是宏大的历史场景，或者鲜活的现实场面（图5-66）。宽广的视野、众多的人物，往往会创造出一种气势恢宏的史诗般的视觉效果，真正把画像砖印模艺术的表现力挖掘到极致，完全不亚于汉画像石表现的宏大场面的雄壮气势。

图 5-66　阙门迎送

（六）超时空的"蒙太奇"手法运用

在南阳画像砖中，现实的、理想的，凡间的、仙界的，此处的、彼地的，今日，他时，所发生的故事都可以共处一砖，完全撇开了时间与空间的局限，堪称视觉艺术中"蒙太奇"手法的"鼻祖"。

（七）对人物形象的主观化处理

在表现形象时往往加入了许多主观因素。例如，被制作者界定为主要人物的，身材会被成倍地放大，而次要人物则会被缩得很小，如《胡汉战争》（图 5-67）中的将军和士兵的身材有很大反差。因此，在同一个画像砖上的人物形象的大小反差，有时是很大的，显得主次分明，便于观者理解和欣赏画面。

（八）大场面和小细节皆趋完美

由于南阳画像砖整版印模喜欢表现荡气回肠的宏大场面和众多人物形象多维视角，就不免存在这样的一个问题：在制造恢宏的大场面的同时如何精准把握细节？当我们细数着砖面上看门犬颗颗毕露的牙齿，"触摸"灵异足部精致的细部结构时，会发现它同样做到了对细节的把控（图 5-68）。南阳画像砖造大势而不忘小细节，顾小节更能蓄大势，是融大气和精美于一砖的不可多得的佳品。

图 5-67　胡汉战争（局部）

图 5-68　执戟门吏和狗

262

（九）传神达意文质统一

南阳画像砖对各种形象的塑造,都十分注意"文质统一",所描绘的形象一招一式、一举一动无不力求传神达意,表现出其内在的个性特征,力求做到气韵生动。因此,在南阳画像砖中,无论是装饰题材的龙璧、灵异场面的,还是表现历史故事以及现实场景的,在造型的同时都十分注意对形象精神层面的表现和刻画,给人一种形出神具、仪态万方,图成韵致,满砖风云的高境界的审美感受。

（十）用模中模或模上模饰染画面

这幅装饰感极强的整版印模(图5-69):一层是方相士和朱雀,另一层是双龙穿璧和朱雀。此印模创造形象和美化装饰画面,所采用的艺术手法都是不拘一格的。首先,两层画面之间的分割线,不是模印的,而是拿锐器手工刻出来的。其次,模印不是一次完成,而是在大模脱模后,砖体还未干时,在上层画面的两端,压印上菱形装饰的纹模,以界定画面。其次,在上层两个朱雀的上部,还分别在后期添印了柿蒂纹模,用来压制朱雀的气势,防止作为配角的两边朱雀,夺了中间方相士的气势。这也进一步加强了画面的装饰意味。

图5-69　灵异汇

还有这幅阙门牛虎斗的画像砖印模(图5-70),阙门内构造有"胃"形云纹,牛和虎的身下还有整模印后砖体还未干时趁湿加上的柿蒂纹。因柿蒂纹一角朝下,重心不稳,而在视觉上具有滚动之感,加强了牛虎争斗的画面动感,强化了视觉张力。

图5-70　牛虎斗

二、南阳横长空心砖整版印模的艺术特点

（一）艺术手法和构成模式的多样化

由于出土地点分布广泛，包括南阳唐河县、邓县、方城，以及主产地新野，甚至还包括湖北的某些地区，这种地理分布的广泛性决定了南阳空心砖印模在艺术手法和构成模式上的多样化。

图 5 - 71　甲第

唐河出土的空心大砖，与许昌的中型实心砖整版印模的构成模式有一些相似，塑造的是以建筑为主体的墓主人的日常生活场景，内容有：厅堂对坐、双阙门吏、导骑、车马等。建筑用较为规整的阳线来表现，人物、车马则采用雕、线相结合的手法表现，四周还有较为精致的网格边框。其制作工艺和艺术手法，总体来说要比许昌实心砖高很多。

邓州出土的《手搏》（图 5 - 72）空心砖印版模，画框和龙凤装饰和主体形象完美结合，相得益彰。制作者在构成画面时，采取了自左向右的时间绵延构成法：中间的武士刚刚打翻左边的武士，正在运气，准备迎接右边武士的挑战。雕刻方法以浮雕为主，并采用雕、线结合的艺术手法。人物形象夸张又变形，鲜活生动，个性突出，具有很好的视觉张力。画面的背景空间里，还有被打弯的剑，散落的剑柄，小蝎子、小壁虎等五毒昆虫起到烘托气氛的作用。

图 5 - 72　手搏

新野画像砖的印版模,更是手法多样,有浮雕上起阳线的《乐舞稽戏》(图5-73),
室内和室外的场景分别给人不同的艺术感觉,室外空间疏阔,人物高大,人物大小以前
后纵深层次表现,室内空间壅塞,人物较小,人物大小以主次来衡量。

图5-73 乐舞稽戏

《胡汉战争》(图5-74)用相对单一的浮雕手法表现。站在观者的视点,画面右部
有一个身材高大的将军,画面左边有一座高山,在画面上形成两个视觉焦点,观者的视
线被限制在两个焦点之间。在画面中部,存在一个相对封闭的中间"盆地"区域,它将分
散如沙的双方士兵集聚其中,以此凸显战场上人潮汹涌的景象,这种表现手法极为巧妙。

图5-74 胡汉战争

(二)善于制造冲突使画面高潮迭起

南阳绝大部分大型空心砖出土于新野。其中双龙穿璧是常见题材(图5-75),玉
璧往往被固定在画面中央一个竖直的细柱子上,两条龙的身体十字交叉从其中穿越而
过,尾部或弯曲伸展,或转折有致,或翻卷盘曲。龙的头部往往为应对外界攻击,巨嘴
大张,彰显无比威猛的气势。为了制造画面强烈的艺术气氛,在画模的两端,往往会安
排人物或者动物侵犯和干扰双龙,使得双龙交璧变得惊险而刺激。双龙穿璧系列画像
砖,雕、线结合。在双龙的外围,制作者有意制造了冲突和险境,为平淡的交龙情节设
置难度和障碍,使这个本意为吉祥、圆满的题材变得跌宕起伏,极具张力,有效地打破
了多数双龙穿璧图案的平淡效果。

图5-75 双龙穿璧

（三）造型结构准确动态夸张

在塑造形象时,十分注意形象自身结构的准确性。如斗牛和虎的结构都相当准确,但动态都比较强烈和夸张。如双龙穿璧中的动物形象无论是跃、冲、撞、顶和挠,给人的感觉都要比现实更加强烈和生动。

（四）整体夸张和局部修饰

邓县出土的《手搏》(图5-76)画像砖对主体人物的头部毛发和胡须都做了极度夸张的处理,毛发显得像钢针铁刺,体现了人物的强悍暴戾的个性。小臂和小腿都做了夸张化艺术处理,加强了腿肚和脚踝的粗细对比,更凸显武士强大的体能。制作者对他的鞋子作了装饰化的细节处理,鞋子与粗犷的身体部分形成强烈的视觉反差,使视觉特征得到进一步加强,从而增强了艺术感染力。

图5-76 手搏（局部）

（五）画面装饰和形象塑造相得益彰

《手搏》(图5-77)空心砖印版印模,除四周有花纹不尽相同的精致边框外,砖的上边和左右两边,对称装饰有双凤和双龙图案,龙的尾部一直铺展到砖的下边,形成一个帷幕状的"舞台",给正在手搏的三位武士提供了一个超豪华的展艺空间。画面装饰和形象塑造十分和谐。

图5-77 手搏

（六）场面宏大气势雄壮

像《胡汉战争》(图5-78)这样的史诗般画像砖印模,在画像砖史上简直是一个特例,是画像砖艺术的一个创举。四十多个人物把一个宏大的战争场面表现得栩栩如生。高大的将军、助威的鼓手、蹶张者、磨剑者、探马、执剑步兵、执斧钺者、执金吾者、执戟待战队列、骑射兵、执刀提头骑兵,连成排的射箭队列,在山中行军的增援者、后方休息者、无头尸体……几乎囊括了战争的所有细节和情境,各个形象逼真的细节,准确再现了残酷的胡汉之战,使人身临其境。透过画面两头两个制高点的呼应,和中间奔驰的骑兵马头方向,走马灯似的转换,又成功地把一个个微小的单个形象串联起来,使得战争场面,整体气势宏大,细节巧妙生动。无论大观,还是细瞧,皆适宜、畅快,具有双重的审美感受。

图 5-78　胡汉战争

三、横长实心砖整版印模的艺术特点

由于摆脱了空心砖制作工艺烦琐的限制,南阳横长实心砖印模版拥有了前所未有的活力,艺术语言更丰富,艺术表现力更强,给人的审美感受也就更丰韵厚实,耐人推敲。

(一)时空的多维性

这幅《阙门迎送》(图 5-79)画像砖,在同一画面上展现了远近、左右、前后、实境和虚境等多个空间概念。首先,把在上、下、左、右四个方位所成就的二维平面空间,拓展到了第三维空间,这个在平面上较难表现的纵深空间,即阙门里两个正骑着马向画面深处行走的骑吏背影所暗示的空间。其次,远处驱兽者和阙门后的车马所暗示的平远空间。最后,表现车马迎送的实体空间和表现西王母的虚拟空间被并置在画面上,颠覆了空间的客观性,展示了这种超时空艺术作品所体现的客观世界所不能达到的独特魅力。实际上,这个画面展示的是一个多维的空间观念,就是在客观的三维空间之外,加了一个神话的虚拟空间。

图 5-79　阙门迎送

(二)巧妙的空间分割

《泗水捞鼎》(图 5-80)巧妙地利用画面的主体建筑虹桥和陪衬建筑单阙,把偌大的空间和杂乱的车马、人物分割成多个画面空间,其主要空间有:桥前、桥后、桥上、桥下、阙前、阙后,从而使整个画面成为一个系统的有机整体,多而不乱,繁而有序。

图 5 - 80　泗水捞鼎

（三）顶尖的杂技图像化石

值得特别一提的是，在新野的横长实心砖中，有两幅表现在运动的车上表演走钢丝的高难度的杂技艺术（图 5 - 81）。目前这种表演技巧已失传，因此这两块画像砖堪称杂技表演的图像化石。

图 5 - 81　平索戏车

（四）交响的画面

《泗水捞鼎》（图 5 - 82）画面中，桥上，装饰在建鼓上的羽葆高高飘扬，仿佛在随音乐激荡；硕大的建鼓的两个下角各吊着两个圆形的装饰物，使得建鼓酷似一个摇动的大拨鼓，与右部两位乐人手中的拨鼓相互应和，仿佛在有一强二弱两个节奏在循环震荡。跳建鼓舞的两人的双腿都在舞动跳跃，上身和双臂也在随细腰摇摆，也暗示出震天的鼓点节奏。桥上的四人合力拉鼎，步调一致，配合协调，也同样暗示出建鼓所敲击出的劳动号子。桥下的四位助力捞鼎者中，左边两人皆执两个大圆环，右边两人皆执两稍小圆环。这四个圆环宛如大珠小珠落玉盘，仿佛在桥下空间中回响。再加上桥左、桥上和桥右三辆马车的马蹄声。各种视觉与听觉元素交相辉映，仿佛让观者用眼睛"听"到了音乐。

图 5 - 82　泗水捞鼎

（五）肢体的乐章

此幅《建鼓舞乐》（图5-83）画像砖上的人物的肢体语言十分丰富，舞者舒广袖，扭腰肢、腿跳、脚振，仿佛跟着音乐节奏舞动，两个奏乐者动态一致，皆摇臂鼓腹。汉代艺人巧妙地运用了视觉心理学中的"频闪"原理，创造出两个动态且形象相似的乐者形象，以此制造出两人频繁舞动的视觉效果，从而营造出乐舞画面的视听交响。正如肢体的动态和衣服的飘扬都可以模拟音乐的语言，这正如"一切景语皆情语"所表达的意境。

图5-83　建鼓舞乐

（六）多个题材共处一模

《阙门迎送》（图5-84）画像砖描绘的场面有：车马迎送、纵穿阙门、驱兽、斗兽和西王母神话等。众多场面共处一砖，反映出当时社会各阶层和平共融、社会生活较为安定和谐的升平景象。

图5-84　阙门迎送

四、竖长实心砖整版印模的艺术特点

（一）自上而下的连环画

笔者认为，南阳竖长的实心砖，比横长砖的创作更加自由奔放，排版方式也比较独特，自上而下，一个个如连环画般的视觉意群渐次排开，拉开了表现汉代社会的图像的视觉盛宴。实心砖所展示的内容，有时上组与下组之间，是明显分开的，风马牛不相及，有的则是连绵交织的，如汉赋般反复铺陈，气势绵长。

（二）超时空的蒙太奇表现

有些"连环画"在逻辑上确实是连贯的，如图 5-85 所示的《凤阙门吏》，上部展现凤阙和凤鸟，中部描绘门吏的形象，其后紧接着展现的是宴饮场面，再往下则是乐舞场面。然而，也存在一些作品将完全不相关、跨越时空的画面连接在一起。如图 5-86 所示，上面是树下射鸟的场景，紧接着是西王母的仙班，再往下分别是虎斗方相、朱雀展翅、驷马棚车、鞍马。这些画面内容虽然呈现在同一个竖长的砖面上，但它们之间的逻辑关联并不强，而是以一种跨越时空的方式排列在一起。

图 5-85　凤阙门吏　　　　　图 5-86　射阳、驷车

（三）主体形象优势化

像上幅乐舞百戏画像砖片段，其中跳稽戏的为主体形象，形体比较大，而其他奏乐者，形体则相对小了很多。这样在实际上，就是对主体形象作了有效的优先化处理，体现了主次分明的艺术原理。

（四）造型和实用性相结合

新野竖长条画像砖，在实际使用时是较为自由的。第一，有些竖长条的画像砖若要作墓门，就直接在砖上压印铺首形象，作为标志。第二，匠人往往在趁湿脱模后，根据墓室的设计尺寸,对画像砖的长度、宽度,或其他形制因素做灵活的处理,如裁短、裁窄、裁去一角等。因此,从出土的实际砖况来看,同一印模的此类砖,画面呈现的长短和宽窄都不尽相同。

五、方形实心砖整版印模的艺术特点

笔者认为这种比例的画像砖在南阳画像砖中比较独特,应该是四川方形画像砖的前奏。

(一)造型夸张

图 5-87 所示的方形画像砖的造型比较夸张,三个仕女的细腰,细如麻秆,仿佛快不堪自重而折断,表现了她们"腰若流纨素""芊芊作碎步"的曼妙体态。

图 5-87　三仕女

(二)构图丰满

这类画像砖的构图,往往比较丰满,画面的人物形象较大,往往顶天立地,给人以直观近景的感觉。

(三)表现性较强

这一类画像砖的人物形象的塑造重神不重形,注意人物形象的神韵和精神,主观表现性较强。

六、南阳小实心砖整版印模的艺术特点

(一)多样的雕刻手法

南阳小实心砖整版印模的雕刻手法有浮雕、雕线结合、阴线、阳线等(图 5-88)。

— 271 —

图 5－88 白虎、朱雀、玄武

（二）自由不羁的风格

如图 5－89 和图 5－90 所示，有比较写实的，有表现性比较强的，有沿袭青铜器图像的造型风格的，还有只画出形体轮廓或动态走势线描简练的，有像中国书法一样的粗线条造型的，等等，艺术空间自由广阔。

图 5－89 西王母仙班

图 5－90 龙虎、怪兽

（三）题材的多样化

题材几乎囊括大砖的所有内容，甚至比大砖更丰富一些。

七、南阳小画模的艺术特点

由于南阳地域广阔，有很多地点出土的画像砖与豫中地区的大空心砖相似，因此，一些小画模造型（尤其是方城县的）比较接近豫中的风格，有不少印模与豫中的几乎一模一样。艺术水平较高的小画模，应该是淅川县的，其中的牛图（图 5－91）、执金吾武士（图 5－92）、执节门吏（图 5－93）都是精品。牛图比毕加索的立体主义的牛造型还要简练高妙；执金吾者简练到成为符号的程度，却还是形神兼备；执节门吏的写实的技巧绝不亚于今天受过系统训练的学院派画家。

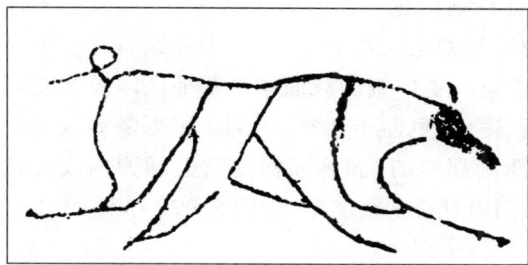

图 5－91　牛　　　　图 5－92　执金吾武士　图 5－93　执节门吏

八、南阳小纹模的艺术特点

如图 5－94 所示,南阳小纹模种类繁多,手法多样,其骨架和构成富有新异性,是一个丰富的平面构成和纹样模式的宝库。

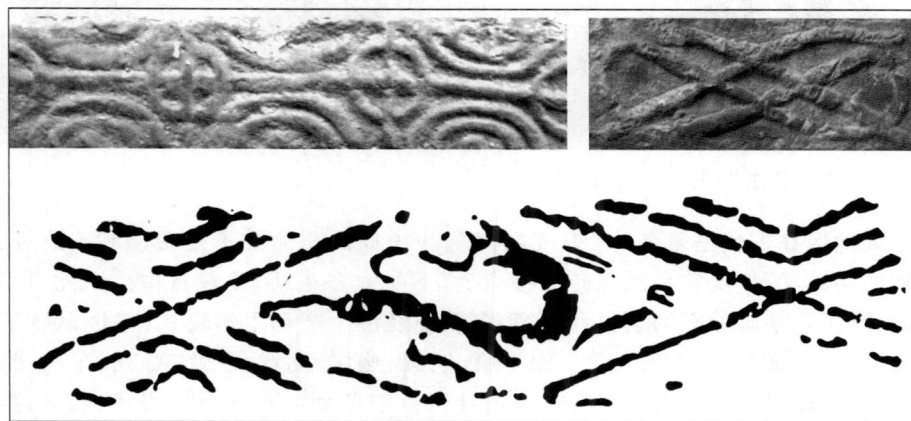

图 5－94　三种纹样

第五节　巴蜀地区画像砖的印模艺术

一、巴蜀地区矩形实心砖整版印模的艺术特点

(一)更便于观瞻的印模

常规的巴蜀地区画像砖有两种比例:一种是接近正方形的矩形砖,一种是长宽差稍大的矩形砖,一般出土于成都市郊及其附近各县。这两种砖型都更接近现代或者西

— 273 —

方绘画的画幅比例。在现代人看来,也更具有画面感。巴蜀画像砖表现的场面,不像南阳大型整版模印画像砖那样喜欢表现史诗般的宏大场面,或者把多种题材并置于一砖;也不像一般小画模那样,尺寸有限,难于施展更广阔的画面。巴蜀地区印模表现对象,在画面的大小和比例方面,显得更清晰、适中,更便于观赏,更利于把形象表现得恰如其分的完美。另外,巴蜀地区的方砖,是西画那样的"满画面构图",但画面构成模式却是名副其实的东方意味,表现内容更贴近当时社会的真实生活(图 5 - 95 和 5 - 96)。

图 5 - 95　双骑吏

图 5 - 96　四骑吏

（二）创作自由题材丰富的印模

巴蜀地区在古代是著名的"天府之国",与中原的交通并不是很便利。这种天高皇帝远的实际状况,反映在画像砖的特点上,不受太多束缚,比较自由。因此,巴蜀地区的画像砖,包括画像石的题材和内容,多围绕经济生产和生活场景,热情讴歌了"天府之国"世外桃源般的富庶生活。如甲第、庖厨、燕居、宴饮、歌舞、百戏、车马交游等内容,多是表现墓主人日常生活的。表现社会生产劳动的有:涉猎、售货、舂米、拾鱼、采莲、采桑等。还有表现日常社会活动及其活动场所的:讲经、拜谒、恤老、济贫、抓罪犯、酒肆、市场等。巴蜀画像砖以其思想开放、创作自由和题材广泛而著称。画像内容多表现生活富庶和社会安定的场景。这些画像砖为研究汉代巴蜀的社会历史状况提供了不可多得的图像资料。

（三）现实主义风格占统治地位的印模

巴蜀地区的画像砖中,占统治地位的是再现当时社会真实状况的现实主义作品(图5-97)。人物比例适当、结构准确、概括大气、形神兼备。很多作品风格淳朴、自然,有一种如米勒油画般的醇厚情愫,热情歌颂了热爱生活、热爱劳动的下层劳动人民。其他表现墓主生活和社会活动的作品,与荷兰小画派的创作宗旨一样,也以淳朴、真实的艺术表现手法见长。从描绘日常生活场景和社会

图 5 - 97　播种

现实出发,显得真实可信。汉代的画像砖艺人用纯朴的灰陶,早于西方油画一千多年,向世界展示了现实主义作品的迷人光芒,这的确是中华民族本土艺术值得骄傲的事情。

(四)风格随题材变化的印模

上面我们提到表现社会生产和劳动的巴蜀画像砖,采用的是现实主义的手法。而表现神话题材的作品如《龙车》(图5-98)和《仙人六博》(图5-99)等,则充满了浪漫主义的光芒。同样,那些分布最广的小型实心砖印模,则更多表现的是民间的大众思想艺术形态和生活真实状貌,具有强烈的民风民俗味道,表现方法更加自由奔放,所体现的风格也更丰富多彩。

图5-98 龙车

图5-99 仙人六博

(五)表现手法多样化的印模

巴蜀画像砖图像的基本表现手法有两种,就是浮雕和线条。浮雕有浅浮雕、中浮雕和高浮雕,浮雕的呈现还有平面浮雕和凸面浮雕之分。线条有阴线和阳线两种,且有粗、细之分。很多作品都是雕、线结合的。有的作品人物是浮雕的,建筑和器物是线条的,如《舂米》(图5-100)。有的则在浮雕的表面,再用线条来表现细节,如《燕居》(图5-101)。也有些作品是用粗细两种线条的对比来表现的,如建筑、朱雀等。

图5-100 舂米

图5-101 燕居

(六)构图形式丰富的印模

印模的构图形式多种多样,包括左右对称、中心对称、均衡式、三角形(含锐度大的楔形构图)、"C"形、"S"形、对角线、散点、水平线、竖直线、地势线构图,以及帐中、屋下的环境式构图等;还有手法转换构图法、前后叠加构图法、建筑吸附法、山头聚拢

— 275 —

法等。这些构图种类繁多,构思丰富。每一种构图模式都与画面的内容和表现技巧存在着密切的联系。如《钓、射》(图5－102)画像砖,采用的就是地势线构图法。画面中长长的、曲折有致的河岸线将画面分成两部分,分别代表钓与射各自的劳动场所,同时也给画面增添了曼妙浪漫的诗意。这个如诗如歌的美妙"蛇形线"给画面增色不少,若去掉了这个河岸线,画面就会失去很多的艺术光彩。射者已在拉弓射猎,钓者却并没去垂钓,而是被射者的技艺所吸引,在旁边观射,这就很好地增添了画面的趣味性,使画面中人物有了交流、互动。画面以河岸线为情感连线,以微妙的形式,来提升画面的审美内涵。这个案例充分展示了好的构图和立意所赋予巴蜀画像砖的独特艺术魅力。

图5－102　钓、射

（七）造型随类施法的印模

在四川的画像砖的同一个画面中,同样的人物不同的身份,往往会有不同的表现方法。如在《观伎》(图5－103)中,坐于席上的观者和奏乐者,都是相对较为静态的人物,用的是平面浅浮雕起阳线法,给人以宽衣博带的儒雅感觉。图中站立着在表演百戏的三位赤膊男子,则基本上是用凸面中高浮雕形式表现的,制作者很准确地表现了他们的身体结构和动感体态。跳舞的女子发髻是用纯阳线表现的,上衣是浅浮雕加阳线的表现方法,面部和下肢则改为凸面浮雕形式,多种手法混搭,形象地表现出该女子窈窕的舞姿和衣带的动感。这种随类施法的表现技巧,让人一眼就看出画面的表现层次,以及人物的动静状态和精神面貌,同时也使画面语言变得更加丰富。

（八）错位叠加反透视印模

巴蜀地区的画像砖制作,已经开始利用前后物体的错位叠加,来表现事物在画面中的前后关系,这表现出匠人对纵深空间的深刻理解和精湛表现。按照西方的焦点透视——近大远小,但体现在这块《三骑吹》(图5－104)中的人马比例状况,则是越在前面就越小。如最前面的马和人物最小,越往后尺寸越大,与正常的视觉透视的感觉是相反的。这种看似不讲理的方法,实际上是一种隐藏在笨拙里的大巧,第一,避免了前大后小,大的掩盖了小的,所造成的层次不分明的不足。第二,避免了以大盖小,后面的绘画层次信息缺失——"一叶障目不见泰山"的状况。同时,为了使前后层次更加明亮清楚,画面还采用了错落叠加的方法,使前后马的马头,依次向后错落,艺术表现技巧高超。

图 5-103　观伎

图 5-104　三骑吹

（九）频频而动的散点印模

巴蜀地区画像砖,在表现骑吏、伍伯和某些劳动场面的不少画面中,并不遵循通常的疏密关系原理。三四个相似的形象,往往如平面图案一样,呈散点分布在画面中。聪明的古代匠人用了一个被阿恩·海姆称为"频闪"的视知觉心理规律,即形状基本相同的两点,若保持某种特定的距离,在观者眼中,就会有闪动之感,造成一种"不动而动"的视觉效果。如在《四骑吏》(图5-105)中,四个人物服饰装束相似,马匹相似,只有马和人的动态上有细微差异,此外,他们之间都保持不远不近的特定距离,具备诱发"频闪"的条件。仔细观察,每一对位于对角线上的骑吏,会更容易想象,更易造成"频闪"关联。这频频的闪动,就使画面形象"运动"起来,再加上马匹轻盈飞动的独特造型,一种满砖风动的艺术感觉随即而生。

图5-105　四骑吏

（十）动感的楔形印模

"楔形"是视觉艺术的动感之箭,在画面上传达的信息就是动感和速度。在巴蜀地区画像砖中,表现三骑吏和车马出行的画面很多都用"楔形"构图,使得画面有一种向前飞动的感觉,很好地表现了车马的前进之感(图5-106)。

图 5-106　三骑吏

(十一)体态语言准确丰富的印模

巴蜀地区的画像砖图像十分注意对人物体态语言的把握,无论是褐衣短衫的劳动人民,还是峨冠博带的达官贵人;无论是旅途劳顿的车骑团队,还是纸醉金迷的宴乐场面;无论是质朴感人的现实主义,还是潇洒舒畅的浪漫主义……画面中的人物体态语言都是耐人推敲、真实感人的。射箭、收割、拾芋、钓鱼,庖厨、酿酒,劳动的身影健康而矫健;习武、抓犯、讲经、骑马、乘车、交易、娱乐、歌舞、百戏,动人的身姿绚丽鲜活。在这一地区的画像砖里,体态语言是传情达意的要素之一,这种对体态语言的精妙刻画也是巴蜀画像的闪光点之一。

(十二)质朴求真平淡求奇的印模

巴蜀地区的画像砖图像有一股质朴厚重的艺术气息。画像砖图像表现的是寻常事、寻常人,作品的表现手法也同样的朴素和寻常,就像一碗最为寻常的大碗茶,平淡中透着甘甜;更像用白描手法表现的记叙文,平实中散发着清新;看似拙劣的毛病,细推敲却是奇巧的妙法;眼瞧粗陋的构图,稍玩味便可体悟深邃的奇思。没有刻意的修饰雕琢,没有耀眼的绚色、炫彩,有的只有带着泥土芳香的真实厚重,有的只有闪着人间真情的老实本分。这恰恰就是巴蜀画像砖最为珍贵的地方。

二、巴蜀地区尺寸特殊印模版的独特艺术特点

(一)超宽印版印模

《长屋》(图 5-107)利用画面超常的宽度突出建筑物的特点,使表现对象更加完美,也避免了用较方的画面多出太多空间,造成的构图困难。在《牛车》(图 5-108)中,除了牛车和远处犁地者外,还有一座建筑,因表现内容的需要,制作者把画幅拉成横长,为了表现牛的动感,把牛的身体也夸张地拉长了,反而增加了画面的美感。《宴

饮》（图5－109）的横长画面可以容纳更多的宴饮人——共三对男女，这种重复排列法，可以使画面具有节奏感，也可以表现宴席的排场。再加上宾客面前的食器是大小错落排列的，这种排列方式增加了画面的韵律，也加强了宴席向两面延伸的宽阔之感。

图5－107　长屋

图5－108　牛车

图5－109　宴饮

（二）竖长的印版印模

例如，《伏羲》（图5－110）和《女娲》（图5－111）是两个配套砖，就是用竖长的画面塑造了人首蛇身的伏羲、女娲分别托举着日、月轮的优美形象。砖面采用点、线、面结合的表现方法：日、月轮和蛇体用浮雕的面来表现；人物的衣服用阳线来表现；蛇体的脊柱用突起的小点来表现。这样既突出了各物质之间的质感对比，也使画面变得丰富而优美，充满了浪漫主义的情怀。

图 5 - 110　伏羲　　　　　　　　　图 5 - 111　女娲

又如《西王母》(图 5 - 112)，利用竖长的构图便于把西王母安置在高耸的蘑菇台上的龙虎座上，给人高高在上的感觉，以表现她有别于凡人的神仙地位。两位侍者各执兵器，分立在高台立柱的两边，一衣一裸的对比效果，有几分喜剧色彩。

再如《二骑吏》(图 5 - 113)，这种排列方式在巴蜀地区画像砖中较为少见，给人以平远透视的广阔感。上下两匹马，上面的奔放，下面的内敛，一放一收，既避免了画面的雷同，也使两马的动态造成不动而动的视觉效果。

图 5 - 112　西王母　　　　　　　　图 5 - 113　二骑吏

(三)多画面的印版印模

巴蜀地区画像砖有不少一砖多画的构图形式。如著名的《弋射、收获》(图 5 - 114)，就是在上下两层画面中分别表现秋天典型的劳动场景，把秋天的繁忙劳动景象表现得淋漓尽致。若把两个场景合在一起，就会有许多构图立意上的麻烦，这样既分开又连接，就像电影中两个画面的拼接，给人一种双向的刺激和交相辉映的丰富艺术感受。

又如《捕鱼收获》(图 5 - 115)，两个左右横排的画面艺术效果也一样。

图 5-114　弋射收获

图 5-115　捕鱼收获

再如《西王母与车骑》(图 5-116)的画面分成了四个小画面,将一个画面上的对象分几个画面表现,这种处理方式可以很好地区分各个对象之间不同的身份,同样,这样处理画面就像电影分镜头扫描:首先停留在高贵的西王母身上,然后是她的神仙仙班,接着是正飞向她的墓主人的车马,最后是导骑。四个画面连贯在一起,传达给观者一个信息:亡灵顺利地飞升到西王母那里。第一,这样的"分镜头"表现,比亡灵无界限处在西王母仙班中,参拜西王母,要清晰、直率得多。第二,墓主人显然不能直白地表现自己飞升的乐事,而是委婉地把情况展示给观者,让观者自己推测出这个可喜可贺的结果。

图 5-116　西王母与车骑

三、巴蜀地区实心小砖整版印模的艺术特点

(一)横竖交替形制繁多

巴蜀地区小实心砖整版印模,横竖画面都有,尺寸众多,形制多样,难以统计。如

— 282 —

图 5-117 所示,这块在侧面呈现画像,那块又是端面有人物。就像民间自发的民歌大赛,人山人海,无序中彰显着辉煌和丰富。

图 5-117　列队人物　　　　　　　　　　图 5-118　门

(二)风格多样创作自由

来自民间的艺术的特点是:山歌则张口就唱,描绘则拿笔就来,剪纸则挥剪而就,智慧来自平时的生活,灵感时时从内心涌现。这是一个不受规矩限制,不被成法约束,最为自由奔放的创作空间。就像巴蜀地区画像砖的小实心砖的整版印模艺术一样,数量丰富、风格众多的作品中最大的特征是洒脱自由(图 5-119)。

图 5-119　建筑、人物

(三)手法多样语言丰富

首先,巴蜀小砖印模在整个巴蜀地区都有出土,在范围上要比这里的方砖更广,有更大的优势。其次,小砖的创作手法更自由,语汇也更丰富。除了和方砖一样的现实主义和浪漫主义——造型比较严谨的作品以外,还有许多表现手法,如夸张和变形、线条的繁简、造型的巧拙、成熟和童稚、雕饰和写意、形似和神似等,似乎有多少小砖的印模,就有多少种表现方法,带给人更为丰富的视觉感受。

(四)造型独特视点新颖

巴蜀小砖印模的印模造型非常独特,就拿比较常见的龙的造型来说,就有很多种,如金石味十足的骨瘦如柴的龙的造型(图 5-120)、书法味十足的龙的造型(图 5-121)、笨拙感十足的龙的造型、图案化的龙的造型、蛇形的龙的造型等,均给人以丰富的视觉感受。再如这一对鹤舞(图 5-122),舞姿飘扬飞动,动态舒曼自然,线条柔中带刚,形神兼备,给人以曼妙的感觉。

图 5 - 120　龙

图 5 - 121　龙

图 5 - 122　鹤舞

再看《钱、鱼，星座》（图 5 - 123）的印模：三种表现对象被并置在一起，既给人以水中有天、天上有水的诗意感觉，又表达了人们想要有余钱、发大财的吉祥寓意。画面既具有多重表现意图，也符合民间创作雅俗共赏的特点。

图 5 - 123　钱、鱼、星座

还有这个《迎谒》（图 5 - 124）画像砖，四个执笏官吏呈侧面站立，一字排开，如神道上的雕塑，视点十分新异，把迎谒高官时的肃穆气氛表现得十分到位。

图 5 - 124　迎谒

四、巴蜀地区小实心砖整版纹样印模的艺术特点

图案丰富，是不可多得的古代民间图案艺术的宝库。第一，这里的图案集抽象和具象双重美感于一身。第二，集书法、图案和绘画于一身。第三，与其他地方小砖相比更繁密精致。第四，同一种原始图案派生出的变体较多，如菱形图案就有大小、繁简、粗细、元素多少、层次增减等多种变体。

第六章

汉代画像砖的形象造型特征

第一节　汉代画像砖造型的基本特征

一、程式化造型

汉代画像砖从公元前 206 年西汉肇始，到公元 220 年东汉灭亡，共历时四百多年。若再加上秦代的肇始阶段和魏晋的尾声，时间就更长。这一历时弥长，播种在宫廷，植根于民间，上通下达，穿梭于阴阳之间的独特艺术形式，自然会有自身的一套程式化造型模式。《新华字典》对"程式"二字的解释是："规定下来的格式。"汉代画像砖造型的程式化，也就是画像砖造型惯用的视觉造型形式、形象符号模式、技法、构图、格式，与其表达的思想、内涵、意义和意味，即造型的道与器，为社会大众所普遍承认的，即约定俗成的内容，有内在的必然的规定性，且最终经过时间的考验，被积淀和传承了下来。

（一）汉代对天地鬼神崇拜的大众表述的程式化

在汉代民众的观念里，有很强的谶纬意识、祥瑞观念，以及对鬼神的崇拜思想。因此汉代人在无形之中形成了一种共性的思维模式，形成一种特定的形而上的文化圈层。当汉代人在画像砖里创造这些象征性的视觉形象时，受到这个文化范围的思想沉积"范本"的影响，所创造的形象也往往是大同小异的群体表象，这种创作模式在画像砖的发展过程中逐渐改革创新并传承下来，成为一种程式。如对西王母的造像，观者一看到戴胜的中年妇女、三足乌、九尾狐和捣药的玉兔等，就会想起在昆仑上上的汉代女神西王母。再如人面鳞身手捧日月轮，或手执规矩的伏羲女娲的造像。又如象征祥瑞的四神：青龙、白虎、朱雀、玄武的形象，都有特定的程式，甚至历时几百年变化不大。还有：羽化升仙的带翅、生羽的羽人、镇墓的方相士（图 6－1）、守门的铺首、祥瑞的凤凰、鹿、鹤、鱼等，都有汉代人自己的视觉表述方式，有的一直传承到现在。

（二）与汉代社会主流观念和民风民俗并存的程式化

在社会观念上，首先，体现在对宇宙的认知上。汉代人对于天文的研究在当时处于世界的前列，因此，他们具有较为开放的宇宙观念。出现了天是四角有天柱的篷盖，覆盖在状如棋盘的地上的"盖天说"，也出现了日月众星自然浮生在缥缈的云气中的"宣夜说"和天包地浑然如卵形的"浑天说"。到了东汉，人类对宇宙的认识更加理性，认为宇是空间，宙是时间；"宇之表无极，宙之端无穷"。其次，是对天人关系的理解。无论是西汉，还是东汉，都崇尚"天人合一"思维理念。西汉人更重视天的权威，东汉人则更注重阴阳五行在天地之间的力量。再次，是生死观念的不断更新。在西汉中早期出现了求仙热，晚期依然流行但温度渐减。在东汉一部分人求仙梦幻灭之后，转而注重在现实社会的健康——长寿，即仙也！而另一部分人，则更加相信鬼神，认为人死之后，灵魂有知，在另一个世界延续。因此，我们可以见到在汉代不同时期的画像砖里，都有暗示"天门"的玉璧的造型（图6-2），能配置不死药使人长生不死的西王母的形象，正转化成仙的羽人形象；羽人乘飞龙的画面；龙车游星空和阴间的正神宗布等画面。这种观念长期以来占据着人们的思想，在塑造画像砖形象时，人们自然也会受到这种观念程式的影响。

图6-1　熊（方相士）（南阳画像砖）

图6-2　悬璧（天门）（豫中画像砖）

汉代的民风民俗在画像砖图像中有许多体现。如汉代盛行歌舞，在画像砖中，舞乐形象很多，也遵从一定的大众认同程式。常见的舞蹈有建鼓舞、盘鼓舞、折腰舞、长袖舞等；常见的乐器有：建鼓、拨鼓、埙、竽、排箫、琴、瑟等。又如汉代有游猎之风，画像砖的印模中就有比较多的表现涉猎的画面，有田猎、山猎；有射猎、网猎、驱猎等。再如汉代有经商之风，讲经好学之风，豪侠之风，还有礼俗、丧俗等仪式讲究，在汉代画像砖中这些内容有一定的体现。

（三）汉代视觉艺术造型的共同程式

在汉代画像砖的造型艺术中，首先，遵从着一个大的教化原则，就是"成教化，助人伦"，因此画像砖中有很多表现具有教化功能的历史故事，以此来实现与"六籍同功"的创作愿望。其次，汉代人具有"天地合气，万物自生"的观念。汉代人善于联想，对于画面的创造也较为自由。画面元素的增减变化，随意洒脱。无论是整版印模，还是系列小印模，其画面外框或长或短，或横或竖，形制变化十分丰富。构图和表现都自由奔放，不受透视和比例的限制，就像上蒸下煮的"气"一样率性。画像砖和画像石等汉代艺术一起开辟了意象造型的先河，为日后中国画的发展，勾勒出一个模糊而精准的方向。另外，汉代已有了"形神论"的美学思想，讲究"以神写形"，更注重表现对象的精神和生命活力。因此，汉代画像砖造型讲究意象，强调对象大的结构和具有较好表现效果的生动细节，注意形象的大动态、大气势，以防面面俱到"谨毛失貌"，使形象失去应有的神韵。因此汉代画像砖的造型自由奔放，无论是以浮雕为主的团块造型，还是以线条为主的平面造型，都十分注意对象的精神、节奏、韵律和内在的力的图式，而对事物的比例、细节不大讲究，使艺术形象能够在融入人的智慧的状态下，在理解、想象的基础上创作出来，显得更加生动形象。

（四）地域性而形成的程式

每个特定的地域，都会有自己独特的地域特点，每个地区也都有自己不同于其他地方的独特的造型模式，在汉代交通和通信不太发达的社会条件下，这个问题就尤为突出。

二、象征性造型

《辞海》对"象征性"的解释是："通过某一特定的具体形象以表现与之相近、相似的概念、思想和情感。"象征性是一种比较含蓄的艺术造型方式。在诗歌创作上，叫作"兴"，就是先言他物，以引起所咏之物。象征性造型有三个基本特征：符号性、比喻性和暗示性。

（一）符号性

视觉艺术在本质上不能脱离创作者和欣赏者的心理而独立存在，故而也被称为视知觉艺术。若从心理学层面，来界定人类自身的概念，会认为人就是一种符号化的存在。例如，自从仓颉造字之后，人类就从自然属性进入到一个文字创造的世界，即用文字来描述现实的世界。在描绘过程中，真实的世界慢慢远离我们，我们渐渐走进一个语言的世界里。德国哲学家卡西尔认为："人不再生活在一个单纯的物理宇宙之中，而是生活在一个符号宇宙之中。语言、神话、艺术和宗教则是这个符号宇宙的各部分，他们是组成符号之网的不同丝线，是人类经验的交织之网……所以这些文化形式都是符号形式。因此，我们应该把人定义为符号的动物来取代把人定义为理性动物。只有这样，我们才能指明人的独特之处，也才能理解对人开放的心路——通向文化之路。"我们的身体、思想、感觉都是以语言的方式呈现。中华民族自古就有着自己民族博大精深的语言呈现模式，自成一个来自远古，又生生不息的宏大命题和恢宏灿烂的叙事体系，叫作中华文化。中华文化往往通过文本、艺术，乃至具体的器物呈现出来，中华文化也渗透在每个有血有肉的中国人的生活方式中。个体的生命感受和生活体验与中华文化，以及民族、家国关联在一起，进一步在潜移默化中交流和传承。符号也成为每个传承链接的鲜明节点。中国文化的象与数，早就被赋予了符号化的特性。如此，在历史语境下的汉画艺术的符号化特性也应是与生俱来的。画像砖本身，作为实物的符号，承载着较多的民族文化内涵，又作为其所在时代的民族文化的一种独特因素，彰显着民族文化的本土特质。在画像砖上，那些特定的形象，作为符号，同样具有独特的内涵和特定的含义。

站在具有象征意义的符号性层面，汉代画像砖中，常见并流传至今的，含有"事事如意"吉意的"柿蒂纹"符号（图6-3），所承载的文化内涵，绝不是简单的浅层含义。早在甲骨文里，"蒂"与"帝"同，就是花蒂的象形，"蒂"通"禘"，而禘是古代祭祀天地的一种礼仪。《礼记·王制》："天子、诸侯宗庙之祭：春曰礿，夏曰禘，秋曰尝，冬曰烝。"柿蒂纹的纹样形式，是中心指向四面八方，暗合洛书的构成形式。因此，笔者认为，柿蒂纹符号寓意至少有三种：第一，暗含望子成龙之意。第二，代表祭祀天地礼仪。第三，含有河洛文化的象数和义理。在许多汉画像石墓的墓顶，都刻有柿蒂纹图案，可见它的意义非同一般。

再如，在汉代画像砖中常见的乳钉纹（图6-4），也是中华文化传承有序的经典纹样。在青铜器、玉器，以及后世宫门上都能见到。自古乳钉纹，就含有对最伟大母爱的敬仰和感怀，"钉"与"丁"谐音，故有"子孙满堂，人丁兴旺"之意。在中国古人的观念中，子孙众多，香火不断，世代绵延，是第一要事。这一观念的形成，首先与小农经济需要足够的劳动力，尤其是男劳动力有关。更重要的是中国传统家族观念的影响，家庭和家族是传统中国最基本，也是最重要的社会组织，其地位历经近万年而不衰。其次，古代医学和科学都不发达，人类的生育率尤其是成活率很低，每个长大成人的孩子都弥足珍贵。乳钉，就是一个家族人丁的符号纹样，饱含着祈愿族群的繁衍和兴盛的大事，是中华民族生生不息的典型的文明密码之一。这也正是乳钉纹样贯穿古今延续不断的重要原因。

图6-3 柿蒂纹

图6-4 乳钉纹

还有,汉画里常见的四神形象,也有很深的文化渊源。古人发现黄道、赤道附近的二十八个星宿位置稳定,就以它们为坐标,来观察星空。二十八星宿又划分为东、北、西、南四方,每一方有七宿。四方分别与四种动物相配,作为所在方位的七星之主。东方青龙,北方玄武,西方白虎,南方朱雀。四神,分别镇守的四面,围合形成一个四方形,表示一个国家的四面边境,或一个都城固若金汤的四面城墙等。这与河图的理念相似:河图的四面,也由四神镇守,还加上了由1到10的阴阳数理,这十个数的总和是五十五,因此古人有"天地之数,五十有五"之说。传说中的古河图是圆形的,后几经演化,才成为现在的方形格式,是我国古代甚为玄妙的"象天纬地"的系统空间理念。河图与四神是河洛文化的源头,也是中华民族的文明之源。四神不仅代表四方,还分别是四季、四色、四音和五行中"金、木、水、火"等概念的对应符号。在古代中国人的认知里,至关重要。

综上所述,汉代画像砖造型的符号化特性,是不言而喻的。

(二)比喻性

首先,比喻是一种常用的修辞手法,即用与甲事物有相似之点的乙事物来描写和说明甲事物,是修辞学的词格之一,也就是俗话所说的打比方。构成比喻的要素有三:一是本体,二是喻体,三是本体和喻体的类似点。比喻的基本形式也有三:明喻,暗喻,借喻。

汉代画像砖中,经常用常青树来比喻生命长久,或灵魂不灭。那么这个比喻的本体就是:渴望生命长长久久或死后灵魂升仙的凡人。喻体是常青树,一年四季常青,给人以永不凋谢的强旺感。人们认为常青树生命力强,永不凋谢,又渴望自己的生命之树也能够常青,就拿常青树来比喻人类自身生命的强旺。

画像砖的双龙穿璧图像,采用借喻的手法,使双龙穿璧象征性地承载期冀家族和睦,子孙兴旺的美好愿望。这个比喻的第一要素本体,是基于儒教教化层面的夫妇和睦、阴阳和谐、子孙绵延的繁盛家族。第二要素喻体,是在礼天的玉璧里,成就阴阳交泰的双龙。这表现了人们实现阴阳交泰、繁衍后代的愿望,并用龙的身份来暗喻家族血脉的不凡。

(三)暗示性

《新华字典》对"暗示"一词的解释是:"不明确表示意思,而用间接、含蓄的方式使人领会。"

在汉代画像砖艺术中,最典型的暗示性造型,就是南阳画像砖的《泗水捞鼎》。汉代人明明是想拿这个题材来批判秦王朝暴虐无道,但却不直接表达,于是,满砖铺陈和渲染《泗水捞鼎》的宏大场面,声势浩大的"捞鼎"盛会,结果被一条龙咬断绳子给破坏了,鼎终究没能回到秦王手中。《泗水捞鼎》(图6-5)画像砖,采用的就是典型的暗示法,暗示秦王朝灭亡是上天的旨意,汉朝的登基是合于天地大道,君权神授的。

汉代画像砖的暗示性造型还有很多。比如利用铺首来暗示墓门,利用武伯和骑吏队来暗示墓主人的气派和家族势力,用驾车的马的数量来暗示墓主人的官职和地位等。

图6-5 泗水捞鼎(南阳画像砖)

三、概括性造型

所谓概括就是总括,简明扼要。在视觉艺术的表现手段上,就是大胆取舍,取就是夸张、提炼,舍就是省略、简化。

夸张和提炼的手法在画像砖中非常常见,如图6-6所示,郑州画像砖中的这幅牵牛图利用的就是一种夸张表现的手法,塑造人物时,按照从头到脚的顺序,渐次扩大比例,人物身体的下半部与头部之间形成巨大反差,这样就赋予人物被仰视的高大感,也给人平添了战胜牛的无穷力量。

提炼的手法,如图6-7所示的郑州画像砖中,正在跳建鼓舞的这对舞者,形象被加工和提炼成像书法的字体一样,反而显得简练、概括、美观而富有动感。

图6-6 牵牛(郑州画像砖)

图6-7 建鼓舞(郑州画像砖)

类似省略和简化造型不在少数,如图6-8所示,这块南阳画像砖中的一对墓主人形象非常简单,不必要细节几乎都被省略了,只变成一个墓主人幸福生活的简略的缩影,反而增加了其内在的美感,使画面充满情感之美。

图6-8 墓主夫妇(南阳画像砖)

图6-9 伏羲、女娲(巴蜀画像砖)

简化,如图 6-9 所示的四川小砖的伏羲、女娲形象,被简化成了人头蛇身的影子,反而能激发观者的想象力,具有很好的艺术效果。

四、抽象性造型

所谓抽象造型就是把对象的形体、结构、色彩、运动等因素转化为点、线、面的几何形态。如图 6-10 所示,不少大型空心砖的纹样和小型花纹砖的纹样,都属于抽象造型。十字穿环纹样,实际上就是对双龙交璧图像的抽象性表现;车轮纹是对车马的抽象性表现;规矩纹是对伏羲、女娲的抽象表现。有些专家认为:菱形纹是西王母所戴胜的抽象表现。巴蜀的不少整模小画像砖,更是直接把图像抽象成纯粹的点、线、面形式。

图 6-10　十字穿环

五、完美性造型

完美就是完整、美满,是全方位,多样性的统一,是局部与整体的和谐。在汉代画像砖造型所体现的完美性共有三种。

第一是形象塑造的完美性,就是在造型中体现出方位的完整性,例如类似"立体主义"的人物形象,在一个形象上既想表现从侧面观察到的人脸,又想表现出正面观察到的人脸,于是就在侧面的脸上,画出两只在正面才能观察到的眼睛。

第二是构图的完整性,如图 6-11 所示的豫中整模小实心砖。图上既有连绵不断的昆仑山,又有昆仑山上西王母的仙班,还有骑马飞升的亡灵,更有在大山中围猎的一群猛兽,给人以极其完整的艺术感觉。

图 6-11　昆仑山

还有南阳的竖长条画像砖,也是把人间的、天上的、彼时的、今日的……全收拢在一个画面上,造成一个类似"后现代主义"完满的表现风格,以实现画面的完整性。

画像砖中所体现的完美性在于:第一是把隐藏在事物内部的看不见的东西给表现出来,如子母龟(图 6-12)、仙鹤肚里的鱼(图 6-13)。第二是添加法,在天马身上添加富有张力的云纹和力度感强的翅膀(图 6-14),在其他的物体内部添加花纹、吉祥纹样等来塑造赏心悦目的完美艺术形象。

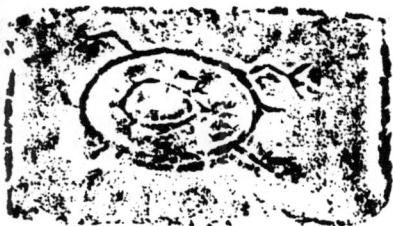

图 6-12　子母龟

图 6 - 13　鹤家欢

图 6 - 14　天马

六、实用性造型

　　画像砖的实用性指的是它在墓室建筑中的实际功用,有建筑功能、装饰美化功能、标示功能、驱邪功能、祥瑞功能等。首先,画像砖在墓室中就是一个建筑构件,其首要功能就是作为建筑材料。其次,也是画像砖的最主要功能,就是装饰、美化墓室,使墓主人在地下的生活场地变得舒适和美观。另外,还有标示功能,如在门柱形画像砖上塑造门吏和力士等(图 6 - 15),或在门砖上印上铺首(图6 - 16),或在铺首形象的下方安上真正的铁质门环,来标明墓门和门柱的位置。另外,还有避邪、祈福、纳祥的功用。如在画像砖上,刻上虎和方相的形象就是为了镇墓避邪。印上白鹤、交龙、凤和羽人等形象,很简单,都是为了实现与每一种祥瑞相关的美好祈愿。

图 6 - 16　双虎铺道

图 6 - 15　门吏

七、随意性造型

画像砖的许多造型都是民间艺人根据以往的社会生活经验,在实际创造中随意发挥的,不少造型是即兴作品,只求神似不求形似。民间艺人在画像砖的实际创作中,早已把日常见到的形象内化到自己的心灵和思想中去,创作时成竹在胸,信手拈来,看似漫不经心,塑造的形象却一个个鲜活生动,使人忍俊不禁。在排版时,出现形象成排、成团队的现象,形成一种特殊的画面效果,给人一种独特的审美感受。

第二节 汉代画像砖造型的基本方法

一、动力强化造型法

在画像砖的造型中最典型的艺术手法是利用对视觉动力的强化而使静止的画面呈现动态的感觉。具体方法有:顺向强化,逆向强化,对比强化,添加强化,涡形强化,频闪强化,烘托强化等。

(一)顺向强化

顺向强化就是对所要强化的图像和内容进行开门见山的强化处理。如图6-17所示的巴蜀地区画像砖《三骑吏》和一些车马图等,往往呈楔形构图,楔形的尖部正好与车马前进方向的一致,这样正好利用楔形的方向指向和向前推进感,在顺向的方向上,强化了画面物象的动感。

(二)逆向强化

逆向强化就是欲左先右、欲扬先抑、欲动先静。如许昌的中型实心砖(图6-18),行走的车马前的树、建筑物等,在视觉上产生一种反向助推的效果,旨在达到"欲推反阻"的艺术效果,即逆向地强化物象的动感。

图6-17 三骑吏(巴蜀画像砖)

图6-18 车马出行(许昌画像砖)

（三）对比强化

拉大对比双方在视觉上的反差，以此来强化物象的动感。汉代画像砖中的好多飞奔的马的身体都被塑造得肥硕健壮，而马腿则被刻画得纤细柔弱到极致，若成站立状，几乎不能承受马的重量（图6-19）。但这样的对比用在奔跑的马身上，就觉得妙到极处：飞奔的马的肥硕的身体就像在水面划动的快艇，而纤细的马的腿就像飞速划动的船桨一样，使得整个飞马就这样飞速划动了起来。

图6-19 骑吏（豫中画像砖）

（四）添加强化

添加强化就是利用添加物象构件的方法来强化动感。如图6-20所示的洛阳画像砖的像模，在一个鹿的身体上，安上两个鹿头，八条鹿腿。通过观者对两个鹿头和八条腿的视觉联动想象，暗示出双鹿的飞奔状态。

（五）涡形强化

涡形强化利用涡形对外的视觉张力，来表现物象的动感。如巴蜀地区画像砖的《龙车》（图6-21），砖上有用蛇体环成的涡形车轮，借用涡形线的内旋和绽开的双向张力，有效强化了龙车车轮的动感。

图6-20 双鹿（洛阳画像砖）

图6-21 龙车（巴蜀画像砖局部）

（六）频闪强化

频闪强化就是利用特定距离的两个相同或相似的形象易产生的"频闪"的视觉效应的原理，来强化物体动感。如图6-22中，摇拨鼓的两个人，就有频频而动之感。

（七）烘托强化

烘托强化就是利用主体物象周围较小的视觉元素来烘托和暗示物象的动感。如图 6－23 所示的这个豫中画像砖画模，就是用围绕形象的圆点组成视觉游动链条，烘托画面的气氛，并暗示出动感的。

图 6－22　两乐人（南阳画像砖）　　　　图 6－23　马车（豫中画像砖）

二、主体形象优越表现法

所谓主体形象优越，就是塑造形象时，以主体形象为主，其他形象都退到次要位置，以此来强化主次对比，达到突出主体的目的。此类方法可分为大小优越、位置优越、显隐优越、类比优越、团队优越等。

（一）大小优越

如南阳画像砖《胡汉战争》（图 6－24）中的将军就是整个画面的主体形象，制作者把他的形象放大，与画面上小如蝼蚁的士兵相比，他在画面中如高大的山峰一样挺拔而突出，这样就凸显了伟大人物对战争的决定作用，从对事件的重要与否方面给画面划分了层次。这种方法与电影中围绕主角展开故事情节的方法是一样的：如果将军被塑造得和士兵一样大，就会被淹没在士兵的汪洋大海中，就像电影只表现士兵打仗，不讲述将军指挥一样。

图 6－24　胡汉战争（南阳画像砖）

（二）位置优越

顾名思义，就是以在画面所处的重要位置来凸显优势。如重点表现西王母的画面中西王母总是被安排在画面较为显著的位置上，或在龙虎座，或在蘑菇台，她的仙界随从，则被放在从属的地位。再如巴蜀画像砖《讲经》（图6-25）的画面中，老师的位置被安排在讲台上，显得较为突出。

图6-25　讲经（巴蜀画像砖）

（三）显隐优越

把主要的形象凸显出来，把次要的形象掩隐起来。豫中画像砖的画模，不少表现骑射和狩猎的画面的（图6-26），制作者为了凸显主体形象——猎人，就让被射的猎物隐藏在山、石后，只露臀尾，退到从属的位置。

图6-26　射猎（豫中画像砖）

（四）类比优越

类比优越就是用两种不同的造型技法来表现不同物象，强化两类物象的不同点，使其中一方从类比中脱颖而出，成为画面焦点。在巴蜀画像砖中，百戏者用更为突出的凸面浮雕形式表现，而观戏者则采用平面浅浮雕和线条相结合来表现，相比之下，显然百戏者更吸引观者眼球，他们自然成为画面焦点（图6-27）。

图 6 - 27　观伎(巴蜀画像砖)

(五)团队优越

有些个性不突出的画像为了突显其个性,就采取成排或成块的团队表现方法。最常见的就是豫中画像砖画模的批量、连续压印,形成一个形象团队,凸显整体优势。还有,就是洛阳画像砖的像模的重复压印方式(图 6 - 28),也是为了凸显互为呼应的团队效应。

图 6 - 28　执戟门吏(豫中画像砖六连印)

三、超越时空造型法

超越时空造型法是汉代画像砖一直比较常用的技法。在汉代,虽然人们对时间、空间和宇宙的认识,已进一步深化,但在他们的思想观念里,占据最多的却是升仙、羽化和灵魂不死的想法。他们面对大自然,想得最多的是怎样征服自然,摆脱时间和空间对人类的束缚,使人能够长生不老,使人能够自由地穿梭于天上和人间的各个空间。这种造型法可分为:超越时间、超越空间、超越时空、超越虚实等。

— 297 —

(一)超越时间

在南阳一块横长的画像砖中,左边分明是反映当时社会现实的车马拜谒场面,右边反映的却是春秋战国历史故事"二桃杀三士"(图6-29)。一个画面表现的是两个时间相距甚远的故事画面,但两幅画面之间却又衔接无痕,仿佛发生于同时同地。在这样的画面中,时间的概念被完全颠覆了。这样就实现了对时间创造性的超越。在某种程度上,这种超越又显得十分合理。在过往历史中,发生在官场上的情仇恩怨,就是其时的官场和人物个体仕途的活生生镜子。历史是过去的现实,现实是明天的历史,乱哄哄,你方唱罢我登场,发人深思。

图6-29　拜谒、二桃杀三士(南阳画像砖)

(二)超越空间

南阳画像砖对空间的超越更多,如图6-30所示。这块画像砖的画面,上面是凤阙门吏,下面紧接着就是乐舞宴饮。室外和室内的场景,被超越空间地对接在一起,仿佛前后两个电影胶片的跳跃性对接,这样就省去了对烦琐的建筑雕构,在砖面空间有限的基础上,表现了更多的内容。另外,在画面上部,两个马的头部和前肢,从阙的两边同时伸出,阙后面的空间,显然连一个马的身体也不可能容下,更何况是两个马,因此,这两个马头的出现也是一种超越空间的表现手法。为了在相对狭窄的砖面上,表现两匹相向而行的马,并营造穿阙而过的戏剧性效果,制作者巧妙地采用了超越时空的表现方法,来烘托阙门外车水马龙的热闹气氛。

(三)超越时空

南阳画像砖超越时空的例子也不少,这幅《车马出行、西王母》(图6-31)画像砖,表现了车马出行、拜谒、穿阙离去、拜见西王母、驱兽等多个场面。这些场面既不可能在一个时间,也不可能在一个空间,可能综合表现了墓主人对来世美好生活的多层次期待。由于制作者巧妙地做了超时空安排,这些多时空场景都完美地结合在了一起,并且显得比较自然,这幅画面充分体现了制作者高超的艺术手法。

图6-30　阙门宴乐
(南阳画像砖)

图 6 - 31　车马出行、西王母（南阳画像砖）

（四）超越虚实

所谓虚实，就是指现实和虚拟两个世界。如图 6 - 32 所示，在这个画面中，上面是两个人带着狗，在树下射鸟，显然是实景；往下是虚拟的镇墓兽和方相士；再下面是交尾的伏羲、女娲。伏羲女娲的两尾两次相交形成了一个闭合环，有一只玄武正在穿行这个闭合环。伏羲女娲和玄武显然也都是虚拟的。这种超越虚拟和现实空间的画面，营造了神话空间的无限神秘，也给观者留下了更多想象的空间。

图 6 - 32　射阳、伏羲女娲（南阳画像砖）

第三节 汉代画像砖的艺术风格

一、时代风格

每个时代的艺术都展示着这个时代独特的信仰、观念、心态、希冀,以及独属于这个时代的艺术语言。汉代画像砖无疑也有着鲜明的时代特征。从某种程度上来说,汉代在中国美术史上是一个承上启下的特殊时代。在汉以前,经历了原始社会、奴隶社会和春秋战国和秦,封建社会的萌芽和开始阶段,也为中国美术播下了种子,定下了基调,有了自己的比较独立的民族艺术精神。汉以后,自魏晋南北朝开始,中国绘画这种独立的艺术形式开始出现,并不断开花结果,乃至成为一个独立辉煌的艺术体系。汉以前,中国的造型艺术形象都是依附于其他器物上,如彩陶、青铜器、玉器之上,并没有自己独立的空间和媒介。汉以后,中国造型艺术终于"成年",有了自己的"家园"。汉代画像处于两者之间,虽然还依附于墓室,但作为装饰墓室的"画"的功能逐渐凸显出来。画像砖艺术,到了东汉中晚期,在南阳、巴蜀两地就完全成了墓室里的"绘画"。虽然画像砖、画像石还是砖印石刻的,不是真正意义上的绘画,但在画像砖、画像石里,已开始大量使用线条语言;人物的塑造讲究以形写神的意象造型;在画面中开始着手对山水、建筑等的表现;画面的构成模式也更接近后来的绘画。

但是,两汉加在一块共经历了四百多年,在这么漫长的时间里,艺术风格和模式不可能一成不变。拿画像砖来说,在两汉大致经历了三个较为重要的时代。第一个时期是西汉早中期,那时的画像砖风格,是质朴、浑厚、雄强,昂奋的。第二时期是西汉末年到东汉早期,那时的画像砖风格,是含蓄、包容、内敛、丰富的,各种手法并存。第三个时期是东汉中晚期,风格自由、洒脱、活泼、成熟、浪漫。两汉画像砖艺术,随社会政治的变迁而壮大成长。

二、地域风格

经过夏、商、周、战国时期,长期社会历史和地理区域的演化,在中华广袤的大地上形成了具有丰富内涵和外延的相对稳定的文化区域:以河南为中心的中原文化;甘肃的河西文化;陕西的三秦文化;山西的三晋文化;河北的燕赵文化;内蒙古的草原文化;山东的齐鲁文化;苏南和浙江的吴越文化;湖北、湖南的荆楚文化;川渝的巴蜀文化;云南的滇文化;两广的岭南文化。随着秦朝的统一,各区域文化又融合,形成一个大中华的主流文化,到了汉代这种主流文化的强势和影响进一步凸显,但各区域文化,仍然在一定范围内,影响着该区域,乃至整个主流文化的风格和走势。

汉代画像砖的艺术发展,首先是受到汉代黄老学说和儒教思想等主流文化的全覆盖统治和深远影响,同时又受到密集产区地域性的深远影响。画像砖的最密集产区有以下五个地区。

(一)陕西地区

陕西西汉画像砖大多出土于三秦大地的武陵原。从汉高祖刘邦起,在这里建造的总共有11位皇帝陵墓。李白的"西风残照,汉家陵阙"写的就是这里。其中高祖的长陵、汉景帝的阳陵、汉武帝的茂陵最为出名。脱胎于秦地的汉代画像砖,受地域影响颇大,在汉代画像砖里体现的社会意识形态,尚有秦始皇修长城的高度戒备意识,只不过汉画里修的长城是镇守四方的精神长城。所以陕西西汉画像砖,表现最多的是四神形象,四神有保佑汉代江山平安永固之吉意。陕西西汉画像砖的技法,几乎包含了以后的汉代画像砖的所有技法,起到示范的作用。陕西东汉的画像砖出土于安康,共两块,都是小印模压印的方形实心画像砖,一块内容为西王母、骑吏、宴乐、交游等,一块内容是树纹、鱼鹤、阙门武士和钱纹,印模与南阳画像砖相似,但这种小印模实心的制作形式,却是陕南独有的。

(二)洛阳地区

"若问古今兴废事,请君只看洛阳城",作为中华民族根文化——河洛文化的源头之地和十三朝古都,洛阳铭刻着中华五千年风华录中历朝历代那些金戈铁马、逐鹿中原的英雄们,在每一个史诗般的辉煌历史瞬间,穿梭的斑驳光影和经沉淀而褪色的血雨腥风。作为东周的都城,洛阳在春秋、战国时,是最合法的天子之都,虽然后来礼崩乐坏,周王朝对天下最权威的统治早已不再,但作为正统王朝的天子的都城,其政治、文化和经济中心的位置,是无人能撼动的。故而洛阳这个地域的都城之气,包括虎踞龙盘的龙脉之气,曾隶属秦国的彪悍之气,太学始建地深厚的文化气韵,综合起来对这个地域的汉代画像砖产生了深远的影响。洛阳西汉画像砖,充满胡汉战争时期自上而下的尚武气息;表现出对汉武帝喜爱天马的追捧;具有充满书卷气的高度洗练的造型;体现出审慎克制的创作意识;蕴含着意蕴深厚的意味构成。东汉画像砖在融合中原画像砖风潮的基础上,更多地展现出洛阳所独有的强悍与果敢特质。

(三)豫中地区

豫中区域就是河南的中心区域。从上古时期起豫州居于九州之中,被称为中州。此地有新郑的裴李岗文化,三门峡的仰韶文化;洛阳的河洛文化、二里头文化;郑州和安阳的殷商文化;南阳和信阳的楚文化;南阳的汉文化、三国文化;许昌的三国文化等。可以毫不夸张地说,中华五千年文明史,其中三千年都以河南为中心。《中庸》云:"中也者,天下之大本也。"《孟子》也云:"中天下而立,定四海之民。"《吕氏春秋》记载:"古之王者,择天下之中而立国。"早在春秋、战国时期,文化丰润的中原腹地,率先制作出了大型小印模空心画像砖。在汉代,所谓察举制,是指一定级别的官吏,通过对民间士人或下乘官吏的考察,把他们推荐给中央的一种选官制度。通常而言,西汉的察举,主要标准是贤良;东汉的察举,主要标准是孝廉。举孝廉催生了民间士人以及官吏的厚葬热,这些中下层人物,为了得到孝廉的好名声,往往竭尽全力厚葬父母长辈。受经济力量限制,他们修不起画像石墓,就采用空心画像砖来装饰坟墓。这就是豫中小印模空心画像砖在东汉时期风行中原大地的原因。中原画像砖具有深厚而久远的历史信息和文化因子。从世界观到方法论;从集体无意识到集体有意识;从生存想象到生存实践;从期待长生到超越生死转而务实;从天文观测到人天相合;从历史故事到神仙灵异……兼收并蓄了来自五湖四海的文化信息;同化了丝路异域的风情物产;汇集了厚重中原五光十色的生存方式。中原画像砖,艺术的特色就是包容,内涵就是厚重,形式就是多彩。后期的许昌实心画像砖,从内容到技法都做了大刀阔斧的改革。

(四)南阳地区

南阳在行政区域上隶属中原,在地理区域上属于长江的汉水流域。南阳位于分割华夏南北的"秦岭淮河线"上,南阳盆地正好是西秦岭和东淮河互为牵手的枢纽地和聚宝盆;南阳也是东汉开国皇帝刘秀的故乡,是汉代五大城市之一,著名的冶铁中心;也是厚重中原和荆楚大地之间的跳板。南阳受到中原文化和长江中下游楚文化的双重浸淫,一方面和中原文化一样呈现出厚重和多元化的艺术特质;一方面又深受楚文化的影响。东汉的南阳是豪强地主云集之地,也是刘秀云台二十八星宿多数开国精英的故乡、祖居。这就决定了南阳画像砖的工艺的高度、内容的精锐、形式的多姿、风格的多样。南阳盆地北边的方城、社旗等地的画像砖风格与豫中地区的画像砖比较相似。邓州、淅川又与湖北的荆楚、陕西东南的安康有些许相像。新野画像砖,应是某个开国功臣的家族墓,故而无论是在制作技法、题材内容,还是艺术水平和审美价值方面,都是超一流水平,造就南阳画像砖的浪漫、奇异、博大、迤逦、睿智的风格特征。

(五)巴蜀地区

巴蜀地区,虽偏居西南一隅,首先具有源远流长的历史文化,又与中原文明保持着千丝万缕的联系。随着金沙文遗址和三星堆遗址的相继挖掘,"蚕丛及鱼凫,开国何茫然"的古代巴蜀文明的神秘面纱逐渐被揭开。自秦代李冰父子以水利兴蜀开始,农业文明在巴蜀逐渐强盛起来,自此巴蜀始终保持着"天府之国,秀冠华夏"的盛誉,到了汉代杨雄的"博采诸子",和司马相如"兼收并蓄"的大力倡导,形成汉代社会丰富而饱满的社会历史状况。巴蜀地区的汉代画像砖,以饱满的现实主义热情,歌颂下层劳动人民的生产劳动场面,包括井盐的生产过程,表现了汉代巴蜀崇尚经学,敬老济贫、官吏拜谒、交游、车马出行,贵族宴饮、百戏等社会现实生活,还有西王母、四神等神话故事,可以说几乎囊括了社会生活的方方面面。

三、追求"形似"的现实主义

形似,是指对艺术创作对象的外形和表象的真实描写,指对人物的脸型、五官、身材、衣着等的描绘,以及山水、城市、建筑、树木、花鸟等结构和形态的具体刻画与如实表现。现实主义风格,就是如实地描绘,真实典型地再现社会生活。各地的画像砖,具有现实主义风格的不在少数,如陕西画像砖惟妙惟肖的浮雕虎;洛阳画像砖线条简练的武士；着眼于再现生活和自然形象的部分豫中画像砖。南阳画像砖的不少艺术造型，也具有现实主义的倾向。但最为典型的现实主义作品，当属巴蜀地区的矩形画像砖，简直把现实主义演绎到了极致。好的现实主义作品，无论从哪个角度去审视和研究，都一定是耐人寻味的。

四、"神思"飞扬的浪漫主义

所谓"神思"，即身此心彼，就是由此及彼不受眼观、体感之局限的艺术想象活动。刘勰在《文心雕龙》中对"神思"有这样的阐释："文之思也，其神远矣。故寂然凝虑，思接千载；悄焉动容，视通万里；吟咏之间，吐纳珠玉之声；眉睫之前，卷舒风云之色；其思理之致乎！故思理为妙，神与物游。"浪漫主义往往从主观愿望和信念出发，把平凡的现实，提升到理想境界。为了表现对理想王国的狂热追求，人们还常常采用情感四溢的语言、海阔天空的想象和夸张恣肆的手法来塑造形象。例如，以夸张和变形而著称的郑州新通桥小印模画像砖，在塑造形象时不拘小节，总会在不失神韵的基础上，作一定的夸张变形，构图也大胆随意，在方寸之间使形象具有一种趣味横生、风潮涌动的清新浪漫气息，给人留下很深的印象。磅礴大气、绮丽曼妙的南阳新野画像砖，构成独特奇险、情节跌宕起伏；超时空表达，荡气回肠；于无声处惊雷，昂扬激烈；变异奇诡而不失语言朴厚；高潮迭起更趋于情节合理；是汉代画像砖浪漫主义的极品，也是画像砖艺术最荡气回肠的精品所在。另外，各个地域表现神话故事的作品也都具有强烈的浪漫主义倾向，往往都是汉代艺人"神思"飞扬之作。

五、"不似之似"的东方立体主义

"不似之似"，本是中国画艺术创作的法则之一，是指艺术家通过自己的审美情趣，对审美对象进行取舍，加工改造，补充虚构，其刻画的艺术形象同被表现的艺术原型相比，形虽不全似，神韵却极似。笔者在这里，还借用立体主义的概念，来描述画像砖艺术中那些变形奇特，与西方现代派的立体主义作品有些许相似的一些形变作品。他们的创作原则与中国画的"不似之似"异曲同工，可以说是这种立体主义的造型模式是"不似之似"法则的其中一种。在各个时期的画像砖中，都有例证，虽然数量不多，但给我们留下了很深的印象。就拿南阳淅川画像砖的这头《牛》（图6-33）来说吧，足足比西方现代派艺术大师立体主义开创者毕加索所创造的立体主义风格的牛，早了一千多年。但中国汉砖的牛的形象，丝毫不逊于毕加索的牛。还有豫中画像砖（图6-34），这个执刀力士形象，嘴巴和下巴等下半部脸是正侧面的，而额头、双眼等上半部脸却是正面的，按常规的观察和理解，这是完全不可能的。但站在立体主义造型的角度，为了全方位表现人物正面和侧面的形象，以及从正面转向到侧面的动感。这样，就能恰如其分地表现出这个力士内心的情感和激奋的情绪，达到形虽不似神却极似的艺术效果。

图 6-33　牛（淅川画像砖）

图 6-34　执刀力士

（豫中画像砖）

六、"离形得似"的表现主义

所谓"离形得似"，就是不求形似，但求神似。艺术创造的着眼点，应该放在对表现对象内在精神实质的刻画上，而绝不能拘泥于形似。只有重在神似，不受"形"的束缚，方能使艺术作品具备化机造物的本真特性，达到艺术真实。在汉代画像砖中，有许多重神似的造型佳品。如图 6-35 所示，这个显得异常凶悍的老虎造型，其轮廓外的一圈"平地"被有意剔去了，于是在老虎的形象和背景之间形成一层凹陷的轮廓。其轮廓经过这一虚一实两处手法的超级强化，凸显了老虎霸气强悍的精神，而使形象的塑造退居其次，达到了"离形得神"的艺术效果。

图 6-35　虎（豫中画像砖）

如图 6-36 所示，这两只奔跑的动物的身体被人为拉长，呈流线型，动物身形被表现成意象化的飞奔的影子，没有细节，只有奋力向前冲的简洁大型，这个作品堪称"离形得似"的典型。

图 6-36 奔兽(豫中画像砖)

如图 6-37 所示,画面上有两个轮廓线被兽毛虚化的斗兽,制作者集中凸显了其内部形体的团块力量,强化了两兽的精神威慑力。

图 6-37 兽斗人(豫中画像砖)

如图 6-38 所示,这块表现水鸟造型的画像砖,用笔写意,有几分文人画的风采,具有典型的东方表现主义的倾向,其奇妙的造型、曼妙的线条,给人留下了深刻的印象。

这些较为奇异的造型的创作都是为了更好地表现某种精神层面的东西,这些造型具有更强的视觉张力和艺术感染力。

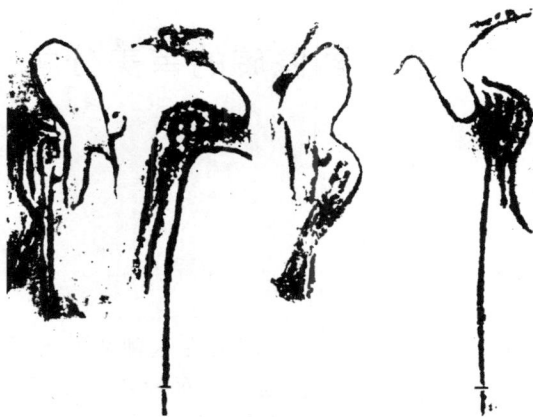

图 6-38 寒潭鹤影人(豫中画像砖)

第七章

汉代画像砖造型的审美意蕴

虽然说我们现在见到的画像砖已铅华尽去,但其内在的审美意蕴却永远不可能被抹去,而且随着人们对画像砖的研究的不断深化,画像砖艺术必将散发出更加绮丽多彩的美的光芒。由于最初拥有像砖的墓主人,上至皇帝(在陕西汉景帝阳陵中出土有《玄武》画像砖)、丞相这些封建统治阶层的顶级人物,下到地位相对低下的小官、百姓,比画像石墓所涵盖的阶层还要广,因此,画像砖展示给我们一个包罗万象、五彩缤纷的世界。四百年的汉代画像砖漫长的发展史,其间由于时代不断变迁,出土地域的不同,各时各地民风民俗的差异,制作者艺术技艺的高下,创作态度的差异等因素,画像砖艺术呈现出极为丰富多彩的审美层次,精粗并置、雅俗共存、高下杂糅的审美格局。

第一节　画像砖的审美分析

一、画像砖的构图美

有图形的汉砖之所以被称为画像砖,是因为在这种艺术体系内,含有太多的绘画因素,其中就有构图美。在画像砖艺术中,无论大的整版印模所制作的大的整体画面,还是小而独立的画模,包括洛阳画像砖由像模重组的画面,都有自己独立的外框,构图都是孤立且完整的。在这些大大小小的画像砖画面中,巧妙而优美的构图比比皆是。

(一)开门见山

这幅巴蜀地区的画像砖《播种》(图7-1),在构图上单刀直入,直接应用向左推进的"楔子形",让人直观地感受到插秧的劳动节奏和前进的方向,给人一种率真质朴的感觉。

图7-1 播种（巴蜀画像砖）

（二）高潮迭起

南阳的这幅《双龙穿璧》画像砖（图7-2），将汉砖中最为常见、也最容易被表现成装饰纹样的题材，表现得高潮迭起、风云跌宕。原因在于制作者在画面中巧妙地添加了几个"不速之客"，故意为画面制造了一些麻烦和危险。画面左上角，一头被激怒的牛，正牛角朝前，向其中一条龙愤然顶去；画面右边，一只虎也直起身子，向另一条龙扑去；更有趣的是，画面左下角有四只走禽正走近龙身，似乎在看热闹。这样一来，两条龙除了穿璧和交合之外，还要应对这些"突发事件"。因此，画面便充满了故事感，意境也变得跌宕起伏，耐人寻味。这种利用"造险"来提升画面审美的方法，其审美效果是不言而喻的。

图7-2 双龙穿璧（南阳画像砖）

（三）以静制动

如图7-3所示的画面构图：车、骑的队伍，自前向后，一字排开，若不仔细分析，似乎再平淡不过了。但这个画面仅仅是个小画模，尺寸不大，制作者却能够利用"频闪"的视知觉艺术规律，使画面"动"起来。这幅画面的巧妙之处在于，画面两头那两个建筑的半边，这两个半边建筑，形状完全相同，方向相反。当观者的视线，从左向右扫描，这相似的两个半边房子，就会因观众的好奇心理，而引发观者视线在两者之间频频闪动，即"频闪"活动。同样的频闪活动，还会在形态相似的两骑吏之间，以及车上形态的相似的乘者和御者之间发生。这样，画面中的形象，就在观众来回跳动的视线中"动"了起来。

图 7-3　车马出行（豫中画像砖）

（四）取像造境

这幅洛阳的画像砖（图 7-4）是一个贵族（或者是豪强地主）家门前的一个生动具体的生活场景。在画面中有武士、门吏、大雁、犬和两种马六种像模形象，大雁复印了六次，武士复印了三次，门吏复制两次，两种马和犬，各印一次，最后的画面是：一群大雁直上九天，两只马儿相对而立，画面左边门吏，在恭迎三个袒胸的执杖武士，右边门吏有一只犬儿相伴，似乎在恭迎画外的客人。在画面的构图过程中，制作者取像模，或单印一次，或复印二次以上，重复中求变化。不同的形象复制的次数不同，形象的距离和组合关系不同，会产生画面比较微妙的变化，这样就形成一个丰富、自然、富有生活情趣的画面，有一种静中求动、动中寓静的审美效果。

图 7-4　迎客、天马（洛阳画像砖）

（五）重置空间

如图 7-5 所示，从表面上看，这幅画表现的是两条交龙，细看会发现在两条交龙的身体相交的空间内，还有不少其他的动物，有马、狗、野猪、小兔和狼等。原来龙的身体只是制作者重置的一个空间框架，制作者在这个重置的空间中填充凡兽，可能是要彰显龙的经天纬地的神性，表现龙对世间其他凡兽的拯救和保护作用。这个空间使本来寻常的画面变得扑朔迷离，变化多端，增加了画面的神秘性和层次感。

图 7-5　交龙（豫中画像砖）

（六）多维交汇

在图7-6画面中表现了很多空间概念：车马行进的左右空间；骑者朝向的纵深空间；阙门耸立的上下空间；驱兽者的平远空间；西王母的虚拟空间。用简单的空间并置手法，把这么多的空间概念很清晰地表现出来，制作者构图手法的高妙是不言而喻的。

图7-6　阙门风云（南阳画像砖）

（七）欲盖弥彰

图7-7的画面表现的是正在山坡上攀爬行军的士兵队列。山道的主框架是"之"形，给人一种层层向上的推进感。制作者并没有让士兵们的整个身体都显露出来，只露出头肩，其他部分被山体和草木等掩盖，笔者称这种手法为"欲盖弥彰"。画像歌颂了军队实力的强大和士兵的吃苦耐劳精神，同时也从一个侧面表现出山高林密、山道难行的艰难状况。

（八）添因加素

在这幅《御龙图》（图7-8）的背景空间内，添加有一些寻常的动物和抽象的小圆点，使这个本来不太拥塞的画面，变得热闹和繁密起来。这样，画面的气氛就被烘托出来，热闹得像正月十五耍龙灯，使得本来缥缈的神话题材，变得极具人间烟火味和民俗化，使画面显得吉祥欢快。

图7-8　御龙图（豫中画像砖）

图7-7　深山行军
（豫中画像砖）

(九)情感呼应

在图 7-9 的画面上两个龙头隔着玉璧相视,似在进行情感的沟通。只一个回头对视的动作,便使得平淡的画面变得生动美好起来。

图 7-9　双龙捧璧(陕西画像砖)

二、画像砖的肌理美

肌理是视觉艺术中一种常见的语言因素,在绘画艺术中,往往通过触觉与视觉的深层的通感交汇而发生作用。在雕刻作品中,则表现得更为直接,有很强的艺术表现力,制作者往往通过表面肌理的铺陈,来展现艺术作品的审美内涵。

(一)塑造性格

如图 7-10 所示,在这个表现力士形象的画像砖上,人物的胡须、毛发以及身上所穿戴盔甲等肌理的表现,都是为了渲染这个武士勇猛的形象、暴戾的性格特征。

(二)构建结构

如图 7-11 所示,这个阙门建筑物的各个部位,都有不同的肌理表现,这种处理方式目的是更好地显示出建筑物的真实触感和材料质感。

图 7-10　佩剑力士(邓县画像砖)

图 7-11　阙门(豫中画像砖)

（三）整体协调

如图 7-12 所示，此画面上网格状的肌理表现，目的是使整个画面协调统一。画面在外在肌理的统一协调下，表现出内在精神的统一。

图 7-12　车马到阙（许昌画像砖）

（四）烘托气氛

如图 7-13 所示，画面中密密麻麻的圆点肌理，很好地烘托了画面气氛，将骑马打猎时尘土飞扬、激昂紧张的情境，描绘得十分形象。

图 7-13　山猎（方城画像砖）

（五）加快速度

如图 7-14 所示，呈流线型的细狗身上，那些短线型肌理的添加，目的是虚化飞奔的细狗形象，增加其在空间的速度感。这点和把动物的身体处理成流线型的目的是一致的，也是为了更好地表现画面的艺术气氛。

图 7-14　细狗追兔（豫中画像砖）

（六）展示力量

图 7-15 的画面中蹶张力士身上的肌理表现，是为了更好地凸显力士超人的力量，他身上的英雄气概。

（七）凸显体能

如图 7-16 所示，汉代艺人对此犀牛身上毛皮肌理细致入微的铺陈，目的只有一个，就是为了表现出蕴藏在犀牛身体内部的非凡体能。

图 7-15　蹶张力士（南阳画像砖）

图 7-16　犀牛（豫中画像砖）

三、画像砖的韵律美

节奏和韵律本来是听觉艺术的审美因素，但在画像砖艺术中，节奏和韵律却被视觉艺术语言演绎了出来。观摩这样的画面时，观者常常产生错觉，仿佛能够听到旋律和节奏，这就是画像砖所展示的韵律美的魅力。

（一）欢快稠密

在图 7-17 的画面中，鼓点的意象节奏，就是建鼓周围这些稠密的抽象小点。再加上两个鼓手劲健有力的体态语言，飘荡的羽葆，飞鸣的仙鹤，合奏出一曲欢快、激荡的建鼓韵律。

图 7-17　建鼓舞（郑州画像砖）

（二）柔和舒缓

在图 7-18 的画面中,舞者拖地的长裙,纤细的腰肢,慢卷缓舒的长袖,再加上旁边小丑的滑稽的烘托,旁边乐人的曼妙的合奏,整个画面形成了一种舒缓的节奏和柔和的韵律感,很好地表现了画面轻歌曼舞的美好气氛。

图 7-18　舞乐百戏(豫中画像砖)

（三）跌宕开合

如图 7-19 所示,两鼓手放射扩张的舞姿,四个鼓点绕鼓绽放的格局,很好地表现画面韵律和强劲跌宕感。这个瞬间的"开",必然引发下一个瞬间的"合",大开大合的强劲节奏,几乎能点燃观画者的激情。

（四）合乐辉映

如图 7-20 所示,画面上两组乐人相同的上肢动作和飘展的羽葆,表现了合乐声声的协奏乐章,节奏和韵律在你呼我应中绚烂绽放。

图 7-19　建鼓舞(南阳画像砖)

图 7-20　建鼓舞(郑州画像砖)

（五）温润曼妙

如图 7-21 所示,此画面没有奏乐,但满天的珠雨,给画面平添了温润曼妙的诗化乐章。

（六）环佩叮当

如图 7-22 所示,在骆驼上的击鼓者,不可能像地面的舞者那样无节制地激情绽放,只能轻敲慢打,制造一种环佩叮当般的欢快节奏。

图 7 - 21　鹤车（豫中画像砖）

图 7 - 22　驼舞（巴蜀画像砖）

（七）车马隆隆

如图 7 - 23 所示，车马行列从桥上经过，虽无人奏乐，但制作者对桥下木墩的反反复复的塑造，模拟出了激昂雄壮的隆隆车声。

图 7 - 23　车马过桥（巴蜀画像砖）

四、画像砖的意境美

即便是尺幅最大的画像砖，与画像石的画幅相比也是有限的；但画像砖材质却比画像石料更温润、柔和。因此，画像砖的画面呈现，在先天媒介上，如同水彩和中国画的性灵小品那样，是善于表情达意的。笔者认为，画像砖作品在意境层面天生就有一种诗性。在众多的画像砖艺术作品中，意境美的作品不在少数，笔者难以尽书其妙，只在琼山玉海中拣几粒小珠与大家共赏。

（一）星海漫游

在图 7 - 24 的画面中，有三条龙驾着一辆龙车，车上坐着一乘一御两个仙人；更为奇异的是龙车的车轮，是由一条长长的蛇盘旋而成。在缥缈的云海中，还有三、五点星光在熠熠闪烁。这幅巴蜀地区的画像砖，手法简洁，幻化出一幅优美的星海漫游图，使人联想到屈原在《云中君》所描写的光彩盛大的神仙世界："龙驾兮帝服，聊遨游兮周章。"

（二）幽境匿仙

图7-25所示可能是画像砖图像库中最美的山水画。在层峦叠嶂的高山上，草木葱茏，秀树林立，瑞禽、飞鹿和隐兽出没于山水间。西王母坐在画面中间的一个高台上，在她面前跪着一个献仙草的羽人。优美的环境，神秘的仙境，引人入胜。

图7-24　龙车（巴蜀画像砖）

图7-25　昆仑山（南阳画像砖）

（三）胜日寻芳

如图7-26所示，天高气爽，大雁高飞，彩虹桥两端绿树成荫，桥下虽不见流水，但仿佛能听到潺潺的流水声。一辆轻快的轺车，从桥上缓缓驶过，给人一种"踏花归去马蹄香"的感觉。风景美，景中人和观景人的心境自然都美。

图7-26　车马出行（许昌画像砖）

（四）小店孤旅

如图 7 - 27 所示,门楼和双阙的线条都非常简练。寒鸦在小树上鸣叫,饥马在马槽里寻找食料。如此简单荒凉的景色,使人联想到马致远《天净沙·秋思》的意境。

图 7 - 27　野店（南阳画像砖）

（五）阙楼归车

如图 7 - 28 所示,画面右部的门楼被塑造得如徽派牌坊般恢宏华丽。画面左下部,一辆牛车归来,牛旁一人赶牛拉车,车上还有一乘者,车前一人举节相引。两个车轮呈透视套叠的结构,非常精致美丽。为了表现牛车的缓缓运动感,制作者有意把牛的身体给拉长了。在牛车后面更远的空间里,一人执弓箭在射猎。画面纯朴,有一种厚重、温馨的美感。

图 7 - 28　暮归（巴蜀画像砖）

（六）繁忙秋收

如图 7 - 29 所示,有人涉猎,有人收割。最美的季节,就是收获的季节。制作者描绘了一群勤劳的身影,热情讴歌了劳动之美。

图 7 - 29　狩猎、收割（巴蜀画像砖）

（七）战场泣歌

如图 7 - 30 所示,说什么马革裹尸还? 说什么有泪不轻弹? 天涯不归处少男一命丧,如血残阳里将军白发飘。昏惨惨敌我混战,凄凉凉尸横血流。守家国壮士舍命,为和平英雄杀身。这是一曲可歌可泣的保家卫国的壮美之歌。

图 7 - 30　胡汉战争（南阳画像砖）

五、画像砖的造型美

画像砖的数量要比画像石多得多,故而画像砖图库所包含的各种各样的形象也品类繁茂,要想一一列举其所有形象所体现的美感简直太难了,当然,也完全没有这个必要。在这里,笔者列举几例较为典型的人物造型,借此带大家一起领略汉代画像砖的造型的独到之美。

（一）写实美

如图 7 - 31 所示,这个执节官吏形神兼备,真实感极强,就像一个真人的影子。在

— 317 —

两千年前的汉代竟有如此的写实功力，实在令人惊叹。这种因素丰富的艺术作品，给人们传达的信息也很多，审美效果当然也是不言而喻的。

（二）写意美

如图 7 - 32 所示，这个俊美清秀的门亭长，形象较为写意。长袍下的双腿被简化成两根细棍，身体和头部也作了意笔处理，显得韵致十足。其形象经意象化的加工，显得比有些形体精准的人物形象更优美动人，充分展现写意艺术手法以形写神的优势。

图 7 - 31　执节官吏（淅川画像砖）　　　　图 7 - 32　执盾门吏（豫中画像砖）

（三）简洁美

如图 7 - 33 所示，这个拜谒门吏形象，简练到了极点，简练到只有一个粗细有致的轮廓线，也精准到了极点，没有其他一点拖泥带水的东西。这样的形象富有巨大的张力，个性也很鲜明。

（四）繁茂美

如图 7 - 34 所示，这个执斧力士头部以及身体上有许多细节，甚至呈现出了衣服后边本应看不见的肚脐。这个信息周详的形象，却蜷缩成一团，制作者的目的是给形象增加势能，让观者想象其"爆发"式站立时的舒展和高大。因此，这种茂密的表现是用来集聚体能，展示力量美的，所存在的繁复琐碎也是非常有必要的。

图 7 - 33　拜谒门吏（洛阳画像砖）

图 7 - 34　执斧力士（豫中画像砖）

（五）变形美

如图 7 - 35 所示，这是一个正在表演弄丸的人物形象，制作者对其头、肩、手臂、腹部、臀部和腿都做了一定的变形处理，甚至动作也不是正常人体能做得到的，但这种夸张的形变却异常生动，把艺人专心弄丸时甚为专注的精神气质给表现出来了。这种得意忘形的表现方法，能够更好地表现形象内在的真实的美，因此，有时适当的变形是很有必要的。

（六）符号美

在图 7 - 36 的画面中，牵马的人物，没有身体、衣服、五官等任何细节，只有一个大概的身形，完全就是一个符号化的存在。但在观者的想象里，他却是完美的，或许每个人心目中都有一个牵马人的具体形象，但这个符号化的牵马人才是所有观者都认同的最美形象。

图 7 - 35　弄丸（巴蜀画像砖）

图 7 - 36　牵马（豫中画像砖）

六、画像砖的语素美

（一）点

点，在这个世界上真是个最不可捉摸的概念：棵棵小草可以成就辽阔无垠的碧绿草原；片片飞雪是能够演绎琼花飞舞的童话世界；粒粒细沙汇成茫茫沙漠；滴滴水珠聚成滔滔江海；这是集合点的团队魅力。点是起始，点是结束，点是中心，点是枢纽，点是转折，点是传承。有时，触及一点全盘皆活；有时，贻误一点通局全枉，这就是傲然独立的"点"的气魄。大如天体的叫点，小似原子乃至中子、质子的也叫点，这就是点的神通和幻化。在艺术世界里，点更是从蒙昧到现在的永恒语素。在汉代的画像砖艺术中，点的妙用，不胜枚举。点像一个古灵精怪的天使，无所不在。

乳钉纹（图7-37）：这个由四周小乳钉围着一个大泡钉的纹样，纹中有点，点即是纹，给人以充盈饱满的子孙同堂状貌。

"兴"的手法（图7-38）：图中人物面部周围的点状物，布满人物头部背景的各个空间，把人们的注意力，都引向人物的头部，造成一种蚊蝇轰鸣的音响效果。吸引人的眼球，引起观者的好奇，这些宛若人物眼睛的点状物，还很好地烘托了人物激奋的情绪。画面也采用隐形手法，规范了人物从头到脚的视觉秩序。

图7-37　乳丁纹（豫中画像砖）

图7-38　执刀力士（豫中画像砖）

敲击节奏（图7-39）：画面中，分布在建鼓的周围的点阵，用视觉语言的形式，模拟出鼓点节奏的听觉的效果。这些点就是高明的汉代艺术家用视觉元素模拟出的声声鼓点，若去掉这些点，这个小小画模所呈现的艺术效果不知会逊色多少倍。

图 7 - 39   建鼓舞(郑州画像砖)

"赋"写浪漫(图 7 - 40):在此狩猎图中,点的反复铺陈,为整个画面营造出一种激越昂扬的狩猎场气氛。在这里,这种点的队列既像是对猎场漫天尘烟的无限扩大,也像是对飘荡在猎场上空的喧嚣声音的视觉化模拟,表现出了人们狩猎时节浪漫的激情弥漫整个空间的状况。

图 7 - 40   山中射猎(方域画像砖)

外力制动(图 7 - 41):散落在画面四周的点的队列,引导观者的视线沿着点的队列漫游。观者的心理感觉,往往会把自己视觉的动感,错会成画面的动感,从而产生一种不动而动的感觉。

图 7 - 41   大鸟(豫中画像砖)

（二）线

线是水天相接的地方；线是一个区域的边沿；线是远山曲折有度的峰峦；线是弯弯的小路；线是一缕流云，一抹山岚；线是檐下惆怅的雨丝；线是父母的缕缕白发，条条皱纹；线是挥不去的乡愁；线是理不完的情丝。在中国人的心目中，线早已被意象化了。在中国视觉语素中，线是最常用的主体视觉语言。因此，在多浮雕的画像砖艺术中，才会有那么多线的铺陈和吟哦。

精准：这个洛阳画像砖小像模（图7-42），以轮廓线的形式，精准表现出猎狗形象。勾勒精确到极致，线条也简练到极致，形象生动到极致，达到了形神兼备的程度。

简洁：南阳画像砖的这个极端简练的执戟门吏形象（图7-43），比例准确，结构严谨，形神兼备。更像后世画在纸或绢上的白描作品，丝毫不像是一个画像砖的拓片效果，显得言少意繁，形爽神清。其原始印模的制作者绝对是一个造型高手。

图7-42 犬（洛阳画像砖）

图7-43 执戟门吏（南阳画像砖）

繁密：在图7-44的豫中画像砖中，这个两千石的官吏衣服的线条表现得比较繁密。这是因为头部的帽子采取的是线面结合的手法，比较醒目，衣服的线条又表现得如袈裟般繁密，相对来说面部的线条就显得比较疏朗，反而使得人物面部以简静的模式凸显出来，显得饱满而又富态。

写意：如图7-45所示的执剑武士，衣服的线条表现得极其松弛、随性。五官和发式也比较简练、写意，显得随性率意，形神自然生动，和后世的写意人物画，有异曲同工之妙。

图 7-44　官吏（豫中画像砖）

图 7-45　执剑武士（豫中画像砖）

装饰：如图 7-46 所示，此执节门吏，头大身短，造型滑稽，线条甚为简练，又富装饰感。线条最密处在袖口和宽袖底部，其他线条都只限于轮廓线的勾勒。帽饰和五官的勾勒有几分滑稽。给人的感觉不是写实，而是装饰和谐有趣。

童稚：如图 7-47 所示，孩童头上顶的荷叶，只勾勒了轮廓，简单而生动。孩童的头部和身材的线条也甚为简洁，孩童的腿部简化成两条线，显得甚为可爱。一条大鱼，也以极简的线条勾勒出，仿佛立在孩童的脚下。画面充满稚子童真，孩童意趣。

图 7-46　执节门吏（南阳画像砖）

图 7-47　童趣（南阳画像砖）

第七章　汉代画像砖造型的审美意蕴

（三）面

面是缀星挂月的夜空；面是激情荡漾的舞台；面是凸起的高原、凹下的盆地；面是静湖，是大海；面是封闭的心扉；面是顿开的灵犀。点汇集成方阵可以成面；线排列成片可以是面；平坦的浮雕表面呈现出的也是面。面是视觉艺术中的最聚能的能量块，在视觉艺术中拥有不可替代的地位。

质朴：这匹用浮雕的面呈现出的马（图7-48），憨态可掬，显得醇厚拙朴，平实感人。

坚固：这个面状的铺首（图7-49），虽然极其简练，但却给人厚重密实、质地坚固、简朴大气的可信赖感。

图7-48 马（豫中画像砖）

图7-49 铺首衔环
（豫中画像砖）

力量：如图7-50所示，用面表现的两个斗兽，憨态十足，体壮而态拙。简练的形体，反而更能凸显其形象的巨大力量。

图7-50 兽斗（豫中画像砖）

神秘：如图7-51所示，用竖直的线组成的面表现出的门吏形象，显得形削、影单、面虚而体弱，给人以冥界般的神秘之感。造成这种艺术效果的原因有二：第一，由纤细的竖直线排成的面，暗示出形象的虚无、瘦削、阴柔之感。第二，竖直线的疏泄感，使得形象内部聚气无力，显得轻飘无力，恰应和了传说中虚无缥缈的灵魂模样。

（四）体

体是起伏的丘陵，是凹凸的山峦；体是舞者的激情；体是艺人的专注。体装着劳动者的勤劳，载着闲居者的慵懒。画像砖艺术中，体是最突兀、张扬的美。

图 7 - 51 执戟门吏(豫中画像砖)

秀力量:如图 7 - 52 所示,这个蹶张的壮士,紧咬的门牙极为夸张。头部立体丰满,面目狰狞,拉弓的小臂肥硕有力,头和小臂间的胸大肌突出。整个形象给人以力拔山兮、气盖世的感觉。

秀体能:如图 7 - 53 所示,这个轮廓多弧线的壮硕的怒牛,身体像一个充满体能的巨大能量团。只见它勾起头,亮出锋利的牛角,给人一种所向披靡的力量感。

图 7 - 52 蹶张(巴蜀画像砖)

图 7 - 53 牛(南阳画像砖)

秀肌肉:如图 7 - 54 所示,这个坐于竖杆之上的杂技艺人,胸肌发达,臂力过人。艺人一手抓着平索的一头,一手抓着另一个艺人的足,充分展示出健美的肌肉美感。

秀优越:如图 7 - 55 所示,这个肥硕的贵妇人,脸部饱满圆润,体态丰满慵懒,轻抬腿,舒广袖。她舒缓的仪态和舞姿,体现出她生活的惬意和优越。

图 7 - 54　平索系车（南阳画像砖局部）

图 7 - 55　舞（巴蜀画像砖）

第二节　画像砖的审美意蕴

在画像砖艺术作品中，所体现的美是多层面、全方位的，给人的审美刺激和感受也不尽相同。有的美如晴空观景，一览无余；有的像雾里看花，难识真面目；有的像咧嘴的石榴，透熟；有的则如青涩的桃子，夹生。有的热烈，有的恬淡；有粗有细，有简有繁；有的滑稽可笑，有的严正庄严；有的气吞山河，雄壮伟岸；有的寻常巷陌，景俗人凡。画像砖艺术作品的审美状况就如百花争艳的春天，在这个世界里，你既可以感受牡丹的雍容华贵，又可以欣赏雏菊的清新朴实。下面列举几对拥有相反审美风味的作品，带大家一起体味画像砖艺术作品多样的审美意蕴。

一、含蓄与直白

在郑州画像砖中，有两个小画模表现的都是西王母的题材。在图 7 - 56 的画面中，表现的是戴胜的西王母直接坐在"工"字座上，旁边一只兔子在捣药。开门见山，直切主题，就是表现西王母能提供不死之药，使人长生不老的故事。在图 7 - 57 中，同样也是表现西王母的题材，西王母自己却没出现在画面中，画面只表现了九尾狐和三足乌这两个为西王母服务的灵异。非专业人士很难看出此砖涉及西王母的神话题材，了解这个神话传说的人才会真正品味到其中隐含的意思：已经看到九尾狐和三足乌了，西王母还会远吗？同时欣赏这两个小印模，我们能够感到两种截然不同的美，一个是直白，另一个是含蓄。

图 7 - 56　西王母和玉兔（郑州画像砖）　　　图 7 - 57　　九尾狐和三足乌（郑州画像砖）

二、成熟与稚拙

　　同样是表现"车马、阙门"的题材，河南许昌的这幅画像砖，表现技巧娴熟。马车轻便灵巧，车上乘者形象较大，姿态雍容。御者形体较小，并神情专注地驾车。马的结构严谨，姿态矫健。马头的两边还有两只欢快飞翔的仙鹤，烘托出画面气氛。阙门的构架稳固，内有一执盾门吏。由于门吏个子较高，而阙门较低，他不得不别扭地歪着脖子，显得非常生动。在这幅画中，每一种审美因素都体现得圆满和成熟，给人一种练达通透的美感。

图 7 - 58　　车马到阙（许昌画像砖）

　　而这幅同样题材的巴蜀地区小砖的画面，车、马、人物与建筑都是用较为稚嫩生涩的线条表现出来的，制作者只是把形象大致的轮廓给勾勒了出来，整个画面都显得幼稚、笨拙，有着儿童画般的纯真和稚趣，有一种可爱又率真的美感，仿佛把人带进了一个童话世界。虽然青涩，但也散发着一股天真无邪的美感。

图 7 - 59　　车马到阙（巴蜀画像砖）

三、粗犷与精巧

如图 7-60 所示,同样是阙门,巴蜀地区塑造得特别精致和巧妙,就像一个精美的建筑效果图,造型疏密得当,结构具体完善,就连上面装饰的凤凰也透着一股灵秀精妙。

再看图 7-61 所示的这个南阳的阙门造型,表现得较为率性粗犷,就像一个写意的阙门的符号。仔细推敲这个阙门根本就不是一个结构严谨的图形,而是由几个松散的结构,构成的一个阙门的虚拟的框架。但是,当它屹立在画面上时,给人的感受却是那样的高大挺拔,比那些结构严谨建筑画面,更能体现建筑的精神,这就是写意和粗犷的独特魅力——形存而神立。

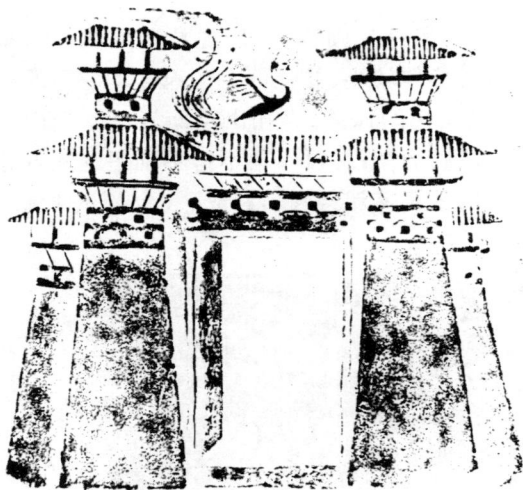

图 7-60　阙门(巴蜀画像砖)　　　　图 7-61　阙门(南阳画像砖)

四、严谨与夸张

如图 7-62 所示,执戟门吏是一个体态龙钟的老人。在表现手法上,作品十分严谨,不论是严谨精致的面部,还是穿插有致的宽袍与自然体态,都透着一股严谨和认真的创作态度,是一幅典型的写实主义的作品,给人一种再现真实形象的古典美感。

如图 7-63 所示,则是另一个执戟门吏,无论是饱满的面部,还是线描疏密一致的衣袍,还是用较多弧形的线条组成的身体,都显得有点夸张。特别是那个位于面部中间的大鼻子,显得夸张可笑。总之,整个形象给人一种俏皮的滑稽感,而这种感觉,就是由于塑造形象时,各个局部进行了变形和夸张的处理。

这两个门吏形象,用同样的平面剔地浮雕和阳线相结合的技法,表现的门吏,因局部表现方法的不同,就呈现出了完全不同的美感。

图 7 - 62　执戟门吏（豫中画像砖）　　　图 7 - 63　执戟门吏（豫中画像砖）

五、强烈和恬淡

　　同样是表现车马内容的画像砖,巴蜀地区的这幅《车马过桥》（图 7 - 64）画面中,坐在骖车上的官员耀武扬威,吓得行人夺路而逃。为了表现画面热闹又惊险的场面,在桥的下面,还刻有星象和龙虎形象,画面显得更加拥塞,给人的感觉也更加强烈,有满砖轰鸣的喧闹感。

　　而这幅《车马图》（图 7 - 65）则极为简单地用线条表现了一下,其效果显得较为疏淡简略,与上面那极度张扬的画面相比,显得恬淡了许多。

　　两幅画像相比,前者像一杯浓烈滚烫的咖啡,而后者更像一杯幽香淡然的绿茶。

图 7 - 64　车马过桥（巴蜀画像砖）　　　图 7 - 65　车马图（南阳画像砖）

第七章　汉代画像砖造型的审美意蕴

六、简洁和繁密

如图 7 - 66 所示,巴蜀地区的这块表现伏羲和女娲的画像砖,造型比较具体繁密。日轮、月轮、头饰、衣服和蛇体各个细节都表现得比较具体细致,给人一种饱满繁茂的美感。

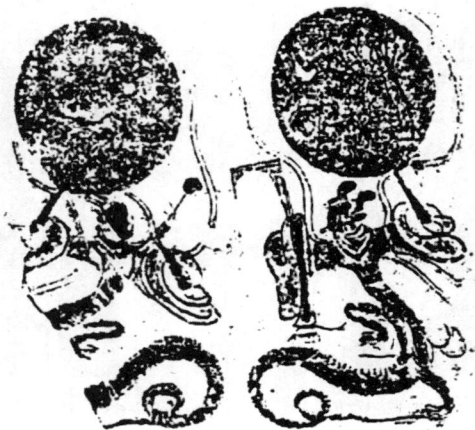

图 7 - 66 伏羲女娲(巴蜀画像砖)

如图 7 - 67 所示,这幅同样出土于巴蜀地区的画像砖,则极其简练,就像用毛笔写出来的象形书法,虽然也很容易看出是表现伏羲女娲的,但跟上幅的那种细致、具体的手法大相径庭,给人的感觉更加单纯明快。

图 7 - 67 伏羲女娲(巴蜀画像砖)

七、幽默和庄重

如图 7 - 68 所示,画面表现的是一群文人讲经的一个较为严肃的场面,无论是台上的老师,还是围绕他听经的学生,体态都很端正,表情都异常庄重,给人一种正统、肃穆之感,这不仅说明汉代人对于经学的敬仰之情,还体现了制作者进行创作时严谨、审慎的态度。

如图 7 - 69 所示,这个画面中,在跳滑稽舞蹈的男女,则被制作者表现得十分随意和滑稽,有一种喜剧效果。女的衣服紧裹着身体,除了那条长长的舞袖挥洒了出去,简直就像没穿衣服一样。而她旁边手拿弓的男人,头大腿粗,身体的重心倾斜几乎要摔倒,其模样和姿态都不禁令人捧腹。制作者采用幽默的语言,来体现歌舞场面,整个气氛显得轻松活泼。

图7-68 讲经(巴蜀画像砖)

图7-69 滑稽舞蹈(巴蜀画像砖)

八、雄伟和凡劣

《胡汉战争》(图7-70)表现了一个宏伟壮阔的战争场面,画面中的高大的将军身材高大伟岸,给人以英武高大之感,整个画面也显得惨烈悲壮。这是一个气势盛大恢宏场面,在画像砖艺术作品中,算是一个"鸿篇巨制"。英雄主义的气氛笼罩着整个画面,有一种雄伟而壮美的感觉。

图7-70 胡汉战争(南阳画像砖)

如图7-71所示,这个画面中的马,表面上也算较为高大,但因过于干瘦,给人一种较为瘦弱的凡略之感。简略虚无的骑马人物和瘦马,很容易使人联想到塞万提斯笔下可笑的唐吉诃德,给人一种荒谬的滑稽感。

图7-71 骑射(豫中画像砖)

第三节　画像砖里的艺术精神

　　当我们沉浸在砖质画像给我们创造的丰富多彩的审美境界时,往往会乐而忘思,迷失在纷繁复杂的造型形式给我们创造的美轮美奂的艺术世界中。然而,当我们静心反思时,透过这庞大的画像砖王国,透过无数个匠人,或灵感迸发,或技艺飞升的无数个偶然,依然可以看到隐藏在幕后的汉代审美的必然和本质。《易经·系辞上》云:"是故,形而上者谓之道,形而下者谓之器,化而裁之谓之变,推而行之谓之通,举而错之天下之民为之事业。"如今我们所能看到的汉代画像砖艺术作品,无疑是承载大汉雄风之本真——汉代社会历史发展必然规律的"器"之一,透过"器"的具体表现,让我们看一看,在汉代政治、思想和民风共同作用下,汉代的艺术精神。

一、西汉早期

　　西汉早期是西汉王朝政治、经济恢复和发展时期,汉代人信奉无为而治的黄老学说,实行休养生息政策,大大解放了生产力。这时的画像砖,还只是被王公贵族阶层所用,因此,此时的画像砖,制作规范、严谨,风格庄严、深沉大气,灵异形象工整准确,形象与形象之间相互顾盼,颇有情感意味。这一时期的画像砖艺术作品,既体现了皇室的高贵威严,又体现了汉王朝信奉黄老学说,推行宽松政策最温情的一面。

　　众所周知,在西汉王朝建立的最早期,令统治者极为关注且亟待解决的两件大事是:

　　第一,让汉王朝从百业凋零中恢复元气。此时,道家的"清静无为"和"休养生息"理念,很符合当时社会恢复生机的需要。大家所熟知的文景盛世,就是在这样宽松的政治氛围下,逐渐积累形成的。

　　第二,两次削藩,消除诸侯隐患。西汉画像砖上的四神形象,其温情一面背后,实际隐含着西汉政权的无限担忧。四神象征着对四边的稳固与平安的佑护,这也反映出西汉王朝在政权掌控上始终保持高度警戒。西汉初期,萧何依据秦律修订了《九章律》,文景时期又废除了肉刑,试图通过较宽松的法律使百姓安居乐业。然而,惩戒力度的降低,在客观上反而导致犯罪率有所上升。不过,来自民众层面的不安定因素尚不足以动摇统治根基,西汉政权还面临着两个更大的隐患:一是异姓诸侯王。为了楚汉战争的需要,刘邦不得不拉拢各路军事势力,战后论功行赏,因而产生了异姓诸侯。随之而来的是如履薄冰的危机感。刘邦提出"非刘姓而王者,天下共诛之"的原则,先后铲除了各个异姓王。二是同姓诸侯。刘邦在铲除异姓诸侯王后,在其旧地分封了大量同姓亲族,却又种下了同姓诸侯的隐患。到文景时期,削藩已迫在眉睫。文帝采纳了贾谊的《治安策》,加强了中央实力。汉景帝时,晁错削藩引发了"七国之乱",战后景帝趁机夺取了诸侯王对地方的铸币权、任免权和军权，从根本上解决了诸侯王的问题。从刘邦开国到文景之治，为了维护中央集权，统治者可谓殚精竭虑。因此，边境稳定、国都稳定、天地四方稳定，就成了西汉初统治阶层的集体意识。以河图为代表的天地数理和四象文化，无疑成为统治阶级最好的精神寄托。所以，就不难理解西汉早期画像砖上多见四神图像的原因了。"青龙白虎保平安，朱雀玄武降吉祥"。四神成为汉代政权建立伊始的精神保护神。四神图像贯穿于汉代画像砖艺术的整个发展历程，成为汉代民众自强不息、热爱和乐安康的大众集体意识。画像砖上的四神形象与汉代瓦当上的四神交相辉映，成为泱泱大国的四方保护神，以及万众一心、维护国家和民族发展、自强不息、奋勇开拓的民族精神符号。

二、西汉中期

汉武帝在西汉王朝的全盛期，干了两件惊天动地的大事情：

第一，罢黜百家，独尊儒术。透过《论语》这本记载孔子和弟子们基本言行的典籍，我们可以感受到中国儒教发端的恢宏和壮丽。按照学术界的普遍认知，《论语》首先是中华民族基本价值观的理论基础，其次树立了中华民族完善人格的典范，并前瞻性地构建了未来（封建社会）社会的理想社会秩序。论语的核心是"仁"，"仁"既是孔子理想的治理邦国的政治原则，即"仁政"，又是他所推崇的做人的道德准则，即"仁者爱人"。在董仲舒的推行下，儒教由理论转化成社会政治实践，对汉代的休养生息和抗击匈奴都起到不少作用。

董仲舒在向汉武帝推介儒教时，首先大大抬升了"君主、父亲、丈夫"的地位，淡化了他们的义务，把"臣民、儿子、妻子"置于绝对服从的地位，确立了"君权、父权、夫权"的统治地位，并把这种等级制度神化为根据天意制定的根本法则。汉武帝对于儒教的认识和接受，也许正是基于董仲舒，让儒教与统治者内在需求接轨，使儒教成为统治者规范天下安定民心的理论依据。经过这样与时俱进的改变，儒教作为封建社会的核心价值观，成功被植入到封建朝堂。在封建统治中，也正是把孔子所构建的"安邦治国"的政治原则，从理论上落实到实践，真正开始发挥作用。在某种程度上起到了维护社会秩序、规范人际关系的作用，成为炎黄子孙心中根深蒂固的道德规范，影响中华文明两千年。

第二，击溃匈奴，永除边患。汉朝初期，干戈刚息，百废待兴，对待北方匈奴的进攻，不得不采取消极的防御政策，以和亲以及供奉财物的方式维护边境和平，但这样的方式并不能解决根本问题，汉朝边境危机四伏。早在文景时期，就一边休养生息，一边改变兵种，发展骑兵，汉朝政府终究还是要采取坚决的军事行为，保证边境永远的安宁。到了汉武帝时期，汉朝政府决心彻底改变这种被动局面，积极展开反击匈奴的各项军事筹备。第一，大力加强马政建设，大规模发展骑兵部队。第二，鼓励民间养马，扶植私人养马业。第三，从西域大规模引进良马。第四，注重情报收集和外交联络，派张骞出使西域。第五，培养得力的抗击匈奴名将，以卫青和霍去病最为优秀。

在漠北战役之后，匈奴的军队被彻底击溃，再无力大举南下，取得"匈奴远遁，漠南无王庭"的彻底胜利。到汉宣帝五凤四年，匈奴国内部分裂，南匈奴降汉，北匈奴西迁,不再对中原造成威胁。汉武帝以其雄才伟略,为大汉民族消灭了北方强寇,为中原大地和后世汉王朝创造了史无前例的和平大环境。

在西汉中期,那段可歌可泣的抗击匈奴的战争,展现了汉民族的昂扬斗志。这一时期的尚武精神,对天马的热爱,对丰收的渴望,对平安吉祥的期盼,无一不投射在洛阳画像砖的艺术作品中。在这一时期,也正是汉武帝推行了"罢黜百家,独尊儒术"的政策的当下,儒教所倡导的礼仪,也体现在画像砖艺术作品里。洛阳画像砖题材内容更多表现虎、豹、天马、武夫、射手、朱雀、雄鹰、大雁、嘉禾、珠树等,充满了英武雄强的气息。画面开阔大气,所呈现的艺术风格沉雄壮阔,傲岸刚健,充分彰显了汉武帝时代所开创的开放、张扬的社会气质,所呈现的艺术精神也是雄强博大的。

三、过渡时期(西汉晚、新莽、东汉早)

通过汉初的休养生息和汉武帝对匈奴的一系列军事行为,汉代社会日趋平安稳定。社会经济的富足,为厚葬之风提供了经济基础。此外,谶纬、阴阳五行学说,以及神仙方术的盛行,都深深影响着当时的丧葬习俗。这一时期厚葬之风的原因有许多,第一,儒教的正统地位被确立后,《孝经》受到格外重视,被认为是礼乐仁之本。汉代的察举制把官员是否行孝纳入考核标准。《孝经》成为孩童的启蒙教材。第二,西汉中晚期,汉初的孝行完全变了味,成为追名逐利和政治挂钩的社会活动。第三,西汉晚期,公卿、列侯,乃至普通百姓都倾尽财力厚葬,行孝的初心被曲解,厚葬成为歪风邪气。

到了西汉中晚期,及新莽时期、东汉早期,这一个过渡期是豫中小印模空心画像砖的鼎盛时期。画像砖艺术已从社会的高层走向民间。来自上层的宏观政治思潮和思想意识形态,在此时的画像砖艺术中,悄然隐身。流行于社会中下层的民风、民俗和大众意识形态一个个粉墨登场。这一时期,反映居家生活、修仙问道、歌舞百戏、狩猎、娱乐等社会现实生活的千姿百态的作品,占据画像砖艺术的主流。趋吉、避凶、显贵、夸富、享乐、升仙、粗朴的建筑等的民间意识被充分自由地展现出来,当然也有不少表现儒教思想和社会、军事的题材的。总之,汉砖中展现出多层面的意识形态,汉砖的艺术风格也趋向开放恣肆、生动自由。

四、东汉时期

尊崇儒教。东汉开国团队,一派儒者气象。从皇帝,到功臣邓禹,一大半臣子都精于儒术。刘秀登基后,建立太学,亲自讲学,与儒生辩论,使儒教的仁政、教化思想更加深入人心。此外,还积极培养儒生当官,使儒生官僚化。东汉儒生相对来说,在政治理性和现实关怀方面的素质更强一些。

谶纬盛行。东汉的开国皇帝下令"图谶于天下",等于命令全国都信奉谶纬,同时又禁止"私自造作谶纬",犯者"罪当诛杀"。首先,经学是研究先秦儒家经典,并讲明其中义理的一种学问。而谶纬之学是在经学的基础上形成新的形态,是学术形态和政治意识形态的复合体,也是一种政治性的预言,它完善了西汉董仲舒"天人感应"理论。刘秀从官方层面垄断了谶纬之学的解释权,从谶纬理论层面强化了君权,同时禁止民间的谶纬,有效阻止了知识分子利用谶纬抨击时政。

施行怀柔政策。东汉王朝对匈奴施行怀柔政策,原因之一是从王莽新朝末年起,中原大地战事不断,再远征匈奴,东汉王朝显然力不从心;原因之二是刘秀更看重国内的安定和百姓的安危。

随着东汉王朝的确立和稳固,有不少皇亲国戚和达官贵人在帝乡的南阳盆地下葬。因此,西汉早期的整版模印的大型空心砖又被制作出来,只是内容风格已经发生了很大变化,似乎更加浪漫典雅。与此同时,整版模印的大型实心画像砖,也被制作出来,匠人们以两种砖体为媒介,创作出许多史诗般波澜壮阔的作品。在表现上也更有东方表现主义韵味,出现了不少类似超越时空和类似蒙太奇的画面拼接等新颖的艺术表现手法。另外还出现了条形实心砖和方形实心砖。无论是制作手法,还是艺术表现上,都达到了汉砖新高度,俨然已从必然王国走向了自由王国,体现出了高度的艺术水准和审美水平,其开张奔放、激情跌宕和浪漫神秘之气韵,扑面而来,使人不得不为之折服。另外,汉代南阳是全国五大城市之一,在西汉、东汉乃至魏晋各个时期都出现了不少画像砖,南阳当地的画像砖在全国各地可能是形制最齐全,风格最丰富的了。

东汉的巴蜀地区偏居一隅,出现了许多反映社会生活和歌颂生产劳动的现实主义作品,风格淳朴庄重、自由奔放、稳健豪迈,是边远地区对汉代艺术精神的呼应式反映。

无论是画像砖还是画像石,其最灿烂的艺术成就都是东汉时期创作出来的,这与东汉统治集团整体素质的巨大提升不无关系:对“胡汉战争”功绩的歌颂;对秦朝暴政的抨击;对经学的崇尚;对汉代扶老济贫民心工程的宣扬;等等,这些内容在东汉画像砖中都有所体现,这说明东汉统治者已把封建教化深入到社会生活的各个方面,汉代社会的高、中、低层社会意识形态无不被折射在画像砖艺术中。这也反映出自上而下的儒生,对于社会与民生的哲学思考,对“穷则独善其身,达则兼善天下”思想的践行。笔者相信没有汉代广大儒生对画像砖艺术创作的参与,汉代画像砖应该会逊色很多;恐怕只剩下一些表现民俗的粗陋的小实心画像砖,也就失去了艺术研究的价值。

五、结语

透过汉代近四百年的发展历程,汉代画像砖始终是在改革、创新、吸纳和开放的状态下成长的,因此才形成了一个雄健、激昂、张扬、奔放、壮阔、厚重,生机盎然的总体汉代艺术精神。而这一切又与汉代宽松的黄老学说、主流的儒教思想、从酝酿到发展成熟的中国道教和渴望来世升天而又追求现实吉祥的民间意识形态息息相关,汉砖的伟大成就正是这些因素共同作用的结果。我们说汉代是幸运的——这一时期中华民族正在行上升运;我们说汉代的画像砖艺术,也是幸运的,它可以保存几千年乃至更长的时间,它表现的内容又恰恰是中华民族封建时期最为朝气蓬勃的青少年时代的故事。画像砖张扬的正是人们仰观心敬、厚重博大的大汉雄风。

第一,任何一种艺术,都不仅仅是对人性的观照,更是对过往社会整体历史的观照。所有状物的传统,也必不可能是自发的,而是基于当时的社会政治环境,主流的社会意识形态,社会大众的集体有意识和无意识,依赖当时有知识文化的精英阶层,教化礼仪制度、工匠团队因素等一系列合力,促成的集体活动。

第二,汉代艺术注重与天的关系,这一点从董仲舒的天人感应理论;汉代人的多种天文学说;汉画中数量颇丰的礼天的玉璧图像;日月巡天、神仙巡天、羽人巡天等传说中,都可以感受到。这个天既有根据人类政治结构来建构的因素,也有老庄哲学,神仙学说,前道教思想,道教思想,外来的佛教,共同建构和渗透的成分,更有中华民族自诞生以来,与自然之间,既敬畏、依赖,又斗争、索取的过程中,所形成的代代相传、渐次丰满的对天的累积意识。汉代人心中的天,和真实的宇宙相去甚远,是时代政治的天,是世代传承的文化的天,是渗透到华夏民族血液里的观念的天。

第三,汉代艺术也十分关注与历史的关系。在汉代画像中经常出现的"泗水捞鼎"题材,就是东汉精英阶层对"秦二代而亡"的历史事实的反思和总结,当然也有贬秦、扬汉的成分。还有"二桃杀三士""荆轲刺秦王""狗咬赵盾""伍子胥""孔子见老子"等历史题材的描绘,无不表现出汉代人对过往历史的回望、反思。可以说,画像砖的艺术作品中的历史,是汉代统治者想让天下黎民看到的历史;是时代认知和经验的历史;是哲学意义上的历史。是在历史语境下,一个个鲜活生人之天命,在过往时间中,演绎和实现的过程。过去是现在的历史,现在又是将来的历史。但在艺术作品(也包括汉代画像砖艺术)中,历史只是那个时代的制作者的有选择投射,和历史真实也相去甚远。

第四,汉代艺术注重四方观念的表达。《周礼·春宫·大宗伯》记载:"以玉作六器,以礼天地四方;以苍璧礼天,以黄琮礼地。"说明早在周代就有"天圆地方"的观念。孔颖达云:"经纬天地曰文,照临四方曰明。"可见文明的概念与天地、四方密切相关。

在汉代人的观念里,四方有四神守护。《礼记·曲礼上》:"行,前朱鸟而后玄武,左青龙而右白虎。"就连汉代铜镜的铭文也有"御四方,辟不详"六字。可见传统的方位观在汉代人的心目中,是根深蒂固的。四神被配置在四方,来守护方位之中心。而四神原本就是保护天地四方的星神,四神观念与河洛文化的河图密切相关。河图囊括了中国文化的阴阳、五行、天地、方位、季节、五音、五色、四神等文化因子,被誉为宇宙魔方,上古星图。河洛文化深深影响着汉代人的思维观念。

汉代意识形态看似天真幼稚,但挚诚厚重,功效天成。汉代画像砖中,不乏耐人寻味的精到之作,更有不少作品是社会精英阶层,通过工匠表达出的对天地万物深沉而又博大的情感,以及对中华智慧和传统文明不遗余力地传播。大多数作品符合社会公共认知,具有很高的接受度,往往体现了当时当地庞大社会团体的集体认知。正如东汉王延寿的《鲁灵光殿赋》所言:"图画天地,品类群生。杂物奇怪,山神海灵。写载其状,托之丹青。千变万化,事各有形。随色相类,曲得其情。上纪开辟,遂古之初。五龙比翼,人皇九头。伏羲鳞身,女娲蛇躯。鸿荒朴略,厥状睢盱。焕炳可观,黄帝唐虞。轩冕以庸,衣裳有殊。下及三后,淫妃乱主。忠臣孝子,烈士贞女。贤愚成败,靡不载叙。恶以诫世,善以示后。"①

汉画是对经过时间积淀的历史的反思、拷问、思辨、演绎和升华。汉画是对社会万花筒的采撷、重塑、夸张、形变,是对"神与物游"的无限表达。汉画是四百年历史时空

① 俞剑华.中国古代画论类编[M].北京:人民美术出版社,1957:10.

中，中国古典哲学方法论的图像演绎和象、数思辨。在汉画艺术的长天之上，缀满神仙、灵异之圣影与种种仙迹，它们一起缔结成中华神话的深邃星空。在凭吊历史的漫漫长路上，每一次回眸的智慧闪光和经验启示，都如满天朝霞，装点着过往的时空。汉代画像砖图像是图，是纹，是像、是数，是符号，是文明密码；也是史，是诗，是情，是智，是对汉代物质与精神文明的共同折射。汉代画像砖的艺术精神与汉代沉雄博大的时代大气候息息相关，也与各产区的地域风貌丝丝相连，当然也与中华民族有史以来传承有序的民族文化传统，以及自强不息、奋勇向前的内在精神气质血脉相连。

模印艺术之最

　　从1987年开始,笔者跑遍三十多个省份、数百家博物馆,历经数十年,几乎查阅了目前所有的画像砖及模印艺术资料,终于有所察,有所悟。画像砖模印艺术,真是丰富多彩,堪称百科全书。集腋成裘,现将画像砖以及其他姊妹模印艺术之最总结如下,尽可能展示图片,个别实在找不到缺省,敬请品鉴。

　　1. 现存最早的模印纹饰——绳纹,原始社会时期。

　　2. 最生态化的印模——豫中地区的汉代生物体:"活体螺"小印模。

　　3. 面积最大的画像砖——南京西善桥宫山南朝大墓《竹林七贤与荣启期》模印砖画(纵80厘米,横240厘米)。

4. 长度灵活不定的画像砖——新野大型实心汉画像砖,特别是门框部分,需要多少就剪裁多少,以至出现半个骆驼、半个人现象。

5. 汉画像砖模印艺术发展的最高峰——南阳画像砖,特别是新野画像砖模印技艺。

6. 最华彩的模印——青瓷压印技艺。

7. 印砖数量最多的画像砖印模——南京西善桥宫山南朝大墓《竹林七贤与荣启期》，印制在 200 多块砖体上。

8. 最盛大的战争画面画像砖——河南新野的汉画像砖《胡汉战争》。

9. 最绚烂的杂技场景——河南新野樊集汉画像砖的《平索戏车》。

10. 中国银行最早的标志——浙江临安汉画像砖,这也是漏印技法最为典型的印证。

11. 最早用于染织的彩色套印印模——广州南越王墓的青铜凸花印版。

12. 最系统的建筑图像中兴实心砖——许昌《建筑》画像砖系列。

13. 现存时间最长的画像砖题材——《二十四孝图》，从南北朝至宋元。

14. 目前仍存的画像砖印模形式——浙江屋脊砖印模。

15. 淮河流域现存最早空心画像砖——寿春末代楚国都城铺地砖。

16. 生活中最常见"包印"技艺——月饼、糕点模具。

17.最"正宗"的画像砖——甘肃酒泉、嘉峪关晋画像砖(直接绘制成的图像)。

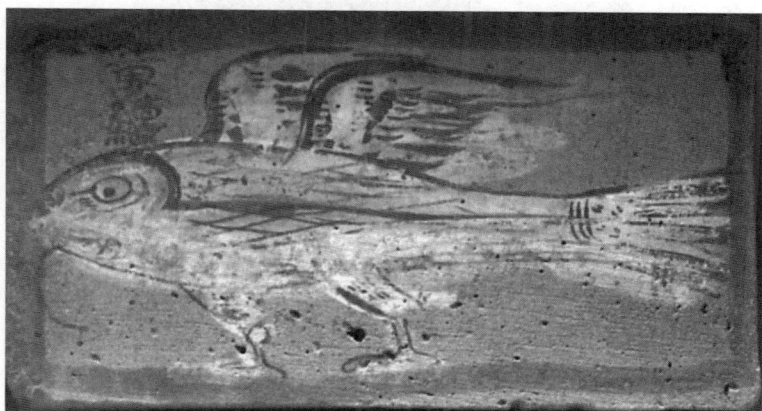

18.目前所见最小画像砖——绍兴出土的汉晋六面体陶拍,长宽高均不到十厘米,六个画面装饰。

19.最神奇、典雅的画像砖印模——洛阳西汉时期的"阴线"形式画像砖印模。

20.最"浅"的包印印模——广东的牛乳印,高低差仅二三毫米。

21. 目前发现最早的画像砖——河姆渡遗址出土的五叶纹砖。

22. 目前发现最系统的"套印模具"——商周青铜器模具。

23. 汉画像砖品种最齐全的地区——河南南阳。

24. 中国最南端的汉画像砖艺术——广州南越王墓画像砖。

25. 您最可能想不到的汉画像砖分布地——香港汉画像砖。

26. 汉画像砖和汉画像石均达到高峰的地区——河南南阳地区。

27. 目前所见套印及失蜡法制作最为精巧的青铜器——随州曾侯乙墓青铜器系列。

28. 目前所见铸造有精美纹饰的最重青铜器——后母戊大方鼎（原说是司母戊大方鼎）。

29. 压印技艺生产的典范之作——青瓷系列。

30. 至今尚存的模印染织技艺——温州夹缬技艺。

31. 集"拍印"、施釉于一身的陶瓷艺术——浙江原始瓷器制作技艺。

32. 活着的套色印刷术——木板年画。

33. 最具动感的印模——滚轮印模。

参考文献

[1] 阿道夫·希尔德勃兰特. 造型艺术中的形式问题 [M]. 潘耀昌,等译. 北京:人民大学出版社,2004.

[2] 安金槐. 中国考古 [M]. 上海:上海古籍出版社,1997.

[3] 班昆. 中国传统图案大观 [M]. 北京:人民美术出版社,2002.

[4] 陈江风. 汉文化研究 [M]. 开封:河南大学出版社,2004.

[5] 丹纳. 艺术哲学 [M]. 傅雷,译. 北京:人民文学出版社,1996.

[6] 范晔. 后汉书 [M]. 杭州:浙江古籍出版社,2000.

[7] 高文,王锦生. 中国巴蜀汉代画像砖大全 [M]. 澳门:国际港澳出版社,2000.

[8] 高阳. 中国传统装饰与现代设计 [M]. 福州:福建美术出版社,2005.

[9] 龚廷万,龚玉,戴嘉陵. 巴蜀汉代画像集 [M]. 北京:文物出版社,1998.

[10] 顾森. 秦汉绘画史 [M]. 北京:人民美术出版社,2000.

[11] 黄留春. 许昌汉砖石画像 [M]. 郑州:河南美术出版社,1994.

[12] 翦伯赞. 秦汉史 [M]. 北京:北京大学出版社,1987.

[13] 蒋英炬. 中国画像石全集·山东画像石(第一卷) [M]. 济南:山东美术出版社,河南美术出版社,2000.

[14] 李贵龙,王建勤. 陕西绥德汉画像石 [M]. 西安:陕西人民美术出版社,2001.

[15] 李如森. 汉代丧葬礼俗 [M]. 沈阳:沈阳出版社,2003.

[16] 李域铮. 陕西古代石刻艺术 [M]. 西安:三秦出版社,1995.

[17] 刘荫柏. 中国古代杂技 [M]. 北京:商务印书馆,1997.

[18] 鲁道夫. 阿恩海姆著,艺术与视知觉 [M]. 北京:中国社会科学出版社,1984.

[19] 罗一平. 美术信息学 [M]. 广州:中山大学出版社,2002.

[20] 牟世金,陆侃如. 文心雕龙译著 [M]. 济南:齐鲁书社,1981.

[21] 南阳汉画馆. 南阳汉代画像石刻(续) [M]. 上海:上海人民美术出版社,1988.

[22] 潘公凯. 潘天寿绘画技法简析 [M]. 杭州:中国美术学院出版社,1999.

[23] 沈括. 梦溪笔谈 [M]. 堵军,编译. 北京:中央民族大学出版社,2003.

[24] 石景昭. 中国传统美术造型法则图论 [M]. 西安:陕西人民美术出版社,1999.

[25] 孙美兰. 艺术概论 [M]. 北京:高等教育出版社,1993.

[26] 汤池. 中国画像石全集·江苏、安徽、浙江汉画像石(第四卷) [M]. 济南:山东美术出版社,2000.

[27] 田余庆. 秦汉魏晋史探微 [M]. 北京:中华书局,2004.

[28] 王建中. 中国汉画像石全集—河南汉画像石 [M]. 郑州:河南美术出版社,济南:山东美术出版社,2000.

[29]王菊生.造型艺术原理[M].哈尔滨:黑龙江美术出版社,2000.

[30]温天,顾晓明.神与物有巧夺天工的智慧[M].杭州:浙江人民出版社,1991.

[31]吴山.中国历代装饰纹样·战国、秦代、汉代[M].北京:人民美术出版社,1995.

[32]徐湖平.中国画像砖全集(第三册)[M].成都:四川出版集团,四川美术出版社,2006.

[33]徐华.两汉艺术精神嬗变论[M].上海:学林出版社,2003.

[34]张从军.山东文物丛书.汉画像石[M].济南:山东友谊出版社,2000.

[35]张道一,廉晓春.美在民间[M].北京:北京工艺美术出版社,1987.

[36]张文军.中国画像砖全集(第二册)[M].成都:四川出版集团,四川美术出版社,2006.

[37]郑先兴.汉画研究—中国汉画学会第十届年会论文集[C].武汉:湖北人民出版社,2006.

[38]朱良志.曲院风荷[M].合肥:安徽教育出版社,2003.

[39]朱清生.中国汉画学会第九届年会论文集[C].北京:中国社会出版社,2004.

中国画像砖模印艺术 (下册)

后　记

　　"一年好景君须记，最是橙黄橘绿时。"又到金秋时节，金秋是收获的季节。记得十八年前的金秋，我们夫妻有幸与长着亲切的中原圆脸的石国华先生认识，与浙江大学出版社初次结缘，于是就有了《画像石艺术鉴赏》和《画像砖艺术鉴赏》这两本专著。十八年后的金秋，我们又带着讲述"画像砖前世、今生和重生——跨越近万年历程的文化故事"的书稿，再次与浙江大学出版社重逢，与石先生合作。我们这才发现，内心的踏实和信任从未改变。这是一种能够带给人温暖的文化之缘，一种由共同喜爱的民族文化成就所连接的吉祥纽带。

　　浙江大学出版社是我们夫妻开启文化之旅的吉祥之地。之后，我们夫妻就展开了对汉画这批中华民族的珍贵艺术遗存长达二十一年的探索，其间共出版专著二十余部，主持国家课题两项，教育部等省部级课题多项，获得浙江省政府奖两项。在取得成绩的同时，夫妻二人也在文化苦旅中受尽磨难，但我们在求索道路上也遇到很多贵人，在这里对这些贵人深表感谢！

　　感谢原汉画学会会长顾森先生推荐杨絮飞为汉画学会理事！感谢汉画学会会长陈履生先生亲自书写"汉画之家"，对我们一家从事汉画研究给予肯定和鼓励！感谢军旅收藏家张新宽（已去世）先生一家对我们的鼎力支持！感谢绍兴文理学院原美术学院院长陈浩大哥对我们一家的诚挚帮助！感谢绍兴知识产权法庭秦善奎法官、六合律师事务所徐淑慧律师的帮扶之情！

　　感谢浙江农林大学原校长沈希先生、徐爱俊先生，纪委书记包松永先生，园艺学院书记汪和生先生，艺术设计学院院长陈思宇先生，人事处长梁立军先生，园林学院老院长范义荣先生，书记张敏生先生等诸多领导和同事们的关怀和帮助。

　　跟随画像砖穿越深邃的中华文化历史长河，感觉自己的身心似乎也印满了中华几千年的斑驳和厚重。恍惚间，竟不知是笔者在研究画像砖，还是画像砖在改造着笔者。但一直以来，研究传统文化的初心未改，为中华民族"文化自信"做贡献的使命依然在肩。在历尽诸多艰辛之后，大几十万字的书稿终于完成。"回首向来萧瑟处，归去，也无风雨也无晴"。只觉得，了解画像砖愈多，画像砖教会和改变我的就愈多。

李国新　杨絮飞

2024 年 8 月于竹影松风阁

图书在版编目（CIP）数据

中国画像砖模印艺术：上、下册／李国新，杨絮飞

著. -- 杭州：浙江大学出版社，2025.7. -- ISBN 978-

7-308-22440-6

Ⅰ. K879.444

中国国家版本馆 CIP 数据核字第 2025MR6052 号

中国画像砖模印艺术（上、下册）

李国新　杨絮飞　著

责任编辑　石国华

责任校对　王同裕

封面设计　周　灵

出版发行　浙江大学出版社

　　　　　（杭州市天目山路 148 号　邮政编码 310007）

　　　　　（网址：http://www.zjupress.com）

排　　版　杭州星云光电图文制作有限公司

印　　刷　杭州杭新印务有限公司

开　　本　787mm×1092mm　1/16

印　　张　31.75

字　　数　730 千

版 印 次　2025 年 7 月第 1 版　2025 年 7 月第 1 次印刷

书　　号　ISBN 978-7-308-22440-6

定　　价　150.00 元（上、下册）